Der große
ADAC-Ratgeber

Garten

Ziergehölze

Der große ADAC-Ratgeber

Garten

Ziergehölze

EIN
ADAC
BUCH

AUTOREN:
Karin Greiner, Dr. Thomas Hagen,
Dr. Angelika Weber

ZEICHNUNGEN:
Reinhild Hofmann

Dieses Buch entstand in Zusammenarbeit zwischen dem ADAC Verlag, München, und dem Verlagshaus Stuttgart

Projektleitung: Michael Dultz, Rudolf Radler
Redaktionsleitung: Siegrid Kroeber, Mariele Radmacher-Martens
Textredaktion:
Annette Baldszuhn, Dr.Helga Hofmann, Ulrike Pichler
Bildbeschaffung: Fotoservice Silvestris, Kastl
Korrektorat: René Rilz
Herstellung: Dieter Lidl, Hans-Joachim Preußer
Produktionskoordination: John C. Bergener, Hans-Joachim Preußer
Graphische Gestaltung: Günter Stahl
Layout: Dieter Lidl, Günter Stahl
Titelgestaltung: Graupner & Partner, München
Satz: Typobauer Filmsatz GmbH, Ostfildern
Repro: Eder Repros Offset-Repro GmbH, Ostfildern
Druck und Bindearbeiten: Mohndruck Graphische Betriebe GmbH, Gütersloh

Gedruckt auf »BRO - MM plus«
der Papierfabrik Scheufelen, Lenningen
Hergestellt aus 100 % chlorfrei gebleichtem Zellstoff (TCF)

Printed in Germany

Bildnachweis siehe Seite 240

Die Daten und Fakten dieses Ratgebers wurden mit äußerster Sorgfalt recherchiert und geprüft. Da viele Informationen aber Veränderungen unterworfen sind, kann leider keine absolute Gewähr für die dauerhafte Richtigkeit übernommen werden.

Einige der beschriebenen Pflanzen sind mehr oder weniger stark giftig. Beim Umgang mit ihnen ist daher Vorsicht geboten, und es ist vor allem darauf zu achten, daß Kinder oder Haustiere keinesfalls Teile dieser Pflanzen essen.

Verletzungen bei der Gartenarbeit, insbesondere offene Wunden, bedürfen der fachkundigen Behandlung durch einen Arzt.

Bei der Verwendung von Düngern und Pflanzenschutzmitteln sind die Gebrauchsanweisungen streng zu befolgen.

ISBN 3-87003-667-2

Inhalt

Sinnbilder des Lebens

Ein Platz für Gehölze

Blickfang oder Kulisse

Von der Baumschule in den Garten

Schöner Wuchs und reiche Blüte

Von Samen und Stecklingen

Widerstandskräfte für Ziergehölze

Langlebiger Gartenschmuck

Sinnbilder des Lebens

Laub- und Nadelgehölze

Welch märchenhaften Charme ein Gehölz seiner Umgebung verleihen kann, zeigt diese alte Glyzine mit ihren opulenten Blütentrauben.

Seit Urzeiten prägen Gehölze die Landschaft, dienen von alters her als Bau- und Brennmaterial, spenden Nahrung für Tiere und Menschen und geben Anlaß zu Fabeln, Mythen und Geschichten. Vor allem Bäume versinnbildlichen auf eine besondere Weise Größe, Kraft und Schönheit der Natur. Mit ihren beschirmenden Kronen und ihrem stämmigen Wuchs sorgen sie ebenso wie die vielen Sträucher im Garten für ein Gefühl der Geborgenheit.

Gehölze in Mythos und Geschichte

Eichen gelten von alters her als Symbol für Standhaftigkeit und Ausdauer.

Im Lauf der Geschichte hat sich die Menschheit die ganz unterschiedlichen Baum- und Straucharten auf mancherlei Weise zunutze gemacht. Sie werden zur Herstellung von Bauholz, Furnier und Papier verwendet, und sie liefern Nahrungsmittel und medizinische Grundstoffe. Doch mindestens ebenso vielfältig sind die Erzählungen und Mythen, die sich um Bäume ranken und die Eingang in die verschiedensten Kulturen und Religionen der Welt gefunden haben.

Weltesche und Donar-Eiche

In den Mythen fast aller Völker läßt sich eine tiefe Verbundenheit mit den Bäumen erkennen. So glaubten etwa die Germanen, daß eine riesige, immergrüne Esche mit Namen Yggdrasil Trägerin des Universums wäre, von deren Wohlergehen das Schicksal der ganzen Welt abhinge. Diese Weltesche ruhte, so die Vorstellung, auf drei mächtigen Wurzeln, an denen die Quelle des Urwerdens, die Quelle des Schicksals und die der Weisheit entsprangen. Am Fuß des gewaltigen Baums lag die heilige Gerichtsstätte der Götter. Beständig nagte jedoch ein Drache namens Nidhögg an einer der drei Eschenwurzeln und bedrohte damit die Welt, die untergehen sollte, sobald der Baum zusammenbräche.

Donar, dem Gott des Donners, der Winde und Wolken, war die Eiche geweiht. Ihm zu Ehren errichteten die Germanen zahlreiche Eichenheiligtümer, indem sie Standbilder des Gottes in die bei alten Eichen häufig vorhandenen Stammhöhlungen stellten. Davor wurden Rats- und Gerichtsversammlungen wie auch religiöse Zeremonien abgehalten. Blitze, die sehr oft in Eichen einschlagen, wurden damals als besonderes Zeichen der Kraft Donars gewertet. Heute erklärt man dieses Phänomen damit, daß die Eichen mit ihren tiefreichenden Pfahlwurzeln oft in der Nähe sich kreuzender Wasseradern stehen und dadurch wie Blitzableiter wirken.

Den Kelten dagegen waren Eichen wegen der darauf lebenden Misteln heilig. Die seltsamen Aufsitzerpflanzen wurden als besondere Geschöpfe angesehen, da sie ohne direkten Kontakt zur Erde wachsen. Sie galten als geheimnisvolle Zauberpflanze und durften daher nur von den Priestern, den Druiden, mit goldenen Sicheln gesammelt werden.

Tip

Einer alten Tradition folgend, pflanzt man anläßlich besonderer Ereignisse, z. B. der Geburt eines Kindes, in Hausnähe einen Baum. Am Wachsen und Gedeihen eines solchen „Generationenbaums“ kann man die eigene Entwicklung symbolisch mitverfolgen.

Die Vernichtung germanischer Baumheiligtümer durch christliche Missionare ist Thema der um 1900 entstandenen Farblithographie nach dem Fresko „Bonifatius fällt die Donar-Eiche bei Geismar“ von Heinrich Maria von Hess.

Das Gemälde „Fest auf der Place de l'Orme in Paris" von einem Meister der Französischen Schule des 16. Jh. zeigt das gesellschaftliche Leben rund um einen im Zentrum stehenden Baum.

„Peter am Stalden unter der Dorflinde zu Schüpfheim 1478", ein Titel aus der Luzerner Bilderchronik des Diebold Schilling, vermittelt anschaulich die Bedeutung des Baums als Gerichtsstätte.

Für solche tief im Volksglauben verwurzelten Bedeutungen von Gehölzen ließen sich noch zahllose Beispiele anführen. So wird etwa in der mythologischen Vorstellung vieler eurasischer Völker ein in der Erde wurzelnder Weltenbaum, dessen Stamm das Himmelsgewölbe stützt und dessen Krone in den Himmel hineinragt, als Mittelpunkt des Universums verehrt und als symbolische Verbindung von Himmel und Erde betrachtet. Sogar das häufig aus Holz gefertigte Kreuz des Christentums läßt sich als Sinnbild eines Baums deuten, das damit eines der vier Naturelemente Berg, Baum, Stein und Wasser in der Kirche vertritt.

Baum des Lebens

Schon seit alters gelten Bäume als Sinnbild der Fruchtbarkeit, ja des Lebens an sich. Aus dieser Symbolik lassen sich viele Traditionen erklären, so etwa, daß man einem Brautpaar im Hochzeitszug einen grünen Baum als Glücksbringer vorausträgt, wie es in einigen nordischen Gegenden der Brauch ist. Hochzeitsgäste stecken sich ein Sträußchen aus der Brautmyrte *(Myrtus communis)* an, eines immergrünen und damit gleichermaßen „stets lebenden" Gehölzes.

Auch die in vielen Ländern Mitteleuropas verbreitete Tradition, zum 1. Mai einen Maibaum aufzustellen und zu schmücken, knüpft an das Sinnbild des Lebensbaums an. Ebenso wird jedes Richtfest mit einem kleinen Baum gefeiert, der stets den Rohbau krönt. Dieses Bäumchen soll Böses vom Haus abwehren, damit es seinen Bewohnern lange Zeit eine sichere Heimstatt bietet. Und schließlich läßt sich auch der Weihnachtsbaum in die Reihe der Lebenssymbole einordnen. Aufgestellt zu Ehren von Christi Geburt und geschmückt mit Äpfeln – einer Frucht, die schon im Paradies wuchs –, fand sich auch in der christlichen Lehre ein Platz für das ehemals heidnische Symbol des Lebensbaums.

Gerichtsstätte und Tanzplatz

Früher nahmen Gehölze einen ungleich wichtigeren Platz im täglichen Leben ein, als es in der heutigen Zeit der Fall ist. Uralte, oft bizarr gewachsene große Baumgestalten beschirmten einst die Rats- und Gerichtsstätten, weil Bäume aufgrund ihrer Langlebigkeit auch als Symbol für Weisheit und überliefertes Wissen galten. Bereits in der Bibel ist vom Baum der Erkenntnis die Rede.

Ein weniger ernster Ort war dagegen der Tanzplatz, der meist unter dem Schirm einer großen, alten Linde lag. Nicht selten errichtete man dafür sogar eine hölzerne Plattform inmitten der Äste des Baums. Hier wurde Musik gespielt, und das ganze Dorf, vor allem aber die unverheiratete Dorfjugend, traf sich zum fröhlichen Beisammensein. Diese Tradition ist auf die Verbindung der Linde mit der germanischen Liebesgöttin Freya, zugleich Göttin der Fruchtbarkeit, zurückzuführen. So sollten die sich beim Tanz entspinnenden zarten Liebesbande besonders aussichtsreich sein, weil sie unter dem Schutzmantel der Göttin geknüpft wurden.

Die Bedeutung von Bäumen läßt sich auch daran ermessen, daß ihre Eigenschaften zu

Tip

Ein vom Wohnbereich aus gut sichtbarer Nadelbaum wird zur Weihnachtszeit gern mit elektrischen Kerzen besteckt. Damit der Baum vital bleibt, sollte man unbedingt darauf achten, daß die Zweige des Baums nicht beschädigt werden. Die Kerzenhalterungen dürfen die Nadeln nicht quetschen. Am besten polstert man die Klemmen mit Schaumstoff ab.

Mit einem Stammbaum lassen sich Verwandtschaftsverhältnisse übersichtlich darstellen, wie z. B. das Gemälde „Stammbaum einer sächsischen Familie“ von Daniel Bretschneider d. J. aus dem 17. Jh. zeigt.

Tip

Wildobst liefernde Gehölze sind nicht nur für die eigene Küche interessant, sondern bieten auch vielen Tieren Nahrung. Eberesche, Hasel, Wildäpfel und andere Arten locken zur Blütezeit außerdem Insekten an, die dann auch das Kulturobst fleißig bestäuben und so für eine sichere Ernte sorgen.

Aus Eichelmehl backte man früher in Notzeiten Brot.

bildhaften Wortschöpfungen und Redewendungen anregten. Ein kräftiger Mann z. B. ist baumstark und vermag Bäume auszureißen, und ein Stammbaum zeigt die Generationenfolge einer Familie sehr anschaulich. Auch Orte führen häufig die Bezeichnung eines für die Umgebung charakteristischen Gehölzes in ihrem Namen. So erinnert z. B. Lindau an eine Auenlandschaft, die mit Linden bestanden war, oder Eibelstadt an eine Gegend, in der viele Eiben wuchsen.

Gehölze als Rohstofflieferanten

Vor allem in der vorindustriellen Zeit waren die Menschen in wirtschaftlicher Hinsicht auf Gehölze angewiesen. Die heimischen Eichen sind ein besonders gutes Beispiel für vielseitige Verwendbarkeit. Sie galten im Mittelalter als sog. Brotbäume, die sichere Einnahmequellen versprachen. Ihr Holz, das an Festigkeit, Dauerhaftigkeit und Elastizität seinesgleichen sucht, war seit jeher zum Bau von Brücken, Möbeln, Fässern und als Furnierholz äußerst begehrt. Die sehr gerbstoffreiche Eichenrinde, die Gerberlohe, war für die Verarbeitung von tierischen Häuten unentbehrlich, bevor mit der Verwendung von tropischen Hölzern und Chromsalzen als Gerbstoff der Übergang zur industriellen Lederherstellung begann. Auch die nährstoffreichen Früchte der Eichen wurden geschätzt, dienten sie doch zu Zeiten, in denen es noch kein Kraftfutter zu kaufen gab, als wichtiges Schweinefutter. In Notzeiten griff auch der Mensch auf die Eicheln als Nahrungsmittel zurück.

Nicht zuletzt als Heilpflanzen fanden und finden Bäume und Sträucher vielfältige Verwendung. Man denke nur an die ätherischen Öle, die aus Nadelhölzern gewonnen werden und als Badezusätze Entspannung und Linderung bei allerlei Beschwerden bringen. Oder an die schleimlösenden Wirkstoffe, die im heilkräftigen Lindenblütentee enthalten sind und Schnupfen und Husten lindern.

Etliche heimische Sträucher und einige Bäume sind selbst heute noch, im Zeitalter weltweiter Importe, als Spender von Wildobst sehr begehrt. Aus den Früchten von Kornelkirsche *(Cornus mas)* und Gewöhnlichem Sanddorn *(Hippophaë rhamnoides)* werden vitaminreiche Säfte gepreßt, die fettreichen Haselnüsse *(Corylus avellana)* werden geknabbert oder zum Backen gebraucht, die Früchte des Speierlings *(Sorbus domestica)* zu Most verarbeitet. Auch aus den Früchten des Zierapfels *(Malus-*Arten) lassen sich köstliche Säfte und Gelees bereiten.

Vielfalt aus fernen Ländern

Bis zum Beginn des 16. Jahrhunderts wurden in Mitteleuropa fast ausschließlich einheimische Baum- und Straucharten, allenfalls einige mediterrane Gehölze in Gärten gepflanzt. Der größte Teil der heute verwendeten Arten stammt jedoch aus Ostasien oder Nordamerika.

Der Weg dieser Gehölze aus ihrer fernen Heimat in die hiesigen Gärten ist eng mit der Geschichte der Entdeckung und Erforschung dieser Erdteile durch die Europäer verbunden. Oft waren es begeisterte Botaniker und andere Naturwissenschaftler, häufig auch Ärzte oder Pfarrer, die Forschungsexpeditionen begleiteten, mit Handelsschiffen oder als Missionare unterwegs waren. Sie trugen die Pflanzen zunächst aus reiner Neugier oder aber aus wissenschaftlichem Erkenntnisdrang zusammen. Später gingen Weltreisende auch im Auftrag von Landesfürsten, botanischen Gärten und großen Gärtnereien auf „Pflanzenjagd“ und brachten Zweige, Samen und Früchte mit. In Europa wurden die Neuentdeckungen vermehrt, auf ihre Eignung als Kulturgehölze geprüft und schließlich zum Verkauf angeboten.

So kamen durch die Kolonialmächte Frankreich und England im 17. und 18. Jahrhundert zahllose neue Arten aus dem Osten Nordamerikas in die Alte Welt, darunter viele Ahornarten *(Acer)*, aber auch der Tulpenbaum *(Liriodendron tulipifera)*, der Gewöhnliche Trompetenbaum *(Catalpa bignonioides)* und die Rotzeder *(Juniperus virginiana)*.

Vergleichsweise spät, etwa ab der Mitte des 18. Jahrhunderts und noch bis ins 20. Jahrhundert hinein, wurde ganz allmählich der unglaubliche Reichtum Ostasiens an schönen Bäumen und Sträuchern bekannt. Heute ist die Gartenwelt ohne die unzähligen Japanischen Blütenkirschen, die Mandelbäumchen, Magnolien, Rhododendren, Zaubernüsse und die vielen weiteren Blütengehölze Ostasiens kaum mehr vorstellbar.

Ebenfalls erst in jüngerer Zeit, ab 1820, als schließlich auch der Westen des amerikanischen Kontinents von Europäern erforscht und besiedelt wurde, gelangten Gehölze auch von dort in mitteleuropäische Gärten, darunter besonders viele Nadelbaumarten, z. B. Edeltanne *(Abies procera)*, Kolorado-Tanne *(Abies concolor)*, Stechfichte *(Picea pungens)*, Sitka-Fichte *(Picea sitchensis)* oder Douglasie *(Pseudotsuga menziesii)*.

Der aus dem Südosten der USA stammende Gewöhnliche Trompetenbaum ziert schon seit langem hiesige Gärten.

Vor allem Entdeckungsreisende und Missionare brachten viele Ziergehölze aus fernen Ländern nach Europa – so auch der berühmte Naturforscher und Geograph Alexander von Humboldt, hier auf dem Gemälde „Humboldt und Bonpland am Orinoco“ von Eduard Ender aus dem 19. Jh.

Die ökologische Bedeutung von Gehölzen

Ein- bis zweimal im Jahr bauen Stieglitze oder Distelfinken ihre Nester hoch oben in Baumkronen und ziehen dort ihre Brut auf.

Die Funktion der Gehölze im Naturhaushalt ist denkbar vielfältig und auf Anhieb kaum vollständig zu erfassen. Augenfällig ist die Rolle, die sie für die Tier- und Pflanzenwelt spielen: Gehölze stellen Lebensraum dar, sie gewähren Schutz, und ihre Blüten und Früchte bieten einer Vielzahl von Tieren Nahrung. Weniger offensichtlich, aber um so gewichtiger ist die Bedeutung von Bäumen und Sträuchern für die Umwelt. Denn ohne den gewaltigen Beitrag dieser Pflanzen zur Regulierung der Erdatmosphäre könnte letztendlich kein Leben auf der Erde existieren.

Lebensraum und Nahrungsgrundlage für Tiere

Schon einige wenige Beispiele zeigen, wie sehr das Leben der Tiere mit dem der Gehölze verflochten ist. So spenden im zeitigen Frühjahr die Kätzchen der Weiden *(Salix)* oft den ersten energieliefernden Pollen für Bienen und andere Insekten. Etwas später im Jahr blühen Zierapfel *(Malus)*, Weißdorn *(Crataegus)*, Eberesche *(Sorbus)* und viele weitere Bäume und Sträucher in üppiger Fülle und halten für blütenbesuchende Insekten einen reich gedeckten Tisch bereit.

Die Früchte der Gehölze dienen nicht nur Vögeln als Nahrungsquelle, ebenso machen sich Säugetiere wie Garten- und Siebenschläfer sowie der Igel über die abwechslungsreiche Kost her. Außer Blüten und Früchten werden natürlich auch Blätter, Zweige, Rinden und Wurzeln gefressen, und zwar von einer Vielzahl meist unscheinbarer, für den Naturkreislauf jedoch wichtiger Tierarten.

Baumstämme werden häufig von Flechten, einer Lebensgemeinschaft von Pilzen und Algen, besiedelt.

Gehölze bieten aber auch Deckung und Rückzugsmöglichkeiten für Tiere. Ganz hoch oben in den Baumkronen oder im dichten Gesträuch nisten die unterschiedlichsten Vögel, am Boden unter einer Hecke halten sich Igel und Erdkröten auf, gehen Mauswiesel und Spitzmaus auf Jagd.

Der Schwarze Holunder dient 62 Vogelarten als Lebensraum, Deckung, Nistplatz und Nahrungsspender.

Darüber hinaus dienen Gehölze zahllosen Kleintieren und niederen Pflanzen als Lebensstätte. Man denke nur an die vielen Käfer, Spinnen, Moose, Algen und Flechten, die auf der Rinde eines alten Baums leben. Auf heimischen Bäumen, wie etwa der Stieleiche *(Quercus robur)* oder der Weißbirke *(Betula pendula)*, wurden über 200 Insektenarten nachgewiesen. Auf der häufig gepflanzten, aber in Mitteleuropa ursprünglich nicht heimischen Robinie *(Robinia pseudoacacia)* war dagegen nur eine einzige, auf der Platane (*Platanus* x *hispanica*) gar keine Tierart zu finden, die sich diese Bäume als Lebensraum erschlossen hatte.

Mit den Vogelarten, die ihrerseits von den Insekten leben, verhält es sich nicht anders. So liefert in Mitteleuropa etwa der heimische Schwarze Holunder *(Sambucus nigra)* die Nahrungsgrundlage für 62 Vogelarten, der aus Südeuropa und Kleinasien stammende

Gehölze bieten einer außerordentlich großen Schar verschiedenster Lebewesen eine gute Lebensgrundlage. Nicht nur Tiere wie Vögel, Schmetterlinge, Käfer, Spinnen und Ameisen sind auf Bäume und Sträucher angewiesen, auch viele Säugetiere, Pilze, Flechten und sogar einige Pflanzen brauchen sie zum Überleben.

Tip

Mit künstlichen Nisthilfen, die man in den Kronen der Bäume anbringt, erleichtert man Vögeln, sich im Garten niederzulassen und ihre Brut aufzuziehen. Dadurch leistet man nicht zuletzt einen vorbeugenden Beitrag zur Schädlingsbekämpfung, denn die Vögel vertilgen zahlreiche gehölzschädigende Insekten. Im Fachhandel gibt es für die unterschiedlichen Vogelarten jeweils geeignete Nistkästen.

Feuerdorn *(Pyracantha coccinea)* dagegen nur für vier Arten. Den meisten Gartenbesitzern mag dies unwichtig erscheinen, da für sie andere Kriterien bei der Auswahl der Gehölze ausschlaggebend sind. Doch kann die Zahl der im Gartenbereich lebenden Vögel durchaus sehr bedeutsam werden, wenn es Schadinsekten im Zaum zu halten gilt.

Bedeutung für die Umgebung

Mit ihrem Geäst, Laub und Wurzelwerk nehmen Gehölze auf die unmittelbare Umgebung

Große Baumkronen spenden die für Azaleen so wichtige Kühle, und unter ihrem Schirm bleibt auch der Boden länger feucht.

Tip

Durch geschickte Plazierung eines Gehölzes läßt sich ein Standort für andere Pflanzen wirkungsvoll verbessern. So bewahrt z. B. eine kleine Baumkrone empfindliche Pflanzen vor mittäglicher Sonnenglut, und eine Hecke, die quer zur Hauptwindrichtung angelegt wird, schützt den Gemüsegarten oder das Staudenbeet vor Kälte und Austrocknung.

Gehölze sind an bestimmte Standorte gebunden, verändern aber kleinräumig selbst wieder die Bedingungen für andere Pflanzen.

so starken Einfluß, daß dort ganz andere Bedingungen herrschen als in einiger Entfernung von ihnen. Einerseits als Schattenspender und andererseits als Windschutz mildern Gehölze starke Schwankungen in der Bodentemperatur, unter ihrem Kronendach herrschen ausgeglichenere kleinklimatische Verhältnisse (siehe Seite 39 f.), die sich auch auf die Humusbildung vorteilhaft auswirken. So stellen sich besonders günstige Bodenverhältnisse ein, die wiederum einer Vielzahl von unterschiedlichsten Organismen ausgezeichnete Lebensgrundlagen bieten.

Auf den Garten übertragen bedeutet dies, daß man mit der Pflanzung von Gehölzen günstige Standortvoraussetzungen für eine Vielzahl anderer Pflanzenarten schafft, die sich von Natur aus in der Nähe von Gehölzen am wohlsten fühlen, daher dort auch am wenigsten Pflege erfordern und überdies besonders harmonisch wirken.

Sauerstoff und Kohlendioxid

Die Einflüsse, die Gehölze auf die Luft, das Klima und auf die Standortbedingungen (siehe Seite 38 ff.) nehmen, lassen sich meßtechnisch erfassen. Zwar sind diese Effekte überall zu verzeichnen, doch kommt ihnen vor allem in Gärten und Grünanlagen inmitten dicht besiedelter Regionen eine herausragende Bedeutung zu.

Wie alle Pflanzen produzieren Bäume und Sträucher im Zuge der Photosynthese in ihren Blättern den für Mensch und Tier lebenswichtigen Sauerstoff und geben ihn an die Umgebungsluft ab (siehe Seite 28). Mit ihrem üppigen Laubwerk erreichen sie im Durchschnitt eine Vergrößerung der grünen Fläche auf das Zehnfache der beschatteten Standfläche und sind damit ungleich wirksamer als etwa ein ebenso großes Stück Rasen. Dies gilt vor allem für immergrüne Gehölze,

Mit Hilfe ihrer grünen Blätter vermögen große Bäume ungeheure Mengen an Sauerstoff zu produzieren.

die auch an sonnigen Wintertagen und im Frühjahr „arbeiten", wenn die sommergrünen noch kahl sind oder gerade erst austreiben.

Global gesehen haben die Algen der Meere einen höheren Anteil an der Sauerstoffproduktion als die Landpflanzen, wenn auch Gehölze als Lieferanten des lebensnotwendigen Gases unverzichtbar sind, insbesondere die großen zusammenhängenden Waldflächen der Erde, etwa der südamerikanische Regenwald. Doch kleinräumig spielen Gehölze unbestritten die Hauptrolle bei der Sauerstoffversorgung, vor allem in den Städten mit ihrem ungünstigen, naturfernen Klima.

Zugleich mit der Sauerstoffabgabe nehmen Gehölze bei der Photosynthese ständig Kohlendioxid aus der Luft auf, wandeln es in Pflanzensubstanzen um und bauen es in ihr Sproßsystem ein. Eine rund 100jährige Rotbuche *(Fagus sylvatica* ssp. *sylvatica)*, so hat man errechnet, vermag pro Jahr den Kohlendioxidanteil aus der Raumluft von 800 Einfamilienhäusern zu binden. Durch die zunehmende Industrialisierung und Motorisierung erhöht sich der Kohlendioxidanteil der Luft ständig. Folglich steigt auch die Gefahr einer allmählichen Erwärmung der Erdatmosphäre. Man spricht von einem Treibhauseffekt. Gerade deshalb sind die Kohlendioxid in großer Menge bindenden Gehölze besonders wichtig für die Umwelt, und das Pflanzen von Bäumen und Sträuchern im Garten kann als – wenn auch kleiner – Beitrag zum Schutz der Atmosphäre angesehen werden.

Kühlwirkung und Luftreinigung

Eine einzelnstehende, große Rotbuche *(Fagus sylvatica* ssp. *sylvatica)* – an ihr wurden bisher die meisten Untersuchungen durchgeführt – kann bis zu einer Million Blätter besitzen, die ein sehr dichtes Kronendach bilden. In dessen tiefem Schatten ist es merklich kühler als in der freien Umgebung. Außerdem gibt zur Wachstumszeit jedes Blatt aus unzähligen Poren ständig Wasser ab. An Sonnentagen können 200 l und mehr verdunstet werden, auf das Jahr gerechnet pumpt ein einziger großer Baum etwa 30 000 l Wasser aus dem Boden in die umgebende Luft, die dadurch merklich angefeuchtet wird; die Verdunstung entzieht der Luft Wärme und kühlt sie so zusätzlich ab.

Messungen ergaben, daß derartige Effekte auf größeren innerstädtischen Grünflächen insgesamt eine Abkühlung von bis zu 3,5 °C bewirken können. (Zum Vergleich: Beim Anstieg vom Flachland ins Gebirge nimmt die mittlere Lufttemperatur je 100 Höhenmeter nur knapp 1 °C ab.) Am stärksten ist dieser Kühleffekt an sehr heißen Sommertagen zu bemerken, wenn jedermann den Aufenthalt im Freien nur im Schatten einiger Bäume als angenehm empfindet.

Die Blätter haben aber auch eine luftreinigende Wirkung. Zum einen schlagen sich

Eine ausgewachsene Rotbuche verdunstet über ihre Blätter etwa 30000 l Wasser im Jahr.

Tip

Der <u>Schattenwurf</u> eines Gehölzes ist <u>je nach Belaubungsart und Grad der Verzweigung sehr unterschiedlich.</u> Wer besonders tiefen Schatten wünscht, sollte Arten mit dichtem, großblättrigem Laub oder mit kleineren, sich stark überlappenden Blättern pflanzen, z. B. Pfeifenwinden oder Buchen. Birken oder Robinien dagegen lassen viel Sonnenlicht durch ihre Kronen.

Unter den großen, sich dicht überlappenden Blättern einer Pfeifenwinde bleibt es auch an heißen Tagen angenehm kühl.

Am knorrigen Fuß einer mächtigen Rotbuche wächst bereits die nachfolgende Generation heran.

Tip

Einige robuste und wuchskräftige Gehölzarten, z. B. Grauerle, Erbsenstrauch, Schlehe und Liguster, gelten als besonders gute Bodenfestiger. Mit ihrer Hilfe kann man brachliegende Flächen, Hänge oder Wälle wirkungsvoll vor Erosion schützen.

Staubteilchen, die eine Fülle von Schadstoffen binden, an der riesigen Oberfläche der Gehölzkronen nieder und werden mit dem nächsten Regen abgewaschen. Das entfernt sie zwar nicht aus der Umwelt, aber doch aus der Luft, die in menschliche Atemwege gerät.

Im Zuge ihres Stoffwechsels nehmen die Blätter zudem ständig große Luftmengen auf. Gasförmige Luftschadstoffe gelangen dabei ins Innere der Blätter, wo sie zu einem guten Teil abgelagert und angesammelt werden. Um wieder auf die große Rotbuche zurückzukommen: Jährlich kann sie etwa 1 t Staub und Gifte aus der Luft entfernen. In ihrer Gesamtheit wirkt die Blattmasse der Gehölze wie eine riesige Filteranlage, die dafür sorgt, daß Menschen und Tiere nicht so schnell unter schlechter Luft zu leiden haben.

Bodenbefestigung und Wasserspeicherfunktion

Welche Bedeutung Gehölzen bei der Befestigung des Bodens und dem Schutz vor Erosion zukommt, wird meist erst dann deutlich, wenn es bereits zu spät ist – z. B. nach einem großflächigen Kahlschlag, wenn Niederschläge nicht mehr von den Bäumen aufgefangen und im Oberboden gespeichert werden. Entweder versickern sie rasch in den Untergrund, stauen sich dort womöglich auf und führen zu einer tiefgründigen Erweichung des Bodens, oder der oberflächliche Abfluß des Regens wird stark erhöht, so daß ihn Bach- und Flußbetten oft nicht mehr aufnehmen können. Schlimmstenfalls sind Schlammlawinen bzw. Hochwasserkatastrophen die Folge.

Gehölze dagegen halten durch ihr weitverzweigtes, oft tiefreichendes Wurzelwerk nicht nur ausgedehnte Bodenschichten fest, die dann auch vielen anderen Pflanzen zur Verfügung stehen, sie speichern überdies ganz erhebliche Mengen an Wasser im Boden, weil dessen Abfluß durch die Wurzeln zugleich verringert und verzögert wird.

Auch indirekt sorgen Bäume und Sträucher für eine höhere Wasserspeicherkraft des Bodens, indem sie reichlich Streu liefern. Die Streu, in erster Linie welke Blätter, aber ebenso Blüten, Zweige und Früchte, wird von den Bodenorganismen zu Humus umgesetzt, der besonders große Wassermengen aufnehmen kann. Davon profitieren gerade im Garten auch die Nachbarpflanzen.

Geschickt ausgewählt und gepflanzt, bietet eine lockere Gehölzgruppe nicht nur einen prachtvollen Anblick im Herbst, sondern wirkt außerdem luftreinigend.

Tip

Die luftreinigende Wirkung ist bei locker und stufig gepflanzten Gehölzgruppen besonders hoch. Durch ihre Kronen strömt die Luft merklich abgebremst, so daß Schadstoffe deutlich besser ausgefiltert werden. Über die einheitlichere Oberfläche von dicht gepflanzten Hecken streicht die Luft dagegen schnell hinweg, und Staub wird nur in geringer Menge ausgekämmt.

Wuchsformen von Gehölzen

Unter Gehölzen versteht man ganz allgemein alle mehrjährigen Pflanzen, die im Unterschied zu den Stauden ein verholzendes, viele Jahre überdauerndes und ständig weiterwachsendes Sproßgerüst aufbauen. Kennzeichnend ist außerdem, daß die Triebknospen der Gehölze deutlich über dem Boden liegen, während diejenigen der Stauden in unmittelbarer Nähe oder unter der Erdoberfläche bleiben.

Zudem ist außer den Gehölzen keine andere Pflanzengruppe in der Lage, den Umfang der Triebe ihrem Längen- und Höhenwachstum anzupassen. Erst durch dieses sog. sekundäre Dickenwachstum (siehe Seite 23), das lebenslang anhält, können Gehölze den immer größer sowie schwerer werdenden Sproß aufrecht halten und die erstaunlichen Höhen erreichen, die man von vielen Baumarten kennt.

Aufbau eines Gehölzes

Der oberirdische Teil eines Gehölzes gliedert sich stets in Stamm, Äste und Zweige. Grundsätzlich zeigen diese verschiedenen Triebe den gleichen Aufbau, sie unterscheiden sich nur durch ihre Stellung am Pflanzenkörper, sozusagen durch ihre Hierarchie. Ein Stamm ist ein deutlich hervortretender Haupttrieb. Von ihm gehen mehr oder weniger kräftige Äste ab, die sich wiederum in die jüngsten Triebteile, die schlanken Zweige, gabeln.

Die Zweige treten ihrerseits in zwei verschiedenen Formen auf. Man unterscheidet zum einen sog. Langtriebe, die sich jedes Jahr kräftig strecken, so daß die einzelnen Blätter in relativ großen Abständen zueinander stehen. Dieser Typ baut das eigentliche Zweiggerüst der Gehölze auf. Zum andern gibt es auch sog. Kurztriebe, die alljährlich nur sehr wenig an Länge zunehmen. Als kurze Zweigstummel tragen sie ihre Blätter meist in dichten Rosetten. Bei vielen Arten, etwa bei den Zierkirschen (*Prunus*-Arten), bringen ausschließlich diese Kurztriebe die Blüten hervor.

Welcher Trieb zum Stamm oder Leittrieb heranwächst, ob überhaupt ein solcher gebildet wird und nach welchem Muster sich die Äste und Zweige verteilen, wird über spezifische Wuchsprogramme gesteuert, die in den Erbanlagen der jeweiligen Pflanze festgelegt sind. Da jede Art über ihre eigenen Steuereinheiten mit sehr unterschiedlichen „Wuchsanweisungen" verfügt, ergibt sich in der Welt der Gehölze eine eindrucksvolle Vielfalt an Erscheinungsformen.

Bäume und Sträucher

Nach dem Aufbau ihres Sproßgerüsts werden Gehölze in zwei Hauptgruppen unterteilt: in Bäume und Sträucher. Ein Baum hat stets einen deutlichen Stamm, und darüber trägt er eine Krone, deren Gestalt für die jeweilige Art charakteristisch ist. Beispielsweise bilden die meisten Fichten (*Picea*-Arten) kegel- oder eiförmige Kronen, beim Eschenahorn *(Acer negundo)* oder bei der Stieleiche *(Quercus robur)* sind sie kugelförmig, bei der Gewöhnlichen Kiefer *(Pinus sylvestris)* indessen eher schirmförmig.

Sträucher sind dagegen stets mehrtriebig, d.h., sie weisen eine Reihe gleichgestellter Haupttriebe oder Stämmchen auf, ohne daß ein einzelner dominieren würde. In den meisten Fällen bleiben Sträucher in ihrer Wuchshöhe hinter den Bäumen zurück, sie werden gewöhnlich nicht über 3 m, in Ausnahmefällen aber auch bis 6 m hoch. In diesem Fall überragen sie zwar bereits Kleinbäume wie

Zwischen den sehr verlockenden Früchten des Sanddorns verbergen sich kräftige Dornen.

Tip

Bei Weißdorn, Schlehe, Sanddorn und einigen anderen Arten sind die Kurztriebe zu spitzen Dornen umgewandelt. Ihre Wehrhaftigkeit verstecken diese Gehölze allerdings oft unter dem Laub. Bei Pflege- und Schnittmaßnahmen empfiehlt es sich jedenfalls, mit der nötigen Vorsicht zu Werke zu gehen.

Gehölze können im ausgewachsenen Zustand überaus unterschiedliche Wuchshöhen und -breiten erreichen: Während Zwergsträucher kaum kniehoch werden, wachsen manche Laubbäume zu beachtlichen Riesen heran. Man sollte sich stets vor Augen halten, welche Dimensionen die gewählten Gehölze im Lauf der Zeit entwickeln.

Tip

Nach ihrer maximalen Wuchshöhe werden Bäume und Sträucher in folgende Kategorien unterteilt:
- **großer Baum mit über 20 m Höhe,**
- **mittelhoher Baum mit 12 (oder 15) bis 20 m Höhe,**
- **kleiner Baum mit bis zu 12 (selten 15) m Höhe,**
- **Großstrauch mit 3 bis 5 (selten 7) m Höhe,**
- **mittelhoher Strauch mit 1,5 bis 3 m Höhe,**
- **Kleinstrauch mit 0,5 bis 1,5 m Höhe,**
- **Zwergstrauch unter 0,5 m Höhe.**

Tip

Durch wiederholten, gezielten Schnitt kann man die Entwicklung eines Gehölzes stark beeinflussen. So läßt sich aus einem Großstrauch, etwa aus Hasel, Weißdorn, Goldregen, Gewöhnlicher Eberesche oder Hainbuche, ein Baum formen, indem man einen kräftigen Mitteltrieb auswählt und stehenläßt, während man alle seitlich davon aus der Basis erscheinenden Triebe immer wieder entfernt.

etwa den Fächerahorn *(Acer palmatum)* deutlich, lassen sich am Fehlen eines Stamms dennoch klar von den Bäumen unterscheiden.

Rosen, eine der beliebtesten Strauchgruppen überhaupt, zeichnen sich durch eine immense Arten- und Sortenfülle aus. Da sie – mit Ausnahme der Wildformen – im Garten meist in anderer Weise als die übrigen Gehölze verwendet werden und zudem bei ihrer Pflege andere Gesichtspunkte im Vordergrund stehen, bleiben Rosen hier zugunsten der sonstigen Gartengehölze ausgespart.

Bei einigen Gehölzarten allerdings entscheidet erst der Standort darüber, ob sie baum- oder strauchartig wachsen. So bleibt z.B. die Haselnuß *(Corylus avellana)* gewöhnlich strauchförmig, sie kann unter Umständen jedoch auch einen dominanten Hauptstamm ausbilden. Und obwohl ohne Zweifel den Bäumen zuzuordnen, bestehen alte Exemplare der Sommerlinde *(Tilia platyphyllos)* oftmals aus mehreren gleich dicken, sehr dicht stehenden und teilweise miteinander verwachsenen Stämmen. Auch durch gezielten Schnitt können die Grenzen zwischen Baum und Strauch verschwimmen, wenn man nur an eine Hainbuchen- oder Buchenhecke denkt, deren Einzelelemente wahrlich nicht mehr an einen Baum erinnern.

Zwergsträucher

Die Wuchshöhe ist durchaus nicht das ausschlaggebende Kriterium, um eine Pflanze den Gehölzen zuzurechnen. Das zeigen die zahlreichen Zwergsträucher, die höchstens 50 cm hoch werden und dennoch alle Kennzeichen eines Gehölzes aufweisen. Zu ihnen gehören z.B. Zwergbirke *(Betula nana)*, Kissenmispel *(Cotoneaster adpressus)*, Steinginster *(Genista lydia)* und Kriechwacholder *(Juniperus horizontalis)*. Diese Gewächse haben sich an mageren, trockenen oder auch sehr feuchten Standorten im Gebirge, in Steppen oder in der Tundra, wo sich hochwüchsige Gehölze nicht entwickeln können, neue Lebensräume erschlossen.

Zu den Zwergsträuchern zählen auch viele Arten der Heidekrautgewächse, z.B. Schneeheide *(Erica herbacea)* und Besenheide (*Calluna*-Arten). Diese oft reichblühenden Kleinstgehölze werden gestalterisch im Garten jedoch eher wie Stauden eingesetzt, außerdem häufig von Staudengärtnereien angeboten. In diesem Buch bleiben solche Arten deshalb unberücksichtigt.

Andererseits entstanden von Arten, die in der freien Natur sehr große Bäume bilden, durch Züchtung langsam wachsende Minia-

Die durch strengen Schnitt zu malerischen Torbögen gezogenen Hainbuchen lassen kaum noch erahnen, daß es sich bei ihnen eigentlich um Bäume handelt.

Die üppigen Blütentriebe des zwergwüchsigen Steinginsters kann man über eine Mauer wallen lassen.

tursorten, so etwa die Sorten 'Little Gem', 'Pygmea' und 'Pumila Glauca' der Rotfichte *(Picea abies)*, die zeitlebens zwergwüchsig bleiben und ihre Abstammung kaum noch erahnen lassen.

Eine Besonderheit in dieser Hinsicht stellen die Bonsais dar, Zeugnisse japanischer Kunstfertigkeit und Philosophie, die trotz ihres Miniformats stets die arttypische natürliche Gestalt der Bäume behalten sollen. Hier wird der Zwergwuchs im wesentlichen durch künstlich herbeigeführte Hungerbedingungen verursacht.

rasch wachsen und dabei sehr lange Sproßabschnitte ausbilden. Ohne ein eigenes tragfähiges Sproßgerüst aufzubauen, stützen sie sich auf andere Pflanzen, meist auf Sträucher und Bäume, denen sie an Wachstumsgeschwindigkeit weit überlegen sind. Die langen Triebe müssen jedoch besonders zug- und reißfest sein sowie trotz ihres relativ geringen Durchmessers den Wassernachschub ausreichend sichern können.

Um sich an einer Unterlage festzuhalten und luftige Höhen zu erklimmen, bedienen sich die Kletterpflanzen unterschiedlicher Methoden. Auf einfachste Weise schaffen dies die Spreizklimmer, etwa der Winterjasmin *(Jasminum nudiflorum)* oder die Chinesische Brombeere *(Rubus henryi)*, deren Triebe sich mit Hilfe von Stacheln, Dornen oder steifen Zweigen im Gestrüpp einspreizen.

Raffinierter stellen es die Schlinger oder Winder an, deren biegsame Triebe sich um eine Unterlage herum nach oben winden. Die Mehrzahl der Schlinger, z.B. Baumwürger *(Celastrus)* und Pfeifenwinde *(Aristolochia)*, sind sog. Linkswinder, d.h., sie können ihre Triebe nur links herum, also entgegen dem Uhrzeigersinn, um die Stütze schlingen. Andere, z.B. kletternde Heckenkirschenarten *(Lonicera)*, sind dagegen Rechtswinder, ranken also rechts herum, im Uhrzeigersinn. Nur einige wenige, etwa der Schlingknöterich *(Fallopia)*, vermögen sich nach Bedarf in beide Richtungen zu winden.

Tip

Durch die langen Triebe der Clematis gelangt bei großer Hitze oft nicht genügend Wasser zu den Blättern, und bei austrocknendem Boden können die sehr flach verlaufenden Wurzeln kaum neues Wasser aufnehmen. Daher sollte man den Wurzelbereich einer Clematis gut beschatten, damit die oberste Bodenschicht länger feucht bleibt.

Kletterpflanzen nutzen verschiedene Techniken: Spreizklimmer spreizen sich zwischen eng stehende Stützen (links). Schlinger winden sich je nach Art rechts- oder linksherum um Stäbe (Mitte links). Wurzelkletterer heften sich mit Haftwurzeln fest (Mitte rechts). Ranker halten sich mit speziellen Organen: Sproßranken, Haftscheiben oder Blattstielranken (rechts, von oben nach unten).

Klettergehölze

Um sich im Wettkampf um das Licht und damit das Überleben behaupten zu können, haben einige Arten, die aus ganz verschiedenen Pflanzenfamilien stammen, besondere Wuchstechniken entwickelt. Sie streben dem Licht entgegen, indem sie ausgesprochen

Wurzelkletterer wie Efeu *(Hedera)* oder Kletterhortensie *(Hydrangea anomala* ssp. *petiolaris)* und Ranker wie Clematis *(Clematis)* wenden eine hochentwickelte Klettertechnik an. Sie bilden Organe aus, die ausschließlich der Verankerung dienen. Bei Wurzelkletterern sind dies spezielle Haftwurzeln, mit deren Hilfe sie direkt an einem Baumstamm oder

Tip

Will man Schlinggehölze an einer Stütze aufleiten, muß man unbedingt ihre arttypische Winderichtung beachten. Legt man die Triebe falsch um die Unterlage, stockt das Wachstum der Pflanzen.

Mit Hilfe ihrer Blattstielranken kann die Clematis an der Unterlage emporklettern.

am Mauerwerk hochklettern können. Ranker benutzen dagegen umgewandelte Sproß- oder Blatteile zum Klettern. Dies können spiralförmig einrollbare Ranken wie bei der Rebe *(Vitis)*, Haftscheiben wie bei einigen Jungfernrebenarten *(Parthenocissus)* oder rankende Blattstiele wie bei der Clematis sein.

Andere holzige Pflanzen

Als Sonderform von Gehölzen sind Rutensträucher wie Geißklee *(Cytisus)* und Ginster *(Genista)* zu betrachten. Sie haben sich durch enorme Rückbildung ihrer Blätter an besonders trockene Standortbedingungen angepaßt, denn auf diese Weise ist die Verdunstung kostbaren Wassers stark eingeschränkt. Photosynthese (siehe Seite 28) betreiben diese Sträucher fast nur in ihren grünen Trieben.

Die Dreispitzige Jungfernrebe hält sich mittels Haftscheiben am Mauerwerk fest.

Eine Übergangsform zwischen Sträuchern und Stauden stellen die sog. Halbsträucher dar, deren untere Sproßteile verholzen, während die oberen krautig bleiben und im Winter absterben. Beispiele dafür sind Lavendel *(Lavandula)* und manche Johanniskraut- *(Hypericum)* oder Salbeiarten *(Salvia)*. Da sie von der Wuchsform und ihrer Verwendung im Garten her den Stauden nahestehen, werden sie auch meist von den Gärtnereien als solche gehandelt. Sie bleiben deshalb in diesem Band unberücksichtigt.

Der Geißklee treibt lange, dünne Rutentriebe, die nur spärlich beblättert sind.

Außer Bäumen und Sträuchern gibt es darüber hinaus noch eine Reihe weiterer Pflanzengruppen, die ihre Triebe mit Holz festigen, sich aber in anderer Hinsicht deutlich von den eigentlichen Gehölzen unterscheiden. Hierzu zählen vor allem die sog. Schopfbäume, in erster Linie die Palmen, aber auch verwandte Formen wie z.B. Drachenbaum *(Dracaena)*, Yucca *(Yucca)* und die Palmfarne, auch Cycadeen *(Cycadaceae)* genannt. Sie alle bilden zwar einen holzigen Stamm, der jedoch im Innern völlig anders aufgebaut ist als bei den Laub- und Nadelgehölzen (siehe Seite 23 ff.), und ihre Krone ist – bis auf wenige Ausnahmen – unverzweigt und besteht nur aus einem Schopf sehr großer Blätter.

Aufgrund dieser abweichenden Wuchsform, aber auch, weil sie im mitteleuropäischen Klimabereich kaum im Freiland gepflanzt werden können, werden die Schopfbäume wie auch die vielen Bambusarten, die verholzende Gräser sind, hier nicht angeführt.

Holz – ein erstaunliches Material

Erst die Fähigkeit, stabile, verholzte Triebe und Wurzeln auszubilden, erlaubt es den Bäumen und Sträuchern, die Wuchshöhe von Stauden um ein Vielfaches zu übertreffen. Holz ist eine geradezu geniale Konstruktion der Natur, die auch der Mensch auf mannigfaltige Weise zu nutzen versteht, von der Verwendung als Bau- oder Schnitzmaterial bis hin zur Herstellung von Dachschindeln aus Rinde oder zur Gewinnung von Holzkohle. Seine Bildung ist ein komplexer und komplizierter Vorgang. Zur Vollendung gebracht haben ihn die Riesen der Natur, die wohl größten Lebewesen, die jemals die Erde besiedelten: die kalifornischen Mammutbäume *(Sequoiadendron giganteum)*, welche angesichts ihrer wahrhaft gigantischen Ausmaße bei jedermann ehrfürchtiges Staunen hervorrufen. Eines der berühmtesten Exemplare, „General Sherman" genannt, weist bei etwa 85 m Höhe einen Stammdurchmesser von 8 m auf. Die Holzmenge dieses auf ein Alter von 3000 Jahren geschätzten Baums soll rund 2500 t betragen, was derjenigen eines mageren Kiefernwaldes auf fast 10 ha Fläche entspricht.

Bestandteile des Holzes

Dieses Wundermaterial Holz, das stabil genug ist, um turmhohe Kronen zu tragen, und zugleich biegsam genug, um selbst starken Stürmen zu widerstehen, ist eine Erfindung der Natur, die jede menschliche Stahlträger- oder Stahlbetonkonstruktion weit in den Schatten stellt. In einmaliger Weise verbindet Holz die Eigenschaften der Stabilität und Elastizität miteinander.

Beim sog. sekundären Dickenwachstum, der Bildung von Holzzellen im Pflanzensproß, wird in die zunächst weichen, aus elastischer, zugfester Zellulose bestehenden Zellwände Lignin eingelagert, eine hochkomplizierte chemische Verbindung, die die Zellwand versteift und druckfest macht. Die Tatsache, daß Lignin von Bakterien und Pilzen nur äußerst schwer zersetzt werden kann, ist einer der Gründe für die lange Lebensspanne von Gehölzen. Auch dafür, daß tote Baumstämme oder Baumwurzelstöcke anders als grünes, unverholztes Pflanzenmaterial nur sehr langsam verrotten, ist diese Substanz Lignin verantwortlich.

Im Lauf seines langen Lebens produziert ein Baum eine sehr beachtliche Masse Holz.

Neben der chemischen Veränderung der Holzzellen bewirken auch die spezielle Gestalt der unterschiedlichen Zelltypen sowie deren Anordnung im verholzten Trieb die erstaunlichen Eigenschaften des Holzes. Bei den Laubgehölzen wird durch bestimmte Holzfasern, lange, dickwandige Zellen, die sich in Längsrichtung der Stämme erstrecken, eine besondere Zugfestigkeit erreicht. Im Holz mancher Bäume, etwa einiger Eichenarten, machen diese Holzfasern fast zwei Drittel der gesamten Holzmasse aus. Das Holz der Nadelbäume zeigt eine weniger ausgefeilte Differenzierung der Zellen, ist aber durch seinen vergleichsweise simplen Bau unter nahezu allen Umständen funktionsfähig.

Bei der Mehrzahl der Bäume besteht das Holz zum überwiegenden Teil aus toten Zellen. Diese bauen als sog. Kernholz den

Tip

Wenn ein Baum gefällt werden muß und man sich das sehr mühsame Entfernen des Wurzelstocks ersparen will, kann man die Zerstörungskraft holzzersetzender Pilze nutzen. Damit diese besser angreifen können und der natürliche Abbau beschleunigt wird, treibt man mit Axt oder Säge mehrere tiefe Einschnitte ins Holz und bedeckt den Stumpf dann mit einer dicken Erdschicht.

Tip

Die meisten Nadelhölzer scheiden bei Verletzung klebriges Harz aus, das an der Luft rasch trocknet und aushärtet. Mit seinen fäulniswidrigen Eigenschaften stellt Harz einen hervorragenden Wundverschluß dar. Es verstopft auch die Bohrlöcher von Borkenkäfern und verhindert dadurch deren weiteres Eindringen. Ausfließendes Harz sollte deshalb nicht gleich entfernt, sondern möglichst am Holz belassen werden.

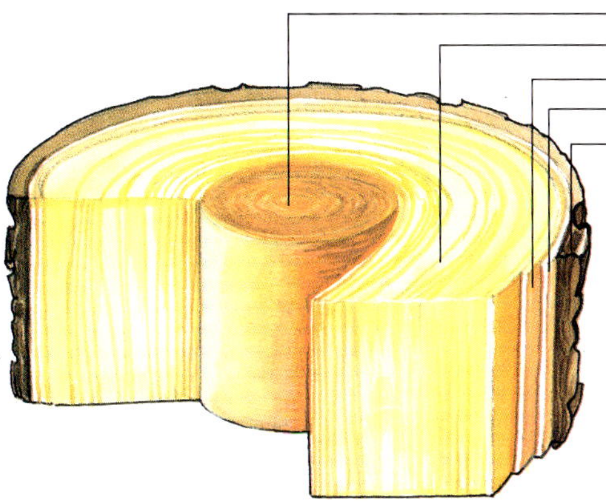

Der Holzkörper eines Baums besteht aus mehreren Schichten: Dem innenliegenden, harten Kernholz folgt nach außen das weichere Splintholz, umschlossen von der Wachstumsschicht, dem Kambium. Die äußere Hülle wird von Bast und Borke gebildet.

Pappeln, die kein hartes Kernholz bilden, werden oft hohl.

Tip

Manche Baumarten wie Pappeln, Weiden oder Linden lagern keine Gerbstoffe im Holz ein. Deshalb werden ihre Stämme oft hohl. Da sie dann bei einem heftigen Sturm brechen oder umstürzen können, sollten ältere Exemplare aus Sicherheitsgründen regelmäßig auf ihre Standfestigkeit untersucht werden. Durch Abklopfen des Stamms läßt sich anhand des Klangs feststellen, ob das Holz hohl ist.

Tip

Um den Stamm eines Baums beim Hausbau vor Beschädigungen zu schützen, die zum Absterben führen können, sollte man ihn mit alten Matratzen, mehreren Lagen Strohmatten oder ähnlichem umwickeln.

ganzen inneren Bereich des Sproßsystems auf. Das Kernholz dient in erster Linie der Festigung und Stützung.

Gerb- und Farbstoffe, die im Kernholz eingelagert werden, sorgen ebenso wie das Lignin dafür, daß holzzersetzende Organismen kein leichtes Spiel haben. Diese Stoffe, deren chemische Zusammensetzung sich je nach Baumart unterscheidet, bewirken auch die schöne Färbung mancher Hölzer.

Nach außen zu folgt dem Kernholz ein Ring aus sog. Splintholz, einem noch lebenden Gewebe, das außer dem Wassertransport auch die Speicherung von Reservestoffen übernimmt. Es stellt sozusagen den dynamischen Holzanteil dar, während das Kernholz den statischen Anteil ausmacht. Einige Gehölze, etwa Birken, Pappeln und Erlen, bilden ausschließlich Splintholz. Ihr gesamter Holzkörper besteht aus Zellen mit gleich hohem Wassergehalt, ihr Stammquerschnitt erscheint daher gleichfarbig.

Das Splintholz durchziehen in seiner gesamten Länge enge Röhren, die Tracheen und Tracheiden. In ihnen wird das lebensnotwendige Wasser von den Wurzeln in die Zweige und zu den Blättern geleitet. Bei manchen Arten geht dies mit erstaunlicher Geschwindigkeit vonstatten: Es wurden Strömungsgeschwindigkeiten bis zu 44 m/h gemessen.

Ort der Entstehung sämtlicher Holzzellen ist das Kambium, eine dünne Schicht lebenslang teilungsfähiger Zellen, die sich dem Splintholz nach außen hin anschließt. Regel-

Rinden besitzen einen eigenen Reiz: Stieleiche (oben links), Birke (oben rechts), Schwarzkiefer (unten links), Platane (unten rechts).

mäßig schnürt das Kambium junge Zellen nach innen zu ab, wo sie sich allmählich in Holzzellen umbilden. Auch nach außen werden neue Zellen abgegliedert, die sich dann zur Rinde entwickeln.

Rinde

Die Rinde legt sich wie eine Haut um das gesamte Sproßgerüst eines Baums oder Strauchs, schützt ihn vor starker Sonneneinstrahlung ebenso wie vor Frost oder Austrocknung und verhindert, daß Pilze, gefräßige Insekten und andere Kleintiere allzu leicht ins Innere vordringen können. Die erste (primäre) Rinde eines jungen Triebs kann mit dem starken Dickenwachstum jedoch meist nur eine begrenzte Zeit mithalten. Sie reißt schließlich auf, platzt ab und wird durch ein neues Gewebe ersetzt: die eigentliche, dauerhafte (sekundäre) Rinde, auch Bast genannt.

Der Bast ist ein relativ weiches, saftiges und im Vergleich zum Splintholz recht dünnes Gewebe, in das ebenfalls Leitungsbahnen eingebettet sind. Diese transportieren jedoch kein Wasser, sondern die von den Blättern gebildeten Nährstoffe – vor allem Zucker und Stärke, aber auch Eiweiße und andere Pflanzenstoffe – in Richtung des Stamminnern und zu den Wurzeln. Die Bastschicht übernimmt also in erster Linie den Transport des Saftstroms von oben nach unten, während im Splintholz der Transport von Wasser in umgekehrter Richtung stattfindet. Die im Bastgewebe als Verstärkung dienenden Bastfasern waren früher als Flecht- und Bindematerial sehr begehrt, ganz besonders diejenigen von Linden.

Borke

An älteren Sproß- und Wurzelteilen bildet sich unter der äußeren Rindenschicht eine zweite teilungsfähige Zellschicht aus, das sog. Korkkambium. Es gibt nach außen hin Korkzellen ab, deren Zellwände durch eine fettartige, wasserabweisende Substanz wasser- und luftundurchlässig sind. Dadurch werden die in der Peripherie liegenden Gewebeschichten von der Nahrungs- und Wasserversorgung aus Bast und Holz abgeschnitten, sie sterben allmählich ab und bilden die Borke.

Lage und Form des Korkkambiums entscheiden darüber, ob sich eine nur sehr dünne, papierartige Borke bildet wie bei den Birken oder dem Wacholder, bei denen das Korkkambium dicht unter der Rinde liegt, oder ob sich wie bei vielen Eichenarten oder den Robinien eine mächtige Borke aufbaut, weil das Korkkambium tiefer im Bast liegt. Verläuft das Korkkambium ring- bzw. zylinderförmig parallel zur Außenseite des Stamms, bildet sich eine gleichmäßige Borke, verläuft es dagegen gewölbt, entsteht eine wulstartig aufreißende Schuppenborke wie etwa die der Kiefern.

Als tote Gewebeschicht vermag die Borke der weiteren Dickenzunahme des Stamms oder der Wurzel nicht mehr zu folgen. Ihre jeweils äußersten Teile reißen immer wieder auf und blättern in arttypischer Weise ab. Eine sehr starke Korkbildung kann zu erhabenen, längs verlaufenden Korkleisten führen, wie man sie beim Korkflügelstrauch *(Euonymus alata)* oder der Feldulme *(Ulmus minor)* findet.

Jahresringe

Im Klima der gemäßigten Breiten und der Subtropen schwankt die Zellteilungsaktivität des Kambiums mit den Jahreszeiten, was die Ausbildung der typischen Jahresringe im Holz verursacht.

Im Frühling, in den Subtropen am Ende der Trockenzeit, beginnt eine rege Zellteilung, bei der besonders große Zellen und Leitungsbahnen mit nur dünnen Zellwänden entstehen. Gegen Ende der Wachstumsperiode, im Spätsommer bzw. zum Ende der Regenzeit hin, werden die abgegliederten Zellen immer kleiner und deren Zellwände immer dicker. Schließlich hört die Zellteilung im Winter bzw. in der Trockenzeit ganz auf.

Im Holz ist der Übergang zur wiederum großzelligen Schicht des nächsten Frühjahrs bzw. der nächsten Regenzeit deutlich zu erkennen. Im Querschnitt treten diese Grenzen als konzentrische Ringe auf, im Längsschnitt, also auf Brettern, bilden sie die holztypische Maserung.

Da der lebensnotwendige Wassertransport bei den meisten Gehölzen hauptsächlich in der jüngsten, also äußersten Schicht des Splintholzes erfolgt, und zwar dicht unterm Kambium, ist diese Holzschicht für den Baum oder Strauch besonders wichtig. Wird sie verletzt, bedeutet es höchste Gefahr für die gesamte Pflanze, da die weiter innen liegenden, älteren Gefäße den Wassertransport nur unvollständig übernehmen können. Daher ist das Ringeln eines Baums, also das Einschneiden rund um den Stamm herum bis unter den Bast, normalerweise tödlich, denn man bringt damit einen Großteil der Wasserzufuhr und überdies den gesamten Saftstrom (siehe Seite 23 ff.) zum Erliegen.

Die Äste und Zweige des Korkflügelstrauchs sind mit flachen Korkleisten besetzt.

Tip

Die Borke ist ihrer Form, Färbung und Art des Aufreißens nach bei jeder Baumart verschieden und oft sehr charakteristisch. Im Garten kann sie, vor allem in der blattlosen Winterzeit, eine attraktive Zierde darstellen. Meist braucht man jedoch etwas Geduld, denn nur ältere Gehölze zeigen ihre Borke in voller Ausprägung.

Tip

Die Borke eines Baums oder Strauchs sollte man niemals entfernen, auch wenn sie noch so rissig und alt erscheint. Sie stellt einen wichtigen Schutz vor Schädlingen, mechanischer Verletzung und ungünstigen Umwelteinflüssen dar. Außerdem gehört sie zum typischen Erscheinungsbild der Gehölze unbedingt dazu.

Tiefwurzler (oben) bilden ein weit hinabreichendes, Flachwurzler (unten) ein stark in die Breite gehendes Wurzelsystem. Entsprechend muß man die Pflanzstelle vorbereiten.

Merkmale der Gehölze

Wie alle Blütenpflanzen bestehen Bäume und Sträucher nicht nur aus dem Sproß, sondern haben Wurzeln, Knospen und Blätter, bringen an ihren Zweigen Blüten hervor und sichern mit der Ausbildung von Samen den Fortbestand ihrer Art. Manche Gehölze wandeln ihr Erscheinungsbild im Jahreslauf immer wieder, sei es durch Blattaustrieb, Blüten- oder Fruchtschmuck oder durch herbstliche Laubfärbung. Bei anderen verläuft der jahreszeitliche Lebensrhythmus gänzlich unauffällig, jahraus, jahrein scheint sich nichts zu ändern. Doch wer um die Funktionen und Zusammenhänge im Pflanzenkörper weiß, vermag die Lebensvorgänge und Bedürfnisse auch der „unveränderlichen" Gehölze zu erkennen und zu beurteilen.

Wurzeln

Bei den meisten Baumarten ist das Wurzelsystem in seiner Gesamtheit mindestens ebenso umfangreich wie das oberirdische Sproßsystem. Das Holz der großen Befestigungswurzeln, die zentral unter dem Stamm oder der Triebbasis liegen, weist eine außerordentlich hohe Zugfestigkeit und Zähigkeit auf. Diese Wurzeln dienen in erster Linie der sicheren Verankerung der Bäume.

Die Nährstoffaufnahme wird dagegen vorwiegend von den weiter außen liegenden Saugwurzeln mit ihren feinen und feinsten Verzweigungen bewerkstelligt. An deren äußersten Spitzen sitzen zahllose, sich mit dem Wurzelwachstum ständig neu bildende Wurzelhärchen, die in die Hohlräume zwischen den Bodenteilchen (siehe Seite 43) vordringen. Sie nehmen das Bodenwasser samt den darin gelösten Nährstoffen auf und geben es in die Wasserleitungsbahnen ab, wo der Transport nach oben beginnt.

Wie die Wurzeln im Boden verlaufen, hängt einerseits entscheidend von der Beschaffenheit des Bodens ab (siehe Seite 41 ff.), andererseits ist die Form des Wurzelsystems aber auch ein artspezifisches Merkmal der Pflanze. So gibt es Baumarten, sog. Flach- oder Tellerwurzler, deren Wurzeln vorwiegend knapp unter der Erdoberfläche verlaufen, z. B. die Rotfichte *(Picea abies)*. Dies erkennt man deutlich bei vom Sturm entwurzelten Fichten, die dann mit ihrem flachen Wurzelteller wie umgeklappt am Boden liegen. Bei einer ausgewachsenen Stieleiche *(Quercus robur)* z. B., einem typischen Tiefwurzler, auch Pfahl- oder Herzwurzler genannt, ist solch ein Umstürzen normalerweise nicht möglich, denn zumindest einige ihrer Hauptwurzeln verlaufen pfahlartig bis in große Tiefen und verankern den Baum dadurch sehr viel fester im Boden.

Das mächtige Wurzelsystem einer alten Hainbuche reicht sowohl in die Tiefe als auch in die Breite. Auf tiefgründigen Böden wächst die Art am besten.

Mykorrhiza

Die meisten mitteleuropäischen Bäume, wie stark und mächtig sie auch wirken mögen, könnten ohne die Hilfe kleinster Bodenorganismen nicht überleben. Vor allem Pilze sind es, die mit den Feinwurzeln der Gehölze in engster Verbindung stehen. Diese meist streng artspezifische Lebensgemeinschaft, in der Fachsprache Mykorrhiza genannt, bringt beiden Organismen viele Vorteile.

Die unterirdischen Zellfäden des Pilzes umspinnen die Wurzelenden des Gehölzes, die ihrerseits dabei keulenartig anschwellen und sich verzweigen, und dringen in die Rinde der Wurzel ein. Mit seinem weitverzweigten Geflecht feinster Zellfäden übernimmt der Pilz die Funktion von Wurzelhaaren und verbessert damit die Wasser- und

Wie viele andere Baumarten können auch Kiefern ohne Mykorrhiza-Pilze nicht gedeihen.

Nährstoffaufnahme des Baums ganz erheblich. Zudem bietet er einen gewissen Schutz vor dem Befall mit Schadpilzen, die Wurzelkrankheiten hervorrufen. Der Baum gibt seinerseits einen Teil der energiereichen Verbindungen aus seinem Saftstrom, vor allem Zucker, über die Wurzeln an den Pilz ab.

Auf diese Symbiose sind viele Gehölze je nach Art mehr oder weniger stark angewiesen; vor allem viele Waldbäume wie Buchen, Eichen oder Kiefern können ohne den entsprechenden Pilz nicht oder nur schlecht gedeihen. Andere Bäume, etwa Ahorn oder Birken, sind zwar nicht derartig abhängig von einem Mykorrhiza-Pilz, wachsen aber mit ihm wesentlich besser. Da im Boden meistens genügend Pilzsporen vorhanden sind, stellt sich bei einem frischgepflanzten Gehölz der erforderliche Partner über kurz oder lang von selbst ein. Man muß die Pflanzstelle nicht etwa eigens mit dem entsprechenden Pilz beimpfen.

Knospen

Die Gehölze der gemäßigten und kälteren Regionen der Erde sind im Winter höchst unwirtlichen Bedingungen ausgesetzt. Um ihre empfindlichen Knospen in der kalten Jahreszeit vor Schäden zu bewahren, haben sie derbe Knospenhüllen entwickelt. Sie vermögen die jungen Triebe des kommenden Frühjahrs vor dem Erfrieren bei strengem Frost wie auch vor dem Vertrocknen durch die Wintersonne sehr wirksam zu schützen.

Durch derbhäutige Knospenschuppen, die nichts anderes als umgewandelte Blätter sind, aber auch durch isolierende, luftgefüllte Haarpolster sowie durch klebrige Ausscheidungen, die die einzelnen Knospenschuppen dicht verkitten, wird die Temperatur im Innern der Knospe gegen äußere Schwankungen abgeschirmt und weitgehend konstant gehalten. Wie in einer Klimakammer gut vor allen Unbilden der Witterung geschützt, warten darin die noch zarten, bleichen Blätter oder Blüten, die bereits fast fertig ausgebildet, aber noch dicht zusammengerollt sind, auf den Beginn der nächsten Vegetationsperiode. So können sie ohne Verzögerung mit dem Wachstum beginnen, sobald die Bedingungen dafür günstig werden.

Bei den größtenteils immergrünen Gehölzen tropischer Gefilde ist ein solcher Schutz der jungen Triebe natürlich nicht nötig. Schützende Knospenhüllen werden deshalb von diesen Pflanzen gar nicht erst ausgebildet. In den gemäßigten Breiten kommen dagegen nur ganz wenige Arten ohne die Triebe umhüllende Knospenschuppen aus, darunter der Wollige Schneeball *(Viburnum lantana)*.

Ihrem Inhalt entsprechend lassen sich Blatt- oder Trieb- und Blütenknospen unterscheiden. Erstere sind stets vergleichsweise klein und dünn und bringen nur Blätter oder Seitentriebe hervor. Blütenknospen dagegen sind oft dick angeschwollen, wie man es besonders ausgeprägt bei der Roßkastanie *(Aesculus)* sieht. Schließlich enthalten sie ja auch einen vollständigen, bereits vorgebildeten Blütenstand.

Gut geschützt von einer derben, pelzigen Hülle warten die Knospen der Magnolie auf das Frühjahr.

In jeder Knospe, hier die einer Roßkastanie, sind alle daraus hervorbrechenden Organe bereits fertig angelegt.

Tip

Der Pilz *Ceratocystis ulmi*, der das tödliche Ulmensterben (siehe Seite 122) verursacht, wirkt auf ähnliche Weise wie das Ringeln. Er verstopft mit seinen Zellfäden die Leitungsbahnen der jüngsten Jahresringe des Baums und schnürt ihn dadurch von der Wasser- und Nährstoffversorgung ab. Im Garten sollte man daher nur Ulmensorten pflanzen, die gegen diesen Pilz resistent sind.

Tip

Das Wässern eines Baums unmittelbar am Stammfuß hat nur wenig Sinn, da sich dort kaum Feinwurzeln befinden, die das Wasser aufsaugen könnten. Besser ist es, an der äußeren Grenze des Wurzelsystems zu gießen, die meist ungefähr mit dem Rand der Krone übereinstimmt. So gelangt die Feuchtigkeit direkt in den Bereich der wasseraufnehmenden Wurzeln.

Ein Laubblatt ist aus mehreren Schichten aufgebaut: Die Photosynthese findet vor allem in den palisadenartigen Zellen unter der oberen Hüllschicht statt, der Gasaustausch im schwammartigen Gewebe darunter. Auf der Blattunterseite liegen die Blattporen, über welche die Pflanze atmet und Wasser verdunstet.

Tip

Da winter- und immergrüne Pflanzen auch während der kalten Jahreszeit über ihre Blätter Wasser verdunsten, geraten sie in Gefahr, im Winter auszutrocknen. Daher sollten sie im Herbst vorbeugend gründlich gewässert werden. Dies gilt besonders für frisch gepflanzte Gehölze.

Blätter

Nicht zu Unrecht werden Blätter häufig als Kraftwerke der Pflanzen bezeichnet. In ihnen vollzieht sich mit Hilfe des Sonnenlichts im komplizierten Prozeß der Photosynthese die Umwandlung von Wasser und Kohlendioxid zu Zucker, der von den Pflanzen als Bau- und Energiestoff verwendet wird. Sozusagen als „Abfallprodukt" wird dabei Sauerstoff frei, der an die Luft abgegeben wird und den alle Organismen zum Atmen benötigen. Auch die Pflanzen atmen, um Energie zu gewinnen. Sie verbrauchen dabei aber nur einen Teil des von ihnen hergestellten Sauerstoffs wieder.

Aus dem so entstehenden Zucker und den von den Wurzeln gelieferten Bodennährstoffen vermag die Pflanze letztlich alle Substanzen aufzubauen, die sie zum Leben braucht. Zur Photosynthese sind aber nur grüne Pflanzen fähig, denn ohne das Blattgrün, das Chlorophyll, kann dieser Prozeß in den Pflanzenzellen nicht ablaufen. Doch in den Blättern der Gehölze ist es reichlich vorhanden, schließlich ist dieser Stoff für deren grüne Farbe verantwortlich.

Das für die Photosynthese ebenfalls notwendige Wasser muß laufend von den Wurzeln aufgenommen und über die Leitungsbahnen zu den Blättern transportiert werden. Zwar verdunstet der größte Teil davon ständig aus mikroskopisch kleinen Poren, den sog. Spaltöffnungen, die sich bei den Laubblättern vor allem auf den Blattunterseiten befinden, doch nur durch diese Verdunstung wird der ständige Wasserstrom von den Wurzeln bis zu den obersten Blättern aufrechterhalten.

Das Blattgrün im Laub der Blutbuchen wird von roten Farbstoffen überdeckt.

In den Blättern vollzieht sich mit Hilfe des Blattgrüns die Umwandlung von Sonnenenergie.

Laub- und Nadelblätter

Die im Garten verwendeten Ziergehölze stammen aus sehr unterschiedlichen Verwandtschaftskreisen. Nach der Form ihrer Belaubung lassen sie sich, fast immer für jedermann klar ersichtlich, den Laub- oder Nadelgehölzen zuordnen.

Laubgehölze besitzen typische, flächige Blätter mit netzartiger, also mehrfach verzweigter Nervatur. Sie können sowohl sommer- als auch immergrün sein, und dementsprechend überdauern ihre Blätter nur eine oder aber mehrere Vegetationsperioden. Auch immergrüne Pflanzen wie die Stechpalme *(Ilex)* oder die Lorbeerkirsche *(Prunus laurocerasus)* wechseln ihre Blätter periodisch: je nach Art in einem drei- bis siebenjährigen Rhythmus. Da der Laubwechsel bei immergrünen Gehölzen aber nach und nach erfolgt, also nicht alle Blätter auf einmal betrifft, tritt er nach außen hin kaum in Erscheinung – ganz anders als beim Laubfall der sommergrünen Arten in jedem Herbst.

Eine Zwischenform stellen die winter- oder halbimmergrünen Gehölze dar, zu denen etwa einige Zwergmispeln *(Cotoneaster)*, Liguster *(Ligustrum)* und Heckenkirschen *(Lonicera)* zählen. Ihre Blätter bleiben zwar den Winter über erhalten, doch treiben die Sträucher im Frühling neues Laub, und das letztjährige fällt ab. Jedes einzelne Blatt hat folglich eine Lebenszeit von nur einem Jahr.

Im Gegensatz zu den Laubgehölzen tragen Nadelgehölze bis auf wenige Ausnahmen sehr schmale, linealische Blätter, sog. Nadelblätter oder, verkürzt ausgedrückt, Nadeln. Typischerweise haben diese nur einfache, unverzweigte Blattnerven. In überwiegender Zahl sind Nadelgehölze immergrün, nur wenige, z.B. Lärchen *(Larix)*, Sumpfzypressen *(Taxodium)* und Ginkgo *(Ginkgo)*, wechseln regelmäßig jedes Jahr ihr gesamtes Blattwerk.

Einige Nadelgehölze, wie Scheinzypresse *(Chamaecyparis)*, Wacholder *(Juniperus)* oder Lebensbaum *(Thuja)*, bilden Schuppenblätter,

Je weiter der Herbst voranschreitet, desto intensiver färbt sich das Laub der Gehölze um.

die in ihrem inneren Bau den Nadeln recht ähnlich sind und, dicht an dicht, dachziegelartig angeordnet an den Trieben stehen. Eigenartigerweise verändern manche Arten, z.B. China-Wacholder *(Juniperus chinensis)*, Sadebaum *(Juniperus sabina)* oder Rotzeder *(Juniperus virginiana)*, im Lauf ihres Lebens die Blattform: In der Jugend tragen sie Nadeln, später aber Schuppenblätter.

Herbstfärbung und Blattfall

Im Herbst, wenn die Tage kürzer werden, beginnen sich die Gehölze auf den Winter einzustellen. Die Reservestoffe werden in das Speichergewebe im Holz transportiert und dort eingelagert, das Blattgrün wird abgebaut.

Die oft leuchtende Herbstfärbung der Blätter ist auf verschiedene Farbstoffe zurückzuführen, die in arttypischer Zusammensetzung im Blattgewebe enthalten sind. Während der Wachstumszeit waren sie durch das farbintensive und reichlich vorhandene Blattgrün überdeckt, jetzt treten sie deutlich hervor. Je nach Art können dabei gelbe, braune, orangerote oder satt dunkelrote Töne entstehen.

Manche Gehölze wie etwa verschiedene Ahornarten *(Acer)* oder der Essigbaum *(Rhus typhina)* bieten ein vollendetes Farbschauspiel. Sie lassen mit ihrem glühenden Rot die Lebenskraft des Sommers noch einmal auflodern, ehe sie sich zur Winterruhe begeben.

Nachdem alle Reservestoffe und die für die Pflanze noch anderweitig verwertbaren Substanzen aus den Blättern in das Splintholz abtransportiert wurden, welken diese und fallen ab. Sie verlieren die Verbindung zum Zweig an einer bestimmten Stelle des Blatt-

Tip

Anders als die übrigen Nadelgehölze entwickelt der Ginkgo Blätter, die eher denen der Laubbäume ähneln. Botanisch ist er aber als Nadelgehölz zu betrachten, weshalb er auch in Baumschulen, Gartencentern und Katalogen unter dieser Pflanzengruppe geführt wird.

Tip

Ein Gehölz mit ausgeprägter Herbstfärbung kann im Garten als attraktiver Blickfang dienen, wenn es an einer sorgfältig ausgewählten Stelle plaziert wird, wo es im Herbst besonders gut zur Geltung kommt.

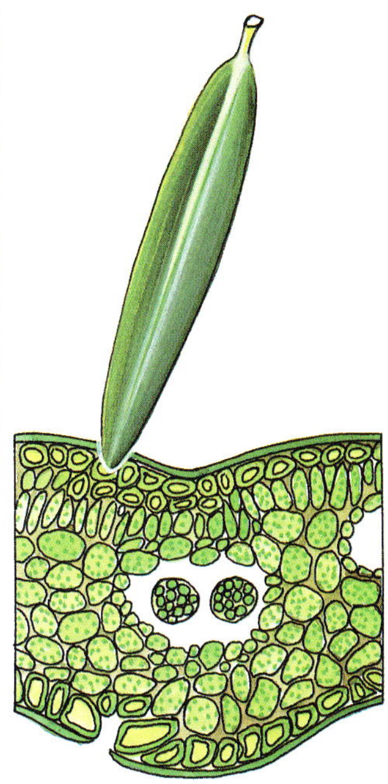

Bei einem Nadelblatt ist vor allem die dicke Außenhaut auffällig. Der innere Aufbau ähnelt ganz dem des Laubblatts.

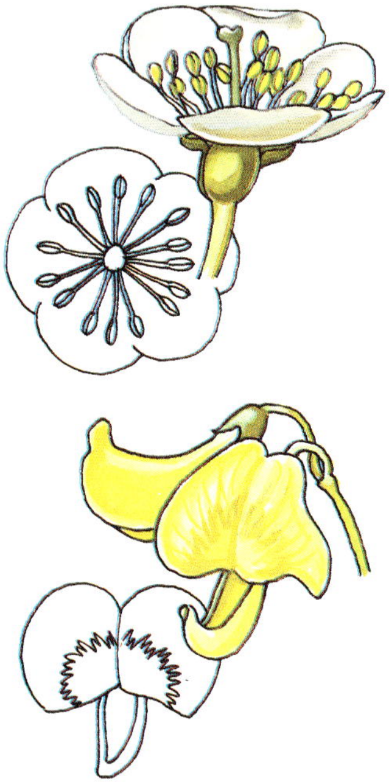

Bei einer radiären Blüte (oben) sind die Organe kreisförmig angeordnet. Die komplizierter gebauten Schmetterlingsblüten (unten) erinnern an einen Falter.

Tip

Gefüllte Blüten wie die mancher Zierkirschen oder des Ranunkelstrauchs entstehen stets dadurch, daß Staubblätter in Kronblätter umgewandelt werden. Sie sind daher oft steril und bilden keine Früchte aus. Gefülltblühende Arten und Sorten lassen sich deshalb meist nur vegetativ vermehren.

Das Laub der Felsenbirnen zeigt im Herbst ein besonders prächtiges Farbenspiel.

stiels, weil sich das Gewebe an dieser vorgebildeten Trennungszone allmählich auflöst. Bei einigen Gehölzen wie etwa der Rotbuche *(Fagus sylvatica* ssp. *sylvatica)* oder manchen Eichen *(Quercus)* welken die Blätter zwar, bleiben jedoch noch am Baum hängen, da ihnen dieses spezielle Trenngewebe fehlt. Erst im Frühjahr werden sie mit dem Austrieb der neuen Blätter abgestoßen.

Blüten

Eine große Gruppe von Pflanzen sorgt durch die Ausbildung von Blüten für die Vermehrung und damit für die Erhaltung ihrer Art. Zu diesen sog. Blütenpflanzen gehören auch sämtliche Gehölze. In den Blüten stehen die Geschlechtsorgane der Pflanze, aus ihnen entwickeln sich die Samen und letztlich die immer neuen Nachkommen.

Grundsätzlich zeigen Gehölzblüten den gleichen Aufbau wie diejenigen von Sommerblumen oder Stauden. Handelt es sich um vollständige Blüten wie etwa beim Straucheibisch *(Hibiscus syriacus)*, so bestehen sie aus einem Kranz meist grüner Kelchblätter, den bunt gefärbten Kronblättern sowie im Innern den männlichen und weiblichen Geschlechtsorganen, den Staub- und Fruchtblättern.

Diese einfache Grundform ist die Basis für eine schier unüberschaubare Formenfülle, die durch Abwandlung der einzelnen Organe entsteht. Sie reicht von einfachen, kreisrunden Strahlenblüten, wie sie Magnolien oder Zieräpfel aufweisen, bis hin zu den kompliziert gebauten Schmetterlingsblüten beispielsweise von Robinie oder Ginster.

Nicht bei allen Arten sind weibliche und männliche Geschlechtsorgane in ein und derselben Blüte vereinigt. Neben den zwittrigen Blüten gibt es häufig auch eingeschlechtliche, also rein männliche bzw. rein weibliche. Bei Buchen und Eichen sowie den Nadelgehölzen z.B. werden beide Blütentypen am selben Baum gebildet, man spricht hier von einhäusigen Gewächsen.

Männliche und weibliche Blüten können aber auch getrennt an verschiedenen Pflanzen stehen, so daß es rein weibliche und rein männliche Exemplare gibt. Solche Arten werden zweihäusig genannt. Unter den Bäumen sind Pappeln und Weiden bekannte Beispiele dafür.

Sollen die Blüten von Insekten bestäubt werden, sind sie stets optisch auffällig und produzieren süß duftenden Nektar, um die Tiere anzulocken. Die meisten Sträucher bedienen sich dieser Taktik und werden daher auch im Garten in erster Linie wegen ihrer Blütenpracht gepflanzt.

Andere Gehölze hingegen, darunter alle Nadelgehölze und viele heimische Laubwaldbäume wie Weißbirke *(Betula pendula)*, Rotbuche *(Fagus sylvatica* ssp. *sylvatica)* und Gewöhnliche Esche *(Fraxinus excelsior)*, werden durch den Wind bestäubt. Dies erscheint auch durchaus einleuchtend, erstrecken sich doch gerade die Bäume in sprichwörtlich „luftige“ Höhen, in denen ständig eine leichte Brise weht, Insekten jedoch seltener auftreten. Die Blüten dieser Arten bleiben meist unscheinbar und fallen oft erst bei genauerer Betrachtung auf. Dafür bilden windbestäubte Arten

Die Blüten des Straucheibischs umfassen sowohl weibliche als auch männliche Organe.

meist sehr viele Blüten und enorme Mengen an Blütenstaub, so daß ihr Pollen oft weithin als gelbe Staubschicht zu finden ist.

Blütenstände

Nicht nur bei den Blüten selbst, auch in der Art ihrer Anordnung, in den Blütenständen, zeigen Gehölze eine breite Palette an Formen. Da gibt es Ähren, bei denen die Einzelblüten direkt an der Blütenstandsachse sitzen, Trauben, bei denen die einzelnen Blüten gestielt sind, etwa bei der Johannisbeere *(Ribes)*, oder Rispen, bei denen die Blütenstiele sich mehrfach verzweigen, wie bei der Roßkastanie *(Aesculus)* oder der Hortensie *(Hydrangea)*. Eine sehr auffällige Besonderheit sind die kugeligen Blütenstände der Platane *(Platanus)*.

Die weiblichen Blütenstände der zapfenbildenden Nadelgehölze, der Koniferen (siehe Seite 32), sind nichts anderes als allmählich verholzende, eingeschlechtliche Ähren. Sie bestehen aus einer Achse, an der schuppenartige Tragblätter, die Deckschuppen, sitzen, die ihrerseits die Samenschuppen mit den offen daliegenden Samenanlagen tragen. Eine Narbe und einen Fruchtknoten besitzen diese Blüten nicht, der Pollen gelangt, mit dem Wind direkt zu den Samenanlagen. Die männlichen Blüten sind ebenfalls zapfenartig, doch wesentlich kleiner und bestehen aus zahlreichen Schuppen mit Pollensäcken.

Eine besondere Form des Blütenstands, die man nur bei Gehölzen findet, sind die sog. Kätzchen, die windbestäubte Arten wie Erlen, Birken, Haseln und Weiden zeigen. Es handelt sich dabei um Ähren, deren zahlreiche Einzelblüten so winzig sind, daß man sie meist nur mit einer Lupe erkennen kann. Oft sind die Kätzchen eingeschlechtlich, und ihre männlichen und weiblichen Formen unterscheiden sich stark. Aus den langen, meist hängenden männlichen Blütenständen staubt der Pollen bei der kleinsten Erschütterung heraus. Die eiförmigen weiblichen Kätzchen bleiben dagegen deutlich kürzer und stehen oft aufrecht. Nicht selten sind sie auch ganz abweichend gebaut und ähneln z. B. kleinen Knospen, wie bei der Hasel, oder Köpfchen, wie bei der Buche.

Früchtevielfalt

In den befruchteten Blüten reifen die Samen heran. Häufig sind sie von einer schützenden und zugleich die Verbreitung fördernden Hülle umgeben. Samen mitsamt Umhüllung ergeben die Frucht.

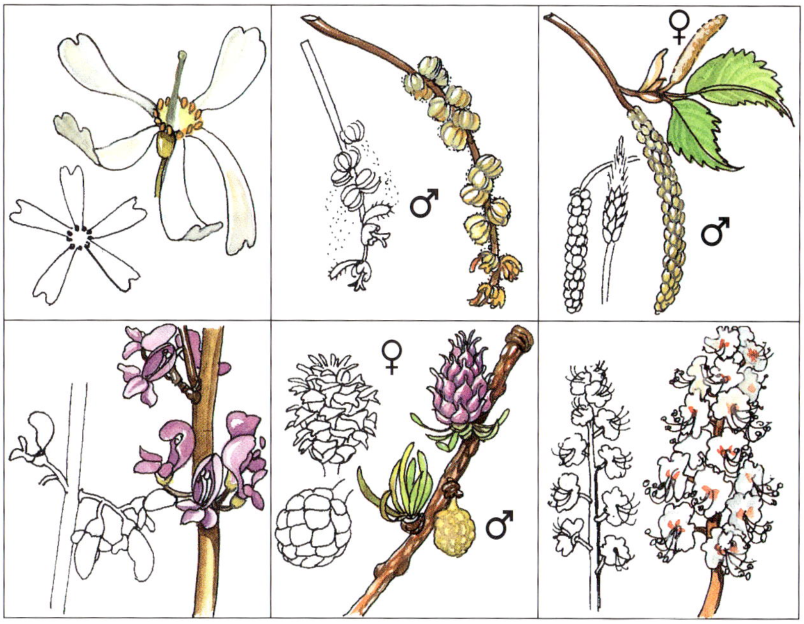

Bei Gehölzen treten verschiedene Blütenformen auf: zwittrige Blüten, eingeschlechtliche Blüten, Kätzchen (oben von links nach rechts), büscheliger Blütenstand, Zapfen und Rispe (unten von links nach rechts).

Fast ebenso reich wie bei den Blüten ist die Vielfalt an Fruchtformen, die man bei Gehölzen finden kann. Meist steht die Fruchtform in engem Zusammenhang mit der Art der Ausbreitung der Samen. Sie ist aber auch charakteristisch für die jeweilige Pflanzenfamilie.

Besonders auffällige, schön gefärbte Zapfen trägt die Korea-Tanne an waagrecht abstehenden Ästen.

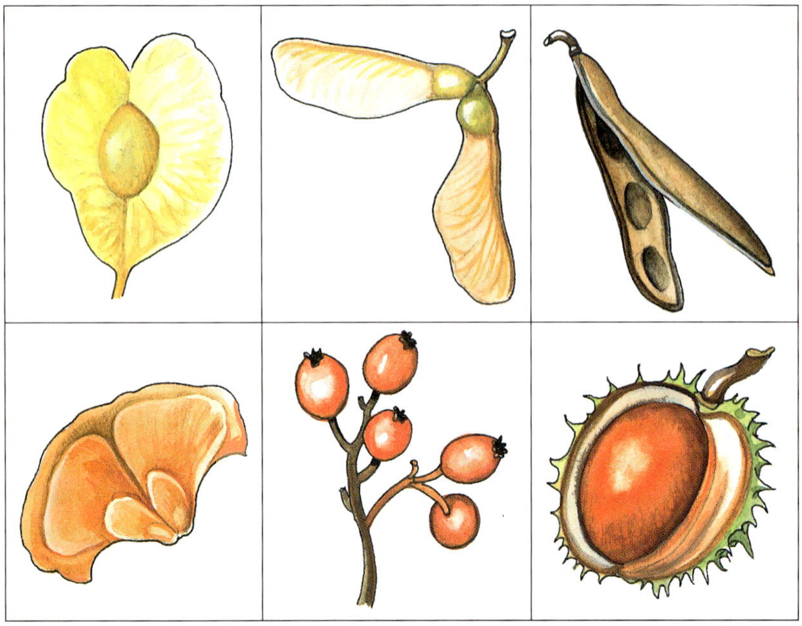

So vielfältig wie die Blüten sind auch die Fruchtformen: geflügelte Nuß, Spaltfrucht, Hülse (oben von links nach rechts), Nadelgehölzsamen, Apfelfrüchte und Kapselfrucht (unten von links nach rechts).

Die Früchte der Zierquitten sehen aus wie kleine Äpfel, und man kann sie zu Gelee oder Kompott verarbeiten.

Nußfrüchte, d.h. geschlossene, nur einen Samen beherbergende Formen, bilden sich etwa bei Hainbuche, Hasel oder Esche. Sind mehrere Nüsse in einer Frucht miteinander verbunden, die sich später aber teilen, etwa wie die „Nasenzwicker" des Ahorns, spricht man von Spaltfrüchten. Unter Hülsen versteht man Früchte, die aus zwei länglichen, an beiden Nähten aufspringenden Teilen bestehen. Sie sind typisch für alle Schmetterlingsblütler, zu denen z.B. Ginster, Robinie und Glyzine gehören. Fleischige Früchte mit tief eingesenkten, von einer Hülle umgebenen Samen, sog. Apfelfrüchte, sind bei den Rosengewächsen weit verbreitet, etwa bei Zierapfel, Birne und Eberesche. Beeren hingegen werden von Gehölzen unterschiedlichster Familien hervorgebracht, etwa von Berberitze, Mahonie oder Schneebeere. Gleiches gilt für Kapseln, vielsamige, trockenhäutige Gebilde, die sich mit Poren oder Klappen öffnen und bei Roßkastanie, Spindelstrauch oder Zaubernuß besonders auffällig sind.

Bei den Nadelgehölzen sind Zapfen die gängige Fruchtform, deshalb bezeichnet man die Mehrzahl dieser Gewächse auch als Koniferen: Lateinisch *conus* bedeutet Kegel, Zapfen und *ferre* tragen. Zapfen entstehen durch vollständige Verholzung aus den weiblichen Blütenständen. Bei der Reife spreizen sich die Zapfenschuppen und entlassen geflügelte kleine Nüßchen, die zu Boden segeln oder vom Wind davongetragen werden. Je nach Art kann der Zapfen in seine einzelnen Schuppen zerfallen und nur die Mittelachse als Spindel stehenbleiben, wie bei Tanne und Zeder, oder der Zapfen bleibt intakt und fällt nach dem Entlassen der Samen schließlich als Ganzes ab, wie es bei Fichte, Kiefer und Lärche der Fall ist. Form und Größe der Zapfen sind für jede Nadelbaumart charakteristisch.

Nur wenige Nadelgehölze bilden andere Fruchtformen: der Wacholder, dessen Zapfenschuppen fleischig werden, wodurch sog. Beerenzapfen entstehen, sowie Eibe und Ginkgo mit ihren ebenfalls fleischigen, beeren- bzw. steinfruchtartigen Früchten.

Während fleischige Hüllen häufig von Tieren gefressen und die darin enthaltenen Samen dadurch freigelegt werden, setzen an derben oder harten Fruchthüllen Witterung und Bodenorganismen an. Spätestens bis zum nächsten Frühjahr sind die Hüllen der meisten Früchte so weit verrottet, daß der Samen seinen ersten Trieb ins Freie schicken kann. Zunächst zeigt sich die Keimwurzel, die sich, der Schwerkraft folgend, in den Boden hineingräbt. Durch den Bodenkontakt wird die Bildung erster Seitenwurzeln angeregt, die nun den Keimling ernähren können. So gewinnt er genügend Kraft, um den jungen Sproß zu treiben und die Keimblätter zu entfalten. Mit deren Hilfe kann das Pflänzchen nun Photosynthese (siehe Seite 28) betreiben und wird dadurch unabhängig vom Nährstoffvorrat des Samens. Ein neues, langes Leben kann beginnen.

Statt der bei Nadelgehölzen gewohnten holzigen Zapfen bildet der Wacholder Beerenzapfen.

Eindeutige Benennung von Gehölzen

Um Ordnung in das ungeheuer vielfältige Pflanzenreich zu bringen, haben Naturwissenschaftler eine botanische Systematik erarbeitet. Die Klassifizierung, die sie verwenden, orientiert sich exakt an den Verwandtschaftsverhältnissen der einzelnen Arten. Innerhalb dieses Systems erhält jede Pflanze eine unverwechselbare Bezeichnung, einen botanischen Namen.

Der Holunder ist unter vielen regional ganz unterschiedlichen Namen bekannt.

Der volkstümliche Name dagegen ist nicht eindeutig festgelegt. Nicht nur, daß er naturgemäß in jeder Sprache anders lautet, selbst regional existieren oft viele verschiedene Namen für ein und dieselbe Pflanze. So wird z.B. der Schwarze Holunder *(Sambucus nigra)* innerhalb Deutschlands je nach Gegend auch Holder, Holler, Husholder oder Fliederbeere genannt.

Der deutsche Name kann jedoch auf bestimmte, heute oft längst vergessene Eigenschaften oder Zusammenhänge hinweisen. Ein Beispiel dafür ist der Name Linde, der sich vom indogermanischen Wort *lento* für weich, mild, biegsam ableitet und sich auf den flexiblen Bast dieses Baums bezieht. Die Buche dagegen stand Pate für das Wort Buch oder althochdeutsch *buohha*, eine Bezeichnung für zusammengebundene Tafeln aus Buchenholz, die mit lateinischen „Buch"staben – im Gegensatz zu den germanischen Runen – beschrieben waren.

Botanische Namen

Im „Internationalen Code der Botanischen Nomenklatur" ist die Benennung aller Pflanzen eindeutig und weltweit einheitlich festgelegt. Jede Pflanze erhält danach einen nur ihr allein eigenen botanischen Namen, der stets aus zwei Teilen besteht.

Ein Beispiel soll das System der Benennung verdeutlichen: Die Weißtanne, auch Edeltanne oder einfach nur Tanne genannt, heißt botanisch *Abies alba*. *Abies* ist dabei der Name der Gattung, zu der die Weißtanne zusammen mit noch weiteren, nahe miteinander verwandten Arten, u.a. der Balsamtanne *(Abies balsamea)* und der Kolorado-Tanne *(Abies concolor)*, gehört. Mit dem zweiten Namensbestandteil, in diesem Fall *alba*, wird die Art charakterisiert. Die Gattung der Tannen bildet zusammen mit anderen Gattungen, z.B. Lärche *(Larix)* und Kiefer *(Pinus)*, die Familie der Kieferngewächse *(Pinaceae)*.

Wenn sich die Pflanzen innerhalb einer Art in verschiedenen Eigenschaften deutlich voneinander unterscheiden, gliedert man die Art gewöhnlich in weitere Untereinheiten auf, zum einen in Unterarten, lateinisch *subspecies* (abgekürzt ssp.), zum andern auch in Varietäten (abgekürzt var.). So gibt es z.B. von der Kolorado-Tanne zwei Varietäten, *Abies concolor* var. *concolor* und *Abies concolor* var. *lowiana*. In seltenen Fällen werden als zusätzliche Unterteilungen bei einer Art, Unterart oder Varietät außerdem verschiedene Formen (abgekürzt f.) genannt.

Noch steht das Ordnungssystem der Pflanzen nicht endgültig fest. Deren Verwandtschaftsverhältnisse werden ständig weiter erforscht, so daß immer wieder Umbenennungen notwendig werden. Deshalb gibt es manchmal für ein und dieselbe Art mehrere synonyme Namen, von denen allerdings nur einer der jeweils gültige ist. Trotzdem werden die anderen aus Gewohnheit meist noch lange Zeit verwendet; so ist z.B. die Edeltanne *(Abies procera)* auch immer noch unter der heute nicht mehr gültigen Bezeichnung *Abies nobilis* im Handel. In den Beschreibungen der

Wie die Tränenkiefer (oben) so gehört auch die Japanische Lärche (unten) in die Familie der Kieferngewächse.

Innerhalb der Gattung Clematis gibt es eine Vielzahl attraktiver Arten mit sehr unterschiedlichen Blüten, etwa die Bergwaldrebe (oben links), die Alpenwaldrebe (oben rechts) und die Mongolische Waldrebe (unten).

Tip

Ein und derselbe Sortenname wird häufig für Sorten ganz unterschiedlicher Pflanzenarten verwendet, da diese sich in ihren Eigenschaften ähneln können. Ein Artname dagegen darf immer nur einmal vergeben werden. Nur er gewährleistet daher, daß man beim Kauf auch wirklich die gewünschte Pflanze bekommt.

Tip

In den Katalogen ausländischer Baumschulen finden sich oft nicht die von deutschen Gärtnereien gewohnten Sortennamen. Das heißt nicht, daß bekannte Sorten dort nicht geführt würden; oft ist deren Name nur in die jeweilige Fremdsprache übersetzt. Sucht man eine ganz bestimmte Gehölzsorte, sollte man sich deshalb gezielt danach erkundigen und beraten lassen.

Pflanzen (siehe Seite 126–227) werden Synonyme angegeben, soweit sie gebräuchlich sind.

Sorten

Sorten entstehen durch züchterische Auslese bestimmter Pflanzenformen, die entweder von selbst, also spontan, aufgetreten oder aus gezielten Kreuzungen hervorgegangen sind. Indem immer nur einzelne Pflanzen mit den gewünschten Eigenschaften zur Vermehrung gelangen, werden die ausgewählten Formen so lange weitergezüchtet und verbessert, bis der Züchter sein angestrebtes Ziel, eine neue Sorte mit anderen Merkmalen oder Fähigkeiten, erreicht hat.

Obwohl alle Sorten einer Art auch die Merkmale dieser Art zeigen und sich damit von anderen Arten unterscheiden, können diese Grenzen vor allem bei der Wuchsform, dem Verzweigungstyp oder der Blattfarbe immer wieder verwischt werden. Manche Sorten verschiedener Fichten- oder auch Wacholderarten sind auf den ersten Blick kaum mehr ihren jeweiligen Ursprungsarten zuzuordnen.

Vereinbarungsgemäß wird der Sortenname dem Artnamen angehängt und stets groß geschrieben und in einfache Anführungsstriche gesetzt. In manchen Katalogen findet man auch noch die gleichbedeutende, aber veraltete Schreibweise cv. vor dem Sortennamen (nun ohne Anführungszeichen), eine Abkürzung für Cultivar.

Wie die Artnamen sind auch die mit ihnen verknüpften Sortennamen verbindlich und, sofern es sich um lateinische Namen handelt, auch international gültig. Gelegentlich werden Sorten jedoch in einer Landessprache benannt, etwa der Gewöhnliche Efeu *(Hedera helix)* 'Goldherz' oder die Straucheibischsorte *(Hibiscus syriacus)* 'Blue Bird'. Solche Namen dürfen, ohne Sinnänderung, in andere Sprachen übersetzt werden. Die genannte Efeusorte heißt in England 'Goldheart', die des Straucheibischs in Frankreich 'Oiseau Bleu'.

Viele wichtige und verbreitete Gehölzsorten tragen zusätzlich zu ihrer Sortenbezeichnung einen eigenen deutschen Namen. Ein bekanntes Beispiel dafür ist die Korkenzieherhasel, die nichts anderes als die Sorte 'Contorta' der Haselnuß *(Corylus avellana)* darstellt. Auch für verschiedene Fichtensorten sind deutsche Namen geläufig, etwa Igelfichte für die Sorte 'Echiniformis', Nestfichte für die Sorte 'Nidiformis' der Rotfichte *(Picea abies)* oder Zuckerhutfichte für die Schimmelfichtensorte *Picea glauca* 'Conica'. Bei der Bergulme *(Ulmus glabra)* heißt die Sorte 'Pendula' Hängeulme, die Sorte 'Camperdownii' Laubenulme.

Wie bei den Artnamen sind jedoch auch in diesem Fall die deutschen Namen nicht immer eindeutig. Manche beziehen sich auch auf mehrere Sorten. So wird der Name Blutbuche, der eine rotlaubige Form der Rotbuche *(Fagus sylvatica* ssp. *sylvatica)* bezeichnet, gleichzeitig für 'Atropunicea', 'Atropurpurea', 'Cuprea' und 'Riversii' verwendet.

Meist geben die Sortennamen bereits erste Hinweise auf die Wuchsform oder das Aussehen der Pflanzen. Niedrige Formen werden oft 'Pumilus' oder 'Pumila' – vom lateinischen Wort für klein, niedrig – genannt, kriechende Pflanzen 'Repens', kegelförmige 'Pyramidalis'. Gelblaubige Formen erhalten häufig die Bezeichnung 'Aureus' bzw. 'Aurea', blau gefärbte dagegen 'Glaucus' bzw. 'Glauca'.

Die Korkenzieherhasel mit ihren bizarr geformten Trieben ist eine Sorte der Art Corylus avellana.

Diese Namen tauchen auch in Zusammensetzungen auf, so etwa bei der Sorte 'Pumila Glauca', einer blaunadeligen Zwergsorte.

Hybriden

Hybriden sind Pflanzen, die durch natürliche oder künstliche Kreuzung zweier Arten, Unterarten oder Sorten entstanden. Sie erhalten einen neuen, eigenen Artnamen und werden durch ein x zwischen diesem und dem Gattungsnamen gekennzeichnet. Ein Beispiel ist der Schneeball *Viburnum* x *carlcephalum*, eine Kreuzung zwischen den Arten *Viburnum carlesii* und *Viburnum macrocephalum*.

Tip

Wie wichtig die Sortenbezeichnung für die exakte Benennung einer Gartenpflanze ist, wird bei Rotfichten deutlich. Während die ursprüngliche Art *Picea abies* ein mächtiger Baum wird, bleibt die Sorte *Picea abies* 'Nidiformis' zeitlebens zwergig. Beim Kauf sollte man daher unbedingt den Sortennamen mit angeben, wenn eine ganz bestimmte Form der Pflanze gewünscht wird.

Tip

Würde man beim Kauf nur nach der Sorte fragen, so könnte man etwa unter dem Namen 'Echiniformis' sowohl eine Rot- als auch eine Schimmelfichte erhalten, die sich von ihren Standortansprüchen her durchaus unterscheiden. Der Artname gehört beim Kauf also unbedingt dazu.

Sorten ein und derselben Art können ein sehr unterschiedliches Wuchsbild und Farbenspiel zeigen wie etwa 'Pendula' (links) und 'Golden Horizon' (rechts) der Himalaja-Zeder.

Ein Platz für Gehölze

Wahl des Standorts

Rhododendren entfalten ihre Farbenpracht im Überschwang, wenn sie optimale Lebensbedingungen an ihrem Standort vorfinden.

Von Natur aus gedeiht jede Pflanze nur dort, wo sie die ihr gemäßen Umweltbedingungen vorfindet. Viele Gewächse sind zwar überaus anpassungsfähig und gewöhnen sich unter der Obhut des Gärtners auch an weniger günstige Standorte. Dennoch sollte man bestrebt sein, jede Art an die Stelle zu pflanzen, an der ihre Ansprüche bestmöglich erfüllt werden, damit sie gesund bleibt und sich zu voller Pracht entfalten kann. In ganz besonderem Maß gilt dies für Gehölze, die lange Zeit an einem Platz bleiben und, einmal eingewachsen, nur noch schwer zu verpflanzen sind.

Standortbedingungen

Rindenmulch auf der Baumscheibe hält die Erde darunter länger feucht und mildert starke Temperaturschwankungen im Boden.

Die Umweltbedingungen, die am Wuchsort auf eine Pflanze einwirken, nennt man Standortfaktoren. Besonders nachhaltigen Einfluß auf das Pflanzenwachstum haben die Licht- und Temperaturverhältnisse sowie die Wasser- und Nährstoffversorgung. Daneben spielt auch die Konkurrenz unter benachbarten Pflanzen eine große Rolle.

All diese Faktoren wirken aber nicht jeweils einzeln auf das Leben der Pflanze ein, sie stehen vielmehr in ständiger Wechselwirkung miteinander. Dazu kommt, daß das großräumig herrschende Klima zwar die Licht-, Temperatur- und Wasserverhältnisse entscheidend prägt, doch kleinräumig andere Kräfte die Wachstumsumstände grundlegend verändern können. So ist z.B. ein Standort vor der Südwand eines Hauses wesentlich wärmer, aber meist auch trockener als in freier Lage, weil das besonnte Mauerwerk Wärme zu speichern und wieder abzustrahlen vermag.

Damit Gehölze wie auch alle anderen Pflanzen vital bleiben und sich der Pflegeaufwand in Grenzen hält, tut man gut daran, vor jeder Pflanzung die im Garten herrschenden Standortbedingungen – besser noch die Voraussetzungen am geplanten Pflanzplatz – zu klären. Die Auswahl der einzelnen Gehölzarten für Einzelstand, eine Gruppe oder eine Hecke sollte in erster Linie auf der Basis der dabei gewonnenen Erkenntnisse getroffen werden.

Klimaverhältnisse

Viele Standortbedingungen, vor allem die durchschnittlich herrschenden Temperaturen, das Auftreten von Frösten, die Niederschlagsmengen, die Windverhältnisse und außerdem die Sonneneinstrahlung werden maßgeblich durch das Klima bestimmt.

Man unterscheidet Groß- oder Makroklima, das im wesentlichen durch die geographische Breite der jeweiligen Region vorgegeben ist, und Lokalklima, das in einem bestimmten, meist recht begrenzten Gebiet herrscht. Das lokale Wettergeschehen kann z.B. aufgrund der Höhenlage, der Nähe zu einem Gebirgszug oder einem größeren Gewässer entscheidend vom Großklima abweichen.

Deutschland liegt in der gemäßigten Klimazone, d.h., die Sommer sind mäßig warm, die Winter mäßig kalt, und die Niederschläge erreichen im weltweiten Vergleich eine mittlere Höhe. Allerdings treten in den verschiedenen Landesteilen deutliche klimatische

Eine Reihe von Standortbedingungen in engem Wechselspiel bedingen das Gedeihen der Pflanzen.

Tip

Je sonniger und wärmer ein Standort ist, desto schneller trocknet dort der Boden aus. Mulchdecken auf den Pflanzscheiben der Gehölze helfen, die Feuchtigkeit länger im Boden zu halten.

Tip

Bei der Auswahl unterschiedlicher Baum- oder Straucharten für eine Gehölzgruppe muß man darauf achten, daß alle verwendeten Arten ähnliche Standortansprüche stellen.

Tip

Wenn man über mehrere Jahre ein Tagebuch über das regionale Wettergeschehen führt, kann man daraus wertvolle Hinweise auf das Lokalklima gewinnen. Vermerkt werden sollten in erster Linie Tageshöchst- und -tiefsttemperaturen, Niederschlagsmengen und Windverhältnisse.

Unterschiede auf. In Norddeutschland sind die Temperaturunterschiede zwischen Sommer und Winter weit weniger ausgeprägt als im süddeutschen Raum, in den Mittelgebirgen ist das Klima weitaus rauher als in der Rheinebene.

Sowohl das Groß- wie auch das Lokalklima lassen sich nicht beeinflussen, und daher bestimmen die Klimate grundsätzlich, welche Gehölzarten in einem Garten gepflanzt werden können, denn wie alle Pflanzen sind auch Bäume und Sträucher an das in ihrer ursprünglichen Heimat herrschende Klima am besten angepaßt.

So können z.B. Oleander *(Nerium oleander)*, Brautmyrte *(Myrtus communis)* oder Ölbaum *(Olea europaea)*, deren Heimat im klimabegünstigten Mittelmeerraum liegt, im doch wesentlich rauheren Mitteleuropa kaum ganzjährig im Freiland gezogen werden, da sie nicht ausreichend frosthart sind. Man kultiviert sie deshalb vorwiegend in Kübeln und stellt sie den Winter über in einem geschützten Raum (im Wintergarten oder frostfreien Kleingewächshaus) auf. Nur Arten, in deren Herkunftsgebieten ein ähnliches Klima wie in Mitteleuropa herrscht – in der Mehrzahl also solche aus den gemäßigten Breiten der Nordhalbkugel –, eignen sich ebenso für hiesige Verhältnisse gut, so beispielsweise der aus Ostasien stammende Ginkgo *(Ginkgo biloba)* oder der in Nordamerika heimische Essigbaum *(Rhus typhina)*.

Vor allem in Gebieten mit rauhem Klima sollte der Winterjasmin geschützt stehen.

In einer südseitigen, geschützten Ecke herrscht ein besonders günstiges Kleinklima.

Kleinklima

Neben dem Groß- und dem Lokalklima ist aber auch das sog. Klein- oder Mikroklima zu berücksichtigen. Selbst innerhalb eines Gartens herrscht oft an meist eng begrenzten Stellen ein unterschiedliches Kleinklima, das begünstigte oder weniger vorteilhafte Pflanzplätze schafft. Auf der Südseite einer Hecke oder Hauswand z.B. bleibt es stets besonders mild. Solche Stellen bieten sich zur Pflanzung empfindlicher Arten, etwa von Winterjasmin *(Jasminum nudiflorum)* oder Straucheibisch *(Hibiscus syriacus)*, an.

Liegt der Garten oder ein Teil davon in einer Geländemulde, wird sich vor allem in klaren Winternächten die schwerere Kaltluft am tiefsten Punkt sammeln und durch überlagernde leichtere, etwas wärmere Luftschichten am Abfließen gehindert werden. Derartige Senken sind daher für frostempfindliche Arten, z.B. immergrüne Gehölze wie Buchsbaum *(Buxus)*, denkbar ungeeignet. Unter solchen Voraussetzungen sollte man auf extrem widerstandsfähige Sträucher und Bäume wie etwa den Fingerstrauch *(Potentilla fruticosa)* oder die Rotfichte *(Picea abies)* mit ihren vielen Sorten zurückgreifen.

Tip

Ortsansässige Baumschulen bieten in ihrem Sortiment gewöhnlich nur Arten an, die sich unter den dortigen Verhältnissen bewährt haben. Da die Gehölze außerdem im Lokalklima aufgezogen wurden, sind sie bestens daran angepaßt und wachsen im Garten willig weiter.

Tip

In Gegenden, in denen Wein kultiviert wird, herrscht zweifellos ein sehr günstiges Lokalklima. Dort kann man auch empfindlichere Gehölze wie z.B. die Trompetenblume ohne besondere Schwierigkeiten im Freien ziehen.

Der Fingerstrauch ist eine überaus robuste Gehölzart, die auch an wenig vorteilhaften Stellen im Garten gut gedeiht.

Aber auch die Gehölze selbst, vor allem hohe, breitkronige Bäume, schaffen in ihrem Einflußbereich ein eigenes, charakteristisches Mikroklima. Unter ihrem Laubschirm sind die klimatischen Verhältnisse ausgeglichener als auf einer freien Fläche. Auch bleibt es auf der windabgewandten Seite einer dichten Gehölzgruppe oder Hecke stets wärmer als an dem Wind ausgesetzten Stellen.

Tip

Das im eigenen Garten jeweils herrschende Kleinklima lernt man nur durch gezielte Beobachtung kennen. Am besten notiert man sich über einen größeren Zeitraum hinweg, welche Gartenbereiche wie lange am Tag von der Sonne beschienen werden, wo der Boden rasch abtrocknet oder lange feucht bleibt und wo sich sehr windige oder besonders frostige Stellen befinden. Wer die Ergebnisse in eine Skizze des Gartens einträgt, erhält einen aufschlußreichen Klimaplan.

Lichtverhältnisse

Dauer und Intensität der Sonneneinstrahlung beeinflussen nicht nur das Klima, sondern unmittelbar das Leben der Pflanzen, denn diese können nur unter Nutzung des Sonnenlichts Photosynthese betreiben (siehe Seite 28). Auch in dieser Beziehung unterscheiden sich die Ansprüche der einzelnen Arten deutlich.

Aus der Forstwirtschaft stammen die Begriffe Licht- und Schattenbaumarten (oft verkürzt auch Schattbaumarten genannt). Erstere können sich nur dann richtig entfalten, wenn sie ausreichend hell stehen, letztere wachsen auch im dämmrigen Licht des Unterholzes gut heran.

Tip

Manche Gehölze, z. B. Hemlocktanne oder Nikko-Tanne, sollten in der Jugend leicht schattig stehen. Schützt sie kein benachbarter größerer Baum vor praller Sonne, kann auch eine Rohrmatte oder ein Flechtzaunelement als Schattenspender dienen.

Im tiefen Schatten des besonders dicht schließenden Kronendachs ausgewachsener Rotbuchen *(Fagus sylvatica* ssp. *sylvatica)* können sich z. B. die lichthungrigen Stieleichen *(Quercus robur)* kaum verjüngen. Ihre Sämlinge vermögen sich dort nicht konkurrenzkräftig zu entwickeln, da sie als Lichtbaumart viel Sonne benötigen. Die Rotbuche als Schattenbaumart keimt und wächst unter den Baumkronen jedoch problemlos.

Auch im Garten muß man die Bedürfnisse licht- und schattenliebender Gehölze berücksichtigen. Feldahorn *(Acer campestre)*, Ginster *(Genista)* oder Schmetterlingssträucher *(Buddleja)* gedeihen nur in vollsonniger Lage gut; im Schatten kümmern sie und blühen kaum. Einige der Heckenkirschen- *(Lonicera)* und Schneeballarten *(Viburnum)*, Klettergehölze wie Efeu *(Hedera)* und Kletterhortensie *(Hydrangea anomala* ssp. *petiolaris)*, aber auch Nadelgehölze wie die Hemlocktannen *(Tsuga)* sind dagegen ausgesprochene Schattenbaumarten, die einen zumindest leicht beschatteten Pflanzplatz brauchen. Schattenliebende Gehölze besitzen häufig großflächige, weiche Blätter, über die sie viel Wasser verdunsten. Daher brauchen sie eine möglichst ausgeglichene Wasserversorgung. An sonnigen Gartenplätzen leiden sie meist sehr rasch unter Trockenheit oder, schlimmer noch, sogar unter Sonnenbrand.

Tip

Bei der Zusammenstellung verschiedener Gehölzarten zu einer Gruppe sollte man bedenken, daß hoch- und raschwüchsige Bäume oder Großsträucher schon bald den übrigen Gehölzen das Licht nehmen werden. Klein bleibende Arten oder Füllsträucher sollten daher einigermaßen schattenverträglich sein.

Der Schmetterlingsstrauch kann seine ganze Pracht nur in voller Sonne entfalten.

Die Ansprüche der Gehölze an die Lichtverhältnisse an ihrem Standort werden in den Pflanzenbeschreibungen (siehe Seite 126 bis 227) folgendermaßen gekennzeichnet:

- vollsonnig – der Platz liegt ganztägig in der Sonne;
- sonnig – der Gartenbereich wird während der meisten Zeit des Tages von der Sonne beschienen, er ist höchstens morgens und abends leicht beschattet;
- absonnig – die Stelle befindet sich überwiegend in der Sonne, ist mittags jedoch beschattet;
- halbschattig – entweder ist der Platz höchstens halbtags besonnt und mindestens halbtags beschattet, oder Licht und Schatten wechseln im Lauf des Tages mehrfach;
- schattig – der Ort wird kaum besonnt, er bleibt ganztägig überwiegend schattig.

Anders als die sonnenbedürftigen sommergrünen Schneeballarten blüht der Immergrüne Zungenschneeball im Halbschatten sehr üppig.

Der Boden

Neben dem Klima ist der Boden der wichtigste Faktor, der über das Wohlergehen der Pflanzen entscheidet. Er gibt den Wurzeln nicht nur den notwendigen Halt, um den Sproß sicher zu verankern, sondern liefert den Pflanzen auch das Wasser und die Nährstoffe, derer sie zum Leben bedürfen.

Viele Gehölzarten haben ganz bestimmte Bodenansprüche, und sie wachsen nicht auf jedem Boden gleich gut. Die Rhododendren benötigen beispielsweise einen sauren, weitgehend kalkfreien oder zumindest kalkarmen, sehr humusreichen, moorähnlichen Boden. An ihrem Heimatstandort wurzeln sie meist in Felsspalten zwischen saurem Gestein, wo sich viel Humus ansammelt, so daß sie genügend Nährstoffe vorfinden. Vergleichbare Verhältnisse brauchen die herrlichen Blütensträucher auch im Garten, wenngleich es mittlerweile Sorten wie die Yakushimanum-Hybriden gibt, die relativ kalkverträglich sind.

Azaleen erfordern wie alle Rhododendren einen gleichmäßig feuchten und sauren Boden.

Daß aber nicht in jedem Fall der natürliche Standort einer Art auch der beste ist, zeigt das Beispiel der heimischen Gewöhnlichen Kiefer *(Pinus sylvestris)*: Von Natur aus siedelt sie entweder auf sehr sandigen, eher trockenen Böden, die sauer oder auch kalkhaltig sein können, oder aber, völlig davon abweichend, auf sauren, feuchten Moorböden. Dies ist weniger verwunderlich, wenn man weiß, daß die Kiefer nur auf nährstoffarmen Substraten konkurrenzfähig genug ist, um sich gegen stärkerwüchsige Baumarten wie Stieleiche *(Quercus robur)*, Weißtanne *(Abies alba)* oder Rotfichte *(Picea abies)* durchsetzen zu können. In Gärten und Parks dagegen, wo die Konkurrenz durch andere Gehölzarten vom Menschen gesteuert, d. h. in Grenzen gehalten wird, wächst die Kiefer auch auf nährstoffreichen, lehmigen Böden sehr gut.

Prinzipiell sollte man sich vor jeder Pflanzung über die Eigenschaften seines Gartenbodens informieren. So lassen sich die für diesen Standort geeigneten Gehölzarten auswählen, oder es kann, um den Ansprüchen spezieller Arten gerecht zu werden, eine gezielte Bodenverbesserung durchgeführt werden (siehe Seite 69 f.).

Bodenproben

Eine genaue Analyse des Gartenbodens wird von staatlichen Bodenuntersuchungsanstalten sowie von privaten Laboratorien (Adressen siehe Branchentelefonbuch) oder auch von Gartencentern vorgenommen. Man erhält dadurch Aufschluß über die wichtigsten Eigenschaften und den Nährstoffgehalt des Bodens. Solch eine gründliche Bodenuntersuchung lohnt sich vor allem dann, wenn man den Garten ganz neu anlegen will oder ein sehr wertvolles Gehölz pflanzen möchte.

Für eine Untersuchung werden rund 500 g Bodenmaterial benötigt, das aus 10 bis 40 cm Tiefe stammen und möglichst keine groben Steine oder Wurzeln enthalten sollte. Will man über die Bodenverhältnisse des Gartens allgemein informiert werden, nimmt man

Prüfen der Bodenart mit einer Schlämmprobe: Bei vorwiegend sandigem Boden sinken die Teilchen im Glas rasch ab (rechts), bei lehmigem verteilen sie sich in alle Schichten (Mitte), bei tonigem bleibt das Wasser völlig trüb (links).

Kiefern können auf beinahe jedem Boden sehr gut gedeihen.

Tip

Die Adressen der staatlichen Bodenuntersuchungsämter können beim Verband Deutscher Landwirtschaftlicher Untersuchungs- und Forschungsanstalten in Darmstadt sowie meist auch beim örtlichen Gartenamt oder Gartenbauverein erfragt werden.

Tip

In besonderen Fällen kann eine Untersuchung des Bodens auf spezielle Schadstoffe hin sinnvoll sein, z. B. wenn die geplante Pflanzstelle dicht an einer vielbefahrenen Straße liegt. Ist der Boden stark schadstoffbelastet, etwa mit Streusalzrückständen, schränkt dies die Gehölzauswahl stark ein.

Proben an verschiedenen Stellen und mischt sie gut durch. Soll die Analyse für einen ganz bestimmten Pflanzort durchgeführt werden, darf das Probenmaterial nur von dieser ausgewählten Stelle stammen.

Bodenschichtung

Gräbt man ein tiefes Loch in den Boden, tritt an dessen Wand gewöhnlich eine mehr oder weniger deutliche Schichtung zutage. Jede der parallel zur Oberfläche verlaufenden Lagen weist eine sehr charakteristische Färbung und Zusammensetzung auf. Zusammengenommen ergeben die bis hinab zum steinigen Untergrund reichenden Schichten das sog. Bodenprofil, das bei den einzelnen Bodentypen sehr verschieden aussieht.

Die Springschwänze tragen zur Umwandlung der Pflanzenstreu in Humus bei.

Die oberste Schicht ist die sog. Humusschicht. Sie ist um so mächtiger, je üppiger der Pflanzenbewuchs des Bodens ist. So findet sich in einem Laubwald gewöhnlich eine sehr beachtliche Humuslage, die sich allmählich aus der Pflanzenstreu aufbauen konnte, während im kärglich bewachsenen Gebirge die Humusschicht meistens nur recht dünn ausfällt.

Unter Humus versteht man die Gesamtheit der abgestorbenen organischen Substanz des Bodens, also tote, mehr oder weniger stark zersetzte und umgebildete Pflanzenrückstände, Überreste der Bodentiere und neugebildete organische Stoffe. Der lebende organische Teil dagegen, die Bodenflora und -fauna, wird als Bodenlebewelt bezeichnet. Diese Klein- und Kleinstorganismen spielen bei der Bildung von Humus eine große Rolle. Sie zerkleinern und verdauen den organischen „Abfall", scheiden ihn wieder aus und vermischen ihn mit dem übrigen Bodenmaterial.

Tip

Ein humusarmer Boden kann durch regelmäßige, mindestens einmal pro Jahr erfolgende Kompostgaben wesentlich verbessert werden: Man überzieht die Fläche mit einer dünnen Schicht Rohkompost oder arbeitet reifen Kompost in den Oberboden ein.

Tip

Will man tiefer wurzelnde Gehölze in einen flachgründigen Boden setzen, muß man die Pflanzgrube besonders tief und breit ausheben. Zusätzlich sollte der Untergrund in der Grube sehr gründlich gelockert werden.

Bodenprofile: Ein flachgründiger Boden (links) verfügt über einen nur geringen, ein mittelgründiger (Mitte) über einen schon größeren, ein tiefgründiger (rechts) dagegen über einen äußerst mächtigen Oberbodenanteil.

Die opulenten Blütenbälle der Hortensie entwickeln sich nur bei guter Humusversorgung.

Aus mehreren Gründen ist Humus ein besonders wertvoller Bodenbestandteil. Zum einen bedingt er durch seinen lockeren Aufbau eine günstige Bodenstruktur, sorgt für eine gute Durchlüftung und vermag wie ein Schwamm viel Wasser zu speichern. Zum andern dient er auch als wichtiger Nährstoffvorrat, denn insbesondere hier finden die Wurzeln der Pflanzen den lebensnotwendigen Stickstoff und außerdem besonders hohe Anteile an anderen Nährstoffen wie Phosphor und Schwefel. Je höher der Humusgehalt, erkennbar an der Dunkelfärbung der Erde, desto fruchtbarer ist der Boden.

Unter der Humusschicht sind im Bodenprofil die einzelnen Schichten des Mineralbodens zu erkennen. Meist ist dessen obere Lage, der relativ dünne Oberboden, sehr dunkel, ja sogar schwarz gefärbt, da in ihn noch viel Humusmaterial von den Bodenorganismen eingearbeitet wird. Die darunterliegenden Schichten eines normalen Gartenbodens, die man als Unterboden bezeichnet, sind dagegen überwiegend hell- oder mittelbraun gefärbt und häufig deutlich mächtiger. Mehr oder weniger breite Übergangszonen verbinden die einzelnen Schichten miteinander.

Für das Gedeihen von Gehölzen ist die Mächtigkeit der Bodenschichten von großer Bedeutung. Ein tiefgründiger Boden, bei dem Ober- und Unterboden bis in eine Tiefe von mehr als 60 cm reichen, bietet den Pflanzen wesentlich mehr Wurzelraum und damit auch bessere Voraussetzungen für die Wasser- und Nährstoffversorgung als ein flachgründiger mit 20–30 cm starken Bodenschichten. Flachgründiger Boden ist daher nur für anspruchslose Gehölze geeignet, deren Wurzeln überwiegend nahe der Erdoberfläche verlaufen, z.B. für Salweide *(Salix caprea)* oder Berberitzen (*Berberis*-Arten).

Bodenarten

Jede Bodenschicht enthält neben der organischen Substanz auch mineralische Bestandteile. Zu diesen gehören grobe Steine ebenso wie feine und feinste Mineralkörnchen, die definitionsgemäß in drei Größenklassen eingeteilt werden:

- Als Sand bezeichnet man Teilchen mit einem Durchmesser zwischen 2 mm und 0,063 mm.
- Schluff umfaßt die feineren Teilchen mit einem Durchmesser zwischen 0,063 mm und 0,002 mm.
- Ton besteht aus winzigen Teilchen mit weniger als 0,002 mm Durchmesser.

Im Boden sind Sand, Schluff und Ton in unterschiedlichem Verhältnis vorhanden, anhand dessen man die jeweilige Bodenart charakterisieren kann: Sandiger Boden enthält vor allem grobe Teilchen, Schluffboden hauptsächlich feinere und toniger Boden vorwiegend feinste Körnchen. Lehm ist eine Bodenart, bei der alle Mineralpartikel zu etwa gleichen Anteilen vorhanden sind.

Näherungsweise kann man die verschiedenen Bodenarten durch eine ganz einfach durchzuführende Fingerprobe bestimmen. Dazu entnimmt man dem Boden ein wenig Erde, feuchtet sie mit einer Sprühflasche leicht an und versucht sie zwischen den Fingern zu einer Wurst auszurollen.

- Sandboden zerbröselt sofort, rieselt durch die Finger; die einzelnen Teilchen spürt man deutlich.
- Schluffboden läßt sich nur schwer formen, haftet aber doch zusammen. Die Einzelteilchen fühlen sich zwischen den Fingerkuppen wie mehliger Staub an.
- Tonboden ist zu einer fingerdicken Wurst ausrollbar, er glänzt beim Verreiben speckig.
- Lehmboden läßt sich teilweise formen, er bröckelt aber.

Auf vorwiegend sandigem, kalkhaltigem Boden gedeiht die Kupferfelsenbirne am besten.

Einflüsse auf das Pflanzenwachstum

Die Eigenschaften eines Bodens, die erhebliche Auswirkungen auf das Pflanzenleben haben, hängen in entscheidendem Maß von der Teilchengröße, d.h. von der Bodenart, ab. Sie bestimmt nicht nur die Durchwurzelbarkeit des Untergrunds, sondern auch die Nährstoff-, Wasser- und Luftversorgung der Pflanzenwurzeln.

Ein Sandboden mit seinen vergleichsweise groben und nur locker miteinander verbundenen Teilchen schließt zahlreiche relativ große Hohlräume ein. Seine Vorteile sind: guter Wasserabzug, kein Auftreten von Staunässe, gute Durchlüftung und rasche Erwärmung. Nachteilig ist dagegen, daß er schnell austrocknet und wenig Nährstoffe enthält, denn ein Großteil der Nährstoffe wird mit dem Sickerwasser ausgewaschen.

Das Gegenteil stellt ein toniger Boden dar. Seine feinen Teilchen verkleben sehr leicht zu größeren Klumpen, die das Wasser aufsaugen und in winzigen, selbst für die zartesten Pflanzenwurzeln unerreichbaren Poren festhalten. Ein tonreicher Boden hat für die Pflanzen somit den Vorteil, Wasser und Nährstoffe gut speichern zu können. Seine Nachteile liegen in der Gefahr von Staunässe, im Risiko, daß aufgrund von Luftmangel Fäulnisprozesse entstehen, und in seiner langsamen Erwärmung.

Der Feuerdorn wächst selbst auf trockenem Untergrund gut.

Tip

Sandböden werden oft auch als leichte Böden bezeichnet, da sie leicht zu bearbeiten sind, tonreiche Böden dagegen als schwere Böden, weil ein Umstechen und Umgraben wegen des hohen Wassergehalts sehr mühsam ist. Am besten bearbeitet man tonige Böden erst, wenn sie nach Regen einige Tage abtrocknen konnten.

Tip

Da Gehölze ungleich mehr Wasser benötigen als Sommerblumen oder Stauden, sollte man bei der Standortwahl ihre Ansprüche an die Bodenfeuchtigkeit sorgsam beachten. Ein Baum wie die Gewöhnliche Esche, der viel Feuchtigkeit braucht, müßte auf trockenem Boden mit ungeheuren Gießwassermengen versorgt werden.

Tip

Mit handelsüblichen pH-Tests läßt sich der Säuregrad des Bodens einfach und schnell ermitteln. Eine kleine Bodenprobe wird dazu mit destilliertem Wasser oder einem beigefügten Reagenzmittel gemischt, der pH-Wert anhand einer Farbreaktion festgestellt.

Tip

Der pH-Wert des Bodens läßt sich durch gezielte Düngung oder Bodenpflege geringfügig verschieben. Für säureliebende Gehölze wie Blumenhartriegel oder Hemlocktanne kann man den Boden z. B. mit einer leicht ansäuernden Nadelstreuschicht mulchen, für kalkverträgliche Arten wie Flieder oder Eibe basisch wirkenden Düngekalk in den Boden einharken.

Ein Boden, der die Vorteile von Sand- und Tonböden miteinander verbindet, bietet fast allen Pflanzen, Gehölze eingeschlossen, die idealen Voraussetzungen für anhaltendes Wachstum und beste Gesundheit. Solch ein Boden ist Lehm, insbesondere ein etwas sandiger Lehm.

Abgesehen von der unterschiedlich leichten Durchwurzelbarkeit des Bodens hängt auch dessen Wasserspeichervermögen – neben dem Humusgehalt – grundlegend von der vorherrschenden Bodenart ab. Da die einzelnen Gehölzarten hinsichtlich der Wasserversorgung ganz verschiedene Ansprüche haben, können sie nicht auf jedem Boden gedeihen. Auf extrem trockenem Untergrund, der zumeist humusarm und sandig ist, wachsen nur gegen Dürre unempfindliche Arten wie z. B. Gewöhnlicher Sanddorn *(Hippophaë rhamnoides)* oder Tamarisken *(Tamarix)*. Und besonders feuchte Böden, d. h. überwiegend tonreiche Substrate, eignen sich nur zur Bepflanzung mit nässetoleranten Gehölzen, z. B. Weiden *(Salix)*, Schwarzerle *(Alnus glutinosa)* oder Sumpfzypressen *(Taxodium)*.

In der gärtnerischen Praxis beschreibt man die Art der Bodenfeuchtigkeit mit folgenden Begriffen:

- Trockener Boden trocknet auch nach längerem Regen rasch wieder ab.
- Frischer Boden besitzt eine mittlere Wasserhaltefähigkeit. Er trocknet weder allzu rasch aus, noch hält er das Wasser nach intensiven Regenfällen zu lange.
- Feuchter Boden trocknet nach längeren Regenfällen nur sehr langsam ab und fühlt sich auch nach kürzerer Trockenperiode noch gut feucht an.
- Nasser Boden schließlich enthält ständig überschüssige Feuchtigkeit und trocknet niemals aus.

Der Blumenhartriegel ist eine kalkfliehende Gehölzart, er braucht deshalb einen sauren Boden.

Wurzelauswüchse, sog. Atemknie, ermöglichen der Sumpfzypresse das Wachstum auf nassem Boden.

Säuregrad und Kalkgehalt

Eine weitere wichtige Bodeneigenschaft, die für das Pflanzenleben große Bedeutung hat, ist sein Säuregrad. Dieser wird als pH-Wert auf einer Skala von 0 bis 14 angegeben, wobei ein hoher pH-Wert einen basischen oder alkalischen Boden, ein niedriger Wert einen sauren Boden kennzeichnet. Der neutrale Wert, bei dem der Anteil an Säuren und Basen ausgewogen ist, liegt bei pH 7.

Der Säuregrad des Bodens steht in engem Zusammenhang mit dessen Kalkgehalt. Ein kalkreicher Boden hat stets auch einen hohen pH-Wert. Viele Ziergehölze sind gut kalkverträglich, sie gedeihen auf Böden mit einem weiten pH-Bereich. Allerdings gibt es auch einige Gattungen, die einen sauren, also kalkarmen Boden benötigen, etwa Blumenhartriegel *(Cornus*-Arten), Schattenglöckchen *(Pieris)* oder Rhododendren.

Der pH-Wert des Bodens hat entscheidenden Einfluß auf die Nährstoffversorgung der Pflanzen. Von ihm hängt wesentlich ab, ob bestimmte Nährstoffe im Boden für die Pflanzenwurzeln verfügbar sind und von ihnen aufgenommen werden können oder ob sie nur in festgelegter Form vorhanden sind, so daß sie den Pflanzen nicht zugute kommen. Für die meisten Pflanzen ist ein pH-Wert von etwa 6,5 optimal. Bei einem hohen pH-Wert können sie z. B. Spurenelemente wie Eisen, Mangan, Kupfer oder Zink kaum nutzen, leiden also Mangel; bei niedrigem pH-Wert steigt die Konzentration von giftigem Aluminium, während der Anteil an lebensnotwendigem Kalium, Calcium und Magnesium deutlich zurückgeht.

Rechtliche Vorschriften

Zahllose Streitigkeiten und Gerichtsprozesse beweisen es: Wenn es um die Bepflanzung des Gartens geht, sind sich Nachbarn nicht immer einig. Vor allem Bäume und Sträucher, die das Grundstück nach außen hin abschirmen und einfrieden sollen, verursachen so manchen Disput, denn nicht selten wird das anfänglich kleine Bäumchen mit den Jahren zum wahren Riesen und damit zum Stein des Anstoßes.

Einige grundsätzliche Regelungen sind im Bürgerlichen Gesetzbuch getroffen. So darf z.B. ein Grundstückseigentümer die Beseitigung von Störungen verlangen, wenn diese die Nutzung seines Grundstücks wesentlich beeinträchtigen. Zahlreiche weitere den Garten betreffende rechtliche Verordnungen gelten dagegen nicht bundesweit, sondern sind von Bundesland zu Bundesland, ja teilweise sogar von Gemeinde zu Gemeinde unterschiedlich.

Grenzabstände

Wo der Garten an ein Nachbargrundstück oder an eine öffentliche Straße oder Anlage grenzt, darf man Gehölze nicht beliebig pflanzen. Man muß sich vielmehr an bestimmte Grenzabstände halten. Diese sind per Gesetz festgelegt, doch da die Regelung auf Landesebene erfolgt, gibt es keine bundesweit einheitlichen Werte.

In jedem Fall aber gelten für Hecken, für niedrige und hohe Sträucher und für Bäume unterschiedliche Mindestabstände, die zur Grundstücksgrenze eingehalten werden müssen. Oft sind die Vorschriften sogar innerhalb eines Ortes und am Ortsrand verschieden. Auskunft über die jeweils geltenden Bestimmungen geben die zuständigen Ordnungsämter.

Für den Gartenbesitzer ist es sehr wichtig zu wissen, daß es eine Verjährung von Ansprüchen gibt. Die Frist dafür liegt meist bei sechs Jahren. Hat man z.B. gebilligt, daß der Nachbar eine angebliche Zwergsorte unmittelbar an den Zaun setzt, und entpuppt sich diese im Lauf der Jahre als starkwüchsiger Großstrauch, der die Kulturen auf dem eigenen Grundstück bedrängt, muß man spätestens im fünften Jahr nach der Pflanzung einen Anspruch auf Beseitigung oder Rückschnitt anmelden, um seine Interessen durchsetzen zu können.

Eindringende Wurzeln und Überhang

Etwas komplizierter, da nicht ganz eindeutig geregelt, ist die Sachlage bei sog. Beeinträchtigungen, sei es durch eindringende Wurzeln, über den Zaun hängende Äste oder Laubfall. Auch Samen und Früchte aus dem Nachbargarten sind oft nicht gern gesehen. Hier gilt allgemein, daß die Nutzung des Grundstücks nicht wesentlich beeinträchtigt werden darf. Eine gewisse „Belastung", etwa durch das Zusammenrechen des Herbstlaubs, muß allerdings in Kauf genommen werden, solange diese das ortsübliche Ausmaß nicht übersteigt. Beeinträchtigende Äste und Wurzeln dürfen – gewöhnlich nach Gewährung einer angemessenen Frist zur Beseitigung – entfernt werden. Eine genaue Auslegung der Paragraphen können im Streitfall nur die Gerichte vornehmen, doch sicher ist es besser, sich mit dem Nachbarn zu verständigen.

Baumschutzverordnung und Naturschutz

Viele Städte und Gemeinden haben eine eigene Baumschutzverordnung aufgestellt, die Gehölze ab einer bestimmten Größe, angegeben meist als Stammdurchmesser oder -umfang in einer festgelegten Höhe, schützen und erhalten soll. Unter Androhung nicht selten drastischer Geldstrafen ist es verboten, entsprechend große Bäume zu entfernen. Möchte man einen älteren Baum fällen, sollte man sich zuvor unbedingt bei der zuständigen Verwaltungsbehörde nach bestehenden Verordnungen erkundigen, sonst macht man sich unter Umständen strafbar.

Keinesfalls dürfen Gehölze, die in freier Natur stehen, ausgegraben und in den Garten verpflanzt werden. Zum einen sind viele Arten bereits selten geworden und stehen deshalb unter Naturschutz, zum andern sind Bäume und Sträucher wichtiger Bestandteil ihrer Umgebung und stellen Lebensraum für viele Tiere und auch Pflanzen dar. Allenfalls kann man von nicht geschützten Arten Samen abnehmen und dann durch Aussaat (siehe Seite 96 ff.) zu jungen Pflanzen kommen.

Wesentlich sinnvoller ist es jedoch, die Gehölze in guten Baumschulen und Gärtnereien zu erwerben, wo man nicht nur fachkundig beraten wird, sondern auch eine wirklich breite Auswahl an Sorten erhält, die oft für den Garten viel besser geeignet sind als die reinen Wildarten.

Die rechtlich vorgeschriebenen Grenzabstände richten sich nach der Wuchshöhe der Gehölze. Gemessen wird bis zu den bezeichneten Stellen, bei Bäumen bis zur Mitte des Stamms.

Tip

Um eine gute Nachbarschaft nicht zu gefährden, sollte man eine geplante Pflanzung von Gehölzen, vor allem an der Grundstücksgrenze, mit dem Nachbarn besprechen. Dabei können grundsätzlich auch geringere Grenzabstände als in den Verordnungen vorgegeben vereinbart werden.

Tip

Vereinbarungen mit einem Nachbarn über Grenzabstände oder gemeinschaftliche Pflanzungen auf der Grundstücksgrenze sollte man auf jeden Fall schriftlich festhalten. Mündliche Verträge sind im Falle eines späteren Rechtsstreits ungültig. Bei einem Verkauf des Nachbargrundstücks allerdings ist der neue Eigentümer nicht mehr an die Vereinbarungen gebunden.

Blickfang oder Kulisse

Gestalten mit Bäumen und Sträuchern

Mit seinem feurig leuchtenden Herbstlaub setzt dieser mächtige Ahornbaum malerische Akzente und lädt zum Verweilen ein.

Der Charakter eines Gartens wird ganz maßgeblich durch seinen Bestand an Bäumen und Sträuchern bestimmt. Gehölze geben dem Garten das ganze Jahr über Struktur, rahmen ihn wohltuend ein und gliedern ihn in verschiedene Abschnitte. Sie können auf unterschiedlichste Art und Weise eingesetzt werden. Als malerische Einzelbäume, abwechslungsreiche Strauchgruppen, dichte oder blütenreiche Hecken, grüne Kletterpflanzenvorhänge lassen sie sich harmonisch mit den übrigen Gartenelementen verbinden.

Strukturelemente im Garten

Romantisch wirken rosarote Azaleen, unterpflanzt mit Spanischen Hasenglöckchen.

In der freien Landschaft stellen Bäume und Sträucher Bezugspunkte dar, bei denen der Blick verweilt, wenn er über Wiesen und Felder schweift. Gehölze schaffen Strukturen und grenzen Räume gegeneinander ab, erst durch sie wird aus der Monotonie des offenen Raums eine ansprechend gegliederte Landschaft.

Auch im Garten, einem kleinen Stück von Menschenhand kultivierter Landschaft, ziehen Gehölze die Blicke auf sich. Sie teilen in verschiedene Gartenbereiche, bilden die Kulisse für prachtvolle Gartenblumen, können aber auch selbst in den Vordergrund rücken, z.B. in Gestalt eines edlen Blütenstrauchs oder einer skurrilen Hängeform.

Vor allem im Winter, wenn die meisten Pflanzen ihre Pracht verlieren, wird die gestalterische Bedeutung der Bäume und Sträucher offenkundig. Insbesondere die immergrünen Arten kommen dann voll zur Geltung, aber auch das ornamentale Geäst der laubabwerfenden Gehölze wirkt auffällig und oft sehr dekorativ.

Tip

Wo ein ganzjähriger Sichtschutz erwünscht ist, sollte man die Pflanzung von Nadelbäumen erwägen. Die meisten Laubgehölze verhindern nur im Sommer den Einblick, lassen aber dafür im Winter mehr Licht in den Garten.

Laub- oder Nadelgehölze?

Als erstes ist vor der Auswahl eines Baums oder Strauchs für den Garten zu klären, ob es ein Laub- oder Nadelgehölz sein soll. Ob und wie viele Nadelgehölze im Garten stehen, beeinflußt nämlich in hohem Maß den Charakter der gesamten Anlage und nicht zuletzt auch den nötigen Pflegeaufwand.

Aufgrund ihrer Wuchsform und der oft sehr dichten, geschlossenen Benadelung – man denke nur an Scheinzypressen *(Chamaecyparis)* und Lebensbäume *(Thuja)* – haben Nadelgehölze eine völlig andere Wirkung als Laubgehölze. Vor allem in der Gruppe gepflanzt machen sie oft einen etwas düsteren Eindruck, der sich durch die Verwendung gelbnadeliger Sorten, wie etwa 'Golden Wonder', 'Lane' oder 'Kelleriis Gold' der Lawson-Scheinzypressen *(Chamaecyparis lawsoniana)*, 'Rheingold' und vieler anderer des Abendländischen Lebensbaums *(Thuja occidentalis)*, jedoch durchaus vermeiden läßt. Zudem bringen sie, von wenigen Ausnahmen wie den Lärchen einmal abgesehen, das ganze Jahr über ihr lebendiges Grün zur Geltung und stehlen damit im Winter so manchem Laubgehölz die Schau. Schließlich kann bei der Entscheidung für ein Nadelgehölz auch ausschlaggebend sein, daß man sich dadurch im Herbst einige Arbeit erspart, weil kein Fallaub zu beseitigen ist.

Laubgehölze hingegen begeistern durch ihr jahreszeitlich wechselndes Erscheinungsbild. Mit dem Wandel ihres Laubkleids und mit

Mit kleinen Sträuchern sowie Stauden läßt sich der Gehölzrand abwechslungsreich gestalten.

ihrer oft auffälligen Blüte verhelfen sie dem Garten immer wieder zu neuem Aussehen. Und selbst wenn sie im Winter kahl dastehen, wirkt ihr Geäst doch häufig ausgesprochen zierend. Außerdem können die im Winter ohnehin spärlichen Sonnenstrahlen ihre nun lichten Kronen ungehindert durchdringen.

So haben sowohl Laub- wie Nadelgehölze im Garten ihren speziellen Verwendungszweck. In der Regel wird man mit einer ausgewogenen Mischung aus beiden die harmonischste Wirkung erzielen.

Solitärgehölze

Gehölze in Einzelstellung, sog. Solitärgehölze, bilden dominante Gestaltungselemente im Garten. Da sie über viele Jahre, nicht selten sogar über mehrere Generationen hinweg den Garten prägen und die übrige Bepflanzung meist nach ihnen ausgerichtet wird, sollte man bei ihrer Auswahl mit besonderer Sorgfalt vorgehen.

Die Solitärgehölze müssen das ganze Jahr hindurch ihrer im Wortsinn herausragenden

Tip

Als Faustregel gilt, daß ein Garten harmonisch und ausgeglichen wirkt, wenn der Anteil der Nadelhölzer nicht mehr als ein Drittel aller Bäume und Sträucher ausmacht.

Durch den Wandel der Gehölze erscheint der Garten zu jeder Jahreszeit in neuem Licht.

Nützlich und attraktiv ist die Unterpflanzung einzelnstehender Bäume mit schattenverträglichen Stauden wie Schaumblüte, Goldnessel und Immergrün, eingerahmt von groben Pflastersteinen.

Tip

Beim Kauf eines Solitärgehölzes sollte man unbedingt auf höchste Qualität achten. Am besten eignen sich Hochstämme, die in der Baumschule in besonders weitem Stand gezogen wurden und daher ihre arttypische Wuchsform optimal entwickeln konnten.

Rolle gerecht werden. So verwendet man vorwiegend stattliche Bäume, die das übrige Gartenbild majestätisch beherrschen. In kleinen Gärten kann deren Funktion auch von auffälligen Großsträuchern übernommen werden, in einzelnen Gartenabschnitten sogar von kleineren Sträuchern. Da mag etwa eine knorrige Eiche den Mittelpunkt eines weitläufigen Gartens bilden, während eine edle Magnolie in einem Reihenhausgarten, eine prachtvoll blühende Strauchpfingstrose in einem Vorgarten vollauf den dominierenden Part spielen kann.

Vor allem muß bei der Auswahl eines Solitärgehölzes berücksichtigt werden, welche Größe es im Alter erreichen wird. Es muß sowohl der Fläche des Gartens oder Gartenbereichs wie auch der Größe des dazugehörigen Hauses angemessen sein. Ein sehr hoher und ausladender Baum kann ein kleines Haus optisch geradezu erdrücken, der Garten macht damit einen überladenen Eindruck, und seine übrigen Elemente kommen nicht ausreichend zur Geltung. Andererseits wird ein kleiner Baum oder ein großer Strauch, als Solitär gepflanzt, in einem weitläufigen Gar-

Gehölze bilden das Gerüst des Gartens: Die Umfriedung besteht aus einer streng geschnittenen Hecke aus ① Buchen, einer Böschung, bepflanzt mit ② Weißdorn, ③ Berberitzenarten, ④ Wacholder, ⑤ Fingerstrauch, ⑥ Spierstrauch und ⑦ Schneebeere, sowie einer freiwachsenden Hecke aus ⑧ Schneeball, ⑨ Mahonie, ⑩ Forsythie, ⑪ Johannisbeere, ⑫ Ranunkelstrauch und ⑬ Blutpflaume. Gegengewicht zum Haus bildet eine große Gehölzgruppe aus ⑭ Eberesche, ⑬ Blutpflaume und ⑮ Eiche. ⑯ Rhododendren und ⑰ Weide ergeben einen malerischen Hintergrund für den Teich. ⑱ Japanische Blütenkirsche als Solitärbaum sowie eine Gruppe aus ⑲ Kleinsträuchern und Stauden stehen im Blickfeld der Terrasse, die von ⑳ Trompetenblumen hübsch umrahmt wird.

ten neben einer stattlichen Villa immer etwas verloren wirken.

Wuchsform und Laubfarbe von Solitärgehölzen

Doch die Größe allein ist nicht unbedingt das entscheidende Merkmal für die Wirkung eines Solitärgehölzes. Oft wird seine Ausstrahlungskraft in erster Linie durch die Wuchsform bestimmt. So wird die beeindruckende Gestalt einer Trauerweide (*Salix alba* 'Tristis') stets alle Blicke auf sich ziehen, auch wenn daneben ein vielleicht noch höherer Baum steht. Trauerformen wie die der Weide gibt es von vielen Laubbäumen. Weniger breit ausladend ist z.B. die Hängebirke (*Betula pendula* 'Tristis'). Auch von Nadelgehölzen hat man Hänge- oder Trauerformen gezüchtet, die wie die Hängende Blauzeder (*Cedrus atlantica* 'Glauca Pendula') oft etwas skurril wirken.

Die mit Rundhölzern eingefaßte Baumscheibe ist mit Stauden bepflanzt: Silberkerzen, Glockenblumen, Gräsern und Funkien.

Tip

Malerische Schirmkronen vermögen die entsprechenden Baumarten nur bei freiem Stand auszubilden. Sie dürfen daher bei der Pflanzung nicht zu eng neben andere ebenfalls großwüchsige Gehölze gesetzt werden.

Neben diesen Trauerformen stellen auch Schirmkronen einen faszinierenden Blickfang dar. In schönster Form werden sie von einigen Kiefern sowie den Zedern vorgeführt.

Neben Bäumen mit einer ungewöhnlichen oder herausragenden Wuchsform können auch Gehölze mit farbigem Laub als Solitäre äußerst wirkungsvoll sein. Eine Blutbuche (*Fagus sylvatica* ssp. *sylvatica* 'Atropunicea' oder 'Swat Magret'), ein Spitzahorn mit tiefroter Belaubung (*Acer platanoides* 'Faassen's Black') oder auch blaunadelige Koniferen wie Blaufichte (*Picea pungens* 'Glauca') oder Silbertanne (*Abies procera* 'Glauca') stehen unter lauter grünlaubigen Gehölzen der näheren Umgebung stets im Mittelpunkt.

Solitäre für kleine Gärten

Da in kleinen Gärten der Platz für vielerlei verschiedene Gehölze fehlt, wählt man zur Solitärstellung möglichst solche Arten aus, die gleich mehrere attraktive Eigenschaften in sich vereinen. Die zierlich wachsenden Japanischen Blütenkirschen (*Prunus*-Arten), die nach einer überschäumenden Blüte im Frühjahr mit ihrer leuchtenden Blattfärbung im Herbst einen zweiten Glanzpunkt setzen, wie z.B. die Sorten 'Accolade' oder 'Kanzan', sind klassische Beispiele dafür.

Als Solitäre besonders beliebt sind auch die überaus reizvollen, klein bleibenden ostasiatischen Ahornarten. Gerade Fächer- und Japanischer Ahorn (*Acer palmatum* und *Acer japonicum*) und deren Sorten zeigen sich mit ihrem schönen, fein zerteilten Laub während der ganzen Vegetationsperiode attraktiv. Im Herbst lassen sich die leuchtenden Rottöne der im Sommer grünlaubigen Sorten kaum übersehen – bei den rotlaubigen Sorten stehen sie ohnehin schon vom Austrieb an im Blickpunkt. Der Rotnervige Ahorn *(Acer rufinerve)* überzeugt außerdem durch seine apart gestreifte Rinde.

In einem kleinen Garten wirken auch kugelkronige Bäume, z.B. die Kugelakazie (*Robinia pseudoacacia* 'Umbraculifera'), als Solitäre ansprechend und interessant, ebenso säulenförmige Gehölze wie Säuleneberesche (*Sorbus aucuparia* 'Fastigiata') oder Säulenwacholder (Sorten von *Juniperus communis*).

Japanische Blütenkirschen eignen sich mit ihrer überschäumenden Blütenfülle zur Einzelstellung.

Gehölzgruppen

Weitaus häufiger als in Einzelstellung werden Gehölze in Gruppen gepflanzt. Ein Paradebeispiel für eine Kombination aus Bäumen,

Eine prachtvolle Szenerie ergibt eine Rhododendrengruppe, wenn die Blütenfarben der einzelnen Sträucher gezielt aufeinander abgestimmt werden.

Sträuchern und anderen Pflanzen stellt ein klassischer Rhododendronhain dar. Hier werden die Gewächse nicht nur nach rein optischen Gesichtspunkten zusammengestellt, auch ihre Standortansprüche sollen übereinstimmen. In einer großzügigen Pflanzung stehen die attraktiven Blütensträucher vor höheren Nadelgehölzen wie etwa Kiefern *(Pinus)*, Scheinzypressen *(Chamaecyparis)* oder Hemlocktannen *(Tsuga)*, die als dunkler Hintergrund die Blüten der Rhododendren ganz besonders aufleuchten lassen. Die Bäume beeinflussen das Mikroklima (siehe Seite 39 f.) in einer für die etwas anspruchsvollen Rhododendren günstigen Weise. Zu den Pflanzen werden andere Moorbeetsträucher gesellt, wie z.B. Lorbeerrose *(Kalmia)*, Schattenglöckchen *(Pieris)* oder Lorbeerkirsche *(Prunus laurocerasus)*. Ergänzen läßt sich die Gehölzgruppe mit Farnen, Gräsern, Stauden und Zwiebelblumen, z.B. schönen Wildlilien (*Lilium*-Arten).

Aufbau einer Gehölzgruppe

Eine Gehölzgruppe baut sich in der Regel aus einem oder zwei sog. Leitelementen, meist Bäumen oder baumartigen Großsträuchern, und drei bis sechs, manchmal auch mehr Begleitsträuchern in unterschiedlichen Wuchshöhen auf. Je größer die Einzelpflanzen sind, desto mehr Raum wird die Gruppe natürlich beanspruchen. Wählt man dagegen als Leitelement einen Strauch und umgibt diesen mit Kleinsträuchern und Zwerggehölzen, kann sogar im kleinsten Garten eine Gehölzgruppe Platz finden.

In einer Gehölzgruppe sollten die Arten sich jedoch nicht nur in der Wuchshöhe, sondern auch durch ihren Breitenwuchs unterscheiden. Besonders spannungsreich wird das Bild, wenn säulenartige, breit ausladende, dichtbuschige und weit überhängende Formen miteinander kombiniert werden.

Die spätere Größe bzw. Wuchsbreite der einzelnen Arten muß schon bei der Pflanzung berücksichtigt werden. Die Pflanzabstände sollten so gewählt werden, daß sich die Kronen der ausgewachsenen Gehölze nur im äußeren Drittel durchdringen. So ergibt sich ein anfangs zwar lückiges, schon bald aber harmonisch geschlossenes Bild, und alle Pflanzen können sich gut entwickeln.

Wie das obengenannte Beispiel einer Rhododendrengruppe vor Augen führt, müssen alle Arten, die man miteinander kombinieren möchte, ähnliche Standortansprüche zeigen. Nur dies garantiert, daß die Pflanzung auch auf Dauer Bestand hat. Dabei können ein oder mehrere große Gehölze einer Gruppe die Standortbedingungen für die kleineren Arten mehr oder minder stark beeinflussen. Unter ihren Kronen herrscht ein wärmeres, feuchteres Kleinklima, und es ist schattiger. Wohlweislich müssen daher die kleineren Arten so ausgewählt werden, daß diese Verhältnisse auch ihren Ansprüchen genügen.

Auch im Herbst bestechen Gehölze durch ihren Charme, etwa diese Gruppe aus Wildarten wie Eberesche, Liguster, Pfaffenhütchen, Schlehe und Wildrose.

Belebende Akzente in Gehölzgruppen

Besonders ausdrucksvoll und ganzjährig attraktiv wird eine Gehölzgruppe, wenn man Wuchsform, Blätterkleid, Blütenschmuck, Rindenfärbung sowie Fruchtbehang der verschiedenen Arten sorgfältig aufeinander abstimmt. Im Jahreslauf werden so immer wieder einzelne Pflanzen des Ensembles zu optischen Glanzlichtern, beispielsweise aufgrund ihrer üppigen Blüte oder ihrer leuchtenden Herbstfärbung, um danach wieder einen eher unauffälligen Bestandteil des Ganzen zu bilden, wenn andere Gehölze ihre Pracht entfalten.

Es wäre jedoch verfehlt, lauter Prunkstücke unter den Bäumen und Sträuchern zu einer Gruppe zu kombinieren, denn schlichtere Pflanzen sorgen für die angemessene Begleitung und Untermalung. Gehölze, die die meiste Zeit eher unscheinbar bleiben, z.B. Ligu-

Tip

Mehrere Gehölzgruppen mit jeweils denselben Leit- und Begleitelementen, in rhythmischem Wechsel gepflanzt, kann man nach dem Baukastenprinzip auch zu einer großflächigen Pflanzung aneinanderfügen.

Laub- und Nadelgehölze lassen sich gut kombinieren: Vor einer Kiefer gruppieren sich Lebensbaum, Wacholder, Blumenhartriegel, Bergilex und Rhododendren, ergänzt durch sehr farbenfroh blühende Sommerblumen.

ster *(Ligustrum)*, Kornelkirschen *(Cornus mas)* oder Feldahorn *(Acer campestre)*, vermitteln gleichsam zwischen den prächtigen Gestalten und wirken ausgleichend und beruhigend. Auch viele frühblühende Arten, z.B. Forsythien oder Spiersträucher, die sich nach der Blüte ein schlichtes Laubkleid überstreifen, bringen eine gewisse Ruhe in das Gesamtbild einer Gehölzgruppe.

Die verschiedenen optischen Höhepunkte in einer Gehölzgruppe sollten räumlich wie zeitlich möglichst gleichmäßig verteilt werden. Auffällige Akzente können allein schon durch die Belaubung einzelner Gehölze gesetzt werden. Dabei spielen Blattform und -größe sowie die Anordnung der Blätter eine Rolle, ganz besonders aber natürlich eine leuchtkräftige Herbstfärbung. Ausnehmend schöne Herbstlaubfarben findet man bei Ahornarten *(Acer)*, Felsenbirnen *(Amelanchier)*, Hartriegel *(Cornus)*, Buchen *(Fagus)*, Zierkirschen *(Prunus)* und Eichen *(Quercus)*.

Buntlaubige Sorten geben einer Gehölzgruppe nicht erst im Herbst, sondern während des ganzen Jahres Farbe. Zu diesem Zweck sind vor allem dauerhaft rot gefärbte Formen beliebt, etwa verschiedene Sorten des Fächerahorns *(Acer palmatum)*, die Bluthasel (*Corylus maxima* 'Purpurea'), der Perückenstrauch *(Cotinus coggygria)* mit der Sorte 'Royal Purple' oder die Blutpflaume (*Prunus cerasifera* 'Nigra'). Auch Sorten mit bunt geflecktem Laub, sog. panaschierte Formen, z.B. der Weißbunte Eschenahorn (*Acer negundo* 'Variegatum'), der Gelbbunte Hartriegel (*Cornus alba* 'Spaethii') oder die Sorte 'Emerald Gaiety' der Kriechspindel *(Euonymus fortunei)*, die alle weiß gemustertes Laub tragen, verfehlen ihre Wirkung nicht. Und auch unter den Nadelgehölzen gibt es ein breites Angebot an blaugrünen, silbergrauen oder gelblich benadelten Sorten, die in Baumschulen zu kaufen sind.

Die rot berindeten Triebe des Purpurhartriegels bilden im Winter auffallende Blickpunkte.

Viele Gartenbesitzer lassen sich bei der Auswahl von Gehölzen jedoch vor allem von deren Blütenschmuck leiten. Sowohl bei den Bäumen als auch bei den Sträuchern ist die Reihe der reichblühenden Arten groß, und ihre Blüten lassen in bezug auf Farbe und Form kaum Wünsche offen. Als besonders beeindruckende Beispiele seien bei den Bäumen nur Trompetenbaum *(Catalpa)*, Tulpenbaum *(Liriodendron)*, Zieräpfel (*Malus*-Arten) und Zierkirschen (*Prunus*-Arten) sowie bei den Sträuchern Schmetterlingsstrauch *(Buddleja)*,

Tip

Mit gelblaubigen Nadel- oder weißbunten Laubgehölzen lassen sich dunkle Ecken und schattige, wenig attraktive Gartenbereiche wirkungsvoll aufhellen. Ein einziges Exemplar, geschickt zwischen grünlaubige Nachbarn plaziert, reicht dazu schon aus.

Mit ihren silbrig gerandeten Blättern lockert diese Kletterspindelsorte eine grüne Gruppe auf.

Japanische Blütenkirsche, Haselnuß und Forsythie ergeben mit ihren ausgewogenen Blütenfarben ein zauberhaftes Frühlingsbild.

Kolkwitzie *(Kolkwitzia)* oder auch Goldregen *(Laburnum)* genannt.

Blütengehölze sollte man mit besonderem Feingefühl miteinander kombinieren. Nicht nur die Blütenfarben und -formen, auch die Blütezeiten der einzelnen Arten müssen aufeinander abgestimmt werden. Dabei kann man durchaus einen gemeinsamen Blütenhöhepunkt der Gruppe anstreben, indem man lauter Arten wählt, die etwa zur gleichen Zeit blühen. Sollen dagegen vom Frühling bis zum Sommer immer wieder Blüten erscheinen, müssen die verschiedenen Gehölze ihren Flor versetzt nacheinander entfalten.

Der leuchtende Fruchtschmuck des Pfaffenhütchens ziert den Garten bis zum Spätherbst.

Natürlich ist auch der Fruchtbehang bei der Zusammenstellung einer Gruppe zu berücksichtigen. Viele Sträucher zeigen ausgesprochen schöne Früchte, z. B. Pfaffenhütchen *(Euonymus europaea)*, Gewöhnlicher Sanddorn *(Hippophaë rhamnoides)* oder Mahonien (*Mahonia*-Arten), aber ebenso einige Bäume, etwa verschiedene Ahornarten *(Acer)*, Zieräpfel (*Malus*-Arten) und Ebereschen *(Sorbus)*. Außerdem wirken die Zapfen vieler Nadelgehölze sehr dekorativ, so z. B. diejenigen der Spanischen Tanne *(Abies pinsapo)*, der Korea-Tanne *(Abies koreana)*, der Zedern *(Cedrus)* oder der Lärchen *(Larix)*.

Schließlich können Gehölze mit attraktiver Rinde einen außergewöhnlichen Blickfang darstellen, vornehmlich natürlich zur Winterzeit, doch oft auch unter dem Jahr. So zeigen viele Wild- und Zierkirschen eine besonders schöne Rinde in warmen Rottönen. Birkenstämme hüllen sich in weiße oder zartrosa Schattierungen, die Rinde des Rotnervigen Ahorns *(Acer rufinerve)* fällt durch eine attraktive Streifung auf, und der Stamm der Platane *(Platanus* x *hispanica)* trägt ein mosaikartiges Muster.

Tip

Manche Sträucher, z. B. Forsythien, blühen in so intensiven Farben, daß sie nur schlecht mit anderen Blütengehölzen zu kombinieren sind. Disharmonische Farbzusammenstellungen lassen sich vermeiden, wenn man solchen Arten Nachbarn zur Seite stellt, die deutlich früher oder erst viel später blühen.

Hecken

Tip

Besonders schön wirkt eine freiwachsende Blütenhecke, wenn man ihr zusätzlich einige Bäume mit attraktiven Blüten zugesellt.

Hecken sind ein lebender Ersatz für Mauern und Zäune. Von alters her wurden sie zur Abwehr von Eindringlingen sowie zur Begrenzung von Wohngrundstücken, Feldern oder Weiden gepflanzt. Landwirte und Viehhirten wählten als Heckensträucher vorwiegend diejenigen heimischen Arten aus, die sich leicht vermehren ließen, einfach zu pflegen waren und rasch zu dichten, am besten noch stachelbewehrten Dickichten zusammenwuchsen.

Im Ziergarten pflanzt man dagegen überwiegend Gehölze, die möglichst prunkvoll wirken, und heimische Wildsträucher sind als Heckenpflanzen eher dem Naturgarten vorbehalten. Doch wie auch immer eine Gartenhecke zusammengesetzt ist, so erfüllt sie doch meist mehrere Funktionen: als Einfriedung, als Sicht- und Windschutz sowie als Staubfilter und Lärmdämmer.

Schnitthecken aus Hainbuchen wirken mit ihrem frischen Grün gleichmäßig harmonisch.

Nadel- und Laubhecken

Eine Hecke aus dauerhaft belaubten Arten erfüllt alle an sie gestellten Erwartungen auch im Winter. Immergrüne Nadelholzhecken, z.B. aus Rotfichte *(Picea abies)*, Eibe *(Taxus)* oder Lebensbaum *(Thuja)*, bieten dem Auge stets unverändert ein angenehmes, ruhiges Grün, zeigen damit aber auch deutlich weniger Abwechslung als Hecken aus Laubhölzern. Anders ist dies allerdings bei immergrünen Laubgehölzen wie Liguster oder Mahonien, die einerseits auch im Winter ansprechende Hecken ergeben, bei denen Blüten und Fruchtschmuck jedoch für eine gewisse Veränderung des Bildes sorgen.

Die blühende Weigelie dient als Blickfang in einer freiwachsenden Hecke aus verschiedenen Arten.

Einen gleichmäßig harmonischen Eindruck hinterlassen Hecken aus Laubgehölzen, die nur wenige oder unscheinbare Blüten hervorbringen, wie z.B. aus Hainbuchen *(Carpinus betulus)*, Buchen *(Fagus)* oder Berberitzen *(Berberis)*. Vor allem Buchenhecken sowie Pflanzungen von Thunbergs Berberitzen *(Berberis thunbergii)*, die im Herbst oder im Lauf des Winters ihr Laub verlieren, lassen in der tristen Jahreszeit mehr Licht hindurch als Nadelholzhecken. Sie bilden gleichsam eine transparente Wand, die zwar abgrenzt, den Garten aber doch nicht ständig blickdicht abschottet.

Hecken aus besonders üppig blühenden Sträuchern, z.B. Deutzien *(Deutzia)*, Forsythien *(Forsythia)*, Kolkwitzien *(Kolkwitzia)*, Goldregen *(Laburnum)*, Spiersträuchern *(Spiraea)*, Flieder *(Syringa)* oder Weigelien *(Weigela)*, übertreffen die Wirkung einer schlichten immergrünen Hecke um ein Vielfaches. Zur Blütezeit vermögen solche Hecken nicht nur die übrigen Gartenpflanzen buchstäblich in den Schatten zu stellen, sie sind auch ein nicht zu übersehendes Aushängeschild für den Garten.

Heckenformen

Ganz nach Geschmack und verfügbarem Platz kann man Hecken entweder in freiwachsender oder in mehr oder weniger streng geschnittener Form ziehen. Im ersten Fall können die Sträucher weitgehend ihre natürliche Wuchsform entwickeln, stehen jedoch dichter als in einer Gehölzgruppe. Der Platzbedarf einer solchen Hecke ist vergleichsweise hoch, denn die Sträucher nehmen, je nach verwendeten Arten, durchaus einen Streifen von 3 – 5 m Tiefe in Anspruch. Bei kleinen Grundstücken muß man daher entweder schwächerwüchsige bzw. klein bleibende Arten wählen oder versuchen, die Hecke durch mäßigen Schnitt schmal zu halten.

Ein großer Vorteil von freiwachsenden Hecken besteht in ihrer Pflegeleichtigkeit, denn hier fällt kein regelmäßiger Schnitt an. Davon abgesehen wirken vor allem Blütensträucher am schönsten, wenn sie sich auch in der Hecke artgemäß entfalten dürfen.

Für Schnitthecken, die durch regelmäßigen Schnitt in einer meist strengen, graphisch wirkenden Form gehalten werden, eignen sich dagegen nur solche Gehölzarten, die nach dem Stutzen willig austreiben, z. B. Kornelkirsche *(Cornus mas)*, Roter Hartriegel *(Cornus sanguinea)*, Weißdorn *(Crataegus)*, Gewöhnliche und Tatarische Heckenkirsche (*Lonicera xylosteum* und *Lonicera tatarica*), Buchsbaum *(Buxus)*, Liguster *(Ligustrum)* und Feuerdorn *(Pyracantha)* sowie Eibe *(Taxus)*, Abendländischer Lebensbaum *(Thuja occidentalis)* und die Scheinzypressen (*Chamaecyparis*-Sorten).

Auch Bäume können ausgesprochen schöne Schnitthecken ergeben, die in vielen Regionen sogar landschaftstypisch sind und in sehr alten Exemplaren bewundert werden können. Dafür geeignete Arten sind z. B. Hainbuche *(Carpinus betulus)*, Feldahorn *(Acer campestre)*, Rotbuche (*Fagus sylvatica* ssp. *sylvatica*), Rotfichte *(Picea abies)* und Gewöhnliche Kiefer *(Pinus sylvestris)*.

Ein- oder zweireihige Pflanzung

Prinzipiell können Hecken ein- oder zweireihig gepflanzt werden. Um eine dichte Schnitthecke zu erzielen, reicht eine einzige Pflanzreihe meist aus. Auf beinahe die doppelte Breite bringen es zweireihige Hecken, bei denen die Gehölze dann jeweils auf Lücke gepflanzt werden, also versetzt in die Erde kommen. Geschnitten wirken solche Hecken oftmals zu wuchtig, obwohl sie besonders dicht und schön werden, da die beiden Zeilen nach einiger Zeit zu einer einzigen breiten Reihe verwachsen. Freiwachsende Hecken kann man dagegen in zweireihiger Anordnung sehr ansprechend gestalten, man muß sie nur locker genug pflanzen. Eine längere Hecke braucht dabei keineswegs auf ganzer Strecke aus zwei Reihen zu bestehen, vielmehr kann durch betont angelegte Lücken in jeweils einer der Reihen Abwechslung geschaffen werden. Es liegt nahe, daß zweireihige Hecken als Gartenbegrenzung wegen ihres relativ hohen Platzbedarfs in erster Linie für großzügige Gartenanlagen sehr zu empfehlen sind.

Buchsbaumhecken und -kegel durchziehen den Garten mit einem graphischen Muster.

Tip

Durch Arten mit auffälligem Fruchtschmuck erhöht sich die Wirkung einer freiwachsenden Hecke noch. Dazu kommt, daß die Früchte von Felsenbirne, Hartriegel, Weißdorn, Geißblatt, Schneebeere oder Schneeball vielen Tieren Nahrung bieten.

Tip

Obwohl Hain- und Rotbuche laubabwerfende Arten sind, haftet ihr dürres Laub doch meist bis in den Winter hinein, so daß die Hecke bis zum Neuaustrieb nicht völlig kahl bleibt.

Sehr dicht und abweisend wirkt eine Garteneinfriedung aus hohen Nadelgehölzen.

Spezielle Gehölze und ihre Verwendung

Mit der einzelnen oder gruppenweisen Pflanzung von Gehölzen und mit der Einfriedung des Gartens durch Hecken sind die Möglichkeiten, die Gehölze bei der Gartengestaltung eröffnen, noch lange nicht ausgeschöpft. Vor allem die zahlreichen niedrig bleibenden Arten und Sorten empfehlen sich für eine staudenähnliche Verwendung, während Klettergehölze senkrechte Elemente des Gartens und Hauses mit lebendigem Grün überziehen können.

Tip

Bodendecker können Unkraut nur zufriedenstellend unterdrücken, wenn der Boden vor der Bepflanzung unkrautfrei ist. Sonst breiten sich in den anfänglichen Pflanzlücken schnell unerwünschte Gewächse aus, die sich nur schwer wieder beseitigen lassen.

Tip

Viele bodendeckende Gehölze eignen sich auch gut für die Kultur in Pflanzgefäßen, zumindest, solange sie nicht zu ausladend werden. Pflanzt man sie an den Rand eines Gefäßes, hängen ihre Triebe malerisch über.

Zwergmispeln eignen sich gut als Bodendecker für schwierige Stellen im Garten.

Gehölze als Bodendecker

Zahlreiche Laubgehölze treiben Ausläufer, kriechen dicht über der Bodenoberfläche entlang oder entwickeln bogenförmige Triebe, die dem Boden locker aufliegen. Sie alle bilden, wenn sie einmal eingewachsen sind, einen dichten Teppich, der sich hervorragend zur Flächenbegrünung eignet.

Bodendecker verschönern unansehnliche Gartenecken, den Fuß einer Mauer, Treppen- oder Wegränder und viele andere Stellen im Garten, und zu alledem sind sie meistens äußerst genügsam und halten den Boden in einem guten, lockeren Zustand. Ebenso wie bodendeckende Stauden bieten auch diese flachwachsenden Gehölze den großen Vorteil enormer Arbeitsersparnis, denn in den von ihnen überzogenen Bereichen treten so gut wie keine Unkräuter auf.

Tip

Bevor Klettergehölze an eine Hauswand gepflanzt werden, sollte der Putz auf schadhafte Stellen untersucht werden. In Risse oder Löcher könnten die Haftorgane der Pflanzen womöglich eindringen und den Putz allmählich zerstören. An einwandfreien Wandflächen besteht dagegen normalerweise keine Gefahr für die Bausubstanz.

Besonders gut eignen sich kleinwüchsige immergrüne Laubgehölze und deren Sorten als Bodendecker, z.B. die Zwergsorte 'Nana' der Buchsblättrigen Berberitze *(Berberis buxifolia)* sowie verschiedene Sorten der Teppichmispel *(Cotoneaster dammeri)*, der Kriechspindel *(Euonymus fortunei)*, des Fingerstrauchs *(Potentilla fruticosa)* oder der Lorbeerkirsche *(Prunus laurocerasus)*. Einige Bodendecker, etwa die Zwergmispeln (niedrige *Cotoneaster*-Arten), können dazu noch mit einem ausnehmend schönen und bis in den Winter hinein attraktiven Fruchtschmuck aufwarten.

Auch unter den Nadelgehölzen gibt es einige Kriechformen, die sich für eine Flächenbegrünung verwenden lassen. Allerdings bewurzeln sich deren Triebe nicht, sondern liegen dem Boden nur mehr oder weniger dicht auf. Als geeignet sind hier vor allem verschiedene Wacholderarten *(Juniperus)*, Berg- und Pummelkiefer (*Pinus mugo* und *Pinus pumila*) sowie einige Eibensorten *(Taxus)* zu nennen, wobei nur die letzteren auch an schattigen Plätzen gedeihen.

Zwerggehölze

Eine ganze Reihe von Gehölzarten und noch mehr Sorten bleiben in ihrem Wuchs sehr niedrig. Solche Zwerggehölze, die allenfalls

Der Duftende Kriechginster belebt den Steingarten mit goldgelben Blütenwolken.

einen halben Meter hoch werden, sind vor allem im Stein- und Heidegarten beliebt, wo sie mit zahlreichen Stauden und Ziergräsern schmucke Kombinationen abgeben. Ebensogut aber eignen sie sich zur Unterpflanzung einer Gehölzgruppe oder zur Bepflanzung von Trögen und Kästen.

Als Beispiele für besonders dekorative und dabei anspruchslose Zwerggehölze seien hier Geißklee (*Cytisus*-Arten), Ginster (*Genista*-Arten), Johanniskraut (*Hypericum*-Arten) und Fingerstrauch *(Potentilla fruticosa)* genannt, die allesamt überaus reich blühen. Für eher sonnige Plätze bieten sich ebenso einige Weidenarten *(Salix)* an. Schattigere Bereiche bevorzugen dagegen z.B. die Stechpalmen-Hybride *Ilex* x *meserveae* und auch Zwergrhododendren sowie Japanische Azaleen. Unter den Nadelgehölzen sind es vor allem die Zwergsorten von Fichten (*Picea*-Arten), von Wacholder (*Juniperus*-Arten) und Kiefern (*Pinus*-Arten), die für die genannten Zwecke verwendet werden können.

Klettergehölze

Für die Begrünung hoher, senkrechter Strukturen im Gartenbereich sind Klettergehölze unentbehrlich. Sie überziehen ganze Hauswände mit einem grünen Kleid, verdecken unschöne Garagenmauern, ranken an Palisaden und Lattengerüsten empor oder verkleiden Lauben. Dabei wirken die lichthungrigen Kletterer nicht nur äußerst dekorativ, sie können sich auch ungemein nützlich machen. So ergibt z.B. ein frei stehendes Spalier an der Südseite einer Terrasse, das mit einem oder mehreren Klettergehölzen begrünt ist, einen wirksamen Sicht- und Sonnenschutz.

Romantisch wirken Klettergehölze, wenn sie an größeren Bäumen emporwachsen und deren kahle Stämme begrünen. Dafür sind allerdings nur solche Arten geeignet, die sich ohne weitere Hilfe am Stamm und den Ästen der „Unterlage" festhalten können, in erster Linie also Efeu *(Hedera)* und Kletterhortensie (*Hydrangea anomala* ssp. *petiolaris*).

Vor allem Kletterpflanzen wie Glyzine, Clematis und Kletterrose machen die pergolaüberdachte Terrasse zu einer Oase der Ruhe. Niedrige Gehölze und Stauden bilden den hübschen Rahmen.

Tip

Rankern sollte man als Stütze möglichst eine gitterartige, Schlingern überwiegend senkrechte Unterlagen zur Verfügung stellen. Spreizklimmer verhaken sich am besten in einem Gerüst aus vielen waagrechten Latten.

Rauchhart und industriefest – unempfindliche Gehölze

Robuste Gehölzarten wie Goldregen und Geißklee vertragen auch Rauchgase.

Nur wenige Nadelgehölze wie Wacholder und Scheinzypresse eignen sich für Stadtklima.

Wie alle Pflanzen brauchen auch die Gehölze Luft zum Leben. In den Städten und in der Umgebung von Industrieanlagen steht es um die Luftqualität jedoch meist nicht zum besten. Die Pflanzen haben dort häufig erheblich zu leiden, und nicht alle Arten bzw. Sorten halten die belastenden Bedingungen gleich gut aus.

Diese vielfältigen Luftverschmutzungen, die auch den Menschen, vor allem Allergikern, zu schaffen machen können, stammen zum überwiegenden Teil aus Verbrennungsprozessen, wie sie in großem Maßstab in der Industrie, aber auch in Millionen von Fahrzeugmotoren sowie in den Heizungsanlagen der Häuser ablaufen. Dabei werden die Luftverunreinigungen nicht nur als feste Stoffe, d. h. als Staub, Ruß oder Flugasche, in die Umwelt entlassen, sondern auch als Gase freigesetzt. Einige der Gase, z. B. Schwefel-, Stickstoff- oder Fluorverbindungen, bilden bei Kontakt mit dem Wasserdampf der Luft sauer reagierende, ätzende Verbindungen. Alle diese Schadstoffe bleiben jedoch nicht auf Dauer in der Atmosphäre. Sie sinken entweder aufgrund ihres Eigengewichts langsam auf den Boden und die Blätter der Pflanzen nieder oder werden aus der Luft ausgewaschen und gelangen mit den Niederschlägen an die Pflanzen.

Vielfältige Schadwirkung

Fortwährend auf das Laub der Pflanzen niedergehende Schadstoffe wirken dort in mehrfacher Hinsicht schädlich. Zum einen bedecken sie als Ruß- oder Staubschicht die Blattoberflächen und vermindern damit die Intensität der für die Photosynthese (siehe Seite 28) ganz unabdingbaren Sonneneinstrahlung. Zum andern verstopfen und verkleben sie die Spaltöffnungen, die den Gasaustausch der Pflanze mit der Umgebung und ihre Wasserversorgung steuern. Die Schadgase dringen schließlich über die Spaltöffnungen auch direkt in die Blätter ein und schädigen diese von innen. Und nicht zuletzt lösen die ätzenden Verbindungen die schützende Wachsschicht, mit der die Blätter überzogen sind, und erleichtern dadurch Schädlingen und Krankheitserregern den Weg ins Pflanzeninnere.

Industrieabgase können Bäume zum Absterben bringen.

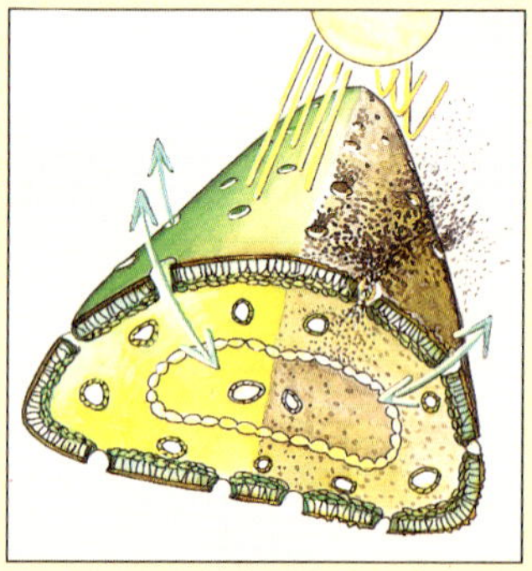

Diese Koniferennadel zeigt, wie Schadstoffe den Stoffwechsel stören können (rechts die kranke, links die gesunde Hälfte).

Aber auch die sich auf den Boden niedersenkenden Schadstoffe beeinträchtigen die Pflanzen, da sie einesteils direkt deren Feinwurzeln angreifen, andererseits die lebenswichtigen Mykorrhizapilze (siehe Seite 26 f.) schädigen und zu allem Überfluß auch noch die Bodenstruktur verändern können. Alles in allem

Auch in der Stadt lassen sich mit widerstandsfähigen Gehölzen äußerst attraktive Gartenszenen schaffen.

bewirken diese Schadstoffe, daß die Gehölze weniger wuchskräftig sind, allgemein geschwächt werden und dadurch empfindlicher auf Klimaschwankungen reagieren. Schädlinge und Krankheitserreger haben dann oft ein leichtes Spiel.

Häufig sieht man einem Baum oder Strauch die von Luftverunreinigungen angerichteten Schäden zunächst nicht an, da sie sich „nur“ auf den Gesamtzustand des Gehölzes auswirken, sich allerdings zunehmend verstärken. Augenfällig werden sie gewöhnlich erst, wenn die Beeinträchtigungen ein für die Pflanze noch erträgliches Maß überschritten haben. Zumeist zeigen sie sich dann in Form von Verbrennungen auf den Blättern sowie frühzeitigem Blattfall.

Die Goldjohannisbeere ist widerstandsfähig gegenüber Rauchgasen.

Robuste Gehölze für schwierige Standorte

Durch langjährige Beobachtung konnte man immer wieder feststellen, daß die „Rauchhärte“ oder „Industriefestigkeit“ der Gehölze – beide Begriffe sind gleichbedeutend – von Art zu Art recht unterschiedlich ausfällt. Grundsätzlich sind sommergrüne Laubgehölze weniger empfindlich als immergrüne Nadelhölzer, da sie jedes Jahr ihr Laub erneuern und mit dem Laubabwurf zugleich in den Blättern angesammelte Gifte abstoßen können. Nadelgehölze dagegen nehmen sommers wie winters Schadstoffe auf, die sich an und in ihren langlebigen Blättern über mehrere Jahre hinweg anhäufen. Verglichen damit sind immergrüne Laubgehölze meist recht unempfindlich.

Unter den Laubgehölzen werden in aller Regel solche mit derben, glatten Blättern weniger stark geschädigt als die Arten mit großflächigem Laub, das sich rauh und weich anfühlt und dadurch den verschiedenen Schadstoffen eine größere Angriffsfläche bietet.

Die in der Tabelle auf Seite 63 aufgeführten Gehölze haben sich als vergleichsweise unempfindlich gegen Luft-

Die Purpurkastanie gilt zwar als rauchhart, ist aber ausgesprochen salzempfindlich.

Der Perlmuttstrauch blüht auch an innerstädtischen Standorten noch sehr üppig.

Die Robinie gedeiht sogar in belasteten Gebieten vorzüglich.

Robuste Bäume bringen Leben in öde Betonschluchten.

schadstoffe erwiesen. Völlig rauchharte Arten gibt es jedoch nicht. Außerdem darf man nicht außer acht lassen, daß neben art- und sortenspezifischen Eigenschaften auch die Wahl des Standorts, das Kleinklima, der Boden sowie die Pflege, besonders die Versorgung mit Wasser und Nährstoffen, für die Empfindlichkeit eines Baums oder Strauchs eine wichtige Rolle spielen.

Leben in der Stadt

Neben der Belastung durch Luftverschmutzung gibt es noch weitere vom Menschen verursachte Faktoren, die den Gehölzen das Leben schwer machen. Dazu zählen insbesondere die speziellen Klima- und Bodenverhältnisse, wie sie in den Städten herrschen. Vor allem die Straßenbäume leiden dort unter einer Art Dauerstreß. In gewissem Maß gilt dies aber auch für Gehölze in innerstädtischen Gärten, und zwar um so stärker, je kleiner der Garten und je dichter er von Gebäuden umgeben ist.

Aufgrund hoher Häuserfluchten und großer asphaltierter Flächen ist das lokale Klima in Städten wärmer als in vergleichbarer geographischer Lage auf dem Land; die Luft ist überdies trockener, und wegen stärkerer Reflexion herrscht eine intensivere Sonnenstrahlung.

Da sehr hohe Flächenanteile des Bodens versiegelt sind, fließt ein großer Teil der Niederschläge in die Kanalisation, bevor er einsickern und damit an die Baumwurzeln gelangen kann. Zudem ist der Boden in seinen oberen, am stärksten durchwurzelten Schichten durch Baumaßnahmen oder durch Befahren mit Fahrzeugen in weiten Bereichen so stark verdichtet, daß Gehölzwurzeln zuwenig Luft erhalten und teilweise absterben. Die dadurch verringerte Wurzelmasse kann nur noch kleine Mengen des ohnehin schon spärlichen Wassers aufnehmen und den Trieben zuleiten, während die oberirdischen Teile der Gehölze aufgrund des warmen Stadtklimas mehr Wasser als üblich verdunsten – ein fatales Zusammenwirken, das, wenn auch oft erst nach einigen Jahren, den Tod eines Gehölzes zur Folge haben kann.

Die Bäume am Straßenrand haben unter den schwierigen Bedingungen in der Stadt meist ganz besonders zu leiden.

Doch gibt es auch Gehölze, die robust und unempfindlich genug sind und vor allem Trockenheit ausreichend vertragen, um unter innerstädtischen Verhältnissen gut gedeihen zu können.

Nicht mit der Eignung für Stadtklima zu verwechseln ist die Salzempfindlichkeit mancher Gehölze. Vor allem die im Winter vielfach ausgebrachten Streusalze können an den Wurzeln der Pflanzen schwere Schäden verursachen (siehe Seite 123). Grundsätzlich gilt dies zwar für alle Gehölze, doch sind einige Arten, wie z.B. Ginkgo oder Roßkastanie *(Aesculus)*, dagegen besonders empfindlich. Diese Gehölze sollte man nicht in die unmittelbare Nähe von Straßen pflanzen, auf die im Winter Salz gestreut wird.

Streusalz färbt Roßkastanienlaub schon im Sommer braun.

Bewährte rauchharte und meist für innerstädtisches Klima gut geeignete Laub- und Nadelgehölze

Botanischer Name	Deutscher Name	Höhe in m*	Bemerkungen
Acer campestre	Feldahorn	3–15	L, gut schnittverträglich
Acer platanoides	Spitzahorn	20–30	L, auch niedrigere Sorten
Aesculus x *carnea*	Purpurkastanie	10–15	L, salzempfindlich
Amelanchier-Arten	Felsenbirne	2–8	L, schöne Blüten und Früchte
Berberis-Arten	Berberitze	0,5–3	L, auch für Hecken und Einfassungen
Caragana arborescens	Gewöhnlicher Erbsenstrauch	3–5	L, sehr anspruchslos
Carpinus betulus	Hainbuche	10–25	L, auch als Schnitthecke
Chamaecyparis-Arten	Scheinzypresse	3–7	N, auch niedrige Zwergformen
Choenomeles speciosa, *Choenomeles*-Hybriden	Chinesische Zierquitte, Zierquitten-Hybriden	1–3	L, schöne Blüten, gekochte Früchte genießbar
Cornus alba, *Cornus sericea*	Tatarischer Hartriegel, Weißer Hartriegel	2–4	L, auffällige Rindenfärbung
Cornus mas, *Cornus sanguinea*	Kornelkirsche, Roter Hartriegel	3–6	L, wichtige Arten für Vogelschutzhecken
Crataegus-Arten	Weißdorn	3–7	L, schöne Blüten und Früchte
Cytisus-Arten, -Hybriden	Geißklee	0,1–2	L, überschäumende Blütenfülle
Euonymus alata, *Euonymus europaea*	Korkflügelstrauch, Pfaffenhütchen	1,5–3	L, schöne Herbstfärbung
Forsythia-Arten	Forsythie	2–4	L, üppige Blütensträucher
Ginkgo biloba	Ginkgo	20–30	N, salzempfindlich
Hippophaë rhamnoides	Gewöhnlicher Sanddorn	2–5	L, salzverträglich
Juniperus-Arten	Wacholder	0,3–15	N, pflegeleicht und robust
Kolkwitzia amabilis	Perlmuttstrauch	2–3	L, bedingt rauchhart, üppige Blüten
Laburnum-Arten	Goldregen	4–7	L, geringe Bodenansprüche
Pinus mugo	Bergkiefer	0,5–5	N, niedrig bleibende Kiefer
Pinus parviflora	Mädchenkiefer	2–5	N, bedingt rauchhart, elegante Art
Populus simonii	Birkenpappel	12–15	L, raschwüchsige Baumart
Ribes aureum	Goldjohannisbeere	1,5–2	L, nur bei guter Wasserversorgung für Innenstädte geeignet
Robinia pseudoacacia	Robinie	20–25	L, auch niedrigere Sorten
Sambucus nigra, *Sambucus racemosa*	Schwarzer Holunder, Traubenholunder	1–7	L, beliebte Fruchtsträucher
Sorbus aria	Mehlbeere	5–12	L, schöner Fruchtschmuck
Symphoricarpos-Arten	Schneebeere	1,5–3	L, attraktive Früchte
Syringa vulgaris, *Syringa-Vulgaris*-Hybriden	Gewöhnlicher Flieder, Edelflieder	4–6 m	L, mäßig rauchhart
Taxus-Arten	Eibe	1–10	N, pflegeleicht und schnittverträglich
Thuja-Arten	Lebensbaum	10–30	N, salzempfindlich
Weigela florida, *Weigela*-Hybriden	Weigelie	2–3	L, robuste Blütensträucher

* Die Höhenangaben gelten für die Arten, die selten höher werden. Einzelne Sorten können aber von dieser Höhe abweichen. **L** Laubgehölz **N** Nadelgehölz

Zierquitten sind ebenso dekorativ wie robust.

Flieder wächst selbst im Stadtklima gut.

Rauchhart, aber salzempfindlich ist der Riesenlebensbaum.

Von der Baumschule in den Garten

Kauf und Pflanzung

Gewährt man Zaubernüssen genügend Raum zum Wachsen, öffnen sich ihre bizarren Blüten oft schon im Winter und bis ins Frühjahr hinein.

Für die Ziergehölze bedeutet das Verpflanzen von der Baumschule in einen Garten den wohl tiefgreifendsten Einschnitt in ihr Leben. Und dementsprechend sorgfältig sollte die Umsiedlung vorbereitet und ausgeführt werden. Schon die Wahl der Pflanzqualität will überlegt sein, denn ein gutes Anwachsen ist wichtig für das weitere Gedeihen eines Baums oder Strauchs. Erst recht stellt das Umsetzen eines älteren, längst im Garten eingewachsenen Gehölzes einen gravierenden Eingriff dar, den die Pflanze nur dann gut übersteht, wenn lange zuvor entsprechende Maßnahmen getroffen wurden.

Gehölzkauf

Die Vorbereitungen zur Pflanzung von Gehölzen beginnen im Grund bereits mit der Auswahl der Arten und Sorten. Es gilt, deren Bedürfnisse in Erfahrung zu bringen und mit den Verhältnissen am vorgesehenen Standort zu vergleichen, aber auch persönliche Wünsche und Vorlieben zu bedenken. Am besten nimmt man sich ausreichend Zeit, Fachbücher sowie Kataloge verschiedener Baumschulen zu studieren und deren Angebote zu vergleichen. Schließlich sollen die neuen Gehölze für lange Zeit im Garten bleiben. Auch ist es durchaus der Mühe wert, sich in einer Baumschule genau zu informieren, bevor man sich zum Kauf entschließt.

Tip

Bevor man ein Gehölz aussucht und es bestellt, sollte man sich eingehend über die Gliederung des Baumschulkatalogs und die verwendeten Kürzel und Symbole informieren und nicht zuletzt auch die Geschäftsbedingungen gründlich studieren.

Tip

Viele Baumschulen bieten die Möglichkeit, das passende Gehölz unter fachkundiger Beratung direkt auf den Baumschulfeldern auszusuchen. Der ausgewählte Baum oder Stauch wird markiert und später in den Garten geliefert.

Einkaufsquellen

Für Gehölzpflanzen gibt es verschiedene Bezugsmöglichkeiten. Man kann sie direkt in einer Baumschule oder Gärtnerei kaufen, was den Vorteil hat, daß man die Pflanzen mit eigenen Augen sehen und beurteilen kann. Vor allem bei teuren Solitärpflanzen sollte man diese Bezugsquelle daher allen anderen vorziehen. Man kann Gehölze aber ebenso per Versand bei darauf spezialisierten Betrieben bestellen. Auf diesem Weg erhält man meist jede gewünschte Sorte, sei sie auch noch so ausgefallen. Die Baumschulen der näheren Umgebung können dagegen häufig dem Käufer nur ein recht eingeschränktes Sortiment anbieten.

Rhododendron, Schneeball und Goldregen entfalten ihre Schönheit erst mit den Jahren vollends.

Der Gehölzkauf in einer Baumschule hat jedoch andere, nicht zu unterschätzende Vorteile. Zum einen kann man sich dort persönlich beraten lassen, zu Fragen der Planung ebenso wie bei der Sortenauswahl, und zum andern wird man in ortsansässigen Betrieben nur solche Sorten vorfinden, die für die lokalen Klimaverhältnisse gut geeignet sind und auch unter diesen Bedingungen angezogen wurden.

Pflanzgut

Gehölze werden in verschiedener Form zum Kauf angeboten. Am billigsten sind ballenlose Pflanzen, d. h. Pflanzen, deren Wurzeln freiliegen. Etwas teurer kommen dagegen sog. ballierte Gehölze, deren Wurzeln zusammen mit Erdreich einen kompakten Ballen bilden und so vor Austrocknung gut geschützt sind. Gewöhnlich wird der Ballen von einem Leinen- oder Kunststofftuch fest zusammengehalten. Koniferen werden im allgemeinen ausschließlich in dieser Form verkauft.

Heute führen Baumschulen, Gärtnereien und auch Großhandelsketten oder Baumärkte vor allem sog. Containerpflanzen, die in Kunststoffbehältern (englisch *container*) gezogen wurden. Sie haben den großen Vorteil, daß sie, von Frostperioden einmal abgesehen, zu jeder Jahreszeit gepflanzt werden können und besonders einfach und sauber zu transportieren sind.

Für Bäume gibt es spezielle Qualitätsbezeichnungen, die sich auf die Ausbildung des Stamms und der Verzweigung beziehen. Sog. Heister sind baumartige Pflanzen, die jedoch keine richtige Krone entwickelt haben und daher in erster Linie für Heckenpflanzungen in Frage kommen. Hochstämme müssen einen durchgehenden, verzweigungsfreien Stamm sowie eine gut ausgebildete Krone besitzen. Stammbüsche sind besonders reich verzweigte, üppig entwickelte Exemplare. Von den beiden letzten Kategorien gibt es außerdem Solitärgehölze: Pflanzen, die speziell für die Verwendung in Einzelstellung herangezogen wurden und sich durch einen betont regelmäßigen Wuchs auszeichnen.

Güteklassen und Qualitätskriterien

Pflanzen ein und derselben Gehölzart bzw. -sorte findet man zu stark differierenden Preisen. Die Kosten hängen nicht nur von der Größe des jeweiligen Exemplars ab, die bei gleichem Alter der Pflanzen wegen der unterschiedlichen Wuchskraft der verschiedenen Arten und Sorten sehr stark schwanken kann,

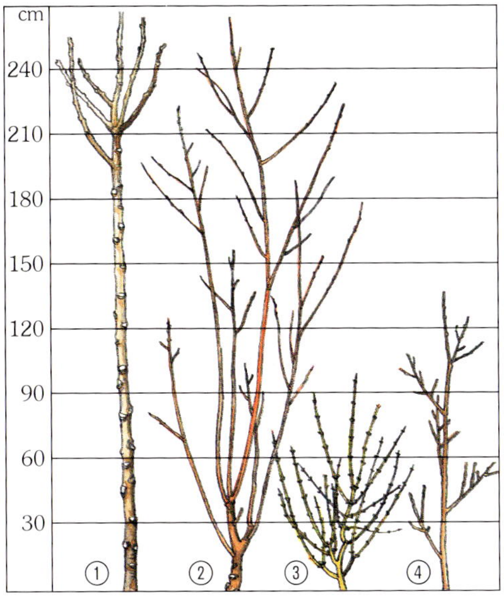

Pflanzqualitäten: ① Hochstamm mit mindestens 180 cm Stammlänge, ② Stammbusch mit mindestens 250 cm Höhe, ③ Strauch mit guter Verzweigung, ④ Heister zur Heckenpflanzung

sondern vor allem auch davon, wie oft der Baum oder Strauch in der Baumschule verpflanzt wurde. Dieses Verpflanzen, auch Verschulen genannt, dient mehreren Zwecken. Da die Gehölze bei jedem Verpflanzen neue Wurzeln ausbilden, erhält man auf diese Weise einen kompakten, dichten und festen Ballen, mit dem sich die Pflanzen später gut transportieren lassen. Zudem wachsen die Gehölze dann an ihrem neuen Platz im Garten wesentlich leichter an, und auch ihre Standfestigkeit ist um so höher, je besser ihr Wurzelwerk entwickelt ist. Aber nicht nur das Wurzel-, auch das Längenwachstum wird durch das Verschulen beeinflußt. Insbesondere mehrfach verpflanzte Nadelgehölze bleiben um einiges dichter und kompakter als unverpflanzte Exemplare und wirken dadurch vor allem in kleineren Gärten wesentlich schöner.

Für die Baumschule bedeutet das Verpflanzen allerdings einen erheblichen Aufwand an Zeit und Arbeitskraft. Hinzu kommt, daß diese Gehölze auf dem Gelände über mehrere Jahre Platz beanspruchen, der dann zur Anzucht weiterer Pflanzen fehlt. Das macht den höheren Preis mehrfach verpflanzter Ware durchaus verständlich.

Wer Wert auf Qualität legt, sollte sich nicht kritiklos von niedrigen Preisen und einem scheinbar akzeptablen Aussehen der außerhalb von Baumschulen angebotenen Gehölze zum Kauf verleiten lassen. Man kann sich manche Enttäuschung ersparen, wenn bei der Kaufentscheidung folgende Punkte beachtet werden:

- exakte Art- und Sortenbezeichnung an der Ware;
- einwandfreier, regelmäßiger Wuchs;
- kein erkennbarer Schädlings- oder Krankheitsbefall;
- verletzungsfreie Rinde, keine gebrochenen oder geknickten Triebe;
- bei Containerware keine aus dem Pflanzbehälter herauswachsenden Wurzeln.

Der Gehölzkauf ist Vertrauenssache. Es ist daher uneingeschränkt zu empfehlen, Gehölze nur aus einer anerkannten Baumschule zu beziehen. In Deutschland gilt dies für Betriebe, die Mitglieder des Bundes deutscher Baumschulen (BdB) sind und damit die Bezeichnung „Deutsche Markenbaumschule" als Gütezeichen führen dürfen. Als solche garantieren sie dafür, daß die von ihnen verkauften Pflanzen die Anforderungen bestimmter Qualitätsrichtlinien wie Sortenechtheit, gute Bewurzelung, Gesundheit und Fehlerfreiheit erfüllen.

Darüber hinaus gibt es genaue Gütebestimmungen, die die einzelnen Verkaufsklassen kennzeichnen. Solitärbäume müssen z. B. mindestens dreimal verpflanzt worden sein und über eine große, der Art bzw. Sorte entsprechende Krone verfügen. Auch die Höhe des Stamms und sein Mindestdurchmesser sind festgelegt. Hochstämme müssen einen mindestens 1,8 m hohen, geraden und fehlerfreien Stamm sowie eine gerade Stammverlängerung innerhalb der Krone besitzen. Nur Kugelbäume, Trauer- oder Hängeformen bilden hierbei Ausnahmen. Stammbüsche dürfen nur als solche geführt werden, wenn sie mindestens zweimal verpflanzt worden sind und dazu noch über 2,5 m Höhe und eine besonders reiche Verzweigung aufweisen.

Tip

Pflanzen aus „engem Stand" waren in der Baumschule dicht nebeneinandergepflanzt, sind folglich weniger gut verzweigt und daher billiger als solche aus „weitem Stand". Für Gruppenpflanzungen und als Solitäre sollte man nur Exemplare aus weitem Stand wählen, während man für Hecken auch Gehölze aus engem Stand verwenden kann.

Container- und Ballenware läßt sich gut verpflanzen.

Tip

Einige Arten wie Schwarzkiefer, Fadenscheinzypresse, Nutka-Scheinzypresse, Omorika-Fichte, Wacholder oder Hainbuche zeigen in ihren Wuchsformen eine große Variationsbreite. Man sollte sich beim Kauf genau erkundigen, ob die ausgesuchte Pflanze eher schmal oder breit, buschig oder kegelförmig wachsen wird.

Solitärbäume wie der reizvolle Zierapfel sollten schon bei der Pflanzung über eine sehr gut gewachsene Krone verfügen.

Pflanzung

Der Perückenstrauch wird möglichst im Frühjahr gepflanzt.

Der aus milden Gebieten stammende Tulpenbaum wurzelt nur schlecht ein, wenn er spät im Herbst gepflanzt wird.

Hat man sich schließlich für ein bestimmtes Gehölz entschieden, muß dieses möglichst bald und fachgerecht in die Erde gebracht werden. Bei der Pflanzung gilt es, einige wichtige Punkte zu beachten, vom richtigen Pflanztermin über eine eventuell notwendige Bodenverbesserung bis hin zum Stützen der Bäume und Sträucher, bevor sie fest eingewachsen sind.

Der richtige Zeitpunkt

Während Gehölze aus Containern fast das ganze Jahr über gesetzt werden können, sollte man bei Ballen- und ballenloser Ware stets bestimmte Pflanztermine einhalten. Am wenigsten beeinträchtigt werden die Bäume und Sträucher, wenn man die Pflanzung während der Vegetationsruhe, also in der Zeit von Oktober bis März, vornimmt. Bei gefrorenem Boden ist dies natürlich nicht möglich, aber auch, wenn der Boden nach langen Regenfällen sehr naß ist, sollte man die Pflanzung lieber verschieben.

Einige Gründe sprechen dennoch eher für eine Frühjahrspflanzung. Es treten dann keine Verluste durch Winterschäden auf, und der Wurzelballen wird nicht durch wechselndes Gefrieren und Auftauen aus dem Boden gehoben (sog. Frosthebung). Außerdem bilden sich im Frühjahr durch das einsetzende Wachstum schneller neue Wurzeln als bei einer Herbstpflanzung. Arten, die in milden Klimazonen beheimatet sind, z. B. Perückenstrauch *(Cotinus coggygria)*, Gewöhnlicher Judasbaum *(Cercis siliquastrum)* oder Tulpenbaum *(Liriodendron tulipifera)*, pflanzt man entweder im Frühjahr, da sie dann umgehend einwurzeln können, oder aber so rechtzeitig im Herbst, daß sie anschließend noch genügend Wurzeln zu bilden vermögen, um den Winter gut zu überstehen. Gleiches gilt für alle immergrünen Gehölze: Am besten pflanzt man sie bereits im September, andernfalls im März oder April.

Tip

Sind im Winter gekaufte Gehölze während des Transports leicht angefroren, sollte man sie in einem ungeheizten Raum langsam auftauen lassen, bevor man sie pflanzt.

Vor der Pflanzung

Ballenlose Pflanzen werden sofort ausgepackt, und der gesamte Wurzelbereich wird für etwa zwölf Stunden in einen Eimer oder eine Wanne mit Wasser gestellt. Dadurch schützt man die empfindlichen Wurzeln vor dem Austrocknen und erleichtert ihnen das Anwachsen, das bei ballenlosen Gehölzen wesentlich kritischer ist als bei Ballen- oder Containerware. Statt reinen Wassers kann auch ein nasser Lehmbrei verwendet werden, der länger an den Wurzeln haftet und sie gewissermaßen mit einer Schutzhülle umgibt. Ballen- und Containerpflanzen sollte man vor dem Einpflanzen so lange in Wasser stellen, bis aus dem Erdreich keine Luftblasen mehr aufsteigen. Ersatzweise muß man sie zumindest gründlich gießen.

Kann eine Pflanzung nicht innerhalb weniger auf den Kauf folgender Tage durchgeführt werden, setzt man die Gehölze zunächst in ein provisorisches Erdbett (siehe Seite 75). Hier können sie die Zeit bis zur eigentlichen Pflanzung schadlos überbrücken. Dies gilt für ballenlose Gehölze ebenso wie für Ballenware.

Pflanzgrube

Die weiteren grundsätzlichen Abläufe bei der Pflanzung sind stets dieselben, unabhängig davon, ob es sich um ballenlose, ballierte oder in Containern gezogene Gehölze handelt.

Zunächst wird eine Pflanzgrube in geeigneter Größe und Tiefe ausgehoben. Sie muß mindestens so geräumig sein, daß die ausgebreiteten Wurzeln bzw. der Ballen gut und ohne an den Wänden anzustoßen hineinpassen. Die Tiefe ist richtig, wenn sich der Wurzelhals, also der Übergang von den Wurzeln in den Stamm, nach dem Einpflanzen in gleicher Höhe befindet wie vorher in der Baumschule. Man erkennt die Grenze, von der ab die Pflanze bei ihrer Anzucht über die Erdoberfläche ragte, an einer etwas unterschiedlichen Färbung der Rinde.

Eine Ausnahme bezüglich der Pflanztiefe machen nur manche veredelte Sorten einiger

Für eine Pflanzgrube wird der Umfang abgesteckt, die Erde ausgehoben, der Untergrund gelockert und das Substrat verbessert.

Arten, die oberhalb der Veredelungsstelle am Wurzelhals neue Wurzeln bilden können und deshalb etwas tiefer eingesetzt werden sollten, als sie zuvor standen. Dazu gehören vor allem die *Clematis*-Hybriden, Strauchpäonien (*Paeonia-Suffruticosa*-Hybriden) und der Edelflieder (*Syringa-Vulgaris*-Hybriden).

Bodenverbesserung

Bevor das Gehölz in die Erde kommt, bietet sich die Möglichkeit, die Aushuberde gezielt zu verbessern, sei es, um den speziellen Ansprüchen der jeweiligen Pflanze nachzukommen, sei es, um grundsätzliche Nachteile des Bodens, etwa einen zu hohen Sand- oder Tonanteil, auszugleichen. Auf jeden Fall kann man dem Baum oder Strauch damit bessere Startbedingungen verschaffen und seine Nährstoffversorgung für die erste Zeit optimieren.

Ein zu leichter, sandiger Boden läßt sich durch eine reichliche Gabe reifen Komposts sowie durch Zumischung von Lehm oder tonhaltigen Substanzen wie Bentonit, einem handelsüblichen Tonmineral, leicht verbessern. Zu schwerer, tonhaltiger Boden, der zu Verdichtung neigt, wird zur Lockerung mit reifem Kompost und grobem Sand versetzt. Am besten eignet sich hierfür kalkreicher Sand, da sich Kalk günstig auf die Bodenstruktur auswirkt. Die verschiedenen Zugaben werden jeweils in die Aushuberde eingearbeitet und so lange mit ihr vermischt, bis sich der Boden ausreichend locker und krümelig anfühlt.

Kompost (siehe Seite 79 ff.) ist dank seiner Eigenschaft, Teilchen unterschiedlicher Größe zu verbinden, zur Bodenverbesserung universell einsetzbar. Sandteilchen werden miteinander verklebt, wodurch der Boden das Wasser und auch die Nährstoffe besser speichern kann. Die sehr feinen Tonpartikel schwerer Böden werden dagegen durch die im Kompost enthaltenen Humusstoffe umhüllt, so

Tip

In normalem Gartenboden hebt man die Pflanzgrube in der Regel etwa doppelt so breit und tief aus, wie der Wurzelballen groß ist. In flachgründigem, verdichtetem oder schwerem Boden sollte man zur Größe der Pflanzgrube noch einige Handbreit zugeben und die Grube vor dem Einsetzen des Gehölzes mit verbesserter Erde etwas auffüllen.

Ein Moorbeet für Rhododendren anlegen

Rhododendren gedeihen nur auf einem sauren, kalkfreien Substrat. Wenn der Boden zuviel Kalk enthält und damit einen zu hohen pH-Wert aufweist (siehe Seite 44), können sie bestimmte lebenswichtige Nährstoffe nicht in ausreichendem Maß aufnehmen. Chlorose (siehe Seite 123) und andere Mangelkrankheiten sind die Folge.

Wichtig beim Moorbeet sind eine gute Dränage und Abdichtung sowie ein spezielles, in jedem Fall kalkfreies Substrat.

Will man Rhododendren wuchskräftig und gesund erhalten, muß bereits bei der Pflanzung entsprechende Vorsorge getroffen werden. In jedem Fall sollte man als Substrat kalkfreie Erde verwenden. Meist reicht diese Vorkehrung nur für wenige Jahre. Dann hat der Regen Kalk von außerhalb in die Pflanzgrube eingeschwemmt, oder die Wurzeln sind aus dem Bereich der Pflanzgrube hinausgewachsen. Daher legt man besser ein eigenes Moorbeet an, vor allem wenn mehrere Rhododendren mit anderen kalkmeidenden Pflanzen kombiniert werden sollen.

An einem halbschattigen Platz unter größeren Gehölzen oder vor einer Mauer wird eine ungefähr 60 cm tiefe Pflanzgrube ausgehoben. Die Seitenwände werden mit Brettern ausgeschlagen oder mit Teichfolie ausgekleidet, die man ein wenig über die Oberkante hinausstehen läßt.

Zuunterst kommt nun eine etwa 10 cm dicke Lage Reisig als Dränageschicht. Darüber wird das Substrat eingefüllt, in das die Wurzelballen der Pflanzen eingebettet werden. Dafür geeignete spezielle Rhododendronerde ist im Handel erhältlich. Bei ohnehin schon saurem Boden läßt sich diese zu gleichen Teilen mit Gartenerde strecken. Man kann sich aber auch aus drei Teilen Torf, drei Teilen Laub- oder Nadelerde oder reifem Kompost sowie einem Teil Sand selbst ein geeignetes Substrat mischen. Ein gewisser Torfanteil ist für ein Moorbeet zwar unbedingt nötig, um den Torfverbrauch jedoch einzuschränken, ist es möglich, bis zu einem Drittel des Torfs durch ein feines Rindensubstrat zu ersetzen. Bei einem sauren Gartenboden kann der Mischung auch Gartenerde beigemengt werden. Schließlich mischt man dem Substrat noch einige Handvoll Hornspäne bei.

Nach dem Einsetzen der Rhododendren und der übrigen Moorbeetpflanzen wird der Boden dick mit Rindenmulch abgedeckt. Als Dünger dürfen nur sauer wirkende, wie z. B. spezieller Rhododendrondünger, verwendet werden. Auch sollte man möglichst nur mit kalkarmem Regenwasser gießen.

Sind die Wurzeln nach allen Seiten ausgebreitet, füllt man das Pflanzloch mit verbesserter Erde auf.

Als sog. Stickstoffsammler braucht der Besenginster gewöhnlich keine Bodenverbesserung.

Tip

Zur Bodenverbesserung sollte man nur reifen Kompost verwenden. Roher Kompost dient dagegen als Mulchmaterial. Er darf nur oberflächlich eingearbeitet werden, da er erst vollständig verrotten muß.

Tip

Auf die Verwendung von Torf zur Bodenverbesserung, wie es früher vielfach empfohlen wurde, sollte möglichst verzichtet werden, denn der Torfabbau gefährdet die Existenz bedrohter Hochmoorflächen.

Tip

Staunässe wird entweder durch einen zu hohen Tongehalt des Bodens oder durch eine wasserundurchlässige Sperrschicht im Unterboden hervorgerufen. Während bei ersterer Ursache Kompost- und Sandgaben Abhilfe schaffen, kann man im zweiten Fall die Ursache nur durch tiefgründiges Umgraben und Lockern beseitigen.

daß sie grobkörniger werden und weniger dicht aneinanderhaften. Darüber hinaus führt man mit Kompost dem Boden Nährstoffe in einem sehr ausgewogenen Verhältnis zu und verhilft den Pflanzen damit zu gesundem, kräftigem Wachstum und zu erhöhter Widerstandskraft gegenüber Schädlingen und Krankheiten.

Ein besonders gutes und einfaches Mittel zur Bodenverbesserung ist eine Gründüngung, die allerdings längerfristig vor der Pflanzung durchgeführt sein will. Sie ist vor allem dann zu empfehlen, wenn der Boden durch Baumaßnahmen beeinträchtigt und verdichtet wurde. Man verwendet dafür einjährige Pflanzen, die im Frühjahr flächig ausgesät werden. Sie lockern mit ihren Wurzeln den Boden, führen ihm sehr viel Biomasse zu und reichern ihn, sofern es sich um Schmetterlingsblütler wie Lupinen *(Lupinus)*, Klee *(Trifolium)* oder Wicken *(Vicia)* handelt, mit gebundenem Luftstickstoff an. Noch vor der Blüte mäht man die Pflanzen ab. Sie werden als Mulch liegengelassen oder nach dem Anrotten oberflächlich in den Boden eingearbeitet.

Für fast jeden einzelnen Bodentyp gibt es verschiedene geeignete Gründünger, z.B. Weißen Senf oder Gelbsenf *(Sinapis alba)* für mittelschwere Böden, Ölrettich (*Raphanus sativus* var. *oleiformis*) für schwere bis mittelschwere Böden oder Bienenfreund *(Phacelia tanacetifolia)* für alle Bodenarten. Im Herbst oder im folgenden Frühjahr können auf der solcherart verbesserten Bodenfläche dann Gehölze gepflanzt werden.

Auf nährstoffarmen Böden ist es sinnvoll, bei der Pflanzung eines Baums oder Strauchs gleich einen Langzeitdünger einzuarbeiten. Er löst sich nur langsam auf und gibt die Nährstoffe dadurch ganz allmählich frei – etwa eine Vegetationsperiode lang. Falls der Boden zugleich mit Kompost verbessert wurde, muß dies bei der Dosierung des Düngers berücksichtigt werden, da auch der Kompost als eine Art Langzeitdünger wirkt.

Allerdings sollte man es mit der Bodenverbesserung in der Pflanzgrube nicht allzu gut meinen. Ist nämlich die Erde um den Wurzelballen herum zwar ausgezeichnet, der umgebende Boden jedoch von deutlich minderer Qualität, so verzweigen sich die Wurzeln nur noch schlecht, sobald sie aus dem Bereich der Pflanzgrube hinauswachsen. Das Gehölz ist dann auf Dauer nur wenig standfest und auch nicht wuchsfreudig. Deshalb sollte man in diesem Fall lieber bei mäßiger Bodenverbesserung eine langsamere Eingewöhnung und ein schwächeres Wachstum des Gehölzes in Kauf nehmen. Günstiger ist natürlich, von vornherein eine für schwere oder karge Böden geeignete Gehölzart auszuwählen.

Pflanzvorgang

Nachdem man die Aushuberde verbessert hat, lockert man mit Spaten, Grabegabel oder Hacke auch den Grund und die Seitenwände der Pflanzgrube. Bevor es ans Einsetzen geht, brauchen ballenlose Gehölze zunächst einen Wurzelschnitt, bei dem geknickte, gequetschte oder anderweitig verletzte sowie zu lange und bereits stark verholzte Wurzeln eingekürzt werden. Solch ein Schnitt regt die Bildung von neuen Seitenwurzeln an und erleichtert das Anwachsen der Pflanze.

Dann steht bei ballenlosen Gehölzen der sog. Pflanzschnitt (siehe Seite 87 f.) an, der allerdings oft bereits von der Baumschule vorgenommen wurde. Er dient dazu, das oberirdische Sproßsystem etwas einzukürzen und dadurch den Wurzeln bessere Startbedingungen zu schaffen.

Schließlich wird bei Ballenpflanzen das Sackleinen, mit dem der Wurzelballen umhüllt ist, das Ballentuch, oben an der Verknotung geöffnet. Das restliche Leinen beläßt man gewöhnlich, damit der Ballen nicht zerfällt. Es wird mit der Zeit verrotten. Man kann es aber auch vorsichtig entfernen, am besten, wenn das Gehölz bereits in der Pflanzgrube steht. Von einer Kunststoffumhüllung muß der Ballen natürlich komplett befreit werden.

Containerware muß vor der Pflanzung ausgetopft werden. Läßt sich der Pflanzbehälter einer Containerpflanze durch Rütteln und Ziehen nicht vom Ballen lösen, lockert man ihn, indem man ein langes Messer vorsichtig zwischen Topfwand und Wurzelballen entlangführt. Notfalls muß man das Gefäß zerschneiden oder zerschlagen. Anschließend kürzt man zu lange, aus dem Erdballen herausragende Wurzeln ein.

Die Gehölze werden nun auf den Boden der Pflanzgrube gestellt und am besten, vor allem bei größeren Exemplaren, von einem Helfer senkrecht in Position gehalten. Bei ballenlosen Pflanzen breitet man die Wurzeln gemäß ihrem natürlichen Wuchs aus.

Bei Ballenpflanzen muß das Ballentuch gelöst werden, bevor man die Pflanzgrube mit Erde auffüllt.

Tip

Bei ballenlosen Flachwurzlern wie Birken oder Weiden werden die Wurzeln in der Pflanzgrube eher waagrecht, bei ausgesprochenen Tiefwurzlern wie Mahonien, Zierkirschen oder Eichen dagegen möglichst senkrecht ausgerichtet.

Ballenlose Gehölze pflanzen

Nach dem Pflanzschnitt wird das Gehölz zunächst gewässert.

Dann richtet man es in der vorbereiteten Pflanzgrube aus.

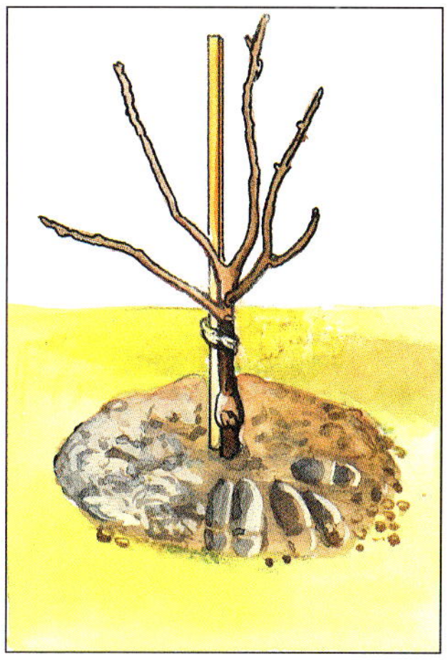

Ein Pfahl wird eingeschlagen, die Pflanzgrube mit Erde gefüllt.

Man legt einen Gießwall an und schlämmt das Gehölz gut ein.

So wird der Stamm fachgerecht am Stützpfahl fixiert.

Tip

Stützpfähle sollten durch einen umweltfreundlichen Holzschutzanstrich oder eine sonstige Imprägnierung vor allzu rascher Verwitterung geschützt sein.

Tip

Anstelle eines Stützgerüsts kann man auch drei zum Boden gespannte Seile oder Stücke festen Drahts verwenden, um einem frisch gepflanzten Baum Halt zu geben. Dort wo die Drähte bzw. Stricke am Stamm befestigt werden, legt man eine Gummimanschette unter.

Tip

Stockt ein Gehölz nach der Pflanzung längere Zeit im Wachstum, sollte man nicht gleich bei der Baumschule reklamieren. Viele Arten brauchen einige Zeit, manche mehr als ein Jahr, bis sie richtig einwurzeln.

Nach dem Pflanzen gießt man so lange, bis eine Pfütze bleibt.

Anschließend wird die verbesserte Aushuberde wieder in die Pflanzgrube eingefüllt. Durch leichtes Rütteln an der Pflanze sorgt man dafür, daß ausreichend Erde in die Hohlräume zwischen den Wurzeln gelangt. Zum Schluß tritt man die Erde auf der Pflanzstelle gründlich fest. Dabei muß man darauf achten, daß der Wurzelhals auf der richtigen Höhe bleibt (siehe Seite 68).

Halt und Stütze

Nach dem Pflanzen sollten Bäume und größere Sträucher entweder an einen in den Boden gerammten Pfahl angebunden oder mit einem Stützgerüst versehen werden. Das erleichtert ihnen das Anwachsen und schützt sie, solange das Wurzelsystem noch nicht genügend Halt bietet, bei Stürmen vor Entwurzelung und Windbruch. Eine derartige Stütze darf allerdings nicht zu lange am Gehölz bleiben, da sich das Wurzelsystem sonst nicht in natürlicher Weise entwickeln kann. Nach drei, spätestens vier Jahren sollten jegliche Stützvorrichtungen wieder entfernt werden.

Grundsätzlich ist ein aus mehreren Teilen bestehendes Stützgerüst vorzuziehen. Es vermeidet eine einseitige Stammentwicklung, wie sie beim einzelnen Pfahl auftreten kann. Allerdings ist es aufwendiger anzubringen und wird daher meist nur für größere und entsprechend wertvolle Solitärgehölze verwendet. In der Regel setzt sich ein solches Gerüst aus drei senkrechten oder leicht schräg zum Stamm hin gerichteten Pfählen zusammen, die am oberen Ende mit kurzen Latten verbunden sind.

Ein Stützpfahl wird bei ballenlosen Gehölzen schon vor dem Einsetzen der Pflanze in den Boden der Pflanzgrube eingeschlagen, und zwar so tief, daß er fest im Untergrund verankert ist. Bei Ballenpflanzen, vor allem bei Nadelgehölzen, treibt man den Pfahl besser schräg hinein, um den Ballen nicht zu verletzen. Am stabilsten steht der Baum, wenn der Pfahl im 45-Grad-Winkel zur Hauptwindrichtung hin geneigt ist. Die Höhe des Stützgerüsts oder Pfahls sollte etwa der Stammhöhe entsprechen, keinesfalls aber bis in die Krone hineinreichen. Es könnten sonst Seitenäste beschädigt oder im Wachstum behindert werden.

Wichtig ist auch die Wahl des Bindematerials, mit dem Stützen und Stamm verbunden werden. Es sollte scheuer- und witterungsfest sein und darf nicht leicht verrutschen, vor allem aber nicht die Rinde verletzen. Geeignet sind beispielsweise Kokosstricke oder Hanfseile; man kann sich aber auch mit einem alten Fahrradschlauch oder einem Nylonstrumpf behelfen.

Gebunden wird in Form einer liegenden Acht. Dabei zieht man die Stricke so fest an, daß der Stamm zwar sicher gehalten, die Rinde aber keinesfalls beschädigt wird. Bei einem Stützgestell werden mehrere Seilstücke benötigt, um den Stamm von allen Seiten zu fixieren und damit genau in der Mitte zu halten, bis der Baum eingewachsen ist.

Mindestens einmal im Jahr sollte die Bindung kontrolliert werden. Entscheidend ist vor allem, daß das Bindematerial nicht in den allmählich dicker werdenden Stamm einschneidet. Dies würde zu dauerhaften und sehr unschönen Mißbildungen führen. Gegebenenfalls muß man den Strick lockern und neu binden.

Baumscheibe anlegen

Nach der Pflanzung legt man eine sog. Baumscheibe an, die für die Pflege des Baums oder Strauchs sehr wichtig ist. Sie sollte ungefähr so groß wie die ausgehobene Pflanzgrube sein und über einen Gießrand verfügen. Dazu legt man einen kleinen, rundum laufenden Erdwall an, der das Gießwasser ein wenig staut und es ganz gezielt dem Wurzelbereich zuführt.

Um dem frisch gepflanzten Gehölz einen guten Start und möglichst optimale Lebensbedingungen zu schaffen, wird die Baumscheibe insbesondere in den ersten Standjahren von allen anderen Pflanzen, also auch von Gräsern, gänzlich freigehalten, da diese mit dem Gehölz um Wasser und Nährstoffe konkurrieren würden. Zudem wird die Fläche mit einer dicken Mulchschicht bedeckt (siehe Seite 79), die dem jungen Baum oder dem Strauch Humus und zahlreiche lebensnotwendige Nährstoffe liefert.

Zu guter Letzt wird das frisch gepflanzte Gehölz mit reichlich Wasser eingeschlämmt. Dazu läßt man so lange Wasser innerhalb des Gießrands in den Boden einsickern, bis die Pflanze in einem regelrechten Erdbrei steht. Dies dient nicht allein der aktuellen Wasserversorgung, sondern vor allem auch dazu, Bodenteilchen in sämtliche noch verbliebenen Hohlräume zu schwemmen. Die Wurzeln müssen stets engen Kontakt mit dem Boden erhalten, damit sie sich gut verzweigen können. Frei in Hohlräumen endende Wurzeln würden dagegen sehr rasch vertrocknen und dadurch völlig absterben.

Spezielle Pflanzverfahren

In einigen Fällen sind spezielle Maßnahmen erforderlich, um Gehölze sachgerecht in den Boden zu bringen. Mit entsprechenden Kenntnissen kann man sich nicht nur häufig die Arbeit erleichtern, sondern auch dafür sorgen, daß das Ergebnis der Mühen zufriedenstellend ausfällt.

Gehölze am Hang pflanzen

Einige Schwierigkeiten bereitet es, wenn Gehölze an einem Hang eingesetzt werden sollen. Sie dürfen ja nicht schräg stehen, und durch das dort rasch abfließende Regenwasser kann es zu Problemen mit der Wasserversorgung kommen. Um beides zu vermeiden, wird der untere Rand der Pflanzgrube leicht erhöht angelegt. Man schafft also eine kleine Terrassierung. Dort staut sich das Wasser etwas, und die Planzen finden zudem, auch in steinigem Boden, besseren Halt. Um ein Abschwemmen der Erde zu verhindern, kann die Pflanzterrasse zusätzlich mit einem kleinen Steinwall befestigt werden.

Ein Stützgerüst aus drei Pfählen hält den frisch gepflanzten Baum besonders sicher.

Statt einzelner Pflanzgruben wird für eine Hecke am besten gleich ein Pflanzgraben ausgehoben.

Hecken pflanzen

Der Pflanzenbedarf für eine Hecke ist abhängig von der gewählten Gehölzart, Sorte und Pflanzqualität, deshalb sollte man sich beim Kauf eingehend beraten lassen. Als Anhaltspunkt gilt, daß man für eine Schnitthecke pro laufendem Meter bei nur einmal verpflanzten Heistern mit etwa fünf bis sechs, bei mehrfach verpflanzten Sträuchern mit etwa drei bis vier Stück rechnen muß. Für freiwachsende Hecken setzt man im Durchschnitt zwei reichverzweigte Sträucher pro Meter.

Um eine dichte Hecke anzulegen, hebt man in der Regel nicht für jede Pflanze eine eigene Pflanzgrube aus, sondern gleich einen kompletten Pflanzstreifen, d. h. einen Graben auf ganzer Länge der Pflanzung. Am besten markiert man sich mit einer zwischen Pfosten gespannten Schnur eine gerade Linie, damit die Pflanzen wirklich in einer Reihe zu stehen kommen. Für eine zweireihige Hecke werden entsprechend zwei Schnüre gespannt, wobei die Pflanzen jeweils versetzt zueinander in den Boden gebracht werden.

Ebenso versieht man auch nicht alle Heckenpflanzen einzeln mit einem Stützpfahl. Vielmehr kann man die gespannten Richtschnüre gleich dazu verwenden, die Einzelpflanzen daran mit kleinen Schlingen zu befestigen. Sie halten dadurch dem Wind, dem eine Heckenreihe natürlich besonders viel Angriffsfläche bietet, besser stand.

Um die Heckenpflanzen in der ersten Zeit nach der Pflanzung vor austrocknenden Winden zu schützen, kann man Sackleinen darüberlegen oder auf der Seite, die dem Wind

Bei der Pflanzung am Hang legt man eine kleine Terrasse an; bei stärkerem Gefälle wird der Hang durch niedrige Mauern abgestützt.

Ältere Gehölze verpflanzen

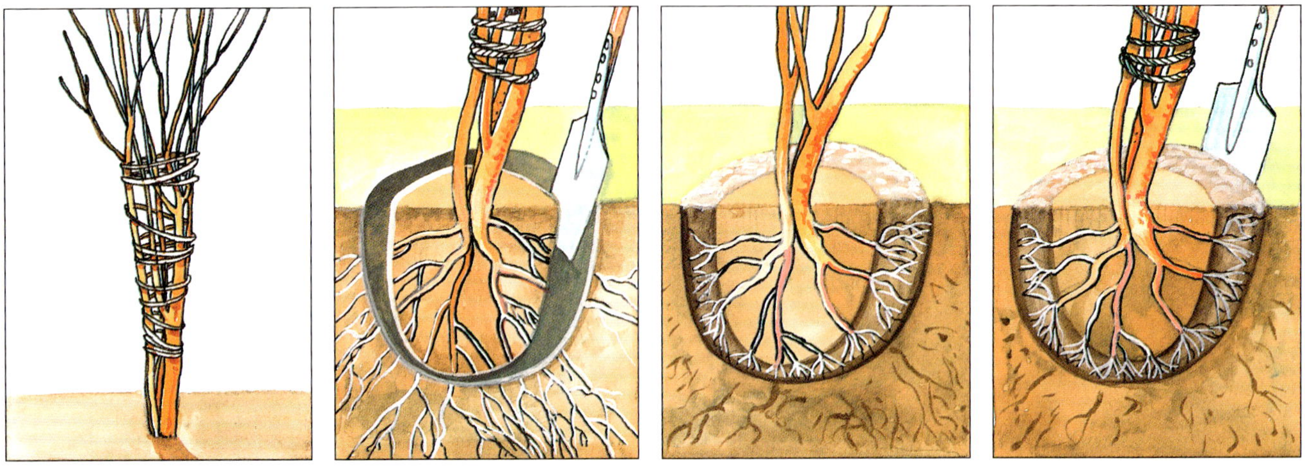

Äste und Zweige bindet man während der Arbeiten locker zusammen, damit sie nicht stören.

Nach dem Abstechen des Ballens wird der entstandene Graben mit lockerer Erde gefüllt.

Im Lauf von ein bis zwei Jahren bilden sich neue Wurzeln, die den Ballen zusammenhalten.

Das Gehölz wird dann mitsamt den neuen Wurzeln rundum ausgestochen und verpflanzt.

Kletterpflanzen setzt man stets schräg zur Wand ein.

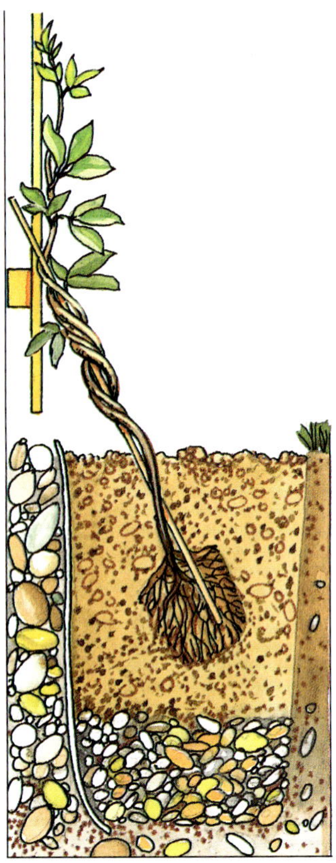

am stärksten ausgesetzt ist, Schattiergewebe, Schilf- oder Bastmatten vor die Gehölze spannen, nicht anders als beim Winterschutz (siehe Seite 82).

Kletterpflanzen einsetzen

Einige Besonderheiten sind auch bei Kletterpflanzen zu berücksichtigen. Man pflanzt sie immer mit einer leichten Neigung zum Klettergerüst oder zur Wand hin, an der sie hochwachsen sollen. So können sie sich rascher und leichter hinaufschlingen oder besser daran aufgeleitet werden. Da am Fuß einer Mauer oder an der Hauswand der Boden meist stark verdichtet oder steinig ist, sind eine tiefgründige Lockerung und großzügige Verbesserung des Bodens dort besonders wichtig. Zwischen der Wand und dem Stamm der Kletterpflanze sollte ein Mindestabstand von 30 cm eingehalten werden.

Bei Pflanzenarten, die gegen Staunässe empfindlich sind, empfiehlt sich an einem Mauerstandort die Anlage einer Dränageschicht. Man hebt dazu die Pflanzgrube etwas tiefer als gewöhnlich aus und füllt 20–30 cm hoch Splitt oder Kies ein. Damit die Wurzeln nicht in Mauerritzen eindringen und die Bausubstanz gefährden können, ist es sinnvoll, die Pflanzgrube zur Mauer hin mit einer wasserdichten und wurzelfesten Folie abzugrenzen. Diese sollte ein Stückchen unter den Ballen oder unter eine darunterliegende Dränageschicht hinabreichen.

Verpflanzen größerer Gehölze

Aus verschiedenen Gründen kann es einmal notwendig werden, ein Gehölz, das bereits einige Jahre im Garten steht, an eine andere Stelle zu verpflanzen. Man möchte ihm etwa einen geeigneteren Standort bieten, weil es am bisherigen nicht recht gedeihen wollte oder weil man zu dicht gepflanzt hat, oder aber der Garten soll als Ganzes umgestaltet werden.

Nun kann man größere Gehölze jedoch nicht so ohne weiteres einfach ausgraben und umpflanzen. Gewöhnlich reichen ihre Wurzeln viel zu weit oder zu tief in den Boden oder haben sich fest in Bodenspalten gezwängt. Größere Wurzelverluste wären daher unvermeidlich und damit ein Wiederanwachsen am neuen Standort mehr als fraglich. Dennoch ist ein Umsetzen nicht unmöglich, schließlich werden auch in der Baumschule ältere Gehölze noch verpflanzt. Voraussetzung ist jedoch eine längerfristige Planung, denn man muß mindestens ein Jahr vorher mit den Vorbereitungen beginnen.

Im Spätherbst wird rund um das Gehölz, das verpflanzt werden soll, ein Graben gezogen, und zwar in so weitem Abstand vom Stamm, daß er die Hauptmasse der Wurzeln einschließt. Man hebt diesen Rundgraben möglichst tief aus, wobei die außerhalb liegenden Wurzeln abgetrennt werden. Auch tiefreichende Pfahlwurzeln sollten zerteilt werden, indem man mit dem Spaten am Grund des Grabenrings mit kräftigen Bewegungen unter dem Gehölz durchsticht. Der so entstandene Erdballen wird, so gut es geht, mit Sackleinen umhüllt.

Anschließend befüllt man die ausgehobene Grube mit einem humusreichen, lockeren Substrat, z.B. mit einem Gemisch aus Laubkompost, krümeliger Erde und Sand zu gleichen Teilen, und stützt das Gehölz mit einer Seilverankerung (siehe Seite 72). Nun muß man mindestens ein, besser aber zwei Jahre warten. Während dieser Zeit treibt der Baum oder Strauch neue Wurzeln aus dem verbliebenen Ballen in den Ring frischer Erde.

Erst jetzt kann das eigentliche Verpflanzen erfolgen. Es wird erneut ein Ballen gestochen, der nun jedoch den Bereich des zuvor angelegten Grabens mitumfassen muß. Die darin neu gewachsenen Wurzeln halten den Ballen zusammen, und sie ermöglichen ein gutes Anwachsen am anderen Standort. Schließlich kippt man das Gehölz und legt Sackleinen, das man kreuzweise verknotet, um den Ballen. Unter Zuhilfenahme einer Schubkarre oder einer Sackkarre kann nun die Pflanze vorsichtig an den neuen Platz transportiert und wieder eingepflanzt werden.

Vor allem bei großen, ausladenden Sträuchern kann man sich die etwas mühsame Arbeit erheblich erleichtern, indem man vor dem Ballenstechen die Triebe mit Seilen locker nach oben zusammenbindet. Außerdem werden so auch die Äste selbst vor Beschädigungen geschützt. Nach Beendigung des Grabens, beim zweiten Mal dann erst nach dem Verpflanzen, löst man die Schnüre wieder.

Natürlich bedeutet die ganze Prozedur des Verpflanzens eine hohe Belastung für das Gehölz. Es ist daher ungemein wichtig, ihm während der Zeit der Vorbereitungen bis zum vollständigen Anwachsen am neuen Platz die bestmögliche Pflege angedeihen zu lassen und es häufiger als sonst üblich zu wässern.

Tip

Kletterpflanzen, die an einem Gerüst oder Spalier hochranken sollen, bindet man, sobald es die Länge ihrer Triebe erlaubt, daran fest. Vor allem sonnenhungrige Arten neigen nämlich dazu, vom Gerüst weg und eher dem Licht entgegen zu wachsen.

Tip

Viele Kletterpflanzen wie etwa Clematis brauchen einen „schattigen Fuß", damit ihr flachstreichendes Wurzelwerk vor rascher Austrocknung geschützt ist. Man kann diesen Anspruch entweder durch eine Bepflanzung mit Bodendeckern oder durch eine Mulchschicht erfüllen.

Lagern von Gehölzen im Einschlag

Wenn gekaufte oder auf dem Versandweg gelieferte Gehölze nicht sofort gepflanzt werden können, muß man sie in einer Art und Weise lagern, daß sie bis zur späteren Pflanzung nicht ihre Vitalität einbüßen. In erster Linie dürfen die Wurzeln nicht austrocknen oder beschädigt werden. Eine besonders schonende Methode der Lagerung ist das Einschlagen der neu erworbenen Gehölze in Erde.

Zu diesem Zweck hebt man zunächst einen Graben aus, der groß genug ist, die Wurzeln ballenloser Gehölze bzw. die Ballen bis zum Wurzelhals aufzunehmen. Dann werden die Pflanzen nebeneinander so in den Graben gestellt, daß ihre Wurzeln locker Platz haben. Meist schlägt man die Pflanzen in leichter Schräglage ein, das erleichtert das Festtreten der Erde.

In einem Einschlag lassen sich neu erworbene Gehölze bis zur endgültigen Pflanzung für eine ganze Weile zwischenlagern.

Anschließend füllt man die ausgehobene Erde wieder in den Graben zurück und tritt sie gut fest, um größere Luftlöcher zu beseitigen. Mit Hilfe eines Schlauchs führt man schließlich langsam Wasser zu, bis die Erde auf der gesamten Grabenlänge gründlich durchfeuchtet ist.

In einem solchen fachgerecht angelegten Einschlag können Gehölze einige Monate oder sogar den ganzen Winter gut überstehen, ohne Schaden zu nehmen. Über einen so langen Zeitraum hinweg sollte der Boden aber außerdem mit Reisig, bei rauhem Klima sogar mit einer zusätzlichen Schicht trockenen Laubs abgedeckt werden. Das schützt den Boden vor allzu rascher Austrocknung und zugleich die Pflanzen weitgehend vor Frost.

Bei eingeschlagenen immergrünen Gehölzen darf man es während sonniger Perioden, auch im Winter, nicht versäumen, ihre Wasserversorgung zu kontrollieren. Erscheinen sie schlapp, und wirken sie etwas welk, müssen sie, ähnlich wie eingewachsene Immergrüne, unbedingt sofort gut gewässert werden.

Schöner Wuchs und reiche Blüte

Pflege und Schnitt

Die edlen Schalenblüten der Zierquitten, in deren Mitte goldgelbe Staubblätter leuchten, erscheinen bei guter Pflege besonders zahlreich.

Verglichen mit Sommerblumen, Blütenstauden oder den auf reichen Ertrag zielenden Obst- und Gemüsepflanzungen erfordern Ziergehölze nur wenig Pflege. Die wichtigsten Arbeiten fallen gleich in der ersten Zeit nach der Pflanzung an und sollen den Gehölzen das Anwachsen erleichtern. Eine gute Bodenpflege vorausgesetzt, können Wässern und Düngen später auf ein Minimum beschränkt bleiben. Schnittmaßnahmen sind die einzigen etwas aufwendigeren Tätigkeiten, die man, vor allem bei den Blütensträuchern, in regelmäßigen Abständen ausführen muß.

Allgemeine Pflegearbeiten

Tip

Eine fortwährende Bodenpflege durch Mulchen oder eine Unterpflanzung mit Bodendeckern vermindert den Wasserbedarf von Gehölzen erheblich.

Tip

Unreifen Kompost kann man an den vielen darin lebenden Organismen erkennen: Hier wimmelt es nur so von Regenwürmern, Asseln, Milben und Springschwänzen. In reifem Kompost sind dagegen kaum mehr Regenwürmer zu finden, da dieser bereits fertig umgesetzt ist.

Sagt ihnen ihr Standort zu, erweisen sich die meisten Gehölze als ausgesprochen pflegeleicht. Dennoch sind hin und wieder ein paar Handgriffe nötig, um das Wachstum der Bäume und Sträucher zu unterstützen und die Gewächse vital zu erhalten. Wichtig ist vor allem eine sorgsame Bodenpflege, aber auch Bewässerung und Düngung können erforderlich werden. Und aus Gebieten mit mildem Klima stammende Arten gedeihen nur dann prächtig, wenn man für einen guten Winterschutz sorgt.

Bodenpflege

Für die in der Regel jahrzehntelang am selben Platz stehenden Gehölze kommt gerade der Pflege des Bodens eine besondere Bedeutung zu. Ziel aller Maßnahmen ist es, eine möglichst ausgeprägte Krümelstruktur der obersten Bodenschicht aufrechtzuerhalten oder zu schaffen, denn nur diese gewährleistet eine gute und gleichmäßige Versorgung der Wurzeln mit Wasser, Luft und den notwendigen Nährstoffen.

Eine ideale Krümelstruktur, bei der die Bodenteilchen weder zu groß noch zu klein, weder zu locker noch zu dicht sind, entsteht nur dann, wenn der Boden einen ausreichend hohen Humusgehalt aufweist. Humus beeinflußt aber nicht nur die Feinstruktur des Bodens, er bietet den Pflanzen zugleich auch Nährstoffe.

Den natürlichen Nährstoffkreislauf kann man in einem Laubwald besonders gut verfolgen. Im Lauf der Vegetationsperiode verlieren die Bäume und Sträucher zunächst ihre Blüten, später die Früchte, und immer wieder sterben Teile ihres Sproßsystems ab und fallen zu Boden. Abgestorbene kleine oder größere Wurzeln verrotten unmittelbar in der Erde. Zu alldem kommt das herbstliche Laub hinzu, das den ganzen Waldboden bald dick bedeckt. Vor allem der Laubfall bedeutet für die Pflanzen einen erheblichen Verlust an Substanz, auch wenn ein Teil der Nährstoffe vor der Ablösung der Blätter in das Sproßsystem zurückgezogen und dort gespeichert wird. Durch den Vorgang der Humusbildung jedoch sorgt die Natur für einen weitgehenden Ausgleich dieser Einbußen. Die zu Boden fallenden Pflanzenteile werden nämlich nach und nach zersetzt und in Humus umgewandelt, aus dem sich die Gehölze nun erneut mit Nährstoffen versorgen können.

Ein solcher Stoffkreislauf kann ebensogut auch im Garten funktionieren, allerdings nur,

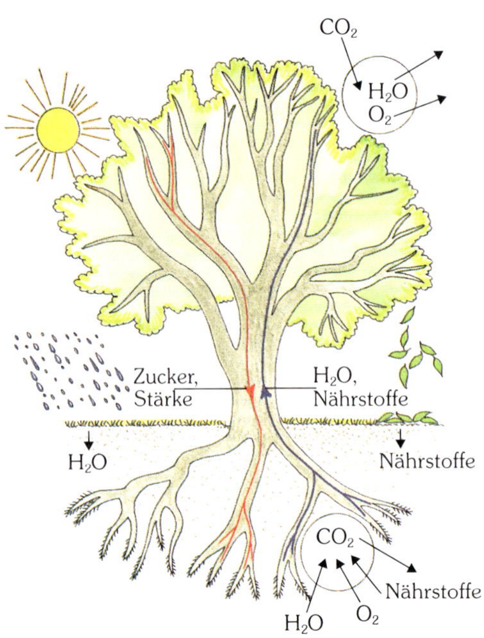

Stoffkreislauf: Ein Baum nimmt aus der Luft Kohlendioxid (CO_2) und aus dem Boden Wasser (H_2O) auf und wandelt sie mit Hilfe des Sonnenlichts in Kohlenhydrate, Zucker und Stärke, um. Diese Aufbaustoffe werden in alle Pflanzenteile transportiert. Den bei dem Umwandlungsprozeß entstehenden Sauerstoff (O_2) sowie Wasser gibt der Baum an die Umgebung ab. Die Wurzeln wiederum liefern aus dem Boden Wasser und Nährstoffe nach, verbrauchen dabei ihrerseits Sauerstoff und setzen Kohlendioxid frei. Fallaub ergänzt den Nährstoffvorrat im Boden.

Wenn das herabfallende Herbstlaub allmählich verrottet, werden die Nährstoffvorräte des Bodens wieder aufgefüllt.

wenn man sich von den gängigen Vorstellungen des herbstlichen Säuberns der Pflanzflächen frei macht. Überdies erspart man sich damit die leidige Arbeit des Zusammenrechens und löst auch gleich das Problem der Laubentsorgung. Falls der Anblick herumliegenden Herbstlaubs stört, sollte man es wenigstens auf dem Umweg über Kompost (siehe unten) wieder in den Kreislauf der Natur zurückführen.

Mulchen

Nicht nur im Herbst, sondern während der gesamten Wachstumszeit kann man den natürlichen Stoffkreislauf der Gehölze durch Mulchen im Bereich der Baumscheiben (siehe Seite 72) unterstützen. Unter Mulchen versteht man das schichtweise Aufbringen organischen Materials direkt auf eine Bodenfläche.

Den Bäumen oder Sträuchern bringt das Mulchen, sei es durch gezieltes Aufstreuen von Mulchmaterial oder durch Liegenlassen des Herbstlaubs, viele Vorteile und deutliche Verbesserungen ihrer Standortbedingungen:

Unter einer Mulchschicht bleibt die Erde krümelig, außerdem kommt kein Unkraut auf.

- die Verdunstung und damit der Wasserverbrauch werden vermindert;
- Bodenverschlämmung nach Regen wird ebenso vermieden wie Verkrustung durch Austrocknung;
- starke Schwankungen der Bodentemperatur – Überhitzung im Sommer und Gefrieren im Winter – werden abgeschwächt;
- der Boden wird mit Humus angereichert;
- die Bodenstruktur wird insgesamt verbessert;
- lästige Wildkräuter werden am Keimen und an der Ausbreitung gehindert.

Als Mulchmaterial verwendet man vor allem halbfertigen Kompost, angewelkten Rasenschnitt oder, besonders für größere Pflanzungen, käuflichen Rindenmulch. Am besten bringt man die Mulchschicht im Frühjahr auf, und zwar unter Sträuchern etwa 5 cm, unter Bäumen 10 cm hoch. Bei Bedarf, mindestens aber einmal pro Jahr, wird die alte, inzwischen weitgehend verrottete Schicht durch frischen Mulch ergänzt.

Kompost

Bei der Gartenpflege anfallendes organisches Material, sei es Schnittgut, Laub, verwelkte Blüten, Rasenschnitt oder unerwünschte, ausgejätete Kräuter, wird von einem passionierten Gärtner keinesfalls als wertloser Abfall in die Restmülltonne geworfen, sondern gelangt über die Kompostierung wieder auf die Pflanzflächen. Dies stellt nicht nur ein sinnvolles Recycling dar, es gewährleistet auch einen dauerhaft guten Bodenzustand.

Für einen Garten mit vielen Laubgehölzen bietet sich ein eigener Laubkomposthaufen an, der die im Herbst anfallenden großen Laubmengen aufnehmen kann. Die damit erzeugte Lauberde ist besonders wertvoll. Man kann sie zur Bodenverbesserung oder als Pflanzerde verwenden, vor allem für kalkempfindliche Gehölze wie Rhododendren oder einige Hartriegelarten *(Cornus)*.

Tip

Unreifer Kompost darf nicht untergegraben werden, denn zum Nachreifen ist viel Sauerstoff nötig. Außerdem könnte er im Boden Fäulnis verursachen oder die empfindlichen Wurzelspitzen schädigen.

Eine Unterpflanzung mit Bodendeckern wirkt sich, ähnlich wie Mulch, günstig auf die Wachstumsbedingungen eines Gehölzes aus.

Kompost läßt sich auf einfachste Weise in Form eines Haufens ansetzen.

Ein Platz zum Kompostieren findet sich in jedem Garten, und bei richtigem Vorgehen entsteht auch keine Geruchsbelästigung. Gewöhnlich wird das Kompostmaterial in einem Gestell aus Latten oder Drahtgeflecht gesammelt, es kann aber auch einfach in einem Haufen aufgeschichtet werden. Man wählt dafür eine Stelle im Garten, die nicht direkt von der Sonne beschienen wird, aber auch nicht völlig im Schatten liegt. Sie sollte vor Regen etwas geschützt sein, da sonst durch heftigere Niederschläge unvermeidlich Nährstoffe ausgewaschen würden. Ideal ist z.B. ein Platz unter einem großen Laubbaum oder Strauch.

Bei der Kompostierung laufen im Prinzip die gleichen Vorgänge ab wie bei der Humusbildung im Boden: Unzählige Bodenlebewesen machen sich über die abgestorbenen Pflanzenteile her und zersetzen sie nach und nach. Ergebnis ist ein krümeliger Humus mit ausgewogener Nährstoffzusammensetzung und reichem Gehalt an Spurenelementen, der im ganzen Garten als langsam, aber nachhaltig wirkender Dünger ausgebracht werden kann.

Unreifen, rohen oder halbfertigen Kompost kann man bereits nach wenigen Monaten entnehmen. Er ist zwar schon leicht krümelig, in ihm befindet sich aber noch viel grobes, wenig zersetztes Material. Außerdem enthält er überaus viele Bodenlebewesen, vor allem Regenwürmer. Er regt das Bodenleben daher stark an und wird vorwiegend zum Mulchen (siehe Seite 79) verwendet. Auf die Pflanzfläche gestreut, reift er auf gleiche Weise wie auf dem Komposthaufen nach, wird also allmählich zu Humus umgewandelt.

Einen Laubkomposthaufen anlegen

Das im Herbst reichlich anfallende Laub kann zur Herstellung von Laubkompost, einer äußerst wertvollen, krümeligen Komposterde, genutzt werden. Doch ist für diesen Zweck nicht jedes Laub gleichermaßen geeignet. Gut dafür verwenden läßt sich z.B. das nährstoffreiche Laub von Ahorn, Esche, Linde, Birke oder Ulme, das sich rasch zersetzt. Dagegen verrotten die gerbstoffreichen Blätter von Buche, Roßkastanie oder Eiche nur sehr langsam. Schlecht verrottendes Laub darf nur in geringen Mengen zum Kompost gegeben werden, am besten mischt man es in kleinen Portionen und dann möglichst gehäckselt unter sehr leicht verrottendes.

Bei der Anlage eines Laubkomposthaufens geht man folgendermaßen vor:
Direkt auf dem Erdboden wird auf etwa 1 m Breite und, jeweils nach Bedarf, 1–5 m Länge eine rund 20 cm dicke Lage zerkleinerten Gehölzschnitts aufgeschichtet. Dadurch kann überschüssige Nässe gut aus dem Komposthaufen abfließen und keine Fäulnis entstehen.

Über diese Lage kommt eine 20–30 cm hohe Schicht frischen Herbstlaubs. Es darf ruhig noch feucht, sollte aber keinesfalls naß sein. Zusätzlich kann man noch ein wenig Gesteinsmehl oder Algenkalk darüberstäuben, das beschleunigt die Rotte. Über schwer zersetzbares Laub streut man zu diesem Zweck am besten einige Handvoll Horn- oder Knochenmehl.

Das Laub wird mit einer etwa 5–10 cm dicken Zwischenschicht aus Erde, halbzersetztem Kompost oder aus gehäckseltem Holzschnitt überzogen. Dann legt man, stets abwechselnd, weitere Laub- und Zwischenschichten darüber. Der Haufen kann bis zu einer Höhe von etwa 1 m aufgeschichtet werden.

In einem Laubkomposthaufen wird das reichlich anfallende Herbstlaub zu wertvollem Humus umgesetzt.

Abschließend wird er mit einer dünnen Schicht Erde (etwa 5 cm) und einer dicken Lage (etwa 10–20 cm) Stroh oder Reisig abgedeckt. Auch eine Bastmatte ist geeignet.

Im folgenden Frühjahr setzt man den Haufen einmal um, d.h., er wird gründlich durchmischt, erneut aufgeschichtet und wieder abgedeckt. Je nach Witterung und Ausgangsmaterial ist der Kompost nach neun bis zwölf Monaten gereift. Die Komposterde erscheint dunkel und krümelig, riecht angenehm und enthält kaum mehr grobe Teile. Vor dem Ausbringen wird die Lauberde durchgesiebt, um die noch nicht zersetzten Bestandteile restlos abzutrennen.

Reifer Kompost ist dagegen erst nach etwa einem Jahr entstanden. Er ist gleichmäßig krümelig, vollständig zersetzt und duftet angenehm nach Waldboden. Er eignet sich hervorragend zur Bodenverbesserung (siehe Seite 69 f.) und wird zu diesem Zweck vor der Pflanzung mit der ausgehobenen Erde der Pflanzgrube vermischt.

Gehölze wässern?

Gehölze sind wegen ihres umfangreichen und oft tiefreichenden Wurzelsystems weit besser als krautige Pflanzen in der Lage, sich auch in Trockenzeiten ausreichend mit Wasser und Nährstoffen zu versorgen – vorausgesetzt, sie sind gut eingewachsen.

Bei Bäumen kann man sich das Wässern meist völlig sparen. Man führt allenfalls dann das lebensspendende Naß zu, wenn bei empfindlicheren, aus feuchten Klimabereichen stammenden Arten nach längeren Trockenperioden tatsächlich ein Welken der Blätter einsetzt, wie es z. B. beim Tulpenbaum *(Liriodendron tulipifera)* oder Eschenahorn *(Acer negundo)* vorkommen kann.

Besonders frühjahrsblühende Sträucher wie Forsythien oder Sternmagnolien *(Magnolia stellata)* sind jedoch bei längeren regenfreien Perioden im Frühjahr für ein gelegentliches Gießen dankbar, und dies auch noch als bereits eingewachsene Exemplare. Gut mit Wasser versorgt, blühen sie deutlich länger. Was für die Frühjahrsblüher gilt, trifft auch auf Zwerg- und Klettergehölze zu, die nur über einen relativ kleinen Wurzelraum verfügen. In längeren sommerlichen Trockenzeiten sollte man vor allem empfindlicheren Arten wie etwa Rhododendren ab und zu eine reichliche Wassergabe gönnen.

Anders stellt sich die Situation bei frisch gepflanzten Gehölzen dar. Sie benötigen eine Wasserzufuhr von außen, da ihre Wurzeln noch unvollständig ausgebildet sind. Vor allem in der Zeit unmittelbar nach der Pflanzung müssen sie mehrmals und durchdringend gewässert werden.

Vorbeugung gegen Frosttrocknis bei immergrünen Gehölzen

Besondere Zuwendung verlangen immergrüne Nadel- und Laubgehölze. Ihnen bereiten tiefe Wintertemperaturen oft weit geringere Schwierigkeiten als die winterliche Sonneneinstrahlung, die den Blättern durch Verdunstung ständig Wasser entzieht, während die Wurzeln aus dem gefrorenen Boden kein Naß aufnehmen können. Die Folge ist ein Welken der Blätter, die Gehölze vertrocknen förmlich. Man spricht deshalb auch von Frosttrocknis.

Vorbeugen kann man solchen Schäden nur, indem man die Pflanzen bereits zeitig im Herbst, vor Einsatz des Frosts, mehrmals durchdringend wässert. Ein Teil dieses Wassers wird dann im Holz und in den Blättern gespeichert, und die Gehölze überstehen so den Winter wesentlich besser. Bei empfindlichen Arten, z. B. Rhododendren, Stechpalmen *(Ilex)*, Lorbeerrosen *(Kalmia)* oder der Sumpfzypresse *(Taxodium distichum)*, ist auch in sonnigen Perioden während des Winters eine gezielte Wassergabe sinnvoll – allerdings nur, wenn der Boden nicht bis in die Tiefe gefroren ist.

Die richtige Art zu gießen

Der Wasserbedarf von Gehölzen ist wesentlich höher als derjenige von Stauden oder Einjährigen. Da sich Bäume und Sträucher jedoch aus einem bedeutend größeren Bodenraum mit dem lebensnotwendigen Naß versorgen können, muß man sie – vorausgesetzt sie stehen am richtigen Standort – kaum einmal zusätzlich gießen. Allenfalls gegen Trockenheit empfindliche Arten wie Hortensien *(Hydrangea)*, Lorbeerrosen *(Kalmia)* oder Rhododendren sollten bei länger anhaltender Trockenheit gewässert werden. Zeigen Gehölze aber deutliche Welkeerscheinungen, hängen also die Blätter schlaff herab, muß man sie umgehend mit Wasser versorgen.

Die dafür notwendigen Mengen sind ganz beträchtlich. Man läßt das Gießwasser am besten so lange über einen Schlauch langsam in die Erde der Baumscheibe laufen, bis es nicht mehr sofort versickert. Dann erreicht es auch tiefere Bodenschichten und kann dort von den Gehölzwurzeln aufgenommen werden. Ein Überbrausen von Sträucher oder Bäumen ist wenig sinnvoll, denn dabei verdunstet ein Großteil des Wassers, bevor es überhaupt in den Boden gelangt.

Grundsätzlich sollte man also den Boden unter den Gehölzen bewässern und nicht deren Kronen, und das auch niemals in den heißen Mittagsstunden, sondern am besten morgens oder aber abends. Man vermeidet dadurch einen Abkühlungsschock – nicht nur der Pflanzen, sondern auch der Bodenlebewesen.

Düngung nur in Ausnahmefällen

Auf normalen Gartenböden ist eine ausreichende Nährstoffversorgung der Ziergehölze auch ohne Zutun des Menschen gewährlei-

Tip

Wenn sich das Laub frisch gepflanzter immergrüner Gehölze innerhalb kurzer Zeit braun färbt, ist in der Regel Wassermangel beim Anwachsen die Ursache. Durch gründliches, in kurzen Abständen wiederholtes Wässern können sich die Gehölze meist wieder erholen.

Tip

Es ist besser, selten und dafür durchdringend zu gießen als häufig, aber nur spärlich. Man vermeidet dadurch, daß sich die Wurzeln bevorzugt in den obersten Bodenschichten verzweigen, wo sie wesentlich stärker durch Austrocknung gefährdet sind.

Bei Frost können immergrüne Gehölze förmlich vertrocknen.

Tip

Rhododendren, Blumenhartriegel und andere Arten, die sauren Boden bevorzugen, sollte man ausschließlich mit kalkfreiem Wasser, z. B. Regenwasser, gießen.

Tip

Mineraldünger kann von den Wurzeln nur aufgenommen werden, wenn genügend Wasser vorhanden ist. Man sollte also nicht bei trockenem Wetter düngen und den Dünger immer mit reichlich Wasser in den Boden einschwemmen.

Tip

Jungpflanzen kann man durch einen Stammanstrich mit feuchtem Lehm vor zu starker winterlicher Austrocknung schützen, oder man umhüllt den Stamm mit einem Stück Jute oder Sackleinen, das zuvor in eine dickflüssige Lehmbrühe getaucht wurde.

Eine Strohmatte schützt im Winter vor Austrocknung und kaltem Wind; locker aufgeschichtetes Reisig hält den Wurzelbereich warm.

stet. Über ihr umfangreiches Wurzelsystem erhalten auch junge Exemplare stets genügend Nahrung. Selbst auf weniger günstigen Böden besteht meist keine Notwendigkeit für eine regelmäßige Düngung, sofern der Boden vor der Pflanzung verbessert (siehe Seite 69 f.) und eine für den jeweiligen Standort geeignete Gehölzart gewählt wurde.

Nur in Ausnahmefällen kann eine Düngung angebracht sein, etwa weil zu eng gepflanzt wurde und den Gehölzen dadurch nicht genügend Wurzelraum zur Verfügung steht, oder bei häufig geschnittenen Hecken, denen ja durch den Schnitt jedesmal auch Nährstoffe entzogen werden.

Insbesondere bei immergrünen Gehölzen, z.B. Stechpalme *(Ilex)*, Buchsbaum *(Buxus)* oder Tanne *(Abies)*, kann sich eine stickstoffreiche Düngung sogar schädlich auswirken, wenn sie zu spät im Jahr – nach Ende Juli – verabreicht wird. Sie führt zu einem Wachstumsschub, bei dem jedoch, wenn nicht zugleich ausreichend Kalium und Magnesium im Boden vorhanden sind, die Triebe weich und schwammig werden. Im Winter leiden diese Gehölze dann unter mangelnder Frosthärte.

Liegt dennoch Düngebedarf vor, etwa bei besonders anspruchsvollen Arten wie Flieder *(Syringa)* und Strauchpfingstrose *(Paeonia suffruticosa)*, so kann man entweder zu einem ausgewogenen, mineralischen Dünger greifen, der am besten zum Austrieb im Frühjahr gegeben wird, oder aber organisch düngen. Mineraldünger ist sofort für die Pflanzen verfügbar, birgt aber bei zu hoher Dosierung die Gefahr der Auswaschung. Unter ungünstigen Umständen sickern viele Nährstoffe in tiefere Bodenschichten, bevor sie von den Wurzeln aufgenommen oder im oberen Bereich gespeichert werden können. Außerdem trägt Mineraldünger nicht zur Humusbildung und damit auch nicht zu einer günstigen Bodenstruktur bei. Vorzugsweise sollte man zu einem Langzeitdünger greifen, der seine Nährstoffe langsam, aber über eine längere Zeitspanne hinweg abgibt.

Ältere Bäume kann man mit Hilfe einer sog. Düngelanze gezielt mit Nährstoffen versorgen. Man sticht die Lanze im Bereich der Kronentraufe, d.h. unter der Baumkrone, etwa alle 50 cm jeweils 30–50 cm tief in den Boden. Jedesmal wird dann flüssiger Voll- oder Spezialdünger in der angegebenen Verdünnung mit einer Spritzflasche in die Lanze eingefüllt, von deren unterem Ende aus er durch kleine Bohrlöcher direkt in die tieferen Bodenschichten zu den Feinwurzeln gelangt.

Strauchpfingstrosen müssen gut mit Nährstoffen versorgt werden.

Als organische Düngung kommt bei Gehölzen in erster Linie eine Versorgung mit Kompost sowie das Mulchen der Baumscheibe (siehe Seite 79 ff.) in Frage. Beides führt zu einer ausgewogenen Nährstoffversorgung der Pflanzen und zugleich zu einer Humusanreicherung im Boden mit allen damit verbundenen Vorteilen (siehe Seite 41 ff.).

Winterschutz

Für viele Gehölze stellt der Winter eine risikoreiche Zeit dar. Gefährdet sind in erster Linie – und ganz besonders in ihrer Jugend – Arten aus Gebieten mit mildem Klima wie z.B. Gewöhnlicher Judasbaum *(Cercis siliquastrum)*, Blumenhartriegel (*Cornus*-Arten) oder Stechpalmen (*Ilex*-Arten).

Um Frostschäden zu vermeiden und sich zugleich aufwendige Schutzmaßnahmen zu ersparen, ist zunächst die Wahl eines geeigneten geschützten Standorts für solche Arten entscheidend. Der optimale Pflanzplatz liegt aber keineswegs immer vor einer warmen Südwand, denn diese erwärmt sich bei Sonneneinstrahlung auch im Winter stark und bewirkt dadurch häufig einen frühen Austrieb, der dann womöglich bei anschließendem Frost wieder erfriert. Besser ist eine Stelle im lichten Schatten hinter einer Mauer oder Hecke, die das empfindliche Gewächs vor kalten sowie austrocknenden Winden schützt.

Steht kein derartiger Platz zur Verfügung, läßt sich mit einfachen Mitteln auch selbst ein Windschutz bauen. Ein Lattengestell, an dem man Sackleinen, Schattiergewebe, Schilf- oder Bastmatten befestigt, wird dazu quer zur Hauptwindrichtung vor dem Gehölz aufgestellt. Jungpflanzen kann man auch mit derartigem Gewebe nur locker einhüllen. Ein solcher Windschutz ist vor allem für immer- und wintergrüne Arten wichtig. Zum Schutz besonders empfindlicher Sträucher kann man auch ein zeltartiges Gestell aus Bambusstäben oder Stangenhölzern mit Reisig oder Sackleinen dicht behängen.

Gehölze richtig schneiden

Daß Sträucher und Bäume auch ohne Schnitt wachsen, ist eine weitverbreitete Meinung. In freier Natur mag das zutreffen, doch bei vielen Gartengehölzen ist ein fachgerechter Schnitt für kräftiges Wachstum, ansehnliche Gestalt und reiche Blüte unerläßlich. Im Garten herrschen nun einmal andere Wachstumsbedingungen, zudem entsprechen die Wuchsformen der ungezügelten Natur oft nicht den Schönheitsidealen der Gartengestalter, und nicht zuletzt möchte man die Sträucher vor allzu schneller Vergreisung bewahren.

Aber statt nur ein wenig an jungen, störenden Zweigen herumzuschneiden oder einen vergreisten Strauch radikal bis auf Kniehöhe einzukürzen, sollte man stets einen wirklich zielgerichteten Eingriff vornehmen. Durch falsche Schnittmaßnahmen entwickeln sich Sträucher und Bäume nämlich über kurz oder lang zu Gestalten mit besenartigen Verzweigungen und einem verkahlenden Zentrum, die gar nicht mehr den typischen Aufbau der jeweiligen Gehölzarten zeigen.

Wer sich mit einigen grundlegenden Prinzipien des Gehölzschnitts vertraut macht, vor allem damit, wie die Pflanze auf den Schnitt reagiert, wird bald erkennen, daß nur wenige und recht einfache Regeln zu befolgen sind.

Zweck des Schneidens

Abgesehen von einem Formschnitt, der bei Hecken und austriebsstarken Gehölzen wie Buchsbaum oder Eibe angebracht ist und rein ästhetische Ansprüche befriedigt, sollen Schnittmaßnahmen die Gehölze in erster Linie jung und blühfreudig erhalten sowie ihre art- oder sortentypische Erscheinung bestmöglich zur Geltung bringen. Bei Obstgehölzen ist regelmäßiges Schneiden besonders wichtig, da nur ein üppiger Blütenansatz auch eine lohnende Ernte beschert, doch auch die reichblühenden Ziergehölze können ihre Funktion im Garten nur bei entsprechender Pflege durch sachgerechten Schnitt wirklich zufriedenstellend erfüllen.

Außer den genannten Gründen gibt es noch einige spezielle Fälle, in denen man zur

In Form geschnittene Gehölze sorgen stets für neue Linien und Strukturen im Garten.

Durch strengen Schnitt kann man viele Gehölze beliebig modellieren.

Tip

Läßt der Blütenansatz eines Gehölzes auffällig nach, sollte man es lieber fachgerecht auslichten und verjüngen, anstatt zu versuchen, durch eine Düngung die Blütenbildung zu fördern.

Mit Ausdauer und etwas Geschick beim Schneiden lassen sich Buchsbaumsträucher zu solch phantasievollen Figuren erziehen.

Tip

Statt einen Strauch oder Baum zu kaufen, der in der Jugend zwar klein und adrett aussieht, sich mit der Zeit aber zu beeindruckender Größe entwickeln wird und nur durch ständigen Schnitt kurz gehalten werden könnte, sollte man besser gleich ein klein bleibendes Gehölz auswählen.

Tip

Wie ein Gehölz auf eine bestimmte Schnittmaßnahme reagiert, läßt sich am besten an Fotos vor, unmittelbar nach sowie ein Jahr nach dem Schnitt ablesen. Durch Vergleichen kann man dann beurteilen, ob der vorgenommene Schnitt wirklich erfolgreich war, und diese Erkenntnis auf gleichartige Gehölze übertragen.

Baumschere greifen muß. Frisch gepflanzten ballenlosen Gehölzen etwa erleichtert man durch einen sog. Pflanzschnitt das Anwachsen. Bei Erkrankungen schneidet man die kranken Teile heraus, um eine weitere Ausbreitung des Erregers zu verhindern und die Gesundheit des Gehölzes wiederherzustellen. Und nicht zuletzt muß man Wildtriebe, die aus der Veredelungsunterlage durchtreiben, entfernen, damit sie die aufveredelte Krone nicht überwachsen.

Grundsätze des Gehölzschnitts

Durch alle Eingriffe, die das Sproßsystem eines Gehölzes beschädigen – und ein Schnitt bedeutet ohne Zweifel eine starke Beeinträchtigung –, wird der Saftstrom im Sproßkörper umgeleitet. Dies bewirkt, daß Knospen austreiben, die in der Nähe beschädigter Äste und Zweige liegen.

Auch die Wundheilung ist letztlich auf die Unterbrechung des Saftstroms zurückzuführen, denn an den Ast- oder Zweigstumpf werden weiterhin Wuchsstoffe herangeführt, dort aber nicht mehr verbraucht. Diese wachstumsfördernden Substanzen stauen sich und bewirken eine besonders intensive Zellteilung, die zu einer Aufwallung des Gewebes und schließlich zum vollständigen oder zumindest teilweisen Verschluß der Wunde führt.

Bevor man mit dem Schnitt beginnt, ist es wichtig abzuschätzen, welche Knospen bei einer bestimmten Schnittführung austreiben werden und wie stark dieser Austrieb erfolgen wird. Man braucht dazu ein gewisses räumliches Vorstellungsvermögen, vor allem jedoch die Kenntnis einiger Gesetzmäßigkeiten, denen das Wachstum aller Gehölze folgt. Im Fall der Ziergehölze sind dies nur wenige wie etwa das Gesetz der Spitzendominanz. Es besagt, daß ein Trieb, der weiter oben am Stamm ansetzt, über die darunterliegenden Triebe dominiert und diese in ihren Wuchsmöglichkeiten einschränkt.

Besonders deutlich wird dies bei Nadelgehölzen und Laubbäumen wie Birken, Buchen oder Ebereschen, die einen ihre Krone beherrschenden Leittrieb, also einen langen, durchgehenden Stamm ausbilden. Erst wenn dessen Spitze zerstört wird, z.B. durch Windbruch oder Blitzschlag, kann eine darunterliegende Knospe zu einem ebenso starken Trieb auswachsen, der schließlich die Rolle des Leittriebs übernimmt. Für den Schnitt läßt sich daraus ableiten, daß eine Knospe um so stärker austreiben wird, je höher sie am Stamm oder in der Krone liegt.

Ein weiterer Grundsatz besagt, daß der Neuaustrieb um so kräftiger sein wird, je stärker der Rückschnitt ist. Dies macht man sich z.B. beim Verjüngungsschnitt zunutze, bei dem das Gehölz scharf zurückgeschnitten wird, um den Aufbau eines jüngeren, blühfreudigeren Sproßgerüsts anzuregen. Wie stark die einzelnen Gehölze dabei austreiben, ist je nach Art und Sorte sehr unterschiedlich.

Schneiden zur richtigen Zeit

Gewöhnlich werden die meisten Schnittmaßnahmen während des Winters durchgeführt, zwischen Spätherbst und zeitigem Frühling. In dieser Zeit läßt sich bei sommergrünen Gehölzen der Sproßaufbau am besten erkennen und ein nötiger Schnitt gut abschätzen.

Neuere Erkenntnisse haben jedoch gezeigt, daß man einen Schnitt vorzugsweise im Spätwinter oder sehr zeitig im Frühjahr durchführen sollte, sobald die Knospen zu schwellen beginnen, der Austrieb aber noch nicht erfolgt ist. Zu diesem Zeitpunkt fängt der Saft gerade an zu steigen, und Wunden können dann besonders gut verheilen, ohne daß die Gehölze „ausbluten".

Von Bedeutung ist der Schnittzeitpunkt bei den reichblühenden Sträuchern und Klettergehölzen. Fast alle Gehölze legen gleich nach der Blüte ihre neuen Blütenknospen fürs nächste Jahr an. Würde man frühblühende Gehölze wie Forsythie oder Flieder im Winter oder Vorfrühling schneiden, entfernte man damit ganz unweigerlich auch die meisten ihrer Blütenansätze. Daher gilt als Regel:

- Im Frühjahr blühende Arten werden gleich nach der Blüte, also noch im Sommer, geschnitten.
- Im Sommer und Herbst blühende Arten werden im Winter oder im Vorfrühling geschnitten.

Keine Rücksicht auf die Blütezeit eines Gehölzes darf man jedoch nehmen, wenn es darum geht, eine Krankheit durch Ausschneiden einzudämmen (siehe Seite 92). Der dazu notwendige Schnitt sollte in jedem Fall unverzüglich nach dem Auftreten bzw. Erkennen der Erkrankung durchgeführt werden.

Der Buchsbaum treibt nach einem Schnitt mit der Heckenschere wieder kräftig aus.

Geeignetes Werkzeug

Ein sachgerechter Gehölzschnitt erfordert nicht nur Wissen und Erfahrung, sondern auch gutes Werkzeug. Es muß scharf und technisch einwandfrei sein, damit man den Schnitt möglichst sauber führen kann und sich selbst dabei nicht verletzt.

Dünne Zweige werden mit einer Baumschere geschnitten. Hierbei empfiehlt es sich, ein qualitativ hochwertiges Fabrikat zu wählen, mit dem man die Zweige nicht quetscht, sondern wirklich schneidet. Größere Äste entfernt man mit einer Baumsäge, die für das Arbeiten in der Krone auf Verlängerungsstiele gesteckt werden kann. Für den Schnitt kleiner Hecken eignet sich eine mechanische Heckenschere, für größere ist eine elektrische vorzuziehen. Zur Wundpflege und zum Entfernen weicher Triebe dient das Baummesser, das auch Hippe genannt wird, ein kurzes Messer mit leicht nach innen gebogener Klinge.

Das Schnittwerkzeug muß nach Gebrauch stets gründlich gereinigt werden, damit keine Krankheitserreger wie Pilze oder Viren übertragen werden können. Nach dem Entfernen sichtbar kranker Pflanzenteile sollte man das Werkzeug sogar desinfizieren, beispielsweise mit Alkohol.

Die richtige Schnittechnik

Auch bei der Durchführung des Schnitts gilt es, einige grundlegende Dinge zu beachten. In jedem Fall sollte man einen Trieb entweder knapp über einer Knospe, einem sog. Auge, oder an seinem Ansatz abschneiden, keinesfalls an beliebiger Stelle zwischen zwei Augen. Der Triebrest oberhalb der letzten stehengebliebenen Knospe würde bald vertrocknen und dann einen störenden Stummel bilden.

Ein- bis wenigjährige, also noch dünne Zweige werden stets dicht über einer Knospe geschnitten. Man wählt dabei möglichst ein Auge, das in der Krone nach außen zeigt. Nur solche Knospen treiben anschließend auch einen nach außen gerichteten Trieb, so daß ins Innere der Krone mehr Licht gelangt, wodurch wiederum der Blütenansatz gefördert wird. Würde man den Zweig über einem nach innen weisenden Auge kürzen, hätte dies einen Trieb zur Folge, der ins Innere der Krone gerichtet wäre und sich dort mit bereits vorhandenen kreuzen würde. Auf diese Weise würde er den bestehenden Zweigen das notwendige Licht entziehen und einen unschönen Kronenwuchs bewirken. Und nicht zuletzt kann die Rinde sich kreuzender Triebe durch ständiges Aneinanderreiben aufgescheuert werden.

Beim richtigen Schnitt muß man die Triebe stets schräg über einer Knospe kappen (ganz links), alle anderen Schnittlinien sind falsch.

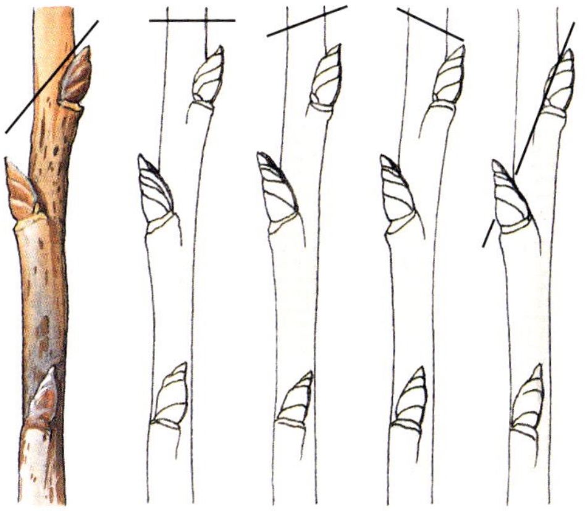

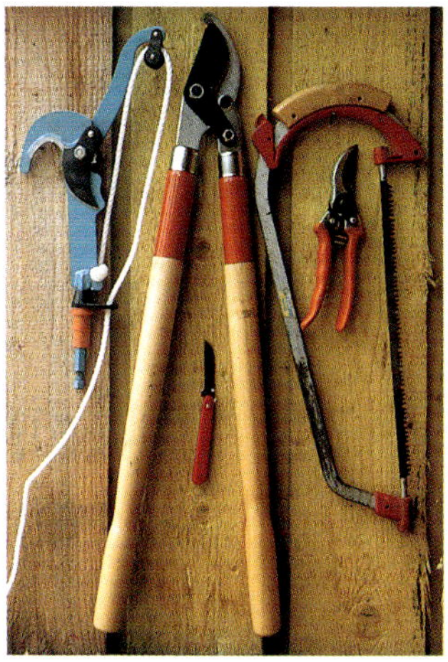

Astscheren mit und ohne Verlängerungen, Baummesser, Hippe, Bügelsäge und Gartenschere helfen beim Gehölzschnitt.

Tip

Anfallendes Schnittgut ist kein Abfall, sondern wertvoller Rohstoff. Grob zerkleinert, sorgt es z. B. für eine gute Belüftung des Komposthaufens, gehäckselt dient es zum Mulchen. Fällt mehr Holzschnitt an, als im Hausgarten Verwendung finden kann, etwa beim Heckenschnitt oder nach einer umfassenden Auslichtung, sollte das Material zu einer öffentlichen Kompostieranlage gebracht werden.

Tip

Bei strengen Frösten darf man nicht schneiden, da das Holz sonst splittern kann.

Tip

Erfrorene Äste und Zweige, die bei frostempfindlichen Gehölzen wie Feuerdorn, immergrünen Berberitzen oder Jasmin vorkommen können, schneidet man erst im Frühjahr zurück, wenn die größte Frostgefahr vorüber ist.

Einen Ast absägen

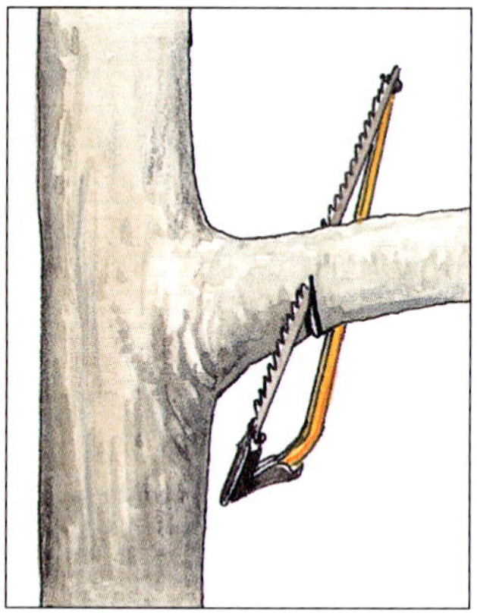

Der Ast wird in einiger Entfernung vom Stamm von unten her bis zur Mitte eingesägt.

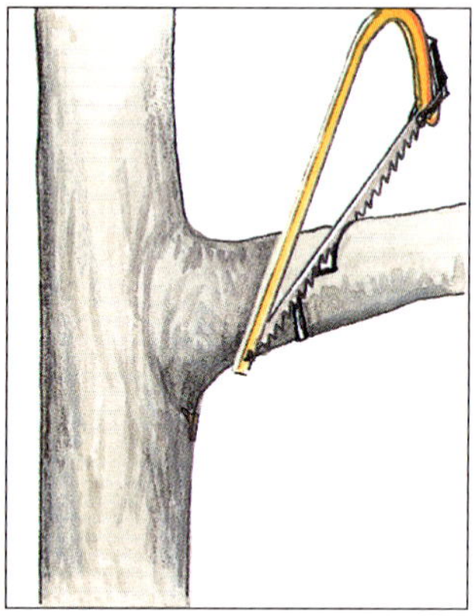

Dann sägt man ihn, nach außen versetzt, von oben halb ein und bricht den äußeren Teil ab.

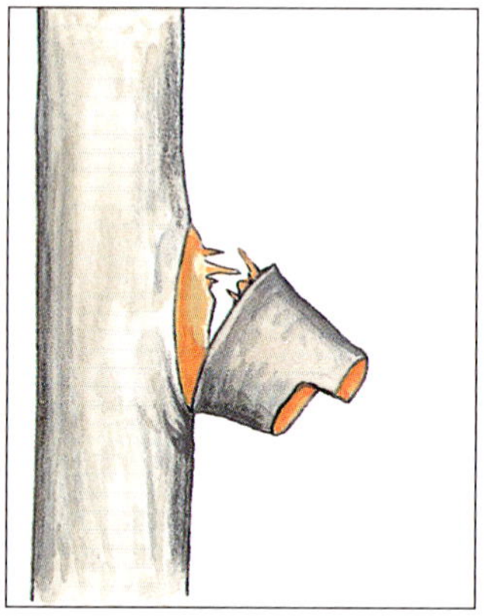

Anschließend wird der verbliebene Stummel bündig am Stamm abgesägt, der Astring jedoch belassen.

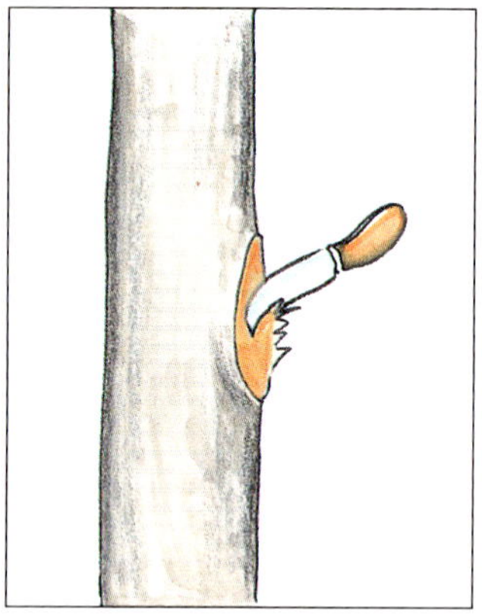

Zuletzt glättet man die Wundränder mit der Hippe und verschließt die Wunde.

Tip

Fehler beim Schnitt von Ziergehölzen sind in der Regel zu verschmerzen. Durch das meist recht hohe Regenerationsvermögen von Gehölzen werden Mißgriffe bald überwachsen. Man sollte daher beim Schneiden ruhig etwas experimentieren, um durch eigene Erfahrungen dazuzulernen.

Tip

Äste, die durch Sturm, Schnee oder mechanische Einwirkungen gebrochen sind, sollte man baldmöglichst bis zum Ansatz entfernen und die Wunden sorgfältig behandeln.

Den Schnitt sollte man stets schräg und, wie gesagt, möglichst nah an der Knospe durchführen – jedoch auch wieder nicht so nah, daß diese verletzt wird. Er ist immer schräg nach unten zu richten, von der Knospe weg zum Triebansatz hin (siehe Seite 85).

Dickere Zweige und Äste werden direkt am Ansatz abgeschnitten oder abgesägt, nur den sog. Astring läßt man stehen. Eine Ausnahme machen nur die Wildtriebe (siehe Seite 91 f.), die mitsamt dem Astring zu entfernen sind. Als Astring bezeichnet man die verdickte, ringförmige Ansatzstelle des Triebs, die besonders viele Reservestoffe enthält. Wie Versuche gezeigt haben, verhelfen diese Substanzen der Pflanze zu einer raschen und gleichmäßigen Wundheilung. Der Schnitt sollte in diesem Fall rechtwinklig zum Trieb geführt werden, so daß die Wundfläche möglichst klein bleibt und schneller verheilt.

Bei größeren Eingriffen kann man einen Neuaustrieb, der sich in der Nähe der Schnittstelle befindet, stehenlassen bzw. einen vorhandenen Trieb nur wenig einkürzen. Diese Triebe beschleunigen die Wundheilung deutlich, da aufgrund ihres Wachstums auch Nährstoffe in die nächste Umgebung, eben an den Wundrand, gelangen können.

Absägen eines Asts

Ist ein starker, langer Ast zu entfernen, empfiehlt es sich, in mehreren Etappen vorzugehen. Würde man ihn in einem Stück absägen, könnte er während des Sägens plötzlich nach unten wegbrechen und dabei die Rinde weit aufreißen. Solche nur sehr schlecht verheilenden Wunden lassen sich leicht vermeiden, indem man lange Äste zunächst einkürzt und damit ihr Gewicht verringert, bevor man sie restlos absägt.

Ein sicheres Verfahren ist es, den Ast in etwa 30 cm Entfernung zur beabsichtigten Schnittstelle von unten bis zur Mitte anzusägen. Anschließend sägt man ihn, etwas nach außen versetzt, etwa zur Hälfte von oben ein. Das Astende bricht dann von selbst oder mit leichtem Nachhelfen ab. Bindet man den Ast vorher an, kann man ihn gebremst fallen lassen und dadurch verhindern, daß kleinere Äste mitgerissen werden.

Der verbliebene Aststummel wird nun möglichst nah am Stamm entfernt, der Astring dabei jedoch belassen. Am besten sägt man ihn zunächst von unten ein, bis die Säge zu klemmen beginnt, zieht diese dann vorsichtig heraus und trennt den Ast schließlich von oben ab, so daß sich eine gleichmäßige, durchgehende Schnittfläche ergibt. Dünnere Äste können auch in einem Stück durchgesägt werden.

Das Entfernen des Aststummels unterbleibt oft, sei es aus Unachtsamkeit oder zur Zeitersparnis. Von solchen Stellen geht jedoch eine nicht zu unterschätzende Gefahr für den ganzen Baum aus, die im schlimmsten Fall bis zu dessen Absterben führen kann. Ein Aststummel kann nämlich nicht von Wundgewebe überwallt werden, bleibt also offen. Außerlich ist zunächst nur das Absterben des Stumpfs festzustellen, der einfach vertrocknet und hohl wird. Doch Fäulnis- und Krankheitserreger können von dort aus leicht bis ins Innere des Baums vordringen, sich ausbreiten und dann, auch wenn die Gefahr schließlich erkannt wurde, nicht mehr bekämpft werden.

Pflege der Wunden

In der Natur müssen Baumwunden von selbst verheilen, damit die Pflanzen überleben, im Garten jedoch will man die Gehölze auf jeden Fall erhalten und deshalb ihre Genesung unterstützen. Ziel aller Maßnahmen ist es, das Zuwachsen der Wunde zu beschleunigen und zugleich den Eintritt von Krankheitserregern, z. B. Pilzen oder Bakterien, zu verhindern. Bei kleinen Wunden, wie sie durch den Schnitt dünner Triebe entstehen, ist eine Hilfestellung nicht nötig, nach der Entfernung größerer Äste ist sie jedoch unerläßlich.

Hippen sind spezielle Baummesser, die es in verschiedenen Ausführungen gibt.

Zerfranste Wundränder verheilen deutlich schlechter als glatte. Deshalb begradigt man zunächst die Wundränder mit der Hippe oder einem scharfen Baummesser, bei Bedarf schneidet man sie nach. Runde Wundflächen werden dabei nach unten zu so vergrößert, daß sie die Form eines auf der Spitze stehenden Eis erhalten. Dadurch können Nähr- und Wundheilungsstoffe vermehrt auf die Unterseite der Wunde gelangen, so daß die Verletzung schneller zuwächst.

Anschließend wird die Wunde mit einem Wundverschlußmittel bestrichen. Dabei muß die gesamte Fläche einschließlich der Ränder und am besten sogar noch etwas darüber hinaus lückenlos bedeckt sein. Das Mittel sollte atmungsaktiv und dauerelastisch sein, damit es sich auch dann dem Holz noch gut anschmiegt, wenn sich das neugebildete Wundgewebe aufgewölbt hat. Früher wurde gewöhnlich Baumwachs verwendet, heute wird meist Wundbalsam bevorzugt, ein Kunstharzprodukt, das sich sehr bewährt hat. Wichtig ist, daß die Wunde so rasch wie möglich verschlossen wird, denn das Wundgewebe kann nur von der dünnen Kambiumschicht (siehe Seite 23 ff.) gebildet werden, die sehr empfindlich gegen Austrocknung ist.

Bei Nadelgehölzen ist ein derartiger künstlicher Wundverschluß nicht nötig. Ihre Stämme scheiden bei einer Verletzung so viel Harz aus, daß die Wunde schnell ausreichend geschützt ist. Doch die Wundränder sollten auch hier nachgeschnitten und geglättet werden.

Pflanzschnitt

Ein Pflanzschnitt wird nur notwendig, wenn man ballenlose Gehölze (siehe Seite 71) einsetzt. Ballierte oder in Containern gezogene Exemplare brauchen dagegen bei der Pflanzung nicht eingekürzt zu werden. Auch immergrüne Laubgehölze erhalten keinen Pflanzschnitt. In ihrem Fall wäre die dadurch verursachte Störung in der Entwicklung zu gravierend.

Ballenlose Sträucher oder Bäume verlieren beim Verpflanzen unweigerlich einen Teil ihrer Wurzeln. Um ihnen das Anwachsen zu erleichtern, muß man das Verhältnis zwischen ober- und unterirdischen Pflanzenteilen wieder einigermaßen ins Gleichgewicht bringen.

Bei Sträuchern werden dazu die Triebe um etwa ein Viertel oder ein Drittel eingekürzt. Schwach entwickelte, verletzte oder alte, kraftlos gewordene Triebe entfernt man ganz. Auch die Wurzeln kürzt man etwas ein, allerdings weniger stark als die oberirdischen

Größere Wunden müssen mit einem Verschlußmittel sachgerecht behandelt werden.

Tip

Bei behandelten Wunden sollte man den Wundverschluß im ersten Jahr mehrmals nachkontrollieren. Es können sich z. B. Risse darin gebildet haben oder Teile davon abgeblättert sein, ebenso kann er sich durch reichlich austretenden Blutungssaft abgehoben haben. Im Bedarfsfall muß die Wundfläche nochmals mit Wundverschlußmittel bestrichen werden.

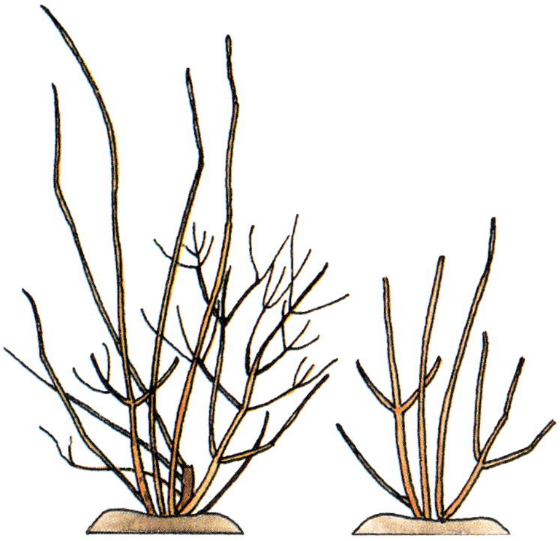

Pflanzschnitt bei einem Strauch: Schwache, alte und verletzte Triebe werden entfernt, alle übrigen um ein Viertel bis ein Drittel eingekürzt.

Pflanzschnitt bei einem Baum: Zunächst kürzt man den Leittrieb um etwa ein Drittel ein, dann werden zu dicht stehende Seitentriebe entfernt und die verbleibenden Triebe zurückgeschnitten.

Tip

Bei Ballen- oder Containerpflanzen werden vor der Pflanzung normalerweise nur schwache oder ungünstig stehende Triebe entfernt. Ist jedoch der Wurzelballen stark verfilzt oder sind einzelne Wurzeln bereits weit herausgewachsen, sollte man den Ballen durch mehrmaliges Einschneiden oder Einreißen auflockern, damit die Wurzeln mehr Platz erhalten und sich gleichmäßiger entwickeln können.

Tip

Zeigt ein junger Baum bereits einen schönen, natürlich wirkenden Kronenaufbau, so braucht er weniger Schnitt als stark und wirr verzweigte Exemplare, die gut ausgelichtet werden müssen.

Teile. Sie sollen dadurch nur zu Verzweigungen angeregt werden. Angerissene, ausgefaserte oder gequetschte Wurzelenden allerdings müssen gekappt werden, wobei der Schnitt nicht schräg, sondern im rechten Winkel geführt wird, um die Schnittfläche so klein wie möglich zu halten. Dieser sog. Pflanzschnitt wird oft bereits von der Baumschule nach dem Auspflanzen, also bei der Vorbereitung zum Verkauf, vorgenommen.

Bei Bäumen sollte man schon durch den Pflanzschnitt anstreben, einen gleichmäßigen, schönen Kronenaufbau zu erreichen, so daß später weniger Grund zum Eingreifen besteht. Bei dieser gezielten Schnittführung, auch Aufbau- oder Erziehungsschnitt genannt, wird der dominierende Leittrieb um etwa ein Drittel zurückgenommen, um ihn zum Verzweigen anzuregen. Trägt der Baum keinen einzelnen, eindeutigen Leittrieb, sondern mehrere ungefähr gleichwertige Äste, sucht man den kräftigsten davon aus und entfernt die Konkurrenztriebe an deren Basis. Nun wählt man etwa vier kräftige Seitentriebe und kürzt diese ebenfalls um ein Viertel bis ein Drittel ein. Ihre Endknospen sollten danach jeweils ungefähr in gleicher Höhe über dem Boden liegen. Der erwählte Leittrieb sollte diese Ebene, je nach Höhe der Pflanze, um etwa 15 – 30 cm überragen. Zu dicht stehende, sich kreuzende, schwache oder verletzte Triebe werden ganz entfernt oder auf ein günstig liegendes Auge zurückgeschnitten.

Auslichtungsschnitt

Ältere Gehölze, vor allem Sträucher, werden mit der Zeit zu dicht. Ihre Blühfähigkeit läßt dann nach, weil sich die vielen Zweige gegenseitig das Licht rauben. Auch Bäume können sich auf ungünstige Weise verzweigen, etwa weil sie zu nah beieinander oder an einem ungeeigneten Platz stehen. Abhilfe schafft da nur ein Auslichten, bei dem ältere Triebe entfernt und die Pflanzen dadurch wuchskräftig erhalten werden. Überdies kommt der Aufbau ihrer Krone dann wieder klarer zur Geltung. Der Schnitt sollte aber so behutsam durchgeführt werden, daß die Gesamterscheinung, die natürliche Kronenform des Gehölzes, nicht verlorengeht.

Am besten geht man folgendermaßen vor:

- Zunächst nimmt man den Kronenaufbau genau in Augenschein und beurteilt die einzelnen Triebe.
- Bei Sträuchern schneidet man ältere, ins Zentrum wachsende Triebe ganz oder bis zu einer geeigneten jüngeren Verzweigung ab.
- Bei Bäumen werden vor allem nach innen gerichtete, zu dicht stehende Zweige entfernt.

Zum Auslichten gehört vor allem auch das Entfernen sich überkreuzender, aneinanderreibender Äste, denn sie fügen sich ständig gegenseitig Wunden zu, die schlecht verheilen. Meist wird der schwächere Ast bis zur Ansatzstelle entfernt, man kann aber auch denjenigen belassen, der günstiger steht.

Manche Baumarten neigen dazu, zwei in spitzem Winkel zueinander stehende, fast gleich starke Leittriebe auszubilden. Im Garten wird eine solche Entwicklung nicht gern gesehen. Erstens sammelt sich in der Achsel dieser Astgabeln Wasser, und es kommt dann nicht selten zu Fäulnisbildung; zweitens kann

Erhaltungs- oder Pflegeschnitt bei einem Strauch: Alte, abgeblühte sowie schwache junge Triebe nimmt man bis zum Boden heraus. Ebenso werden dicht verzweigte Partien weggeschnitten. Kräftige junge Äste beläßt man und kürzt sie etwas ein; sie blühen in den nächsten Jahren am reichsten.

bei starken Stürmen einer der beiden Leittriebe leicht abbrechen und dann die Rinde tief aufschlitzen. Anfällig für ein solches Wuchsverhalten sind in erster Linie der Silberahorn *(Acer saccharinum)*, Birken *(Betula)*, Robinien *(Robinia)* und die Winterlinde *(Tilia cordata)*, aber auch einige Nadelhölzer wie etwa Fichten (*Picea*-Arten). Stellt man eine Entwicklung zur Zweistämmigkeit, eine sog. Zwiesel- oder Zwistelbildung, fest, so sollte man so früh wie möglich einen der beiden Leitäste absägen, um Windbruch zu vermeiden.

Bilden sich zwei Gipfeltriebe, wird der schwächere oder der ungünstiger stehende entfernt.

Erhaltungs- oder Pflegeschnitt

Sind Gehölze einmal eingewachsen, ist vor allem bei den Sträuchern regelmäßig ein sog. Erhaltungsschnitt notwendig, damit sie über viele Jahre hinweg blühfähig bleiben und ihre typische Form behalten. Unterbleibt er, neigen viele Arten zum Vergreisen, weil ihr Sproßgerüst dann vorwiegend aus alten, dicken Trieben besteht, die jedoch nur noch wenige Blütenknospen bilden. Bei Bäumen ist ein Erhaltungsschnitt nur selten notwendig, statt dessen wird bei Bedarf ein Auslichtungsschnitt durchgeführt.

Wie häufig und auf welche Weise der Erhaltungsschnitt bei den verschiedenen Sträuchern zu erfolgen hat, hängt maßgeblich von der Art und dem Zeitpunkt ihrer Blütenknospenanlage sowie von ihrer Verzweigungsweise ab. Dabei lassen sich mehrere Kategorien unterscheiden:

Sträucher, die einen jährlichen, starken Rückschnitt benötigen, um üppig zu blühen, bilden ihre Blütenknospen während des Wachstums aus. Die Knospen stehen also an den diesjährigen Trieben und entfalten sich im Sommer oder Herbst. Um die Bildung knospenreicher Triebe zu fördern, werden Gehölze dieser Gruppe nach der Blüte scharf bis auf etwa fünf Augen oder 30–50 cm über dem Boden zurückgeschnitten. Am besten führt man den Schnitt aber nicht schon im Herbst, sondern erst im Vorfrühling durch, da die Triebe im Winter meist noch zurückfrieren. An älteren Exemplaren sollte das bereits stark verholzte Sproßgerüst belassen werden, weil die Pflanzen dann ansprechender aussehen. Zu dieser Gruppe zählen z. B. Schmetterlingsstrauch (*Buddleja-Davidii*-Hybriden), Straucheibisch *(Hibiscus syriacus)*, Rispenhortensie *(Hydrangea paniculata)*, Johanniskrautarten *(Hypericum)* und Spiersträucher (*Spiraea-Bumalda*-Hybriden und *Spiraea japonica*).

Bei Sträuchern, die ständig neue, kräftige Jungtriebe aus dem Boden heraustreiben und/oder sehr wuchskräftig sind, werden etwa alle zwei bis drei Jahre einige ältere, starke Triebe dicht über dem Boden abgeschnitten. Dies fördert den Austrieb neuer Sprosse und schafft vor allem in der Mitte Platz für sie. Hierzu gehören etwa Haseln *(Corylus)*, Deutzien *(Deutzia)*, sommergrüne Spindelstraucharten *(Euonymus)* und sommergrüne Rhododendren.

Deutzien, die sich aus der Basis heraus reich verzweigen, werden alle paar Jahre ausgelichtet.

Tip

Das Auslichten von Gehölzkronen sollte man keinesfalls jährlich wiederholen. Das hätte nur eine sehr unschöne Büschelbildung zur Folge. Besser schneidet man die Bäume oder Sträucher nur alle paar Jahre kräftig aus.

Tip

Buntlaubige Baumsorten, z. B. Sorten des Eschen- oder des Bergahorns, können „zurückschlagen", d. h. plötzlich Triebe mit normalen, grünen Blättern bilden. Diese sind meist wuchskräftiger als die sortentypischen Triebe und sollten daher so früh wie möglich vollständig entfernt werden.

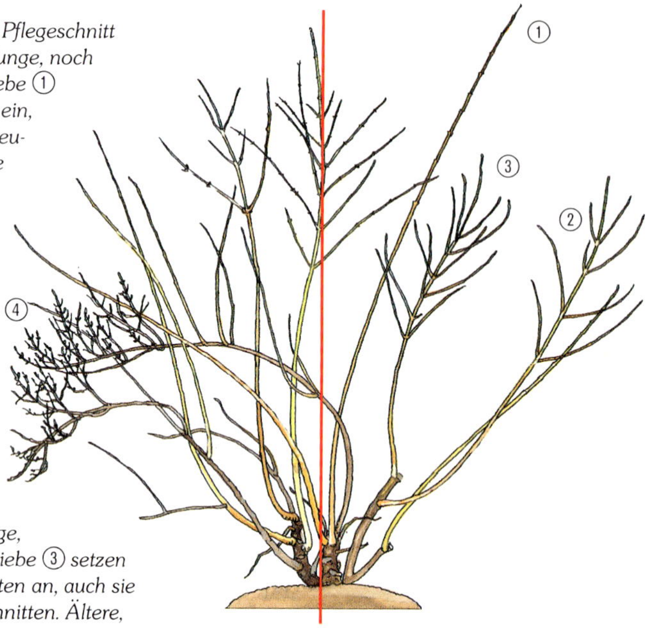

Erhaltungs- oder Pflegeschnitt bei Forsythien: Junge, noch unverzweigte Triebe ① kürzt man etwas ein, sofern sie zum Neuaufbau der Krone dienen sollen, oder nimmt sie vollständig heraus, wenn sie stören. Zweijährige, im Spitzenbereich leicht verzweigte Triebe ② werden nicht geschnitten, weil sie bereits blühen. Dreijährige, gut verzweigte Triebe ③ setzen am reichsten Blüten an, auch sie läßt man ungeschnitten. Ältere, dicht verzweigte und bogenförmig überhängende Triebe ④, die bereits zu vergreisen beginnen, werden bis zu einem kräftigen Seitentrieb an der Oberseite eingekürzt.

Manche Sträucher, vor allem Forsythie, Ranunkelstrauch *(Kerria)*, Pfeifenstrauch *(Philadelphus)*, Johannisbeere *(Ribes)* und Weigelie *(Weigela)*, bilden mit der Zeit weit ausladende, überhängende Triebe, die an den Seitenverzweigungen am reichsten blühen. Dies sind die dreijährigen Triebe, an denen sich im nächsten Jahr, wenn ihre Blühfreudigkeit bereits nachläßt, lange, kräftige Schößlinge vor allem an der Oberseite der bogigen Triebe zeigen. Die Bogentriebe werden regelmäßig nach der Hauptblüte bis zu diesen Schößlingen hin eingekürzt. Bei Bedarf kann man sie auch bis zum Boden abschneiden, um den übrigen Trieben Licht und Luft zu schaffen. Es bilden sich dann wieder neue, reichblühende Seitenzweige. Man muß also die einzelnen Triebe je nach ihrem Alter unterschiedlich behandeln (siehe Zeichnung links). Schneidet man solche Sträucher nicht, entwickeln sie sich bald zu einem wirr verzweigten Gestrüpp aus wenig blühenden, im unteren Bereich verkahlenden Trieben.

Einige Gehölze benötigen gewöhnlich gar keinen Schnitt, da sie ohnehin nur wenige, spärlich verzweigte Triebe bilden. Manche würden nach einem Schnitt auch nur schlecht oder gar nicht wieder austreiben, weil ihnen die dafür notwendigen ruhenden Knospen, die sog. schlafenden Augen, fehlen. Dies trifft z. B. zu bei Strauchkastanie *(Aesculus parviflora)*, Perückenstrauch *(Cotinus)*, Prunkspiere *(Exochorda)*, Zaubernuß *(Hamamelis)*, Goldregen *(Laburnum)*, immergrünen Rhododendren und Essigbaum *(Rhus)*.

Auch alle winter- und immergrünen Laubgehölze entwickeln sich ohne Schnitt am besten. Ebenso werden Baumarten, die nur sehr langsam wachsen und besonders wertvoll sind, nicht geschnitten, etwa Magnolien, Zieräpfel (*Malus*-Arten) oder Zierkirschen (*Prunus*-Arten). Nach einem anfänglichen, sorgfältigen Aufbauschnitt (siehe Seite 88) werden solche Bäume später nur gelegentlich ein wenig ausgelichtet.

Aufrecht wachsende ebenso wie kriechende Zwerggehölze werden nur dann geschnitten, wenn sie entweder durch Frost geschädigt oder durch mechanische Einwirkungen verletzt wurden, oder, sofern es sich um Bodendecker handelt, wenn diese sich zu stark ausbreiten. Zu dieser Gruppe zählen etwa zwergwüchsige Arten von Strauchmispel *(Cotoneaster)*, Geißklee *(Cytisus)* und Ginster *(Genista)*, aber auch Seidelbast *(Daphne)*.

Klettergehölze werden gewöhnlich nur geschnitten, wenn sie zu groß werden oder bestimmte Bereiche der Unterlage von ihnen freigehalten werden sollen. Eine Ausnahme bilden Trompetenblume *(Campsis)* und Glyzine *(Wisteria)*, bei denen in jedem Vorfrühling ein Rückschnitt aller letztjährigen Seitentriebe bis auf wenige Augen notwendig ist. Auch *Clematis*-Hybriden werden regelmäßig zurückgenommen, Schnittzeitpunkt und -ausführung sind dabei von Sorte zu Sorte verschieden (siehe Seite 150).

Magnolien entwickeln sich ohne Schnitt am besten.

Verjüngungsschnitt

Wurden starkwüchsige Sträucher über einige Jahre vernachlässigt oder wurden sie nicht fachgerecht geschnitten, beginnen sie allmählich zu vergreisen. Sie weisen dann unverhältnismäßig viele alte, dicke Triebe auf, die nur relativ wenige Blätter und kaum noch Blüten tragen. Oft hat sich im Innern ihrer Krone ein dichtes Zweiggewirr gebildet. Hier hilft nur ein radikaler Verjüngungsschnitt, der die Pflanze gleichsam zu neuem Leben erweckt.

Zunächst werden alle alten, zu dicht stehenden Zweige aus der Mitte herausgeschnitten, nach Möglichkeit bis zum Boden hinab. Die verbleibenden starken Triebe nimmt man bis etwa 30–50 cm über dem Boden zurück, so daß neuer Austrieb angeregt wird. Im folgenden Jahr kürzt man die bis dahin neugebildeten Triebe um ein Drittel ein, damit sie sich verzweigen. Auf diese Weise ergibt sich ein neuer, kräftiger Sproßaufbau.

Der Ranunkelstrauch treibt selbst nach einem radikalen Rückschnitt wieder kräftig durch.

Grundsätzlich darf eine derart radikale Verjüngung aber nur bei solchen Arten vorgenommen werden, die reichlich junge Triebe aus dem Boden bilden können, wie etwa Berberitze *(Berberis)*, Hasel *(Corylus)*, Forsythie *(Forsythia)* oder Ranunkelstrauch *(Kerria)*. Andere Arten müssen, wenn sie vergreist sind, behutsamer und über mehrere Jahre hinweg verjüngt werden.

Entfernen von Wildtrieben

Viele Sorten von Bäumen oder Sträuchern werden in der Baumschule auf eine andere nahe verwandte Gehölzart veredelt. Diese dient dann als sog. Unterlage, die im Boden wurzelt, während die Edelsorte nur den oberirdischen Teil der Pflanze bildet. Veredelungen nimmt man aus zwei Gründen vor: Entweder ist die Edelsorte selbst nicht wuchskräftig genug, entwickelt nur ein schwaches Wurzelwerk und wird daher besser auf eine Unterlage mit umfangreichem, weitverzweigtem Wurzelstock aufgezogen. Oder eine Veredelung ist unumgänglich, weil sich die gewünschte Edelsorte auf keine andere Weise weitervermehren läßt.

Nicht in jedem Fall ist die Kombination von Edelsorte und Unterlage völlig problemlos. Manchmal erweist sich die Unterlage nämlich als deutlich wuchskräftiger und treibt dann unterhalb der Veredelungsstelle eigene Triebe, sog. Wildtriebe. Man erkennt diese leicht an der abweichenden Laubform oder -färbung, etwa bei Sorten und Hybriden des Schneeballs, die auf Gewöhnlichen Schneeball *(Viburnum opulus)* veredelt wurden, am andersartigen Wuchs, z.B. bei der Korkenzieherhasel (*Corylus avellana* 'Contorta'), die auf Haselnuß *(Corylus avellana)* veredelt worden ist, oder auch an der unterschiedlichen Rinde, wie es z.B. bei Eschenahornsorten, die auf Eschenahorn *(Acer negundo)* veredelt wurden, augenfällig ist.

Neben den bereits genannten Arten neigen folgende wichtige Gehölze zur Bildung von Wildtrieben: Sorten des Fächerahorns *(Acer palmatum)*, der Zaubernuß *(Hamamelis)*, Zieräpfel *(Malus)*, Japanische Blütenkirschen (Sorten von *Prunus sargentii*, *Prunus serrulata*, *Prunus subhirtella* und *Prunus* x *yedoensis*), Sorten des Mandelbäumchens *(Prunus triloba)*, *Rhododendron*-Hybriden, die auf der Rhododendronsorte 'Cunningham's White' veredelt wurden, Sorten des Edelflieders (*Syringa-Vulgaris*-Hybriden), Wildfliederarten *(Syringa)*, die auf Liguster *(Ligustrum)* veredelt wurden, sowie unter den Nadelgehölzen Sorten der Eibe *(Taxus)*.

Die austreibenden Wildtriebe wirken nicht nur unschön und stören die Gesamterscheinung des Gehölzes, sie nehmen der Edelsorte auch Kraft, hindern sie an ihrer Entfaltung und können sie sogar ganz überwuchern, wenn man sie einige Jahre lang ungehemmt wachsen läßt. Daher sollte man so früh wie möglich eingreifen.

Wildtriebe aus der Basis müssen regelmäßig entfernt werden.

Tip

Bei Rutensträuchern wie Elfenbein- und Besenginster kann man die Triebe gleich nach der Blüte um etwa ein Drittel oder die Hälfte ihrer Länge einkürzen. Sie bleiben dadurch formschön und blühfreudig.

Tip

Bei Rhododendren und Flieder sollten die Blütenstände gleich nach dem Verblühen ausgebrochen bzw. abgeschnitten werden. Das regt den Wuchs und die Bildung neuer Blütenknospen kräftig an.

Tip

Stehen mehrere Triebe dicht nebeneinander, sollte man beim Erhaltungsschnitt nicht alle Triebe gleich stark einkürzen, sondern einen, am besten den mittleren, merklich stärker zurücknehmen als die benachbarten. Ein Schnitt nach dieser „Lang-Kurz-Lang"-Regel führt zu einer besonders gleichmäßigen, natürlich wirkenden Triebentwicklung.

Beim Edelflieder treiben oft Wildtriebe aus der Unterlage, welche die Edelsorte zu überwachsen drohen, wenn sie nicht möglichst rasch entfernt werden.

Tip

Manche Gehölzarten wie z. B. Schlehe, Essigbaum oder Robinie bilden an geeigneten Standorten reichlich Wurzelausläufer. Diese müssen frühzeitig und möglichst tief abgeschnitten werden, sonst nehmen die Pflanzen bald ganze Gartenteile in Anspruch.

Dürre Astreste sollten umgehend abgeschnitten werden, da sie Eingangspforten für Krankheitserreger darstellen.

Der beste Zeitpunkt, um einen Wildtrieb zu entfernen, liegt im Frühsommer. Die Erde muß gegebenenfalls so weit aufgegraben werden, bis seine Ansatzstelle bloßliegt. Mit einer Baumschere, einer Hippe oder einem Baummesser wird der Trieb dann direkt an seiner Basis abgeschnitten. Dabei ist es wichtig, den Astring mit zu entfernen. Andernfalls können sich aus Knospen, die darin verborgen sind, bald wieder weitere Triebe entwickeln. Wenn die Schnittwunde unter der Erdoberfläche liegt, ist die Gefahr, daß verschiedene Krankheitserreger, beispielsweise Pilze und Bakterien, eindringen, besonders groß. Ein guter Wundverschluß (siehe Seite 87) ist daher ein absolutes Muß.

Ausschneiden kranker Teile

Nicht wenige Krankheiten der Ziergehölze können schon durch einen gezielten Schnitt erfolgreich bekämpft werden, so daß eine Spritzung mit Pflanzenschutzmitteln in vielen Fällen überflüssig ist. Dazu zählen vor allem die verschiedenen Welkekrankheiten und das Triebsterben (siehe Seite 120 ff.), bei denen die Triebspitzen zu verdorren beginnen. Stets hat sich jedoch der Krankheitserreger bereits weiter im Holz ausgebreitet, als es die welken Teile vermuten lassen.

Für den Erfolg jeder Bekämpfungsmaßnahme ist es daher entscheidend, nach dem Erkennen der Krankheit die befallenen Triebe ein gutes Stück bis ins gesunde Holz hinein zu entfernen. Außerdem sollte man den Gesundheitszustand des betreffenden Gehölzes in kurzen Abständen nachkontrollieren und bei wiederholtem Auftreten der Krankheitssymptome sofort erneut zur Schere greifen. Die benutzten Geräte müssen stets sorgfältig gereinigt werden. Außerdem darf das Schnittgut kranker Pflanzen nicht auf den Kompost geworfen werden.

Heckenschnitt

Bei frisch gepflanzten Hecken sollte man unbedingt die Chance wahrnehmen, bereits die einzelnen jungen Bäume oder Sträucher durch einen besonderen Pflanzschnitt zu einer dichten Verzweigung anzuregen. Hat man ganz gewöhnliche, nicht speziell für Hecken angezogene Laubgehölze erworben, kürzt man diese nach dem Einpflanzen stark bis auf wenige dichtstehende Augen ein, so daß sie vor allem knapp über dem Boden neu austreiben werden.

Spezielle Heckenware, die bereits reicher verzweigt ist, wird nur auf eine einheitliche Höhe zurückgenommen. Bei Nadelhölzern werden generell nur die jüngsten Triebe eingekürzt.

Um den allmählichen Aufbau einer dichten Formhecke zu unterstützen, muß in den ersten Jahren nach der Pflanzung regelmäßig ein scharfer Rückschnitt erfolgen, durch den eine möglichst starke Verzweigung angeregt werden soll. Ein angemessener Rückschnitt verlangt etwas Fingerspitzengefühl, denn bei zu starkem Schnitt kommt es zu keiner Höhenzunahme der Hecke. Kürzt man die Triebe dagegen nur schwach ein, wachsen sie zu stark in die Höhe, und die Hecke wird nicht dicht genug.

Hat eine Hecke die gewünschte Höhe erreicht, ist ein jährlicher Pflegeschnitt nötig. In der Regel muß zweimal pro Jahr geschnitten werden, doch ist dies letztlich vom Grad des jährlichen Zuwachses und den angestrebten Maßen der Hecke abhängig. Den ersten Schnitt legt man gewöhnlich in die Zeit vor dem Austrieb, d.h. in den Spätwinter, der zweite Schnitt wird dann im Spätsommer vorgenommen.

Unabhängig von einer mehr oder weniger strengen Formgebung, die einzig eine Frage des persönlichen Geschmacks ist, sollten die Seiten der Hecke oben stets leicht nach innen geneigt sein, mit anderen Worten, die Hecke sollte sich nach oben zu verjüngen (siehe Zeichnungen oben). Auf diese Weise ist gesichert, daß auch die unteren Äste noch genug Licht erhalten und nicht verkahlen. Besonders bei Nadelholzhecken kann dies sonst recht leicht geschehen.

Anders als bei Schnitthecken entfallen bei freiwachsenden Hecken, für die sich viele Gehölze ganz ausgezeichnet eignen, strenge Schnittmaßnahmen. Diese sehr pflegeleichte und natürlich wirkende Heckenform bedarf nur eines gelegentlichen Auslichtungsschnitts, sie kann aber auch über Jahre hinweg gänzlich ungeschnitten bleiben und in größeren Abständen durch entsprechenden Schnitt grundlegend verjüngt werden.

Für einen exakten Heckenschnitt kann man sich ein Gerüst aus Holzlatten fertigen. Die Hecke sollte stets einen trapezförmigen (oben) oder spitz- oder rundkegeligen (unten) Querschnitt erhalten, damit sie nicht verkahlt.

Tip

Aus Gründen des Naturschutzes sollten Hecken im Sommer nicht zur Brutzeit der Vögel, d.h. im allgemeinen nicht vor Ende Juli, geschnitten werden.

Tip

Thujenhecken vertragen zwar einen scharfen Rückschnitt, doch sollten die einzelnen Äste immer noch einige grüne Triebe behalten, sonst brauchen sie zu lange, um nachzutreiben, und es bleiben über Monate unschöne Lücken zurück.

Sorgsame Pflege und dazu ein sachgerechter Schnitt garantieren optimalen Wuchs und Gesundheit in jedem Gehölzgarten.

Von Samen und von Stecklingen

Ziergehölze vermehren

Wie bei jeder Frucht steckt auch in einer Eichel die Urkraft des Wachstums, die mit der Keimung einer neuen Pflanze zutage tritt.

Ziergehölze können auf vielfältige Art vermehrt werden. Selbst mächtige Bäume lassen sich aus kleinen Samen anziehen, auch wenn es lange dauert, bis sie zum ersten Mal blühen. Gelingt die Anzucht, ist die Freude über den Erfolg um so größer. Wenn man jedoch in vergleichsweise kurzer Zeit viele Jungpflanzen mit denselben Merkmalen erhalten möchte, empfehlen sich vegetative Vermehrungstechniken, die sich, von der hohen Kunst der Gehölzveredelung abgesehen, einfach durchführen lassen.

Anzucht aus Samen

Ein Gartengehölz aus Samen selbst gezogen zu haben zählt zu den besonderen Erfolgserlebnissen eines Gärtners. Dabei ist die Anzucht eines Baums oder Strauchs weniger schwierig, als oft geglaubt wird, denn sie unterscheidet sich nicht grundsätzlich von der Vorkultur von Sommerblumen oder Gemüsepflanzen. Der einzige wesentliche Unterschied besteht darin, daß die Samen mancher Gehölzarten erst mit einigen Tricks zur Keimung gebracht werden müssen und zu diesem Zweck eine ganz spezielle Vorbehandlung benötigen.

Während durch die vegetative Vermehrung stets ein genaues Abbild der Mutterpflanze erzeugt wird, kommt es bei der Samenbildung immer zu einer Durchmischung des Erbguts beider Elternteile, so daß die Jungpflanze neue, unerwartete Formen und Eigenschaften aufweisen kann. Zur gezielten Vermehrung von Sorten ist daher die Anzucht aus Samen ungeeignet.

Tip

Um spätere Verwechslungen zu vermeiden, sollten die gesammelten und gereinigten Samen sogleich nach Arten getrennt und entsprechend beschriftet werden.

Ernte und Reinigung der Samen

Bevor man zur Aussaat schreiten kann, müssen die – meist in Früchten verpackten – Samen zuerst gesammelt und gereinigt werden. Gewöhnlich fallen die reifen Früchte zu Boden, das Auflesen bereitet dann keine Schwierigkeiten. Nur bei einigen Arten, z.B. den Berberitzen, bleiben die Früchte bis in den Winter hinein an den Trieben haften und müssen daher von Hand abgepflückt werden.

Vor allem viele großwüchsige Bäume blühen und fruchten sehr unregelmäßig, in manchen Jahren nur äußerst spärlich, dann wieder überreich. In den sog. Mastjahren wird dies in freier Natur bei heimischen Rotbuchen (*Fagus sylvatica* ssp. *sylvatica*) und verschiedenen Eichen (*Quercus*-Arten) sowie bei vielen Nadelgehölzen, etwa der Rotfichte *(Picea abies)*, besonders deutlich. Diese Jahre üppiger Blüte treten nur infolge bestimmter Umweltbedingungen, meist aber mit einer gewissen Regelmäßigkeit auf. Dem Blütenansatz entsprechend fällt die Samenproduktion aus. Man kann also bei einigen Gehölzen nicht in jedem Jahr im gleichen Maß an Saatgut kommen.

So vielfältig wie die Früchte sind auch die Samen der verschiedenen Gehölze. Bei manchen Arten, z.B. den Pappeln und Weiden, sind sie nackt und fliegen mit Hilfe von Samenwolle in großen Büscheln umher. Andere Samen, etwa die von Ahorn, Esche, Rhododendron oder Robinie, besitzen trockene Fruchthüllen oder -anhängsel, von denen sie leicht befreit werden können.

Schwieriger gestaltet sich die Samengewinnung bei Gehölzen mit fleischigen Früchten, zu denen z.B. Kornelkirsche *(Cornus mas)*, Zwergmispeln *(Cotoneaster)*, Weißdorn *(Cra-*

Die winzigen Samen der Schwarzpappel erscheinen wie in dichte Wattebäusche gepackt.

Die Robinie entwickelt ähnlich wie Bohnen und Erbsen langgestreckte Hülsenfrüchte.

Beim Pflaumendorn reifen leuchtend rote Früchte heran, die wie kleine Äpfelchen aussehen.

Die Samen der Korea-Tanne sitzen zwischen den Deckschuppen des Zapfens.

Tip

Die in Koniferenzapfen enthaltenen Samen brauchen bisweilen mehrere Jahre, bis sie reif werden. Man sollte nur geschlossene Zapfen ernten und sie dann an einem trockenen Ort aufspringen lassen. Die dabei herausfallenden Samen haben die notwendige Reife und können leicht eingesammelt werden.

taegus), Zieräpfel (*Malus*-Arten), Zierkirschen (*Prunus*-Arten) oder Ebereschen *(Sorbus)* zählen. Deren Samen müssen zunächst von ihrer Fruchthülle befreit werden, denn diese wirkt vielfach keimungshemmend. Zudem wären bei der Aussaat unweigerlich Fäulnis und Schimmelbildung die Folge. In der Natur erledigen in der Regel Vögel diesen Schritt, indem sie die Früchte verspeisen. Während deren fleischiger Anteil bei der Darmpassage verdaut wird, werden die Samenkörner unversehrt wieder ausgeschieden.

Im Garten läßt man die gesammelten Früchte zunächst ein wenig anrotten. Mit etwas Feuchtigkeit und Wärme kann man diesen Prozeß beschleunigen. Danach gelingt es meist ohne Mühe, die Samen herauslösen. Bei größeren Mengen an Früchten empfiehlt es sich, diese zunächst in einem Mörser zu zerkleinern – die hartschaligen Samen nehmen dabei keinen Schaden –, sie dann mit Wasser aufzuschwemmen und durch ein Sieb zu passieren, dessen Maschen die Samen gerade zurückhalten.

Stratifikation

Gewöhnlich werden die gesammelten und getrockneten Samen trocken und kühl aufbewahrt, bis man sie schließlich im Frühjahr aussät. Die Samen bestimmter Gehölze sollten jedoch sofort nach der Ernte ausgebracht werden, da sie nur eine begrenzte Zeit keimfähig bleiben. Zu diesen Bäumen zählen z. B. Rot- und Silberahorn (*Acer rubrum* und *Acer saccharinum*), Eschen, Magnolien, Pappeln und Weiden.

Viele Gehölzarten keimen dagegen, wenn man sie gleich nach der Ernte im Sommer aussät, im selben Jahr nur schwer oder überhaupt nicht. Ihre Samen können erst dann genügend Wasser aufnehmen, quellen und mit der Keimung beginnen, wenn die Samenhülle aufgrund bestimmter Faktoren wasserdurchlässig gemacht wurde. Man nennt diese Pflanzengruppe Schwerkeimer. Durch die Ein-

Tip

Samen lagert man am besten dunkel, z. B. in lichtundurchlässigen Briefkuverts, Filmdosen oder kleinen Schachteln.

Ihre bizarren Fruchtstände bilden Magnolien nur in Jahren mit günstiger Witterung aus.

Tip

Ab dem Winterende sollte man stratifizierte Samen regelmäßig kontrollieren. Abhängig von der Gehölzart, aber auch vom Witterungsverlauf keimen manche bereits sehr früh, andere deutlich später. Die Aussaat sollte erfolgen, bevor die jeweiligen Samen im Stratifikationsgefäß zu keimen anfangen.

Tip

Manche Keimlinge, etwa die einiger Nadelgehölzarten, sind gegen Spätfröste recht empfindlich. Es sollte daher immer Abdeckmaterial bereitliegen, um sie bei Bedarf schützen zu können.

Tip

Eine Keimung erfolgt nur, wenn die Samen gut quellen, also genügend Wasser aufnehmen können. Bis zum Aufgehen der Saat sind die Töpfe oder Anzuchtbeete daher unbedingt gleichmäßig feucht zu halten.

Tip

Die jungen Keimlinge müssen vor zu starker Sonneneinstrahlung geschützt werden, z. B. durch eine Schattierung mit Bastmattenstücken, die entfernt werden können, wenn die Pflänzchen erstarkt sind.

wirkung von Frost oder tiefen Temperaturen über einen gewissen Zeitraum, in der Fachsprache Stratifikation genannt, wird bei diesen Samen die Voraussetzung zur späteren Keimung geschaffen. Bei manchen Arten, den sog. Kaltkeimern, reicht dazu ein Winter aus, z. B. bei Fächer- und Japanischem Ahorn (*Acer palmatum* und *Acer japonicum*), Felsenbirne, Berberitze, Buche, Hainbuche, Holunder und Schneeball. Andere Schwerkeimer, z. B. die Gewöhnliche Eibe *(Taxus baccata)* oder die Kornelkirsche *(Cornus mas)*, keimen dagegen erst, nachdem sie noch mindestens ein weiteres Jahr im Boden gelegen haben bzw. während eines weiteren Winters stratifiziert wurden.

Will man Schwer- oder Kaltkeimer aus Samen anziehen, muß man für eine entsprechende Stratifikation des Saatguts sorgen. Üblicherweise legt man die Samen dazu schichtweise abwechselnd mit grobem Sand in ein oben offenes Gefäß – bei kleinen Mengen einfach in einen Tontopf, bei größeren in eine flache Schale oder Kiste. Darin setzt man sie an einem schattigen Platz im Freiland der winterlichen Kälte und Feuchtigkeit aus. Zur Vermeidung überschüssiger Nässe muß das Gefäß am Boden einen Wasserabzug besitzen. Die Samen fleischiger Früchte werden meist vorher vom Fruchtfleisch befreit, doch ist es vielfach ebenso erfolgreich, sie mitsamt der Fruchthülle zu stratifizieren und erst danach zu reinigen.

Es empfiehlt sich, das Gefäß durch ein engmaschiges Drahtgeflecht vor Mäusen und Vögeln zu schützen, die sich sonst gern über das Saatgut hermachen. Von Zeit zu Zeit mischt man den Gefäßinhalt gut durch, damit die Kälte auf alle Samen gleichermaßen einwirken kann. Im Frühjahr werden sie dann vom Sand getrennt und ausgesät.

Aussaat und Anzucht

Gehölze sät man am besten direkt ins Freiland aus. An einer geschützten Stelle, z. B. in einer Ecke des Frühbeets oder am Rand einer Gehölzgruppe, wird ein Beet vorbereitet, dessen Substrat möglichst locker, krümelig und humos, aber nicht allzu nährstoffreich sein sollte. Man vermischt dazu Gartenerde mit etwa dem gleichen Anteil Sand und mengt anschließend unter vier Teile des Gemischs noch einen Teil reifen Kompost.

Sollen nur wenige Pflanzen angezogen werden, können sie auch sehr gut in Töpfe gesät werden, die man dann ins Freie stellt. Das hat den Vorteil, daß man sie damit jederzeit an einen günstigeren Platz bringen kann. Von großen Samen kommt nur ein einzelner in jeden Topf, kleinere sät man zu mehreren und dünnt sie nach dem Aufgehen aus, indem man nur den jeweils kräftigsten Sämling stehenläßt.

Nach ihrer Größe werden die Samen mit mehr oder weniger Abstand – je größer, desto weiter voneinander entfernt – ausgesät, die Erde etwas angedrückt und gut mit einer feinen Brause angegossen. Dabei sollte jeder Samen nur ungefähr so hoch mit Erde bedeckt sein, wie er selbst dick ist. Während also die winzigen Birken- oder Lärchensamen nur sehr dünn mit Erde abgedeckt werden, kommen große Samen wie diejenigen von Roßkastanien oder von Eichen etwa 5 cm tief in das Substrat.

Sobald die Sämlinge außer den Keimblättern zwei echte Blattpaare ausgebildet haben, müssen sie entweder vereinzelt oder überschüssige, zu dicht stehende Exemplare herausgezogen werden. Zum Vereinzeln oder Pikieren lockert man die Erde, nimmt die Pflänzchen vorsichtig mit zwei Fingern heraus und setzt sie nun einzeln in kleine Töpfe. Je nach Wuchskraft kann es notwendig sein, sie nach einiger Zeit nochmals in etwas größere Gefäße zu verpflanzen. Dies fördert zugleich auch die Entwicklung ihres Wurzelsystems. Während des Heranwachsens müssen die Sämlinge immer wieder kontrolliert und bei Bedarf sorgfältig gewässert werden, bis sie schließlich kräftig genug sind, um ihren endgültigen Platz im Garten zu erhalten.

Bis aus Samen stattliche Gehölze heranwachsen, vergeht eine ganze Reihe von Jahren.

Vegetative Vermehrung

Der Vorteil, den vegetative Vermehrungsarten für den Gärtner bringen, liegt klar auf der Hand: Man erhält Pflanzen, die exakt dieselben Eigenschaften aufweisen wie die jeweilige Mutterpflanze. Das Ergebnis ist also bereits vorhersehbar, und es gibt weniger Überraschungen als bei der geschlechtlichen Vermehrung. Häufig hat man jedoch gar keine Wahl: Jungpflanzen von Hängeformen beispielsweise oder auch rotlaubige Sorten lassen sich nämlich ausschließlich auf vegetativem Weg gewinnen.

Von den biegsamen Trieben der Forsythie kann man Jungpflanzen durch Absenker gewinnen.

Zur vegetativen Vermehrung können die unterschiedlichsten Pflanzenteile verwendet werden. Triebe eignen sich dazu ebenso wie Wurzeln, und durch die modernen Methoden der Zell- und Gewebekultur hat der Fachmann heute sogar die Möglichkeit, aus kleinsten Teilen der Mutterpflanze unter Laborbedingungen vollständige Pflanzen zu züchten. Prinzipiell läßt sich zwischen den Vermehrungsarten unterscheiden, bei denen die Jungpflanzen selbst Wurzeln bilden – dazu zählen Ableger, Absenker, Stecklinge und Steckhölzer –, und solchen, bei denen sie auf fremde Wurzeln gesetzt werden. Nach letzterer Methode entstehen sämtliche Veredelungsarten.

Grundsätzlich sollte man für eine vegetative Vermehrung nur Mutterpflanzen mit regelmäßigem, ansehnlichem Wuchs verwenden, deren übrige Eigenschaften sich ebenfalls lohnen, weitergegeben zu werden. Bevor es ans Vermehren geht, muß daher zunächst eine geeignete Pflanze ausgewählt und sorgfältig untersucht werden. Keinesfalls sollte man kranke Exemplare vermehren, denn gerade pilzliche oder bakterielle Krankheitserreger sitzen häufig schon weit tiefer im Holz, als es die äußerlich erkennbaren, vielleicht noch auf wenige Zweige beschränkten Symptome vermuten lassen. In diesen Fällen könnten dann auch die von vermeintlich gesunden Pflanzenteilen stammenden Jungpflanzen bereits infiziert sein.

Verschiedene Ableger

Besonders einfach läßt sich die vegetative Vermehrung mit Ablegern durchführen. Als Ableger bezeichnet man die verschiedensten Formen von Trieben, denen gemeinsam ist, daß sich daraus bewurzelte Jungpflanzen entwickeln, die zunächst noch mit der Mutterpflanze in Verbindung stehen. Ein recht augenfälliges Beispiel dafür sind die oberirdischen Ausläufer der Erdbeere *(Fragaria)*. Eine solche Art der Ausläuferbildung ist bei Gehölzen jedoch sehr selten. Unterirdische Ausläufer dagegen sind bei Bäumen und Sträuchern häufiger vertreten. So entwickelt z.B. die Schlehe *(Prunus spinosa)* reichlich Wurzelsprosse. Und schließlich gibt es Arten, deren herabhängende oder kriechende Triebe Wurzeln schlagen, sobald sie Bodenkontakt erhalten. Es dauert nicht lange, und der betreffende Trieb bildet eine selbständige Pflanze.

Absenker

Besonders letztere Eigenart wird gärtnerisch gern zur Vermehrung genutzt. Man zieht neue Pflanzen aus Absenkern, also auf den Boden abgesenkten, langen Trieben. Durch teilweises Einschneiden der Rinde unterhalb der Triebspitze wird die Wurzelbildung angeregt. Mit dieser angeritzten Stelle im Boden verankert, schlagen die Triebe nach einer gewissen Zeit Wurzeln, so daß sie schließlich von der Mutterpflanze abgetrennt und an einen neuen Standort verpflanzt werden können.

In Baumschulen wird diese Methode vor allem bei solchen Arten oder Sorten angewandt, die auf andere Weise nur schlecht zu vermehren sind, z.B. bei Sorten von Hasel, Magnolie, Zaubernuß und Pappel sowie bei Rhododendren.

Weil diese Vermehrungstechnik vergleichsweise umständlich ist, eignet sie sich nicht zur Gewinnung größerer Mengen von Jungpflan-

Tip

Durch Absenken lassen sich gleich mehrere Jungpflanzen auf einmal gewinnen, wenn man einen besonders langen Trieb wellenförmig am Boden befestigt. Bei kriechenden Gehölzformen können auch mehrere Triebe zugleich sternförmig abgesenkt werden.

Tip

Gehölze mit langen, dem Boden aufliegenden Zweigen, wie z.B. niedrige Strauchmispeln oder auch Klettergehölze wie Jasmin oder Heckenkirschen, bilden an ihren Trieben oft ganz von selbst Wurzeln, wenn diese genügend Bodenkontakt haben. Man kann diese Wurzelbildung unterstützen, indem man ausgewählte Triebe einfach am Boden befestigt und etwas mit Erde anhäufelt. Bald sind die Teiltriebe bewurzelt, können abgetrennt und verpflanzt werden.

Sorten des Zierapfels mit speziellen Eigenschaften wie 'Royalty' sollten nur vegetativ vermehrt werden.

Wurzelausläufer müssen aufgegraben werden, bevor man sie abtrennen kann.

zen. Das mag für Gewerbebetriebe eine Rolle spielen, kaum jedoch im Hausgarten. Man muß nur darauf achten, ausreichend lange Triebe zu verwenden, die leicht den Boden erreichen, ohne zu knicken, und die noch nicht stark verholzt sind. Wichtig ist, daß an der Stelle, mit der der Trieb in den Boden kommt, alle Blätter und Knospen entfernt werden, da sie in der Erde faulen könnten.

Wurzelausläufer

Bei einigen Gehölzen treten häufig unterirdische Ausläufer auf, die über Wurzeln mit der Mutterpflanze in Verbindung stehen, sog. Wurzelausläufer, auch Wurzelausschläge oder Schößlinge genannt. Solche Gehölze sind z.B. Forsythien, Pfeifenstrauch *(Philadelphus)*, einige Zierkirschen (*Prunus*-Arten), Schneebeeren (*Symphoricarpos*-Arten) und der Essigbaum *(Rhus typhina)*.

Auch Wurzelausläufer können gut zur Vermehrung herangezogen werden. Dazu gräbt man den Boden an der Stelle, an der eine Jungpflanze erschienen ist, im Herbst oder Frühjahr so weit auf, daß die Wurzelverbindung sichtbar wird. Sofern der Schößling bereits mehrere eigene Wurzeln gebildet hat, schneidet man die Verbindungswurzel nahe an der Jungpflanze mit der Baumschere durch. Alsdann kann der Pflanzensprößling mit etwas Erdreich aufgenommen und verpflanzt werden. Hat er jedoch noch kaum eigene Wurzeln, läßt man ihn noch eine Weile wachsen und kappt die Verbindung erst später.

Vermehrung durch Stecklinge

Die vegetative Vermehrung durch Stecklinge, d.h. durch in die Erde gesteckte Triebteile, zählt zu den gärtnerischen Standardmetho-

Vermehrung durch Absenker

Die Vermehrung von Ziergehölzen durch Absenker bietet sich als eine einfache und sichere Methode für den Hausgarten an. Man verwendet dazu noch biegsame diesjährige oder vorjährige, möglichst bodennahe Triebe. Sie bewurzeln sich besonders gut, wenn sie noch nicht geblüht haben.

Im Frühjahr, im Frühsommer oder auch erst im Herbst wird der ausgewählte Trieb auf den Boden abgesenkt. Etwa 20–30 cm vor der Triebspitze entfernt man alle Blätter und Knospen und schneidet den Trieb dann mit einem scharfen Messer auf der Unterseite einige Zentimeter schräg an. Der Schnitt wird flach zur Spitze hin geführt und sollte den Zweig bis etwa zur Mitte durchtrennen. Der Trieb darf dabei jedoch nicht abreißen oder abbrechen. In den Einschnitt klemmt man ein Hölzchen oder Steinchen, damit er auch später in der Erde offenbleibt.

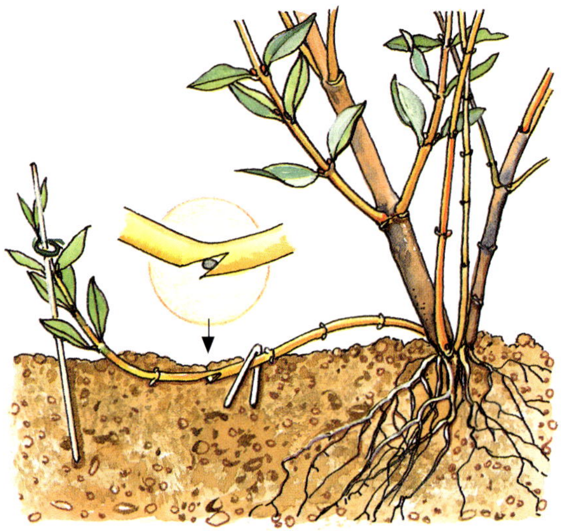

Absenker werden an der Stelle, wo sie den Boden berühren, schräg eingeschnitten und offengehalten (siehe Lupenansicht).

Nun wird eine flache Mulde ausgehoben und der Trieb darin mit einem U-förmig gebogenen Draht so befestigt, daß seine noch Blätter tragende Spitze herausragt und die angeschnittene Stelle in der Erde zu liegen kommt. Die Triebspitze leitet man an einem Stab auf, die Mulde wird mit Erde befüllt, die zuvor durch Kompostzugabe verbessert wurde. Nachdem man alles gut festgedrückt hat, wässert man die Absenkstelle gründlich. Schließlich häufelt man sie noch etwas mit Erde an.

Statt den Trieb direkt in der Erde zu verankern, kann man ihn auch in einem eingesenkten, mit lockerer, humoser Erde gefüllten Topf befestigen, in dem er dann seine Wurzeln treiben kann. Dies erleichtert später das Verpflanzen und vermeidet Wurzelverletzungen.

Es dauert meist ein Jahr, bei manchen Arten auch zwei Jahre, bis sich ausreichend Wurzeln entwickelt haben. Während dieser Zeit muß darauf geachtet werden, daß die Erde an der Bewurzelungsstelle nicht austrocknet; bei Bedarf wird gegossen. Haben sich genügend Wurzeln gebildet – was sich nur durch Aufgraben überprüfen läßt – und macht der Trieb einen vitalen Eindruck, so wird die Verbindung zur Mutterpflanze knapp neben dem frischen Wurzelansatz durchgeschnitten. Man nimmt den angewurzelten Ableger vorsichtig aus der Erde und verpflanzt ihn an den neuen Standort.

den. Sie ist einfach und problemlos durchzuführen, und man kann dabei eine größere Anzahl Jungpflanzen in einem Arbeitsgang heranziehen. Je nach Ausbildung der verwendeten Triebteile unterscheidet man zwei Arten von Stecklingsvermehrung: zum einen die Vermehrung aus sog. Steckhölzern oder Hartholzstecklingen, die von ausgereiften, verholzten Trieben stammen, zum andern diejenige über Stecklinge, die man von sog. halbreifen, noch nicht völlig verholzten Trieben gewinnt, auch Sommerstecklingsvermehrung genannt.

Steckhölzer

Die Mehrzahl aller Ziergehölze kann durch Steckhölzer vermehrt werden. Man verwendet dazu diesjährige, aber bereits ausgereifte Triebe, die durch und durch verholzt sein müssen. Man sollte kräftig gewachsene, mindestens bleistiftdicke Triebe auswählen, dünne, aufgrund von Lichtmangel zu stark gestreckte Zweige eignen sich weniger gut.

Steckhölzer schneidet man am besten von Oktober bis Dezember, außer es herrscht starker Frost. Die Triebe werden mit der Baumschere oder einem scharfen Baummesser direkt an ihrer Ansatzstelle gekappt. Anschließend bringt man sie auf eine Länge von etwa 25–30 cm; aus längeren Zweigen können also gleich mehrere Steckhölzer gewonnen werden. Beim Zurechtschneiden kommt es keineswegs auf einen möglichst glatten, sauberen Schnitt an, im Gegenteil: Steckhölzer, die mit einer Baumschere geschnitten wurden und deshalb ein etwas rauhes Ende haben, bewurzeln sich oft besser. Dagegen ist es wichtig, sich das Oben und Unten jedes Stücks zu merken, damit man die Hölzer zuletzt nicht „kopfüber" in den Boden steckt. Deshalb wird das untere Ende eines jeden Steckholzes unmittelbar unter einem Auge schräg zugeschnitten, das obere Ende schneidet man etwa 1 cm über einem Auge waagrecht ab. Bei immergrünen Gehölzen liegt die Schnittführung entsprechend unter- bzw. oberhalb eines Blattansatzes; schließlich werden noch alle Blätter mit einem scharfen Messer an ihrem Ansatz entfernt. Die äußersten, noch nicht vollständig verholzten Triebenden werden nicht als Steckholz verwendet, sondern kommen auf den Kompost.

Nach dem Zurechtschneiden können die Steckhölzer entweder umgehend eingesetzt oder aber zunächst überwintert und erst im nächsten Frühjahr genutzt werden. Letzteres zieht man in Gebieten mit rauhem Klima vor. Zum Überwintern werden die Steckhölzer der gleichen Art bzw. Sorte jeweils mit Bast gebündelt und dann frostfrei und dunkel, eingeschlagen in feuchten Sand, aufbewahrt. Man kann sie aber auch ohne weiteres in einer Plastiktüte im Keller aufheben, doch muß man dann hin und wieder kontrollieren, ob sich womöglich Schimmel gebildet hat. Die Pflanzung überwinterter Steckhölzer erfolgt im zeitigen Frühjahr, sobald der Boden aufgetaut ist, also gegen Ende Februar oder Anfang März.

Um die Steckhölzer fachgerecht in die Erde zu bringen, zieht man an einer vor scharfen Winden und starker Sonneneinstrahlung gleichermaßen geschützten Stelle einen etwa 20 cm tiefen Graben, füllt zuunterst eine wenige Zentimeter hohe Dränageschicht aus Sand ein und steckt die Hölzer so tief in den Boden, daß sie zu etwa einem Drittel oder auch nur mit der obersten Knospe über die Erdoberfläche ragen. Der Abstand zwischen den Triebstücken sollte etwa 10–30 cm betragen, abhängig von der Wuchskraft der jeweiligen Pflanze. Nachdem die ausgehobene Erde mit Sand und Kompost verbessert wurde, damit sie möglichst humos und locker, also ideal für die Bewurzelung ist, füllt man sie wieder in den Graben. Anschließend drückt man die Steckhölzer mit der Hand oder dem Fuß gut fest, um den für die Wurzelbildung wichtigen Bodenkontakt herzustellen, und gießt sie mit der Brause an. Während der gesamten Anzucht muß sorgfältig darauf geachtet werden, daß der Boden nicht zu stark austrocknet. Bei Bedarf wird umgehend gewässert. Würde der Boden in seiner oberen Schicht für längere Zeit trockenfallen, käme die Wurzelbildung zum Stillstand, junge Wurzeln könnten sogar absterben.

Die meisten Arten haben nach einem Jahr, d. h. im Lauf des auf die Pflanzung folgenden

Tip

Am besten bewurzeln Steckhölzer, die von Trieben aus dem äußeren Bereich der Krone stammen. Weiter innen liegende Triebe sind vielfach zu starkwüchsig und bis zum Schnittermin im Spätherbst nicht ausreichend verholzt.

Tip

Man kann die Wurzelbildung erleichtern, indem man am unteren Ende eines Steckholzes mit der Rasierklinge die Rinde auf etwa 2 cm Länge entfernt.

Tip

Im Herbst gesetzte Steckhölzer sollten im Frühjahr daraufhin kontrolliert werden, ob sie nicht im Lauf des Winters durch den mehrmaligen Wechsel von Gefrieren und Auftauen gelockert oder gar ein Stück aus dem Boden herausgehoben wurden. Ist dies der Fall, werden sie erneut gut angedrückt oder mit wenig Erde angehäufelt.

Mit der abgeschrägten Seite nach unten werden Steckhölzer in einem Pflanzgraben in die Erde gebracht, wo sie sich bald bewurzeln.

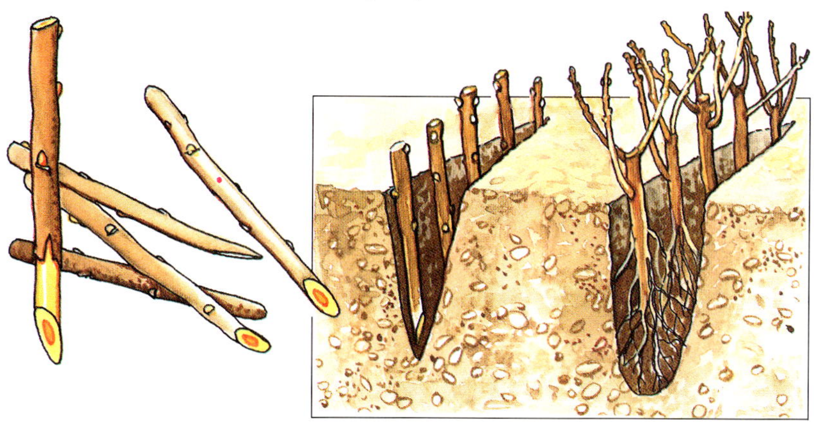

Tip

Frisch geschnittene Stecklinge dürfen nicht austrocknen, bis sie eingepflanzt werden. Am besten schlägt man sie daher in ein feuchtes Tuch ein.

Tip

Stecklinge von Nadelgehölzen wurzeln meist leichter, wenn sie nicht abgeschnitten, sondern abgerissen werden und dadurch noch über einen kurzen, zungenförmigen Abschnitt des Triebansatzes verfügen. Zusätzlich ist die Verwendung eines Bewurzelungspräparats zu empfehlen.

Tip

Rhododendren lassen sich ebenfalls durch Stecklinge vermehren. Bei ihnen kann die Wurzelbildung angeregt werden, indem man die Rinde am unteren Teil, das in die Erde kommt, auf einer Seite etwa 1 – 2 cm weit ein- oder abschneidet.

Tip

Aus der Unterlage austreibende Schößlinge, sog. Wildtriebe, sollte man sofort entfernen, da sie sonst die edle Sorte überwachsen können (siehe Seite 91 f.).

Frühlings, aus den im Boden steckenden Knospen Wurzeln geschlagen. Auch ohne sie auszugraben, erkennt man dies unschwer am Austrieb frischer Blätter. Am besten läßt man die Jungpflanzen noch bis zum Frühherbst an Ort und Stelle stehen. Dann können sie vorsichtig mit der Grabegabel oder dem Spaten herausgehoben und bereits an ihren endgültigen Standort verpflanzt werden.

Manche Gehölze bilden dagegen weniger willig Wurzeln, sie treiben höchstens einige kümmerliche Blättertriebe. In einem solchen Fall läßt man die Jungpflanzen noch länger in ihrem Anzuchtbeet stehen, schneidet die frisch gebildeten Triebe im darauffolgenden Frühjahr scharf zurück und versetzt die Pflänzchen erst im nächsten Herbst.

Sommerstecklinge

Manche Gehölze bilden aus reifem Holz nicht so leicht Wurzeln wie aus jüngeren, noch unvollständig verholzten Trieben. Beispiele dafür sind Berberitzen *(Berberis)*, Zierquitten *(Choenomeles)* und Schneeball *(Viburnum)* sowie die Sorten des Japanischen und des Fächerahorns (*Acer japonicum* und *Acer palmatum*). Solche Gehölze vermehrt man daher durch sog. Sommerstecklinge.

Im Hochsommer, von Ende Juli bis Ende August, schneidet man dazu diesjährige, gesunde, kräftige Triebe, die in der vollen Sonne standen und daher relativ engstehende Blätter haben, nahe am Ansatz ab. Das untere Ende des Stecklings sollte direkt unter einem Blattknoten liegen. Das obere Ende des Triebs schneidet man so weg, daß der verbleibende Steckling etwa 5 – 10 cm lang ist. Dann werden im unteren Drittel oder bis zur Hälfte des Stecklings alle Blätter direkt am Ansatz entfernt. Jeder Schnitt muß mit einem sehr scharfen Messer erfolgen, um die noch etwas weichen Triebe nicht zu quetschen. Eine Baumschere ist für diese Arbeiten also ungeeignet.

Als Pflanzsubstrat verwendet man mit Kompost vermischte, lockere Gartenerde und setzt die Stecklinge entweder in einen Topf, der im Haus oder in einem Kleingewächshaus aufgestellt wird, oder an einer vor praller Sonne geschützten Stelle in ein Stecklingsbeet oder unter einen Folientunnel. Sie sollten etwa 5 cm Abstand voneinander haben und kommen nur mit dem unteren, entblätterten Teil in die Erde, wo sie gut angedrückt werden. Wenn man die Stecklinge vor dem Pflanzen mit dem unteren Ende in ein Bewurzelungspulver (im Fachhandel erhältlich) taucht, bewurzeln sie sich leichter. Die frisch gepflanzten Stecklinge werden mit einer feinen Brause vorsichtig, aber reichlich gewässert.

Da Stecklinge Blätter tragen, die Wasser verdunsten, jedoch noch keine Wurzeln besitzen, die das Wasser entsprechend aufnehmen könnten, müssen sie vor zu starker Verdunstung geschützt werden. Stecklinge in einem Topf versieht man daher mit einer Haube, indem man eine durchsichtige Plastiktüte über einen rundgebogenen, in den Topf gesteckten Drahtbügel zieht; im Freiland wählt man entweder einen vor Wind und Sonne geschützten Platz, oder man stellt bei Bedarf eine Schattierung auf.

Während der Steckling Wurzeln bildet und heranwächst, muß er laufend ausreichend feucht gehalten werden. Dabei ist zuviel Nässe jedoch ebenso zu vermeiden wie Austrocknung. Unmittelbar nach dem Einpflanzen wird er oft einen ziemlich schlaffen Eindruck machen, doch nach etwa vier Wochen haben sich die ersten Wurzeln gebildet, und er wirkt zusehends frischer und straffer. Bei der Topfkultur kann nun die Abdeckhaube leicht geöffnet werden, später wird sie ganz entfernt, um die Jungpflanzen an die Freilandbedingungen zu gewöhnen. Falls man jeweils mehrere Stecklinge in einen Topf gepflanzt hat, werden diese nach etwa sechs bis acht Wochen ausgetopft, vorsichtig und ohne die jungen Wurzeln zu verletzen voneinander getrennt und in Einzeltöpfe gesetzt. Darin können sie weiter heranwachsen, bis sie schließlich ins Freiland verpflanzt werden.

Junge, noch nicht völlig verholzte Stecklinge von Nadelgehölzen bewurzeln sich am besten, wenn sie nicht abgeschnitten, sondern abgerissen werden, so daß ein kleines Rindenstück am Ende des Triebs verbleibt.

Stecklinge, die bis zum Herbst bereits kräftig genug sind, können zu diesem Zeitpunkt schon an die endgültige Stelle im Garten versetzt werden. Sie brauchen im folgenden Winter aber unbedingt einen guten Winterschutz. Die andere Möglichkeit ist, die Stecklinge im Haus in einem unbeheizten, aber frostfreien, hellen Raum zu überwintern oder sie den Winter über im geschützten Frühbeet zu halten, um sie dann erst im Frühjahr auszupflanzen.

Teilung

Einige Sträucher wie Strauchkastanie *(Aesculus parviflora)*, Ranunkelstrauch *(Kerria japonica)*, Spiersträucher *(Spiraea)* oder Schneebeeren *(Symphoricarpos)* können – ähnlich wie Stauden – auch direkt geteilt werden, weil sie einen zusammenhängenden Wurzelstock ausbilden, dem sämtliche Triebe entspringen.

Am besten nimmt man eine Teilung im Frühjahr vor, da in dieser Zeit die intensivste Wurzelbildung erfolgt und die Teilstücke dann am schnellsten wieder anwachsen. Man gräbt den Wurzelstock etwas aus, hebt ihn zusätzlich mit der Grabegabel leicht an und zerlegt ihn mit dem scharfen Spatenblatt oder der Baumschere in nicht zu kleine Teilstücke, von denen jedes noch über mehrere Triebe verfügen sollte. Diese Teilstücke werden sogleich an geeigneten Standorten wieder eingepflanzt.

Veredelung

Eine Reihe von Gehölzen lassen sich weder mit den bisher erwähnten vegetativen Methoden noch durch Aussaat vermehren: Sie müssen veredelt werden. Darunter versteht man, daß zwei verschiedene Pflanzen so miteinander vereinigt werden, daß sie an der Verbindungsstelle fest verwachsen und in der Folge eine einheitliche Pflanze mit neuen Eigenschaften bilden. Die eine Ausgangspflanze liefert dabei den Wurzelteil, die sog. Unterlage, auf den die andere Pflanze, die den oberirdischen blüten- und fruchttragenden Teil darstellt, veredelt wird. Letztere ist somit der „edle“ Teil der Pflanzenpartnerschaft, der die begehrten Eigenschaften aufweist, selbst jedoch meist nur unzureichende Wurzeln ausbildet.

Nur Pflanzen nahe verwandter Arten können aufeinander veredelt werden, andernfalls treten Abstoßungsreaktionen auf, und die Partner verwachsen nicht miteinander. Die Veredelung kann auf unterschiedliche Weise

Die dichtbuschigen Strauchkastanien lassen sich auch durch Teilung vermehren.

ausgeführt werden. Meist wird ein Trieb der Edelsorte, das sog. Edelreis, in die Rinde der Unterlage gesteckt, die an dieser Stelle zuvor eingeschnitten worden ist. Die Veredelungsstelle wird anschließend schützend verbunden, bis die Pflanzenteile fest verwachsen sind. Erst dann wird der überstehende Rest der Unterlage abgeschnitten.

Mit der Veredelung bewegt man sich bereits in der Hohen Schule der Vermehrungskunst. Gerade bei den Gehölzen gibt es eine breite Palette von Methoden, die aber vor allem in Baumschulen und speziellen Zuchtbetrieben zur Anwendung kommen. Nur der passionierte Gartenliebhaber wird auch im Hausgarten Veredelungen durchführen, und dies am ehesten wohl bei Obstgehölzen oder Rosen.

Viele der in Baumschulen angebotenen Gehölze sind jedoch veredelt, z. B. Trauerformen wie die der Salweide (*Salix caprea* 'Pendula'), Japanische Blütenkirschen (*Prunus*-Arten) oder Mandelbäumchen *(Prunus triloba)*, Edelflieder (*Syringa-Vulgaris*-Hybriden), Edelgoldregen (*Laburnum* x *watereri* 'Vossii') und Hybridsorten der Strauchpfingstrose (*Paeonia-Suffruticosa*-Hybriden). Auch Sorten von Nadelgehölzen, z. B. der Lärche *(Larix)*, kann man veredelt kaufen, ebenso Klettergehölze wie die Glyzine *(Wisteria)*, von der veredelte Exemplare deutlich besser blühen als unveredelte.

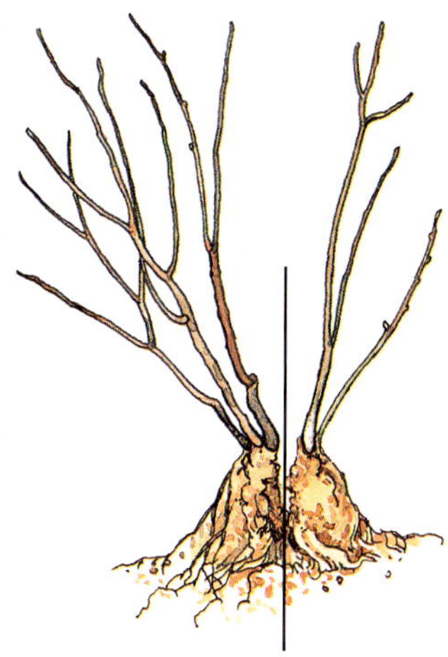

Bei der Teilung wird eine kräftige Pflanze mit dem Spaten so zertrennt, daß die Teilstücke jeweils über mehrere Triebe und Triebknospen verfügen.

Widerstandskräfte für Ziergehölze

Schädlinge und Krankheiten

Der unter Naturschutz stehende Große Puppenräuber hält Raupen wie die der Traubenkirschen-Gespinstmotte (kleines Bild) im Zaum.

Auch Gartengehölze werden gelegentlich von Schädlingen heimgesucht oder leiden an Krankheiten. Glücklicherweise sind die Schäden nur selten wirklich lebensbedrohend für ein Gehölz. Optimale Standortbedingungen, gute Pflege und zahlreiche Nützlinge im Garten sind die besten Voraussetzungen dafür, daß sich die Pflanzen einer anhaltenden Gesundheit erfreuen können oder daß sich aufgetretene Schäden rasch von selbst regulieren.

Pflanzenschutz bei Ziergehölzen

Holzzerstörende Pilze können durch nicht behandelte Wunden in einen Baum eindringen.

Während ihres langen Lebens können Gehölze von den verschiedensten Krankheiten und Schädlingen befallen werden. Dies ist im Garten nicht anders als in der freien Natur, nur daß hier der Mensch eingreift, während sich die Pflanzenwelt meist selbst hilft. Zwar gibt es bei Gartengehölzen art- und sortenspezifische Unterschiede in der Anfälligkeit für bestimmte Schädlinge oder Krankheiten, doch ist die natürliche, allgemeine Abwehrkraft von Bäumen und Sträuchern keinesfalls zu unterschätzen.

Tip

Junge, frisch gepflanzte Gehölze sind besonders anfällig für Schädlinge und Krankheiten. Sie sollten deshalb in den ersten Jahren aufmerksam beobachtet werden, damit man im Bedarfsfall rasch eingreifen kann. Empfindliche Arten erhalten in kalten Wintern vorbeugend einen Winterschutz, um sie vor einer Schwächung durch Frostschäden zu bewahren.

Vorbeugende Maßnahmen

Mit Abstand die beste, billigste und am wenigsten zeitaufwendige Methode zur Bekämpfung von Krankheits- und Schaderregern sind vorbeugende Maßnahmen zur Gesunderhaltung der Gehölze. Die meisten Parasiten infizieren nämlich nur Pflanzen, die bereits geschwächt sind, z. B. infolge von ständigem Wassermangel oder -überschuß. Auch ein Defizit an bestimmten Nährstoffen im Boden oder eine stark stickstoffbetonte Düngung kann der Grund sein, denn durch eine unausgewogene Nährstoffversorgung entwickeln u. a. die Zellwände der Pflanzenzellen nicht ihre übliche Stärke und Festigkeit, so daß z. B. Pilzfäden leicht eindringen können.

Dank ihres weitreichenden Wurzelsystems und ihrer vergleichsweise großen Energiereserven vermögen Gehölze bei einem Befall mit Schädlingen oder Krankheitserregern besonders flexibel zu reagieren und sich selbst nach schwerwiegenderen Schäden noch zu regenerieren. Dazu sind sie jedoch nur bei guten Lebensbedingungen wirklich in der Lage. Deshalb kommt der Auswahl geeigne-

Vorbeugung durch standortgerechte Pflanzung und sachgemäße Pflege ist die beste Methode, Gartengewächse gesund zu erhalten.

ter Arten für einen bestimmten Platz im Garten sowie der Bodenverbesserung vor der Pflanzung eine entscheidende Bedeutung zu.

Aber weder der richtige Standort noch die besten Startvoraussetzungen nützen den Gehölzen auf Dauer, wenn die guten Bedingungen nicht durch eine artgemäße Pflege erhalten werden. Wichtig sind dabei vor allem die ausgewogene Ernährung, eine ausreichende Versorgung mit Wasser, vor allem in Trockenperioden, regelmäßiges Mulchen der Baumscheibe (siehe Seite 79) sowie ein sachgerecht durchgeführter Schnitt (siehe Seite 83–93).

Bei allen Schnittmaßnahmen, sei es der turnusmäßige Erhaltungsschnitt oder ein Beseitigen kranker Triebe, ist unbedingt auf sauberes Werkzeug zu achten. Häufig ist schlecht gepflegtes Gerät die Ursache für die Übertragung von Viren, Bakterien oder Pilzen von befallenen auf gesunde Pflanzen. Auch die richtige Ausführung des Schnitts ist zur Vorbeugung gegen Krankheiten sehr wichtig, da einige Erreger nur über Rindenverletzungen in das Gehölz eindringen können. Selbstverständlich müssen anschließend die Schnittwunden mit Baumwachs oder Wundbalsam sorgfältig verschlossen werden (siehe Seite 87).

Tritt dennoch ein Befall auf, sollte man stets als erste Maßnahme die entsprechenden Teile bis auf gesunde, noch nicht beeinträchtigte Bereiche zurückschneiden bzw. befallene Blätter absammeln. Oft genügt dies bereits, um eine weitere Ausbreitung der Krankheit oder der Schädlinge auf dem Gehölz oder auch auf Nachbarpflanzen zu verhindern. Wichtig ist jedoch, daß man frühzeitig eingreift.

Befallene Pflanzenteile müssen dabei unbedingt auf geeignete Weise entsorgt werden. Der Komposthaufen ist dafür sicher der falsche Platz, denn darin überdauern unter Umständen viele Erreger schadlos, und nach einem Mulchen oder Einarbeiten des Komposts in die Erde können sie wieder auf die Gehölze oder andere Pflanzen übergreifen. Ausreichend hohe Temperaturen zu ihrer Vernichtung werden nur in Großkompostieranlagen erreicht. Befallenes Schnittgut sollte man deshalb über sog. Biotonnen oder eine kommunale Kompostverwertung entsorgen. Wo diese Möglichkeit nicht besteht, bleibt meist nur der Weg über den Restmüll, da die Verbrennung von Pflanzenabfällen vielerorts verboten ist. Am besten erkundigt man sich bei der zuständigen Gemeinde- oder Stadtverwaltung, ob Feuer im Garten zulässig sind.

Biologische Schädlingsbekämpfung durch Nützlinge

Die alte Regel vom Fressen und Gefressenwerden gilt in der Natur auch für Pflanzenschädlinge, über die sich eine Vielzahl von größeren und kleineren Tieren hermacht. Der Gärtner betrachtet diese als Nützlinge, und sie sind ihm eine willkommene Hilfe bei der Schädlingsbekämpfung. Zu solchen im Garten gerngesehenen Gästen gehören etwa Marienkäfer, die ebenso wie ihre Larven große Mengen von Blattläusen vertilgen. Die Larven der Florfliegen tun es ihnen gleich. Schlupfwespen legen ihre Eier in pflanzenschädigende Raupen, die dann den geschlüpften Larven als Nahrung dienen. Spitzmäuse

lassen sich Engerlinge und andere Insektenlarven schmecken. Laufkäfer und Vögel tragen ebenfalls beträchtlich zur Dezimierung der Schädlinge bei.

Diese Nützlinge im Garten zu fördern setzt eine Bepflanzung voraus, die ihnen Nahrung und Lebensmöglichkeiten gewährt. Wenn man auf monotones Rasengrün verzichtet und statt einer Hecke aus fremdländischen Koniferen, die nur wenigen heimischen Tierarten Lebensraum bietet, lieber ein abwechs-

Tip

Vielfach wird behauptet, daß in geschlossenen Thermokompostern neben Unkrautsamen auch Krankheitserreger und Schädlinge vernichtet würden. Davon läßt sich jedoch nicht mit Sicherheit ausgehen, denn die dazu erforderlichen hohen Temperaturen werden keineswegs immer erreicht.

Nützlinge sind Florfliege (links oben), Puppenräuber (links unten) und Holzschlupfwespe (rechts).

Tip

In manchen Bundesländern ist der Einsatz von vielen chemischen Pflanzenschutzmitteln im Hausgarten verboten. Daher sollte man stets zuerst beim zuständigen Pflanzenschutzamt nachfragen, was jeweils erlaubt ist.

Tip

Vor dem Verdünnen eines Wirkstoffpräparats nach den Herstellerangaben auf der Packung sollte der Mengenbedarf an Spritzflüssigkeit kalkuliert werden, damit möglichst keine Reste übrigbleiben. Bei Gehölzen kann man mit folgender Faustregel die notwendige Spritzmittelmenge errechnen: Kronendurchmesser x Kronenhöhe (jeweils in Metern) x 0,5 = Liter Spritzmittel pro Baum.

Tip

Eine Behandlung mit Pflanzenschutzmitteln sollte sich stets auf die befallenen Pflanzenteile beschränken, um nicht unnötig viel Gift in die Umwelt zu bringen.

Tip

Vorsichtsmaßnahmen beim Umgang mit Pflanzenschutzmitteln:

- **Vor dem Einsatz die Gebrauchs- und Dosierungsanweisungen genau lesen und befolgen;**
- **bei der Anwendung Schutzkleidung (Handschuhe und möglichst auch Atemschutz) tragen und weder essen noch trinken oder rauchen;**
- **nicht bei windigem Wetter spritzen, da sonst zuviel des Mittels verblasen und die Pflanze nicht ausreichend benetzt wird;**
- **Spritzer auf der Haut sofort mit Wasser abwaschen;**
- **Spritzgeräte gleich nach der Anwendung gründlich mit Wasser reinigen;**
- **Reste des angesetzten Pflanzenschutzmittels nicht für spätere Spritzungen aufbewahren (Wirksamkeit läßt meist rasch nach), jedoch nicht in den Ausguß schütten, sondern als Sondermüll entsorgen;**
- **Pflanzenschutzmittel stets fern von Lebensmitteln und für Kinder unerreichbar an einem kühlen Ort in den Originalbehältern und gut verschlossen aufbewahren;**
- **flüssige Mittel frostsicher lagern.**

lungsreiches Staudenarrangement oder eine Blütenhecke aus heimischen Wildsträuchern pflanzt, stellen sich die schädlingsvertilgenden Tierarten ganz von selbst ein.

Daneben kann man jedoch auch mit käuflichen Nützlingen gezielt gegen eine Reihe von Schädlingen vorgehen. Bei dieser biologischen Schädlingsbekämpfung werden z.B. bestimmte Raubmilben gegen Spinnmilben, Gallmücken gegen Blattläuse und Nematoden gegen Dickmaulrüßler eingesetzt.

Integrierter Pflanzenschutz

Wenn sich trotz vorbeugender Maßnahmen und der versuchten Eindämmung durch Rückschnitt eine Krankheit oder ein Schädlingsbefall weiter ausbreitet, dann bleibt oft nur noch der Griff zu Pflanzenschutzmitteln oder das Roden der ganzen Pflanze. Handelt es sich um eine billige Jungpflanze, die noch leicht zu ersetzen ist, so ist die Rodung zweifellos dem Gifteinsatz vorzuziehen. Vor einer Neupflanzung sollte man dann jedoch klären, ob es für den betreffenden Standort eventuell eine geeignetere, robustere Art oder Sorte mit ähnlichen Eigenschaften gibt.

Bei wertvollen alten Bäumen oder einer üppigen Blütenhecke, deren Rodung ein Loch in das Gesamtbild des Gartens reißen würde, das nicht so leicht wieder zu schließen ist, kann als letzte Maßnahme eine Spritzung mit biologischen oder chemischen Mitteln jedoch angebracht sein. Das stufenweise Vorgehen bei der Schädlingsbekämpfung, das mit artgerechter Pflege, Standortverbesserung und Nützlingsförderung beginnt und – wenn alles andere versagt hat – mit dem Einsatz von Pflanzenschutzmitteln als letzter Möglichkeit endet, wird integrierter Pflanzenschutz genannt.

Pflanzenschutzmittel

Vor dem Griff zu Pflanzenschutzmitteln muß man genau prüfen, ob auch wirklich Tierfraß oder ein Krankheitserreger und nicht etwa ein Pflegefehler oder ungünstige Umwelteinflüsse (siehe Seite 123) die Schädigung der betreffenden Pflanze verursacht haben. Außerdem ist für den Erfolg einer Spritzaktion entscheidend, daß man den Krankheitserreger bzw. Schädling eindeutig identifiziert hat. Dabei leistet eine Lupe gute Dienste. Ist man jedoch im Zweifel, sollte man sich vom Pflanzenschutzamt oder einem Gartenfachberater helfen lassen. Nur das richtige Mittel führt zum Ziel. Einfach auf Verdacht oder gar vorbeugend zu spritzen ist im Hausgarten völlig unangebracht und überflüssig.

Früchte von heimischen Wildsträuchern wie der Eberesche liefern Nützlingen Nahrung.

Für die Wirksamkeit eines Pflanzenschutzmittels ist ausschlaggebend, daß es zum richtigen Zeitpunkt gespritzt wird. Nur wenn der Schaden durch ständige Kontrolle und genaue Beobachtung der Gehölze rechtzeitig erkannt und früh genug gespritzt wird, hat man auch Aussicht auf Erfolg. Ist z.B. ein Schadpilz schon weit ins Pflanzengewebe eingedrungen, kann er von außen nicht mehr vollständig erreicht werden, und für eine Spritzung ist es dann meist bereits zu spät. Nicht minder wichtig ist die richtige Dosierung des Wirkstoffs. Bei zu geringer Konzentration sind die Spritzmittel nicht ausreichend wirksam, bei zu hoher Dosis können sich nachteilige Effekte einstellen, z.B. Schäden an den Pflanzen selbst, aber auch eine Beeinträchtigung des biologischen Gleichgewichts im Garten.

Besonders die gleichmäßige Benetzung der geschädigten Teile ist für den Erfolg maßgebend, denn viele Spritzmittel sind Kontaktgifte, d.h., sie sind nur wirksam, wenn der Schaderreger damit in Berührung kommt. Die befallenen Pflanzenteile müssen deshalb ausreichend dicht eingenebelt werden.

Grundsätzlich lassen sich Pflanzenschutzmittel in chemische und biologische Präparate einteilen. Während erstere auf rein chemischer Basis hergestellt werden, haben letztere einen pflanzlichen Wirkstoff zur Grundlage, z.B. Pyrethrum, das aus Blüten verschiedener Margeritenarten (vor allem *Tanacetum*-Arten) gewonnen wird. Doch sind diese sog. biologischen Spritzmittel nicht ungefährlich, wie der Name vielleicht vermuten lassen könnte, sie werden nur im Boden etwas rascher abgebaut als chemische Mittel. Für sie gelten die gleichen Vorsichtsmaßregeln wie für die chemischen Spritzmittel.

Schädlinge bei Ziergehölzen

An den Ziergehölzen können eine ganze Reihe verschiedener Tiere durch Fressen oder Saugen Schaden anrichten. Anders als bei den krautigen Pflanzen spielen dabei aber Nager, Fadenwürmer und Schnecken kaum eine Rolle. Neben einigen Milben gefährden vor allem Insekten die Gesundheit von Bäumen und Sträuchern.

Milben

Die meisten Milben sind so klein, daß sie mit bloßem Auge nur als winzige, meist rot oder braun gefärbte Punkte wahrnehmbar sind. Unter einer starken Lupe lassen sich ihre Beine zählen. Es sind nicht sechs wie bei den Insekten, sondern acht, denn Milben gehören zu den Spinnentieren. Sie schädigen die Pflanzen, indem sie weiche Teile, z.B. Blätter, anstechen und ansaugen.

Es lassen sich verschiedene Gruppen von Milben unterscheiden. Am bekanntesten sind sicher die Spinnmilben *(Tetranychidae)*, auch Rote Spinne genannt, die u.a. an Linde *(Tilia)*, Wacholder *(Juniperus)* und Fichte *(Picea)* auftreten können. Der Name Spinnmilben rührt daher, daß diese nur etwa 0,5 mm großen, roten oder gelblichen Tiere auf den Blattunterseiten und oft auch an den Trieben der befallenen Pflanzen sehr feine Gespinste anlegen, in denen sie sich aufhalten. Durch ihre Saugtätigkeit an der Unterseite der Blätter und Nadeln wird das Blattgrün der Zellen zerstört, so daß sich auf den Blattoberseiten zahllose kleine gelbe oder silbrigweiße Punkte bilden. Die Blätter sehen fein gesprenkelt aus und können bei starkem Befall welken und abfallen.

Spinnmilben suchen sich in erster Linie geschwächte Pflanzen aus. Sie treten vor allem bei trockener, heißer Witterung bzw. einem solchen Kleinklima gehäuft auf. Meist hilft als Gegenmaßnahme schon wiederholtes, durchdringendes Wässern der Gehölze und ein Beregnen der befallenen Teile.

Eine andere Art blattsaugender Milben, *Brevipalpus obovatus*, ruft bei sommergrünen Rhododendren schorfige Flecken hervor, die zum Verbräunen und zu Blattfall führen können. Befallenes Laub sollte frühzeitig entfernt werden.

Gallmilben *(Eriophyidae)* dagegen verursachen an den befallenen Pflanzen die Bildung von sog. Gallen: pflanzeneigene Gewebewucherungen, die durch bestimmte, von der Milbe beim Saugen ins Blatt eingespritzte Stoffe angeregt werden. Im Innern der Gallen befinden sich, gut geschützt, die Larven der Milben, die sich von dem Gallengewebe ernähren oder darin überwintern.

Je nach Gehölz- und Milbenart sehen die Gallen sehr unterschiedlich aus. Meist sind sie kugelig, eiförmig oder stiftartig. Die Ahorngallmilben (*Arctaris*- und *Eriophyes*-Arten) bilden auf den Blättern hellgrüne, rundliche Gallen, die sich später rot oder braun färben und behaart sein können. Ähnlich sieht der Befall bei Erlen *(Alnus)* aus. Eine Knospengallmilbe *(Phytoptus avellanae)* erzeugt bei der Hasel

Milben verursachen an Nadelgehölzen wie etwa dem Wacholder ein Absterben der Triebe.

Gallmilben rufen kugelig aufgetriebene Gewebewucherungen auf den Ahornblättern hervor.

Wildkaninchen knabbern bisweilen an der Rinde von Ziergehölzen.

Tip

Vor allem in ländlichen Gegenden nagen im Winter gelegentlich Kaninchen die Rinde junger Bäume ab. Durch Maschendraht, der locker um den Stamm gewickelt wird, kann man auf einfache Weise Abhilfe schaffen. Es gibt aber auch spezielle Mittel zum Einstreichen der Stämme, die Kaninchen vergrämen.

Tip

Auf den klebrigen Ausscheidungen von Blattläusen siedeln sich oftmals Rußtaupilze an. Sie schädigen die Pflanze auf indirekte Weise, indem sie auf den Blättern einen schwärzlichen Belag bilden, der den Lichteinfall ins Blattgewebe mindert. Im allgemeinen sind sie eher ein optisches denn ein gesundheitliches Problem, so daß eine Bekämpfung nicht erforderlich ist.

Tip

Blattlausbefall läßt sich oft anhand einer zu den Läusen führenden Ameisenstraße entdecken. Auch die klebrigen Ausscheidungen, die sich auf den darunterstehenden Pflanzenteilen sammeln, verraten die unliebsamen Sauger.

Tip

Um eine Schmierseife-Spiritus-Lösung herzustellen, löst man etwa 30 g Schmierseife in 1 l heißem Wasser auf. Durch Zugabe von einem Schuß Brennspiritus verbessert man die Haftfähigkeit der Lösung an den Pflanzen. Die abgekühlte Mischung kann unverdünnt gespritzt werden.

(Corylus) kugelig anschwellende Knospen, die jedoch nicht austreiben. Bei der Eibe *(Taxus)* können, verursacht durch *Eriophyes psilapsis*, zugleich die Nadeln und Teile der Triebe mißgestaltet sein. Einen Befall des Buchsbaums durch die Triebspitzenmilbe *(Eriophyes unguiculatus)* erkennt man daran, daß die Endknospen vergrößert und grau behaart sind. Außerdem können sich an den Blättern kleine blasige Gallen befinden. Bei starkem Befall sterben die Triebspitzen schließlich ab.

Bei Blattgallmilben ist eine Bekämpfung im allgemeinen nicht erforderlich, denn die durch sie verursachte Schädigung der Pflanze hält sich in Grenzen. Triebgallen dagegen sollten entfernt werden, entweder durch vorsichtiges Ablösen oder durch Rückschnitt der Triebe.

Blattläuse

Zu den häufigsten Schädlingen gehören die Blattläuse. Die etwa 0,5 – 2 mm großen Insekten, die grün, graublau, braun oder schwarz gefärbt sind, schädigen die Blätter und Jungtriebe der befallenen Pflanzen durch Saugen. Ältere Tiere können geflügelt sein, die Jungtiere sind meist flügellos.

Blattläuse sind allgegenwärtige Pflanzenschädlinge, die oft massenhaft auftreten.

Wohl wegen ihres hohen Eiweißbedarfs nehmen Blattläuse beim Saugen sehr viel Pflanzensaft auf. Der Zuckerüberschuß wird mit der Flüssigkeit als sog. Honigtau wieder ausgeschieden. Dieser Honigtau stellt ein begehrtes Futter für Ameisen dar, und so hegen die Ameisen oftmals „ihre" Blattlauskolonien sorgsam, verteidigen sie gegen andere Tiere und nehmen sie manchmal sogar zum Überwintern mit in ihr Nest.

Blattläuse können fast alle Gartengehölze befallen, wobei die verschiedenen Arten nur jeweils ganz bestimmte Pflanzen aufsuchen. Relativ häufig treten Blattläuse z. B. an Erlen *(Alnus)*, Eichen *(Quercus)* und Lebensbäumen *(Thuja)* auf, außerdem bevorzugen sie besonders Junggehölze. Manche Arten wie die Buchenblatt-Baumlaus *(Phyllaphis fagi)* bedecken sich zum Schutz vor Freßfeinden mit wachswolligen, fädigen, meist bläulichen oder weißen Ausscheidungen. Sie ähneln dadurch den Wolläusen (siehe Seite 111).

Durch ungeschlechtliche Fortpflanzung, die sog. Jungfernzeugung, und eine sehr kurze Generationenfolge können sich Blattläuse bei geeigneten Bedingungen explosionsartig vermehren. Ist ein Garten abwechslungsreich angelegt und bietet dadurch vielen Nützlingen Lebensraum, so ebbt eine Blattlausflut jedoch meist ebenso schnell wieder ab, wie sie gekommen ist, und der Befall hält sich über einen größeren Zeitraum gesehen in Grenzen. Zudem sind oft nur Teile eines Gehölzes betroffen. Um neben der Förderung von Nützlingen ein übriges zu tun, kann man die Läuse auch erfolgreich durch Spritzungen mit verdünnter Seifenlauge oder einer Schmierseife-Spiritus-Lösung bekämpfen. Bei geringem Befall hilft oft schon ein scharfer Wasserstrahl aus dem Schlauch.

Blattflöhe

Auch die Blattflöhe (*Psylla*-Arten) sind saugende Schadinsekten. Sie sehen Blattläusen oder kleinen Zikaden ähnlich, sind etwa 1 – 4 mm groß und saugen an den Blättern verschiedener Laubgehölze. Meist sind die

Von Buchsbaum-Blattflöhen angesaugte Blätter erscheinen löffelartig verformt.

einzelnen Arten auf bestimmte Gehölze spezialisiert; so gibt es etwa den Erlenblattfloh oder den Buchsbaum-Blattfloh. Schon die Larven, die oft mit Wachsflocken bedeckt sind, ernähren sich von Pflanzensäften.

Das für Blattflohbefall typische Schadbild sind löffelartig eingewölbte Blätter oder blasig aufgetriebene Blattränder. Bekämpft werden Blattflöhe wie Blattläuse (siehe Seite 110).

Woll- oder Schmierläuse

Wie die Blattläuse und -flöhe sind auch die Woll- oder Schmierläuse *(Pseudococcidae)* bewegliche, kleine Insekten, die an Blättern, in Blattachseln und an Trieben saugen. Sie treten an den meisten Laub-, aber auch an Nadelgehölzen auf, z.B. an Kiefern *(Pinus)*

Wolläuse erkennt man an ihren wachsartigen, wie Wolle wirkenden Körperausscheidungen.

und Douglasien *(Pseudotsuga)*. Wolläuse umgeben sich zum Schutz vor Austrocknung und Freßfeinden mit einem dichten Pelz aus feinen, gekräuselten Wachsfäden, der sog. Wachswolle. Wegen der wasserabstoßenden Wirkung dieses auffälligen weißen Geflechts eignen sich zur Bekämpfung dieser Läuse nur ölige oder fetthaltige Mittel, z.B. Sommeröl oder andere Mineralöle. Maßnahmen sind jedoch ausschließlich bei starkem Befall notwendig, der vor allem Jungpflanzen beeinträchtigen kann.

Schildläuse

Im Gegensatz zu den anderen Läusegruppen sind die Schildläuse *(Coccina)* ziemlich unbeweglich, zumindest, soweit es sich um Weibchen handelt. Sie saugen sich schon im Larvenstadium an einer Pflanze fest und bleiben zeitlebens an dieser Stelle sitzen. Die beweglichen, zart geflügelten Männchen nehmen als erwachsene Tiere dagegen keine Nahrung mehr auf. Schildläuse finden sich meist an Blattstengeln und Trieben und sind nur anhand ihres rundlich aufgewölbten Schildes zu erkennen, der die daruntersitzende kleine Laus völlig bedeckt und sehr wirksam schützt. Es gibt auch Arten mit napf- oder kommaförmigem Schild, die entsprechend Napf- oder Kommaschildläuse genannt werden. Die Buchen-Wollschildlaus *(Cryptococcus fagi)* besitzt zwar ebenfalls einen runden Schild, doch scheidet sie zusätzlich ein fädiges Sekret aus, ähnlich dem einer Wollaus.

Nadel- und Laubgehölze können gleichermaßen von Schildläusen befallen werden,

Schildläuse schützen sich mit einem derben Schild und saugen sich an der Pflanze fest.

allerdings beeinträchtigen diese die Pflanzen nur selten in größerem Maß. Bei starkem Befall empfiehlt sich eine Spritzung mit den auch bei Wolläusen empfohlenen Mitteln (siehe oben).

Andere Läuse

Die kleinen Gallenläuse aus der Insektenfamilie der *Adelgidae* befallen nur Nadelgehölze. Etliche Arten sind auf Lärchen *(Larix)* oder Fichten *(Picea)* spezialisiert, einige davon wechseln im Lauf ihres Lebens den Wirtsbaum. Sie sind mit weißer Wachswolle bedeckt und saugen an den Nadeln, so daß diese knicken oder vertrocknen und dann abfallen.

Auch die Tannentriebläuse *(Dreyfusia-*Arten) gehören in diese Gruppe. Die von ihnen ausgesaugten Tannennadeln rollen sich

Tip

Spritzmittel benetzen die Pflanzen besser und gleichmäßiger, wenn man einen Schuß Spülmittel zugibt.

Fichtengallen, die Lebensstätte von Gallenläusen, ähneln kleinen Zapfen (hier im Längsschnitt).

Tip

Die Fichtengallenlaus löst an den befallenen Trieben die Bildung von Gallen aus, die kleinen Fichtenzapfen ähneln. Man darf sich dadurch nicht täuschen lassen und sollte die vermeintlichen Zapfen ausbrechen.

Tip

Bei Verdacht auf Befall von Fichtenröhrenläusen kontrolliert man die stammnahen Zweige mit der sog. Klopfprobe. Man hält dazu ein weißes Blatt Papier unter die Triebe und klopft auf die Zweige. Die Läuse fallen daraufhin ab. Sammeln sich nur wenige Läuse auf dem Papier, so kann der Baum mit gezielter, ausgewogener Düngung und reichlicher Bewässerung oft noch gerettet werden.

ein, und die Triebe vertrocknen, oft finden sich weiße, krustige Überzüge daran. Bei Befall mit der Weißtannentrieb-Laus *(Mindarus abietinus)* verformen sich die Nadeln, die Triebe verkümmern und sterben ab. An der Basis der Nadeln sitzen die kleinen, mit weißer Wachswolle bedeckten Läuse, die große Mengen von Honigtau absondern.

Eine Bekämpfung ist nur bei Jungpflanzen und starkem Befall sinnvoll. Im Handel gibt es dafür spezielle Spritzmittel, die jedoch nur nachhaltig wirken, wenn sie bereits zu Beginn des Frühjahrs angewendet werden.

An den Trieben und Stämmen von Zieräpfeln (*Malus*-Arten), aber auch auf Weißdorn *(Crataegus)* und Ulmen *(Ulmus)* findet man die zu den Blasenläusen *(Eriosomatidae)* zählende Blutlaus *(Eriosoma lanigerum)*, so genannt wegen ihrer rotbraunen Körperfarbe. Ähnlich den Wolläusen hüllt sie sich in reichlich weiße Wachswolle. Speichelbestandteile regen im Kambium (siehe Seite 23 ff.) die Bildung schwammigen Gewebes an, die Rinde platzt auf und wird von Wundgewebe überwuchert. Bei starkem Befall kommt es zu krebsartigen Wucherungen, auch Blutlauskrebs genannt.

Ein Befall mit der Fichtenröhren- oder Sitkalaus kann ganze Bäume zum Absterben bringen.

Ein gefährlicher Schädling aus der artenreichen Familie der Röhrenläuse *(Aphididae)* ist die Fichtenröhrenlaus oder Sitkalaus *(Elatobium abietinum)*, die verschiedene Fichtenarten *(Picea)* befällt. Meist findet sie sich auf Bäumen, die durch Nährstoffmangel geschwächt sind. Die etwa 2 mm großen, grünen Läuse mit roten Augen saugen an den Unterseiten der alten Nadeln, im Anfangsstadium des Befalls vorwiegend an den unteren inneren Zweigen. Die Nadeln vertrocknen, werden je nach Fichtenart braun oder grau und fallen im Frühsommer ab; die Triebe verkahlen, im schlimmsten Fall können Bäume ganz absterben. Als Spritzmittel finden pyrethrumhaltige Präparate Verwendung. Bei großen, sehr stark befallenen Bäumen hilft allerdings oft nur noch Roden

Blattwanzen

Wanzen sind bis etwa 1 cm große, käferartige Tiere, die am Rücken ein typisches dreieckiges Schildchen tragen. Unter ihnen gibt es die sehr artenreiche Gruppe der meist grünen Blattwanzen *(Miridae)*, die mit einem langen Saugrüssel Blätter, Blüten und Triebteile anstechen und aussaugen. Als Folge verkrüppeln die betroffenen Pflanzenteile, die Blüten öffnen sich oft nicht. Häufig sind Rhododendron und Schneeball *(Viburnum)* betroffen.

Ein Absammeln ist schwierig, da Blattwanzen sehr beweglich sind und sich schnell verstecken. Am einfachsten geht es in kühlen Morgenstunden, wenn die Tiere infolge der Kälte noch träge sind. Da sich der Befall jedoch meist in Grenzen hält, sind Spritzungen in der Regel unnötig. Oft genügt bereits ein scharfer Wasserstrahl, um die Tiere zu vertreiben. Vögel und andere Nützlinge können sie erfolgreich im Zaum halten.

Blattwanzen hinterlassen große, runde Löcher als typische Fraßschäden.

Raupen

Zahlreiche Pflanzenschädlinge finden sich in der Gruppe der Schmetterlinge. Dabei sind die vollentwickelten Falter jedoch meist harmlos, vielmehr verursachen ihre Larven, die Raupen, den Schaden und fressen oft rasch ganze Triebe kahl. Etliche Arten sind auch als Forstschädlinge gefürchtet. Die Raupen der einzelnen Schmetterlingsarten kann man oft nur schwer unterscheiden. In vielen Fällen gelingt ihre Identifizierung am einfachsten anhand der befallenen Pflanze, da die Mehrzahl der Raupen ausgesprochene Nahrungsspezialisten sind und sich daher nur an wenigen, meist nahe verwandten Gehölzarten finden. So befällt z. B. der Kieferntriebwickler Kiefern-, der Eichenwickler Eichenarten.

Gespinstmotten *(Yponomeutidae)* sind kleine, unscheinbare, grau oder weißlich gefärbte Falter. Ihre Raupen erzeugen sehr dichte Gespinste, mit denen sie in Gemeinschaftsarbeit Triebe vollends, z. T. sogar ganze Bäume einspinnen können. Im Schutz eines solchen Gespinsts fressen sie an den Blättern und verpuppen sich zuletzt. Sobald die Falter geschlüpft sind, ist die Gefahr für den Baum oder Strauch vorbei. Die Gehölze beginnen nun meist mit einem zweiten Austrieb, dem sog. Johannistrieb, der die von den Raupen vernichteten Blätter rasch ersetzt. Ein Befall mit Gespinstmotten richtet daher normalerweise keinen dauerhaften Schaden an. Gefährlich wird es nur in größeren Plantagen oder wenn sich der Schädling nach einer für ihn besonders günstigen Witterungsperiode sehr stark vermehrt hat. Doch selbst dann ist

Raupen der Gespinstmotte haben das Pfaffenhütchen kahlgefressen.

Wichtige Raupenschädlinge bei Laub- und Nadelgehölzen

Betroffene Gehölze	Schmetterlingsart	Raupe	Schadbild
Crataegus-Arten Weißdorn	Ringelspinner *Malacosoma neustria*	bräunlich mit blauen Längsstreifen und langen Borsten, zunächst in Gemeinschaftsgespinsten, später einzeln	Fraß an Blättern
Malus-Arten und -Hybriden Apfel, Zierapfel	Kleiner Frostspanner *Operophtera brumata*	grünlich mit gelben Längsstreifen	Fraß an Jungblättern, bei Massenbefall Kahlfraß
Malus-Arten und -Hybriden Apfel, Zierapfel	Wickler (verschiedene Arten)	winzige Raupen, überwintern in Gespinst an der Rinde	kleine Bohrlöcher in den Jungfrüchten, Fraß im Fruchtfleisch
Picea-Arten Fichte	Fichtennestwickler *Epinotia tedella*	grünlich bis bräunlich	Minierfraß in den Nadeln, die nestartig zusammengesponnen werden
Picea-Arten Fichte	Fichtenrindenwickler *Laspeyresia pactolana*	blaßrot	Gänge in äußeren Holzschichten, Harzfluß und Kot an den Eintrittslöchern
Picea-Arten Fichte	Kleiner Fichtennadelmark-Wickler *Epinotia pygmaea*	grün	Fraß an den jungen Nadeln, die ausgehöhlt und eingesponnen werden
Pinus-Arten Kiefer	Kiefernharzgallen-Wickler *Petrova resinella*	gelbbraun	Fraß in der Knospe, an und unterhalb der Triebspitzen mit Harz verklebtes Gespinst, später dort gallenartige Wucherungen
Pinus-Arten Kiefer	Kiefernknospentrieb-Wickler *Rhyacionia buoliana*	rotbraun	ausgehöhlte Knospen, von Harz und Gespinst umgeben, dort kein Austrieb, auch Nadelfraß, Triebe verkrümmt
Pinus-Arten Kiefer	Kieferntriebwickler *Rhyacionia duplana*	bräunlich bis rosa	Fraß in den Trieben von der Spitze nach unten, so daß diese abknicken
Populus-Arten Pappel	Pappelspinner *Leucoma salicis*	schwarz behaart mit weißen Flecken und braunen Höckern	Blätter bis auf Hauptnerven abgefressen
Quercus-Arten Eiche	Eichenwickler *Tortrix viridana*	winzig, grün, schwarz gepunktet	Fraß an jungen Blättern und Knospen, Blätter eingesponnen
Salix-Arten Weide	Pappelspinner *Leucoma salicis*	schwarz behaart mit weißen Flecken und braunen Höckern	Blätter bis auf Hauptnerven abgefressen
Salix-Arten Weide	Weidenbohrer *Cossus cossus*	rotbraun, wurmartig	Bohrgänge unter der Rinde und im Holz starker Triebe
Syringa-Arten und -Hybriden Flieder	Fliedermotte *Gracillaria syringella*	winzig, grün	zunächst Blattminen, dann tütenförmig eingerollte Blätter, in denen die Raupen sitzen
Tilia-Arten Linde	Mondfleck, auch Mondvogel *Phalera bucephala*	gelbbraun mit schwarzen Punkten, immer zu mehreren	Kahlfraß an Zweigen, z.T. ganzer Bäume

Tip

Rüsselkäfer sind nachtaktiv. Sie lassen sich leicht bekämpfen, indem man sie bei Nacht mit Hilfe einer Taschenlampe von den Pflanzen absammelt.

Tip

Bockkäfer kann man relativ einfach erkennen: Die unterschiedlich großen, länglichen Käfer tragen alle auffallend lange, nach außen gebogene oder zurückgeschlagene Fühler.

Tip

Auf einen Befall durch Larven des Großen Pappelbocks weisen auch Nagespäne hin, die in diesem Fall häufig am Fuß des Stammes zu finden sind.

Die Raupe des Eichenwicklers frißt die Blätter von Eichen, bevor sie sich verpuppt.

der Einsatz von Pflanzenschutzmitteln sehr umstritten, denn dadurch werden auch unschädliche oder gar seltene Schmetterlinge getötet. Im Hausgarten empfiehlt es sich daher, zumindest bei schwachem oder mäßigem Befall zur schonendsten Methode zu greifen – dem Absammeln und Vernichten der Raupen.

Zu den wichtigsten Schädlingen aus dieser Schmetterlingsgruppe gehören die Apfelbaum-Gespinstmotte, die auch an Weißdorn *(Crataegus)* frißt, die Spindelbaum-Gespinstmotte an Spindelstrauch *(Euonymus)* und die Traubenkirschen-Gespinstmotte an der Traubenkirsche *(Prunus padus)* – allesamt Vertreter der Gattung *Yponomeuta*. Die verschieden gefärbten, recht kleinen und sehr beweglichen Raupen leben jeweils im Innern der dichten Gespinste an den Trieben.

Eine zweite bedeutende Schädlingsgruppe unter den Schmetterlingen stellen die Wickler *(Tortricidae)* dar, die vor allem an Nadelgehölzen Schäden verursachen. Die zumeist sehr kleinen Raupen der zahlreichen Wicklerarten fressen an den Nadeln, selten auch im Holz, und spinnen häufig die Nadeln, an denen sie gerade fressen, zu einer Art Nest zusammen.

Verschiedene Wicklerarten sowie weitere an Ziergehölzen häufig auftretende Raupenschädlinge sind in der Tabelle auf Seite 113 zusammengefaßt. Eine Bekämpfung der aufgeführten Raupen ist in der Regel nicht erforderlich, da der angerichtete Schaden meist nicht beträchtlich ist. Wenn möglich, sollten befallene Triebe frühzeitig entfernt und vernichtet werden. Nur bei starken Schäden kann ein gezielter Eingriff sinnvoll sein; man sollte dann eine Fachberatung hinzuziehen. Bei Weiden *(Salix)* müssen Verletzungen der Rinde vermieden oder rasch mit Baumwachs verschlossen werden, da die Raupe des Weidenbohrers nur durch Rindenöffnungen in das Holz eindringen kann.

Käfer

Auch unter den Käfern gibt es einige, die Ziergehölze schädigen können. Am häufigsten treten wohl die Rüsselkäfer *(Curculionidae)* auf, die an ihrem langen, rüsselförmigen Kopffortsatz leicht zu erkennen sind. Als Schädlinge sind die etwa 1 cm langen Dickmaulrüßler (*Otiorhynchus*-Arten) auch bei den krautigen Pflanzen bekannt. Sie befallen z. B. Zwergmispeln *(Cotoneaster)*, Rhododendren und auch Nadelgehölze und fressen rundliche Kerben in die Blattränder. Die dadurch verursachten Schäden sind jedoch gering.

Gefährlicher sind ihre Larven, die in der Erde an den Wurzeln fressen, so daß die Pflanzen kümmern und vor allem Jungpflanzen eingehen können. Oft werden die Käfer und Larven mit dem Substrat von Containerpflanzen in den Garten eingeschleppt. Im Fachhandel sind Nematoden *(Heterorhabditis heliothidis)* erhältlich, mit denen Dickmaulrüßler recht erfolgreich biologisch bekämpft werden können – zumindest bei Topfpflanzen.

Ein anderer, vergleichsweise häufig auftretender Rüsselkäfer ist der Erlenrüßler (*Cryptorhynchus lapathi*, auch *Cryptorhynchidius lapathi*), dessen Larven sich in der Rinde von Erlen *(Alnus)*, Pappeln *(Populus)* und Weiden *(Salix)* Gänge anlegen, während die Käfer kleine Löcher in die Blätter fressen.

Die Fraßgänge der Larven des Buchenspringrüßlers erscheinen als braune Flächen.

Auch der Buchenspringrüßler *(Rhynchaenus fagi)*, der an Buchen *(Fagus)* aktiv ist, verursacht Lochfraß. Seine winzigen Larven bohren Gänge in den Blättern. Diese Miniergänge sind braun verfärbt und vereinen sich zur Blattspitze hin zu einem großen, vertrocknenden Bereich. Wie der Erlenrüßler wird er am besten durch Rückschnitt der befallenen Triebteile bekämpft.

Eine weitere wichtige Schädlingsgruppe unter den Käfern stellen die Bockkäfer *(Cerambycidae)* dar. Im Garten haben vor allem die beiden an Pappeln und Weiden fressenden Arten des Pappelbockkäfers Bedeutung. Die Larven des Kleinen Pappelbocks *(Saperda populnea)* fressen Gänge in das Holz der dünnen Triebe, wodurch knollige, gallenartige Schwellungen entstehen. Bei stärkerem Befall kommt es zu schweren Wachstumsstörungen, die bei Jungbäumen bis zum Absterben führen können. Der etwa 1,5 cm große Käfer ist weit weniger gefährlich als die Larven. Er hinterläßt kerbenförmige Fraßspuren an den Blatträndern. Befallene Triebe werden abgeschnitten und vernichtet, die Käfer sammelt man nach Möglichkeit vom Laub ab.

Seltener tritt der bis etwa 3 cm lange Große Pappelbock *(Saperda carcharias)* auf, der an den Blättern typische Löcher mit gezackten Rändern hinterläßt. Auch bei dieser Art ist die bis 4 cm große Larve der Hauptschädling. Sie frißt sich, ausgehend von einem Loch in Bodennähe, im Stamm nach oben, wobei die Fraßgänge immer breiter werden. Bei Jungbäumen wächst dadurch der Stamm an der Basis gekrümmt, die ganze Pflanze kümmert dann und kann absterben. Bei einem Befall bleibt normalerweise gar nichts anderes übrig, als den ganzen Baum zu entfernen.

Der kleine, gelbe Schneeball-Blattkäfer *(Pyrrhalta viburni*, auch *Galerucella viburni)* aus der recht großen Familie der Blattkäfer *(Chrysomelidae)* frißt Löcher in die Blätter von Schneeballsträuchern *(Viburnum)*. Seine schwarzen Larven nagen die Blätter von deren Unterseite her oft völlig ab. Auch hier ist ein direktes Absammeln der Käfer oder das Entfernen und Vernichten der befallenen Blätter mitsamt den Larven darauf das beste Gegenmittel.

Gallmücken

Gallen auf den Blättern werden auch von den winzigen Gallmücken *(Itonididae)* verursacht. Die Wucherungen des Blattgewebes dienen den darin lebenden Larven als Nahrung, Wohnstätte und Überwinterungsquartier. Zur Eindämmung der Mücken reicht es meist aus, stärker befallene Triebe zurückzuschneiden oder gallenbestückte Blätter abzusammeln.

Von Gallmücken häufig befallen ist z. B. der Buchsbaum *(Buxus)*, dessen Blattunterseiten dann rundliche, unscharf begrenzte, beulenartige Gallen tragen, während die Oberseiten sich an diesen Stellen gelblich färben. Beim Weißdorn *(Crataegus)* entstehen rötliche, stiftartige Gallen, seine Blätter sind deformiert und gekräuselt. Die Weidenholz-Gallmücke *(Rhabdophaga saliciperda)* befällt dagegen die Triebe von Weiden *(Salix)* und erzeugt dort flache Gallen. Meist löst sich die Rinde über den Gallen ab, und die nebeneinanderliegenden kleinen Brutkammern der Mückenlarven werden sichtbar.

Ein etwas anderes Schadbild verursacht die Johannisbeer-Gallmücke *(Dasyneura tetensi)*. Entgegen dem Namen des Insekts bilden sich bei einem Befall keine Gallen; die Larven sitzen vielmehr gut geschützt in aufgerollten, verformten jungen Johannisbeerblättern, die sich dann nicht mehr weiterentwickeln können.

Blattminierer

Die winzigen Minierfliegen *(Agromyzidae)* leben in den Blättern von Laub- und Nadelgehölzen. Sie fressen sich dort durch die Zellschichten, was auch von außen an einer Hellfärbung der Fraßgänge, der sog. Blattminen, erkennbar ist. Bei stärkerem Befall vergilben die Blätter und fallen ab. Meist sind die Fliegen auf bestimmte Gehölzarten oder Artengruppen als Futterpflanzen spezialisiert, so z. B. die Ilex-Minierfliege *(Phytomyza ilicis)* auf Stechpalmen. In der Regel sind nur einige Blätter befallen, die man am besten einfach absammelt. Ist ein großer Teil des Laubs von Minengängen durchzogen, hilft nur noch ein spezielles Pflanzenschutzmittel, das man hauptsächlich auf die Blattunterseiten aufsprühen muß.

Eine ganz andere Schädlingsgruppe, die jedoch ein sehr ähnliches Schadbild verursacht, sind die Miniermotten *(Gracilariidae)*. Hier sind es die winzigen Raupen kleiner, unscheinbarer Falter, die sich durch die Blätter fressen, z. B. die Lärchen-Miniermotte *(Coleophora laricella)*, die Wacholder-Miniermotte *(Argyresthia trifasciata)* und die Thuja-Miniermotte *(Argyresthia thuiella)*. Die befallenen Blätter werden ebenfalls einfach nur abgesammelt und vernichtet.

Der Große Pappelbock besitzt auffällig lange Fühler.

Helle Minengänge sind das Schadbild der Ilex-Minierfliege.

Von der Thuja-Miniermotte befallene Blätter werden abgesammelt.

Krankheiten bei Ziergehölzen

Wie alle Viruskrankheiten läßt sich auch die Ringflecken-Virose beim Flieder nicht direkt bekämpfen.

Krankheiten können durch Viren, Bakterien oder Pilze ausgelöst werden. Die dabei auftretenden Schadbilder sind äußerst vielfältig, und in einigen Fällen wie bei Feuerbrand, Bakterienkrebs oder auch dem Ulmensterben handelt es sich um wirklich gefährliche Erkrankungen, bei denen sofort eingegriffen werden muß.

Virosen

Viruskrankheiten oder Virosen werden durch Viren, die weitaus kleinsten Organismen, verursacht. Strenggenommen muß man sie eher als „infektiöse Partikel" bezeichnen denn als Lebewesen. Sie haben keinen eigenen Stoffwechsel und können sich nicht selbst vermehren, sondern benötigen dazu einen Wirtsorganismus, den sie genetisch so umprogrammieren, daß er ihre Vermehrung übernimmt. Als Wirt können sowohl Bakterien wie auch Tiere oder Menschen und die verschiedensten Pflanzen dienen. Infizierte Pflanzen zeigen Wachstumsstörungen, die sich vor allem an den Blättern als unregelmäßige, band-, linien- oder mosaikartige, meist gelbliche Fleckungen bemerkbar machen. Mitunter können sich die betroffenen Blätter dabei auch regelrecht verformen.

Die verschiedenen Viren sind meist streng wirtsspezifisch, befallen also nur Pflanzen einer bestimmten Gattung. Sie haben keinen eigenen wissenschaftlichen Namen, sondern werden gewöhnlich nach ihrer Wirtspflanze und dem Symptom, das sie hervorrufen, benannt. Man kann Pflanzen nur durch vorbeugende Maßnahmen gegen Viruserkrankungen schützen, denn es gibt keine Mittel zur direkten Bekämpfung der Viren. Dazu gehört neben geeigneten Standortbedingungen insbesondere, daß man die Übertragung von Viren vermeidet. Sie können beispielsweise in Wunden eindringen, die durch eine mechanische Beschädigung hervorgerufen wurden, oder aber durch saugende Insekten von einer Pflanze auf die andere übertragen werden. Daher ist es wichtig, Gehölze nur mit sauberem Werkzeug zu schneiden, saugende Schädlinge wie Blattläuse, Blattflöhe und Spinnmilben zu bekämpfen und alle bereits mit Viren infizierten Pflanzen im Garten, auch krautige, zu vernichten. Treten die charakteristischen Blattverfärbungen dennoch auf, so sind die betroffenen Teile möglichst bald zurückzuschneiden. Bei sehr starkem Befall jedoch müssen die Pflanzen wohl oder übel gerodet und vernichtet werden.

Wichtige Virosen bei Ziergehölzen

Betroffene Gehölze	Krankheit	Schadbild auf den Blättern
Amelanchier-Arten Felsenbirne	*Amelanchier*-Ringfleckenmosaik	hellgrüne bis gelbe Linien- und Ringmuster, später rot
Aristolochia macrophylla Großblättrige Pfeifenwinde	*Aristolochia*-Mosaik	hellgrüne bis gelbe Linien und kleine Flecken
Buddleja alternifolia und *Buddleja-Davidii*-Hybriden Schmetterlingsstrauch	*Buddleja*-Schmalblättrigkeit und -Mosaik	grüne oder gelbe Linien- und Ringmuster, Blätter z.T. deformiert
Choenomeles-Arten und -Hybriden Zierquitte	*Choenomeles*-Gelbfleckenkrankheit	grünliche Linien- und Ringmuster
Daphne-Arten Seidelbast	Seidelbast-Mosaik	gelbliche Linien- und Ringmuster, Blätter z.T. deformiert, Blattfall, ungleichmäßige oder keine Blüte
Hydrangea-Arten und -Hybriden Hortensie	Hortensien-Mosaik	grünliche Mosaikflecken, Blätter z.T. deformiert
Ribes-Arten Johannisbeere	Ringfleckigkeit	hellgrüne oder gelbe, ringförmige Flecken
Syringa-Arten und -Hybriden Flieder	verschiedene Virosen	hellgrüne oder gelbe Linien- und Ringmuster

Bakteriosen

Durch Bakterien verursachte Krankheiten, Bakteriosen genannt, rufen kein so einheitliches Schadbild hervor wie die Virosen, sondern können sehr verschiedenartige Symptome zeigen. Ganz allgemein dringen die krankheitserregenden Bakterien durch Wunden, wie sie bei natürlichen Verletzungen oder durch einen Schnitt entstehen, oder über die Spaltöffnungen der Blätter in die Pflanze ein. Tritt eine Infektion auf und wird sie frühzeitig erkannt, hilft oft ein scharfer Rückschnitt bis ins gesunde Holz. Bei fortgeschrittener Krankheit bleibt dagegen nur das Roden der Pflanzen.

Eine der häufigsten und zugleich gefährlichsten Krankheiten ist der Feuerbrand. Er wird von dem Bakterium *Erwinia amylovora* verursacht, das vor allem Pflanzen aus der Familie der Rosengewächse *(Rosaceae)* befällt. Bei den Ziergehölzen kann diese Krankheit beispielsweise bei Zwergmispel *(Cotoneaster)*, Weißdorn *(Crataegus)*, Zierapfel *(Malus)*, Feuerdorn *(Pyracantha)* oder Eberesche *(Sorbus)* auftreten. Da sich der Feuerbrand auf Obstgehölze, die größtenteils ebenfalls zu den Rosengewächsen gehören, ausbreiten und dort hohe Ertragseinbußen verursachen kann, ist er für die Wirtschaft überaus verhängnisvoll. Er zählt daher zu den meldepflichtigen Krankheiten.

Eine Infektion zeigt sich in grau bis schwarz verfärbten Blüten und Blättern, die Triebspitzen welken und knicken hakenartig nach unten, aus der Rinde tropft vor allem bei feuchter Witterung gelblicher Schleim.

Feuerbrand ruft u.a. hakenförmig gekrümmte, wie verbrannt wirkende Triebspitzen hervor.

Wird der Befall schon in seinem Anfangsstadium entdeckt, kann das Gehölz durch einen Rückschnitt bis etwa 40 cm unterhalb des Bereiches, in dem die Symptome auftreten, oft gerettet werden. Andernfalls ist Rodung und Vernichtung der Pflanze unumgänglich.

Als Bakterienkrebs werden geschwulstartige, unregelmäßige Wucherungen an den Trieben bezeichnet. Betroffen sind z.B. Forsythien durch den Erreger *Corynebacterium fascians* und Pappeln durch *Pseudomonas populi*. Bei letzteren kann als zusätzliches Symptom aus der Rinde Schleim ausfließen.

Bei Forsythien kann noch eine weitere Bakteriose auftreten, die sog. Bakterienseuche oder Triebfäule, die durch das Bakterium *Pseudomonas syringae* verursacht wird. Dabei zeigen sich braune, hell umrandete Flecken auf dem Laub; die Blätter verformen sich, kräuseln sich ein und werden schließlich schwarz. Bei starkem Befall sterben ganze Triebe ab. Geschädigte Zweige sollte man baldmöglichst bis weit ins gesunde Holz zurückschneiden.

Pilzkrankheiten

Die weitaus größte Zahl von Gehölzkrankheiten wird durch Pilze hervorgerufen. Diese sog. Mykosen weisen wie auch die Bakteriosen eine breite Palette von Symptomen auf. Am häufigsten sind jedoch Blattverfärbungen, Blattüberzüge aus Pilzrasen sowie Welkeerscheinungen, die zum Absterben ganzer Triebteile führen können.

Pilze bilden eine eigene Organismengruppe, die zwischen Tieren und Pflanzen steht. Sie ähneln in vielerlei Hinsicht den Pflanzen, doch können sie keine Photosynthese betreiben, sondern ernähren sich durch Verwertung toter sowie lebender pflanzlicher und tierischer Stoffe, worin sie wiederum den Tieren gleichen.

Fast alle Pilze bestehen aus einem sehr feinen, mit bloßem Auge kaum zu erkennenden Geflecht aus Zellfäden, dem Pilzrasen oder Myzel. Unter bestimmten Bedingungen bringt das Myzel Fruchtkörper oder Sporenträger hervor, die zahllose Sporen erzeugen. Diese können auf unterschiedlichste Weise verbreitet werden und an anderer geeigneter Stelle zu einem neuen Myzel auswachsen. Allseits bekannt sind die Speisepilze, die nichts weiter als die großen Fruchtkörper der Ständerpilze *(Basidiomycetes)* darstellen. Bei anderen Pilzgruppen gibt es jedoch auch mikroskopisch kleine Fruchtkörper, vor allem bei den Schlauchpilzen *(Ascomycetes)*, zu denen auch

Tip

Gefährlich sind Rindenrisse, wie sie sich im Winter oft bei Bäumen an sonnigen, exponierten Standorten durch häufigen Wechsel von Frost und Auftauen bilden. Durch die Risse können Bakterien besonders leicht in die Pflanze eindringen.

Tip

Bakteriosen bei Pflanzen, also auch der gefährliche Feuerbrand, sind im Gegensatz zu Bakteriosen bei Menschen und Tieren nicht mit chemischen Mitteln zu bekämpfen.

Bakterienkrebs an einer Forsythie ist an den Triebwucherungen zu erkennen.

Tip

Tritt bei einem Gehölz Feuerbrand auf oder besteht auch nur der Verdacht darauf, muß dies umgehend dem zuständigen Pflanzenschutzamt oder der Kommunalverwaltung gemeldet werden. Der Befall wird daraufhin von einem Sachverständigen geprüft, der das weitere Vorgehen bestimmt.

Tip

Die Sporenlager von Pilzen können leicht mit kleinen Schadinsekten verwechselt werden. Ein Blick durch die Lupe schafft Klarheit. Man kann auch vorsichtig hinpusten: Tiere wie z. B. Spinnmilben bewegen sich dann.

Tip

Wie Viren und Bakterien können auch Pilze durch infiziertes Werkzeug auf gesunde Pflanzen übertragen werden. Bei jeglichen Schnitt- und Vermehrungsmaßnahmen ist daher auf sauberes Gerät zu achten. Liegt auch nur der Verdacht auf eine Infektion vor, sollten Scheren und Messer nach der Benutzung desinfiziert werden.

Tip

Abgefallenes Laub von Gehölzen mit Blattfleckenkrankheiten sollte unbedingt vernichtet werden. Der Pilz kann darin überwintern und die Pflanzen im Frühjahr erneut infizieren.

zahlreiche Krankheitserreger gehören. Auf den Blättern und Trieben befallener Pflanzen kann man die Fruchtkörper und Sporenlager als kleine, aufgewölbte, rundliche Erhebungen wahrnehmen, die außerdem sehr häufig auffällig gefärbt sind.

Eine Pilzinfektion erfolgt durch Übertragung der Sporen durch den Wind oder mit tropfendem Wasser, aber auch durch einzelne Pilzfäden, die über die Spaltöffnungen, durch Wunden oder über die Wurzeln in die Pflanze eindringen. Das heranwachsende Pilzmyzel kann entweder vollständig im Innern der Pflanze verborgen bleiben oder sich teilweise auf der Oberfläche bestimmter Pflanzenteile zeigen, wie die Mehltaupilze. Um sich zu ernähren, nimmt der Pilz Nährstoffe aus den Pflanzenzellen auf, wodurch seine Wirtspflanze geschwächt wird. Zugleich kann er, indem er spezielle Substanzen ins Pflanzengewebe abgibt, auch das Wachstum der Pflanze beeinflussen, was bei den Blattverformungen deutlich wird.

Eine Bekämpfung mit Spritzmitteln ist nur bei starkem Befall anzuraten und auch nur dann sinnvoll, wenn man den verursachenden Pilz kennt. Je nach Pilzart gibt es nämlich sehr unterschiedliche Mittel. Auf die falsche Pilzart angewandt, wären sie völlig unwirksam. Bei schwachem, auf einzelne Triebe beschränkten Befall hilft auch hier ein gezielter, scharfer Rückschnitt bis in das gesunde Holz. Wichtig ist außerdem vorbeugender Pflanzenschutz, da viele Pilze ausgesprochene Schwächeparasiten sind.

Blattfleckenkrankheiten

Blattfleckenpilze erzeugen auf den Blättern befallener Pflanzen verschiedenartige Flecken, die sich auch auf Blattstiele und Triebe ausweiten können und letztlich zum Absterben der Blätter oder Triebteile führen. Je nach Erreger unterscheiden sich die Symptome leicht.

Als erste Maßnahme sammelt man befallene Blätter ab. Sind ganze Triebteile betroffen, muß ein scharfer Rückschnitt bis ins

Wichtige pilzliche Blatt- und Stengelkrankheiten bei Ziergehölzen

Betroffene Gehölze	Krankheit (Erreger)	Schadbild
Aesculus-Arten Roßkastanie	Blattfleckenkrankheit (*Guignardia aesculi* und *Asteromella aesculicola*)	große, rotbraune Flecken mit gelbem Rand, Blätter rollen sich ein und fallen ab
Choenomeles-Arten und -Hybriden Zierquitte	Blattfleckenkrankheit (*Diplocarpon maculatum*)	kleine, schwarze Flecken, Blattfall
Clematis-Arten und -Hybriden Clematis	Blatt- und Stengelfleckenkrankheit (*Ascochyta clematidina*)	braune oder schwärzliche Flecken auf Blättern und Trieben, bilden zusammenhängende Zonen, Triebteile sterben ab
Cytisus-Arten und -Hybriden Geißklee	Blatt- und Stengelfleckenkrankheit (*Pleiochaeta setosa*)	braunschwarze Flecken, auch auf Blattstielen und Trieben, Pflanzenteile sterben ab
Mahonia-Arten Mahonie	Blattfleckenkrankheit (*Phyllosticta mahoniae*)	braune, rundliche Flecken
Platanus x *hispanica* Platane	Blattfleckenkrankheit (*Apiognomonia veneta*)	braune, unregelmäßig geformte Flecken entlang der Nerven, aber auch auf Blattstielen, Blätter und Triebe sterben ab
Rhododendron-Arten und -Hybriden Rhododendron	Blattfleckenkrankheit (*Cercospora handeli*, *Colletotrichum gloeosporoides* und *Pestalotia*-Arten)	braune, rundliche oder unregelmäßig geformte Flecken, Blattfall
Ribes-Arten Johannisbeere	Blattfallkrankheit (*Drepanopeziza ribis*)	runde, braune Flecken auf Blättern, Blätter fallen verfrüht ab
Tilia-Arten Linde	Blattfleckenkrankheit (*Apiognomonia errabunda*)	bräunliche, runde oder unregelmäßige Flecken, Blattfall
Viburnum-Arten Schneeball	Blattfleckenkrankheit (*Ascochyta viburni* und *Poma viburni*)	braune Flecken mit purpurfarbenem Rand, Blattfall

Wichtige Rostkrankheiten bei Ziergehölzen

Betroffene Gehölze	Krankheit (Erreger)	Schadbild/Zwischenwirt
Betula-Arten Birke	Birkenrost (*Melampsoridium betulinum*)	Blätter mit gelben Flecken, unterseits orangegelbe Fruchtkörper, Blattfall
Juniperus-Arten Wacholder	Wacholderrost (*Gymnosporangium*-Arten)	orangefarbene Fruchtkörper, befallene Triebe schwellen an und können absterben; Zwischenwirte je nach Pilzart verschieden, z. B. bei *Gymnosporangium clavariaeformis* Weißdorn (*Crataegus*), dort Weißdornrost, bei *Gymnosporangium sabinae* Birne (*Pyrus*), dort Birnengitterrost: blattoberseits orangerote Flecken, unterseits Aufwölbungen
Mahonia-Arten Mahonie	Mahonienrost (*Cuminsiella mirabilissima*)	rote Flecken auf den Blattoberseiten, unterseits gelbliche Fruchtkörper
Pinus-Arten Kiefer	Kieferndrehrost (*Melampsora pinitorqua*)	große, gelbe, flächige Fruchtkörper, S-förmiger Wuchs der Triebe
Pinus-Arten Kiefer (vor allem fünfnadelige Arten)	Weymouthskiefern-Blasenrost (*Cronartium ribicola*)	orangegelbe Fruchtkörper an den Trieben, Triebe sterben ab, z.T. die ganze Pflanze; Zwischenwirt Johannisbeere (*Ribes*-Arten), dort Säulenrost: Befall der Blattunterseiten
Pinus mugo und *Pinus sylvestris* Bergkiefer und Gewöhnliche Kiefer	Kiefernrinden-Blasenrost (*Cronartium flaccidum*)	gelbrote Fruchtkörper an den Trieben, die verkrümmt wachsen, die ganze Pflanze kann absterben
Populus-Arten Pappel	Pappelrost (*Melampsora*-Arten)	orangegelbe Fruchtkörper auf den Blattunterseiten, Blattfall
Rhododendron-Arten und -Hybriden Rhododendron	Alpenrosenrost (*Chrysomyxa rhododendri*)	kleine rotbraune Flecken auf den Blattoberseiten, unterseits hellbraune Fruchtkörper; Zwischenwirt Fichten (*Picea*-Arten), dort Fichtennadel-Blasenrost: Nadeln vergilben und fallen vorzeitig ab

Erreger der Blattfleckenkrankheit an einer Roßkastanie sind Pilze.

gesunde Holz erfolgen. Die Pflanzen sollten dann unbedingt noch einige Zeit beobachtet werden. Oft breitet sich der Befall nicht weiter aus. Andernfalls muß man mit gezielten Mitteln eingreifen. Dazu ist jedoch Voraussetzung, daß der Erreger sicher erkannt wird. Am besten bringt man eine Probe der befallenen Blätter oder eines Triebs zum Pflanzenschutzamt (Adressen siehe Seite 228) und läßt sich dort von Fachleuten beraten.

Rostkrankheiten

Findet man kleine, rostrote, teils auch gelbliche, punktförmige Pusteln auf den Blattunterseiten, die bei starkem Befall die ganze Blattfläche überziehen können, so handelt es sich meist um eine Infektion mit Rostpilzen. Typisch für viele Vertreter dieser Parasitengruppe ist der Wirtswechsel, den sie zyklisch durchlaufen. Um ihren Entwicklungskreislauf vollenden zu können, müssen sie einen Zwischenaufenthalt auf einer anderen Pflanzenart einschalten. Erst die von der Zwischengeneration entwickelten Sporen können die ursprüngliche Wirtspflanze wieder befallen.

Oft tragen die beiden einander abwechselnden Pilzgenerationen verschiedene Namen, weil man ihre Zusammengehörigkeit erst sehr spät erkannt hat. So handelt es sich z. B. beim Weymouthskiefern-Blasenrost an *Pinus strobus* und dem an Johannisbeeren (*Ribes*-

Wirtswechsel des Weymouthskiefern-Blasenrosts: Vor allem an Trieben fünfnadeliger Kiefernarten treten orangegelbe Sporenlager auf. Die Triebe, häufig auch die ganze Pflanze, sterben ab. Danach wechseln die Sporen auf die Blätter der Johannisbeere, wo sie den Säulenrost verursachen. Dort gebildete Sporen befallen dann wiederum Kiefern.

Tip

Nur wo beide Wirtspflanzen (siehe Tabelle Seite 119) nahe genug beieinander wachsen, können wirtswechselnde Rostpilze leben. Als vorbeugende Maßnahme ergibt sich daraus von selbst, daß man entsprechende Pflanzenkombinationen im Garten vermeidet.

Tip

Schon vor der Pflanzung von rostgefährdeten Arten sollte man erkunden, ob möglicherweise im eigenen Garten oder in der Nachbarschaft entsprechende Zwischenwirte wachsen. Ist das der Fall, sollte man eine andere Baumart wählen.

Tip

Der Falsche Mehltau ist bei Gehölzen kaum von Bedeutung. Im Gegensatz zum Echten Mehltau überzieht er nur die Blattunterseiten mit einem Pilzrasen.

Tip

Da Zieräpfel, anders als Kulturäpfel, nicht der Ernte wegen gepflanzt werden, kann man einen Befall mit Apfelschorf ruhig dulden. Wer die Früchte zum Verzehr verarbeiten möchte, schneidet die harten, aber völlig ungefährlichen Schorfflecken einfach aus.

Arten) vorkommenden Säulenrost um ein und dieselbe Pilzart. Verschiedene Berberitzen (*Berberis*-Arten) sind Zwischenwirte des für die Landwirtschaft sehr verhängnisvollen Getreiderosts *(Puccinia graminis)*, und der Alpenrosenrost *(Chrysomyxa rhododendri)* braucht bestimmte Fichten (*Picea*-Arten) als Zwischenwirte, auf denen er den Fichtennadel-Blasenrost verursacht.

Hat man eine Rostkrankheit erkannt, besteht die erste Gegenmaßnahme im frühzeitigen Ausschneiden der befallenen Stellen. Echte Abhilfe schafft jedoch nur das Entfernen einer der beiden Wirtspflanzen, denn die Pflanzen stecken sich immer wieder gegenseitig an. Das Schnittgut muß in jedem Fall vernichtet werden.

Echter Mehltau

Ein weißlicher Überzug auf beiden Blattseiten ist das Schadbild, an dem sich die Echten Mehltaupilze erkennen lassen. Sie treten zwar häufiger an krautigen Pflanzen auf, sind jedoch auch an Gehölzen zu finden. Streng artspezifisch sind z.B. der Ahornmehltau, verursacht durch *Phyllactinia guttata* und *Uncinula*-Arten, oder der Eichenmehltau, hervorgerufen von *Microsphaera alphitoides*. Der Befall kann dabei auch auf die Triebe übergreifen. Eine Bekämpfung ist gewöhnlich nicht notwendig. Bei sehr starkem Auftreten kann z.B. mit biologischen Mitteln wie Lecithin oder Netzschwefel gespritzt werden.

Der Ahornmehltau verursacht einen weißlichen Überzug auf beiden Blattseiten.

Schorfkrankheiten

Auffällige Flecken auf den Blättern, die später schorfartig verhärten, werden ebenfalls durch Pilze hervorgerufen. Vom Ahornrunzelschorf (verursacht durch *Rhytisma*-Arten) wird unter den Ahornarten vor allem der Bergahorn

Teerartige Flecken auf Ahornblättern sind Merkmal des Ahornrunzelschorfs.

(Acer pseudoplatanus) heimgesucht. Hierbei zeigen sich anfangs gelbe, später schwarze, teerartige Flecken auf den Blattoberseiten. Da der Befall von infiziertem Fallaub ausgeht, muß dieses unbedingt entfernt und vernichtet werden. Beim Zierapfel *(Malus)* tritt der Apfelschorf (hervorgerufen durch *Venturia inaequalis*) auf, der für den Obstbau beträchtliche Einbußen bringen kann. Die olivfarbenen, später braunen Flecken erscheinen nach der Blütezeit auf den Blättern. Die Krankheit führt zu Blattfall, und vor allem die Früchte zeigen die typischen Schorfflecken. Zur Bekämpfung dieses Pilzes gibt es eine Reihe von Spritzmitteln, darunter auch biologische wie z.B. Netzschwefel. Bei geringem Befall reicht es meist aus, die fleckigen Blätter zu entfernen und zu vernichten.

Welkekrankheiten und Triebsterben

Bei vielen Laub- und Nadelgehölzen kann es im Frühjahr oder im Lauf des Sommers vorkommen, daß die Spitzen der jungen Triebe allmählich welken und absterben. Häufig handelt es sich dabei um eine Pilzkrankheit, die allgemein als Triebsterben, bei einigen

Braune, eingetrocknete Knospen, auf denen sich kleine säulenartige Fruchtkörper zeigen, werden bei Rhododendren durch einen Pilz hervorgerufen.

Gehölzen wie z.B. dem Flieder auch als Knospensterben bezeichnet wird. Eine Diagnose des Erregers erfordert jedoch viel Fachkenntnis, da auch andere Krankheiten und manchmal sogar ungünstige Umwelteinflüsse (siehe Seite 123) für dieses Symptom verantwortlich sein können.

In vielen Fällen genügt es, die absterbenden Triebe scharf zurückzuschneiden bzw. die Knospen zu entfernen und zu vernichten. In der Folge müssen die Pflanzen möglichst gut mit Nährstoffen und Wasser versorgt werden. Bei Auftreten der Welkekrankheit an Forsythien sollte allerdings die ganze Pflanze gerodet werden.

Schüttekrankheiten

Bestimmte Krankheiten an Nadelbäumen, die mit Vergilbung oder Verbräunung der Nadeln einhergehen und schließlich Nadelfall an den Gehölzen verursachen, werden Schüttekrankheiten genannt.

Die bekannteste dieser Gehölzkrankheiten ist wohl die Kiefernschütte. Dabei erzeugt der Pilz *Lophodermium seditiosum* gelbe Flecken auf den Nadeln, die alsbald braun werden und abfallen. Allerdings sind meist nur junge Kiefern (*Pinus*-Arten) davon betroffen. Gleiches gilt für die Lärchenschütte (durch *Meria laricis*) an Lärchen (*Larix*). Beiden Krankheiten können Jungpflanzen jedoch durchaus zum Opfer fallen. Es ist zu empfehlen, bei einer notwendig werdenden Neupflanzung besser

Bei der Kiefernschütte werden die Nadeln braunfleckig und fallen danach rasch ab.

Wichtige Welkekrankheiten und Triebsterben bei Ziergehölzen

Betroffene Gehölze	Krankheit (Erreger)	Schadbild
Acer-Arten Ahorn	*Acer*-Zweigsterben *(Stigmina hartigiana)*	kein Austrieb, im Frühjahr absterbende Zweige
Alnus-Arten Erle	*Alnus*-Zweigsterben *(Ditopella ditopa)*	absterbende Zweigspitzen, sich rotbraun verfärbende Rinde
Chamaecyparis-Arten Scheinzypresse	Triebsterben *(Kabatina thujae)*	junge Triebe im Frühsommer grau, später braun werdend, die Triebe sterben ab
Forsythia-Arten Forsythie	Welkekrankheit *(Verticillium*-Arten*)*	Welken und Absterben einzelner Triebe zur Blütezeit, Triebe im Querschnitt bräunlich
Prunus triloba Mandelbäumchen	Triebsterben bzw. Spitzendürre *(Monilinia*-Arten*)*	plötzlich verwelkende Blüten und absterbende Triebspitzen, die schlaffen Blüten fallen lange nicht ab
Rhododendron-Arten und -Hybriden Rhododendron	Zweigsterben bzw. Triebfäule *(Phytophthora*-Arten*)*	Blätter und Knospen werden allmählich braun, ganze Triebe welken und sterben ab
Rhododendron-Arten und -Hybriden Rhododendron	Knospensterben *(Pycnostysanus azaleae)*	Blütenknospen verbräunen und vertrocknen, säulenartige Fruchtkörper erscheinen auf den Knospen
Syringa-Arten und -Hybriden Flieder	Zweig- und Knospenkrankheit *(Phytophthora syringae)*	Blütenknospen verbräunen und welken, Triebspitzen sterben ab
Thuja-Arten Lebensbaum	Nadelbräune und Triebsterben *(Didymascella thujinae)*	an Jungtrieben vergilben im Frühjahr zunächst einzelne Schuppenblätter, bald werden ganze Triebteile rotbraun
Thuja-Arten Lebensbaum	Triebsterben *(Kabatina thujae)*	junge Triebe im Frühsommer grau, später braun werdend, die Triebe sterben ab

Tip

Schüttekrankheiten sind oft schwierig zu diagnostizieren, da auch andere Pilzinfektionen und schädliche Umwelteinflüsse (siehe Seite 123) ähnliche Symptome hervorrufen können. Vor einer Spritzung ist daher eine fachkundige Beratung zu empfehlen.

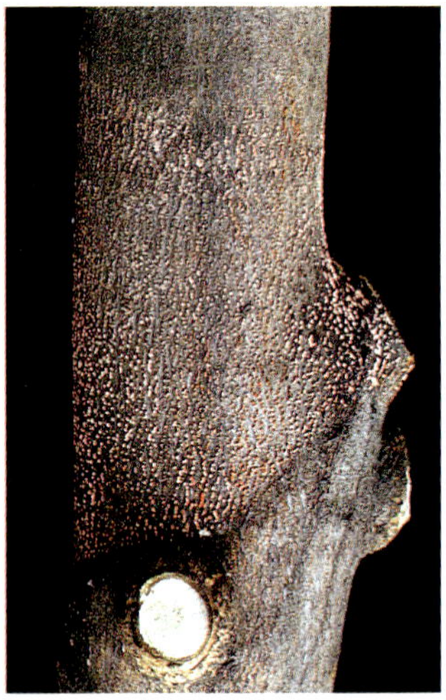

Die Rotpustelkrankheit kann ganze Pflanzen zum Absterben bringen.

Hexenbesen bei der Birke können durch Rückschnitt ganz einfach beseitigt werden.

Tip

Schnittmaßnahmen gegen den Rotpustelpilz werden am besten im Sommer vorgenommen, da der Pilz zu dieser Zeit weniger ansteckend ist. Die Gefahr, daß er in die frischen Wunden eindringt und das Gehölz erneut infiziert, ist dann geringer.

auf andere, gegen Schüttekrankheiten weniger empfindliche Arten zurückzugreifen.

Bei der Rostigen Douglasienschütte (durch *Rhabdocline pseudotsugae*) färben sich die Nadeln befallener Douglasien *(Pseudotsuga)* im Sommer gelbgrün und später rostfarben, bei der Rußigen Douglasienschütte (durch *Phaeocryptopus gaeumannii*) weisen die zunächst ebenfalls gelblichen Nadeln später auf der Unterseite braune Flecken und rußartige Streifen auf. Eine starke Vermehrung des Pilzes führt zum Verlust der Nadeln. Eine Spritzung zur Bekämpfung ist jedoch nur bei massivem Befall zu empfehlen.

Weitere Pilzkrankheiten

Auch der sog. Obstbaumkrebs wird von einem Pilz hervorgerufen. Der Erreger, *Nectria galligena*, kann vor allem Zieräpfel *(Malus)* befallen. Er dringt über Rindenverletzungen in die Bäume ein und verursacht knollenartige Wucherungen am Stamm und den Trieben. Zuweilen werden daran die roten Fruchtkörper des Pilzes sichtbar. Die betroffenen Stammstellen kann man, wenn sie frühzeitig erkannt werden, ausschneiden, Triebe werden entsprechend gekürzt. Auf sorgfältige Wundversorgung und Vernichtung des Schnittguts ist besonders zu achten.

Ein anderer Pilz derselben Gattung, *Nectria cinnabarina*, verursacht die gefährliche Rotpustelkrankheit, die z.B. bei Ahorn *(Acer)*, aber auch bei anderen Laubgehölzen auftritt. Die kleinen, runden, rotorangen Fruchtkörper erscheinen erst dann an den Trieben, wenn bereits größere Teile im Innern der Pflanze von Pilzfäden durchzogen sind. Einzelne Äste, aber auch Triebgruppen und schlimmstenfalls sogar ganze Pflanzen können absterben. Der Pilz ist ein typischer Schwächeparasit, weshalb zur Bekämpfung eines Befalls neben dem Herausschneiden betroffener Teile unbedingt auch Maßnahmen zur Stärkung der Pflanze notwendig sind.

Auch die Bildung sog. Hexenbesen bei Birken *(Betula)* ist auf Pilzerreger (*Taphrina*-Arten) zurückzuführen. Die Triebe zeigen dabei sehr dichte, an einen Reisigbesen erinnernde Verzweigungen, die jedoch durch gezielten Rückschnitt leicht entfernt werden können.

Merkwürdige rötlich oder gelblich gefärbte Verdickungen an den endständigen Blättern von Rhododendron-Arten führten zu dem Namen Ohrläppchenkrankheit. Sie wird durch *Exobasidium*-Pilze verursacht. Bei fortgeschrittenem Befall findet sich ein weißer Pilzrasen auf den Blättern. Hier gilt es, die betroffenen Blätter zu entfernen, noch bevor sich der Pilzrasen entwickelt, denn die darauf gebildeten Sporen sorgen für eine Neuinfektion der Pflanze und die Verbreitung der Krankheit.

Eine Erkrankung, deren Ursache lange im dunkeln blieb, ist das Ulmensterben, das erstmals zu Beginn des 20. Jh. auftrat. Heute weiß man, daß eine Infektion mit dem Pilz *Ceratocystis ulmi* für die verhängnisvolle Krankheit verantwortlich ist. Der Pilz, der durch verschiedene Ulmensplintkäfer (*Scolytus*-Arten) übertragen wird, wächst im Holz und bildet dort Wucherungen, die die Leitungsbahnen verstopfen. Äußerlich macht sich dies am vorzeitigen Laubfall und dem Absterben ganzer Äste bemerkbar. Nicht selten geht der Baum innerhalb eines Jahres zugrunde. Das Ulmensterben kann derzeit noch nicht bekämpft werden. Es gibt jedoch inzwischen spezielle Ulmensorten, die gegen den Erreger resistent sind.

Noch immer unklar ist die Ursache des Clematissterbens oder der Clematiswelke. Hierbei können die Triebspitzen scheinbar grundlos welken und absterben. Besonders die großblütigen Hybriden sind anfällig dafür. Einesteils könnten Schwierigkeiten bei der Wasserversorgung der langen, dünnen Triebe nach einer sommerlichen Hitzeperiode der Grund sein. Doch wird auch ein pilzlicher Erreger, *Coniothyrium clematidis-rectae*, dafür verantwortlich gemacht. Auf jeden Fall müssen die befallenen Triebe kräftig zurückgeschnitten werden.

Ein Pilz, der die Leitbahnen verstopft, ist für das gefürchtete Ulmensterben verantwortlich.

Schäden durch ungünstige Umwelteinflüsse

Immer wieder können auch durch den Einfluß der Witterung, des Bodens oder mangelhafter Ernährung Schäden oder Wachstumsstörungen hervorgerufen werden. Diese sog. abiotischen Schäden ähneln z. T. den durch Parasiten erzeugten Symptomen in erstaunlicher Weise. Ein Beispiel ist die nichtparasitäre Nadelbräune. Sie tritt ebenso wie Welkekrankheiten und Triebsterben (siehe Seite 120 f.) an den Triebspitzen verschiedener Nadelbäume, vor allem von Lebensbäumen *(Thuja)*, auf und läßt deren Nadeln verbräunen und abfallen, wird jedoch nicht durch pilzliche Erreger verursacht. Dementsprechend findet man auch keine Pilzfruchtkörper an den Trieben – es sei denn, der Baum ist in der Zwischenzeit infolge seiner allgemeinen Schwächung bereits mit Pilzen infiziert.

Ausgelöst wird diese Art der Nadelbräune durch extreme Witterungsverläufe – etwa in einem ausgesprochenen Trockenjahr oder in einem verregneten Sommer auf staunassen Böden. Weisen verschiedene Exemplare einer Art gleichzeitig die entsprechenden Schadsymptome auf, ist dies ein Zeichen dafür, daß es sich dabei nicht um eine durch Parasiten hervorgerufene Krankheit handelt. Ein Eingreifen ist dann nicht notwendig, da sich die Triebe im folgenden Jahr meist wieder vollständig erholen.

Abiotische Ursachen hat auch das Omorikasterben, das an ungünstigen Standorten bei der Omorika-Fichte *(Picea omorika)* vorkommen kann. Diese oft ebenfalls Nadelbräune genannte Schädigung geht von den Zweigspitzen aus, wo die Nadeln vergilben und absterben. Verantwortlich dafür sind zu nasse oder zu saure Böden oder Magnesiummangel bzw. Kaliumüberschuß nach einseitiger Düngung. Die Schäden können auch nach extremen Trockenperioden oder bei Chloridüberschuß auftreten. Nach einer Verbesserung der Standortbedingungen erholen sich die Pflanzen im allgemeinen bald wieder.

Chlorosen durch zuviel Kalk

Säureliebende Pflanzen wie die Rhododendren zeigen am falschen Standort häufig Chlorosen. Dabei bleichen die Blätter allmählich aus und verfärben sich gelblich, nur die Blattadern bleiben zunächst noch grün. Ursache ist meist ein zu hoher Kalkgehalt des Bodens, der zu Eisenmangel führt, denn dieses Spurenelement liegt im Boden dann in einer Form vor, die solche Pflanzen nicht nützen können. Eisen jedoch braucht eine Pflanze, um Blattgrün zu bilden. Fehlt es, bleicht sie aus.

Rhododendren müssen deshalb immer in ein saures Substrat gepflanzt werden (siehe Seite 69). Zur raschen Hilfe bei beginnender Chlorose empfiehlt sich ein oberflächliches Einarbeiten von saurem Laubkompost. In der Folge sollten dann nur noch kalkfreies Gießwasser und spezieller Rhododendrondünger verwendet werden.

Typisch für eine Chlorose bei Rhododendren sind aufgehellte Blätter mit dunklen Adem.

Luftschadstoffe und Streusalz

Zu den abiotischen Schäden zählen auch Beeinträchtigungen der Gehölze, die durch Luftverunreinigungen (siehe Seite 60 ff.) oder Streusalz verursacht werden. Streusalze bilden beim Auflösen Chloridionen, die mit dem Schmelzwasser in den Boden geschwemmt werden und auf die viele Gehölzarten mit Blattverfärbungen reagieren. Die Schwere der Schäden hängt von der Salzkonzentration und Empfindlichkeit des betroffenen Gehölzes ab. Typisch für Salzschäden sind braune, absterbende Blattränder, denen nach innen zu eine gelbe Zone folgt. Nur noch das grüne Blattzentrum kann Photosynthese betreiben.

Zur Vermeidung von Salzschäden kann man zwar an Straßen- und Gehsteigrändern auf die Pflanzung salzempfindlicher Gehölze verzichten (besondere Salzempfindlichkeit ist in den jeweiligen Pflanzenbeschreibungen ab Seite 126 angegeben), doch ist es allemal besser, den Einsatz von Streusalz zu vermeiden.

Ungünstige Umwelteinflüsse rufen verbräunte Nadeln hervor.

Tip

Clematissterben tritt besonders häufig auf staunassen Böden auf. Deshalb sollten schwere Böden bei der Pflanzung von Clematis unbedingt verbessert werden. Wichtig ist außerdem eine gleichmäßige Wasserversorgung der Pflanzen.

Tip

Ein Überschuß an Chlorionen im Boden kann entweder durch Streusalze hervorgerufen werden oder aber durch chloridhaltige Düngemittel. Mit Rücksicht auf empfindliche Gehölze sollte auf den Einsatz solcher Dünger verzichtet werden.

Streusalzschäden äußem sich in absterbenden Blatträndem und vorzeitigem Laubfall.

Langlebiger Gartenschmuck

Ziergehölze von A–Z

Schmuck der Gehölze sind nicht nur Laub und Blüten, sondern auch ihre Rinde und ihre Früchte, wie beispielsweise bei der Waldkiefer.

Bäume und Sträucher sind wichtige gestalterische Elemente in einem Garten. Die langlebigen Gewächse zeigen alle nur erdenklichen Wuchsbilder, von mächtigen Exemplaren mit knorrigen Stämmen bis zu zierlichen Zwergformen. Für Abwechslung sorgt auch die Belaubung in den unterschiedlichsten Tönen und Schattierungen, bei manchen vom Frühjahr bis zum Herbst, bei andern das ganze Jahr über. Nicht zuletzt schmücken sich zahlreiche Gehölze zeitweise mit einer überschäumenden Blütenfülle in den prächtigsten Farben.

Die Bäume und Sträucher in diesem Kapitel sind alphabetisch nach ihren botanischen Namen geordnet. In Katalogen, Fachbüchern und auch in Baumschulen und Gärtnereien gelangt man mit diesen Namen am schnellsten und sichersten zu der tatsächlich gewünschten Art, denn viele Gehölze haben eine ganze Reihe volkstümlicher Namen, die sich häufig von Gegend zu Gegend unterscheiden. Außerdem kommt es auch vor, daß mit demselben deutschen Namen völlig unterschiedliche Pflanzen benannt werden und Sorten einer Art unter einem eigenen deutschen Namen bekannt sind. Man wird sich schnell an diese Anordnung gewöhnen, zumal das ausführliche Register ebenfalls die gängigen deutschen Namen enthält.
Unter der Rubrik „Blütenfarbe" ist an erster Stelle diejenige der reinen Art genannt; weitere Angaben beziehen sich auf die Blütenfarbe von Hybriden bzw. Sorten.
Auf Besonderheiten, die bei der Pflege der Gehölze zu beachten sind, weist im folgenden die Rubrik „Pflege" hin; darüber hinaus gelten jedoch für alle Gehölze grundsätzlich die auf den Seiten 76–93 beschriebenen Maßnahmen.

A

Abies nordmanniana

Abies
Tanne

Familie: Kieferngewächse *(Pinaceae)*

Tannen werden häufig mit Fichten (siehe Seite192 f.) verwechselt, mit denen sie nahe verwandt sind. Tannen erkennt man aber daran, daß ihre Zapfen aufrecht auf den Zweigen stehen und daß bei der Reife nur die Schuppen abfallen, während die Zapfenspindeln am Baum bleiben und erst viel später abgeworfen werden. Deshalb wird man unter einer Tanne auch kaum jemals einen reifen Zapfen finden. Die Nadeln der Tannen sind an ihrer Basis so verdreht, daß ihre anatomische, häufig weiß gestreifte Oberseite nach unten gekehrt ist, während die glänzend grüne Unterseite nach oben weist. Jede einzelne Nadel hat eine Lebensdauer von etwa 4–6 Jahren und wird dann samt ihrer verbreiterten Basis, dem sog. Nadelkissen, abgeworfen und nicht mehr ersetzt. An den Zweigen bleiben runde, flache Narben zurück. Tannen bilden, überwiegend im Wipfelbereich, an den Spitzen der vorjährigen Zweige walzenförmige Blütenstände aus. Die männlichen finden sich gehäuft an den Triebunterseiten, die weiblichen Blütenzäpfchen dagegen ragen wie Kerzen an den Zweigoberseiten auf. Fast immer wachsen Tannen zu Bäumen mit besonders regelmäßiger Gestalt heran, ihre Äste stehen quirlig in Etagen übereinander. Von einigen zumeist sehr mächtigen Arten sind für den Garten nur einzelne, klein bleibende Sorten von Bedeutung.

Europäische und vorderasiatische Arten

Arten: *A. alba* (auch *A. nobilis*, *A. pectinata*, Weißtanne, Edeltanne), *A. nordmanniana* (Nordmannstanne, Kaukasus-Tanne), *A. pinsapo* (Spanische Tanne)

Abies pinsapo

Herkunft: *A. alba* Mischwälder in Europa, hauptsächlich in den Gebirgen, *A. nordmanniana* Gebirgswälder in Kleinasien und im Kaukasus, *A. pinsapo* Wälder in Spanien
Wuchsform: hohe Bäume mit kegelförmiger Krone
Höhe: *A. alba* 30–50 m, Sorte niedriger, *A. nordmanniana* 25–30 m, Sorten wesentlich niedriger, *A. pinsapo* 15–20 m, selten bis 25 m
Blütezeit: Mai
Früchte: braune schmale, aufrechtstehende Zapfen, ab September/Oktober
Merkmale: Die Weißtanne ist ein wichtiger Forstbaum, der allerdings durch zunehmende Umweltbelastung und Wildverbiß regional in seinem Bestand stark gefährdet ist. Der glatt berindete Stamm geht kerzengerade bis zum Wipfel durch. Die Äste stehen waagrecht davon ab, so daß sich eine kegel- bis säulenförmige Gestalt ergibt. Die dunkelgrünen, unterseits weiß gestreiften Nadeln der Weißtanne reihen sich beiderseits der Zweige auf. Die Nordmannstanne, eine besonders robuste und willig gedeihende Art, wird von der Forstwirtschaft in großen Kulturen als Weihnachtsbaum gezogen, ist aber auch ein sehr dekoratives, allerdings mächtiges

Abies procera

Gartengehölz. Die wuchtigen, ausladenden Äste gruppieren sich vom Boden ab in Etagen um den bis zum Wipfel durchgehenden Stamm, die Zweige sind bürstenartig mit glänzend dunkelgrünen Nadeln besetzt. An der Unterseite weisen die Nadeln jeweils zwei silberweiße Längsstreifen auf. Die Spanische Tanne erkennt man an ihren dunkelgrünen, harten Nadeln, die unterseits nicht gefurcht oder gestreift und nach Art einer Flaschenbürste rund um die Zweige angeordnet sind. Der Baum entwickelt sich im mitteleuropäischen Klima nur sehr zögernd und wächst nicht selten eher buschig als baumförmig.
Sorten: von *A. alba* 'Pendula' (schlank säulenförmiger Baum mit lang herabhängendem Geäst, Höhe 20 bis 30 m); von *A. nordmanniana* 'Pendula' (Hängeform, Höhe 10 – 20 m), 'Barabits Compact' (Zwergform mit waagrecht abstehenden Ästen, frischgrüne Benadelung, Höhe 5 – 10 m); von *A. pinsapo* (jeweils 15 bis 20 m hoch, selten bis 25 m) 'Glauca' (blaugrün benadelt, langsamwüchsig), 'Kelleriis' (blau benadelt, regelmäßiger Wuchs, frosthart)
Standortansprüche: Tannen sind recht anspruchsvolle Gehölze, die vor allem in Lagen mit ausgeglichenem Klima und hoher Luftfeuchtigkeit gedeihen. Als typische Schattenbaumarten vertragen sie vor allem in der Jugend sehr viel Schatten, sollten aber auch später nicht allzu sonnig stehen. Der Boden muß tiefgründig sein und stets ausreichend Feuchtigkeit sowie genügend Nährstoffe enthalten. Am besten eignet sich ein mittelschwerer bis schwerer Lehmboden für die tiefwurzelnden Bäume. Tannen sind extrem empfindlich gegen Lufttrockenheit, Hitze, Wind und Schadstoffe und daher völlig ungeeignet für Stadtklima.
Verwendung: Die Bäume kommen nur für großzügige Gartenanlagen in Frage, da sie trotz ihres recht langsamen Wuchses im Alter doch überaus mächtig und ausladend werden. Am besten pflanzt man junge Tannen zwischen andere Großgehölze, da sie dort den nötigen Schatten und Windschutz erhalten. Zu voller Schönheit gelangen sie aber nur, wenn sie von den Nachbarbäumen nicht bedrängt werden. Kleinwüchsige Sorten und Zwergformen passen gut in Stein- und Heidegärten sowie in Tröge. Skurrile Gestalten wie die Hängeformen können dagegen auch einen auffallenden Einzelplatz erhalten.
Pflege: Um die Ausbildung einer regelmäßigen Krone zu ermöglichen, sollte jeglicher Schnitt unterbleiben.
Vermehrung: Die reinen Arten können durch Aussaat, die Gartenformen durch Stecklinge vermehrt werden. Sorten sind aber meist veredelt und verlieren bei der Nachzucht unter Umständen ihre typischen Eigenschaften, wenn sie nicht wieder veredelt werden.
Schädlinge: Gallenläuse (Tannentriebläuse)
Tip: Tannenreisig eignet sich besonders gut für Bindearbeiten, da es seine Nadeln sehr lange behält. Als Winterabdeckung ist es dagegen weniger günstig, weil die lange haftenden Nadeln im Frühjahr kaum Licht und Luft an die darunterliegenden Pflanzen lassen.

Nordamerikanische Arten

Arten: *A. concolor* (Kolorado-Tanne), *A. lasiocarpa* var. *arizonica* (auch *A. arizonica*, Korktanne), *A. procera* (auch *A. nobilis*, Edeltanne), *A. balsamea* (nur in Form der var. *hudsoniana* und der Sorte 'Nana' in Kultur, Balsamtanne)
Herkunft: Bergwälder in Nordamerika
Wuchsform: hohe Bäume, Sorten auch zwergwüchsig
Höhe: *A. concolor* 20 – 25 m, selten bis 30 m, *A. lasiocarpa* var. *arizonica* 10 – 15 m, Sorten meist niedriger, *A. procera* 10 – 20 m, Sorten auch niedriger, Formen der *A. balsamea* 0,6 – 1,2 m
Blütezeit: Mai
Früchte: *A. concolor* erst violettrote, später hellbraune, *A. lasiocarpa* var. *arizonica* und *A. procera* purpurbraune, *A. balsamea* hellbraune, aufrechtstehende Zapfen, alle ab September/Oktober
Merkmale: Die Kolorado-Tanne wirkt mit ihren langen, leicht sichelförmigen, graugrünen Nadeln und den quirlig angeordneten Zweigen sehr elegant. Im Spätsommer entwickeln sich auf ihren Trieben dicke, violettrote Zapfen, die sich später nach Hellbraun verfärben. Die Korktanne wird in ihrer Heimat ein recht stattlicher Baum, bleibt im mitteleuropäischen Klima aber deutlich kleiner. Auffällig sind vor allem die weiße, korkartige Rinde und die oberseits blaugrünen, unterseits bläulichweißen Nadeln. Viel häufiger als die Art wird in den Baumschulen die Sorte 'Compacta' angeboten, die nur selten Früchte bildet. Auch von der Edeltanne werden im Garten fast nur Sorten wie *A. procera* 'Glauca', die Silbertanne, angepflanzt. Man schätzt sie wegen ihrer silberblauen Benadelung und des schön gefärbten Zapfenschmucks. Die Balsamtanne, eine in Nordamerika weit verbreitete Art, zeigt nur in ihrer Jugend eine ansprechende Wuchsform. Zu Zierzwecken kultiviert man daher ausschließlich zwei Zwergformen, nämlich *A. balsamea* var. *hudsoniana* und *A. balsamea* 'Nana', beides reizvolle, kissenförmig wachsende Kleingehölze mit nur seltenem Fruchtansatz.
Sorten: von *A. lasiocarpa* var. *arizonica* 'Compacta' (auch als *A. arizonica* 'Glauca Compacta' geführt; gedrungene, breitkegelige Zwergform, bläulichweiß benadelt, kaum Fruchtansatz, Höhe 1,5 – 2,5 m); von *A. procera* 'Glauca' (Silbertanne; mittelhoher Baum, sofern aus dem Gipfeltrieb veredelt, regelmäßig wachsend, ansonsten eher mehrtriebig bis strauchig, bizarr abstehende Äste, silberblau benadelt, Höhe je nach Veredelungsform 3 – 5 m oder 10 – 20 m); von *A. balsamea* 'Nana' (nestartige Zwergform, dicht verzweigt, kaum Zapfen, Höhe 0,6 – 1 m)
Standortansprüche: wie bei den europäischen Arten (siehe oben); Kolorado-Tanne jedoch sonniger bis absonniger Stand, auch auf trockenem Boden; Edeltanne nur auf saurem bis neutralem Boden

Verwendung, Pflege, Vermehrung und Schädlinge: wie bei den europäischen Arten (siehe Seite 127)

Ostasiatische Arten

Arten: *A. koreana* (Korea-Tanne, Zapfentanne), *A. homolepis* (Nikko-Tanne, Schraubentanne), *A. veitchii* (Veitchs-Tanne, Japan-Tanne)
Herkunft: Bergwälder in Ostasien
Wuchsform: *A. koreana* kleiner Baum, *A. homolepis* hoher Baum, *A. veitchii* mittelhoher Baum
Höhe: *A. koreana* 4 – 5 m, selten bis 7 m, Sorten auch wesentlich niedriger, *A. homolepis* 20 – 25 m, selten bis 30 m, *A. veitchii* 15 – 20 m, selten bis 25 m
Blütezeit: Mai
Früchte: aufrechtstehende Zapfen, *A. koreana* violettbraun, *A. homolepis* grauviolett, später braun, *A. veitchii* braun, alle ab September
Merkmale: Die besonders dekorativen ostasiatischen Tannenarten zeichnen sich vor allem durch ihre überaus reizvolle Benadelung aus. Bei der kleinwüchsigen Korea-Tanne bilden die waagrecht abstehenden Äste eine regelmäßige, kegelförmige Krone, und ihre Zweige sind bürstenartig mit unterseits bläulichweißem Laub benadelt. Da der kleine Baum schon in jungen Jahren im oberen Kronenbereich sehr viele Zapfen bildet, wird er auch Zapfentanne genannt. Die steifen Äste der mächtigen Nikko-Tanne stehen in sehr regelmäßigen Etagen vom Stamm ab und formen eine zunächst kegelige, später eher säulenartige Krone. Ihre oberseits frischgrünen, unterseits kreideweißen Nadeln reihen sich an den Zweigen so auf, daß eine V-förmige Rinne frei bleibt. An den grauvioletten, später verbraunenden Zapfen sind deutlich Harzblasen sichtbar. Die Veitchs-Tanne entwickelt sich zu einem schlanken Baum mit waagrecht abstehenden Ästen. An ihren Zweigen stehen dicht an dicht weiche, unterseits silberweiße Nadeln. Zur Zapfenbildung kommt es erst bei älteren Exemplaren.

Abies koreana

Sorten: von *A. koreana* 'Horstmanns Silberlocke' (Nadeln unterseits silberweiß, lockenartig nach oben gebogen, Höhe 3 – 5 m), 'Piccolo' (Zwergform, flacher, breiter Wuchs, Höhe 0,3 m)
Standortansprüche: Die genannten Arten brauchen einen halbschattigen bis schattigen Stand, erst im Alter vertragen sie mehr Sonne. Darüber hinaus stellen sie ähnliche Ansprüche wie die europäischen Arten (siehe Seite127), allerdings sollte man Nikko-Tanne und Veitchs-Tanne nur auf saurem bis neutralem Untergrund pflanzen.
Verwendung, Pflege, Vermehrung und Schädlinge: wie bei den europäischen Arten (siehe Seite127)

Acer
Ahorn

Familie: Ahorngewächse *(Aceraceae)*

Die Gattung Ahorn umfaßt eine Fülle verschiedener Arten und Gartenformen, von mächtigen Bäumen wie dem Bergahorn bis hin zu zierlichen Sträuchern wie dem Fächerahorn. Die laubabwerfenden Gehölze bestechen durch ihre vielgestaltigen, zumeist aber gelappten Blätter und eine herrliche Herbstfärbung. Wenn auch die einzelnen Blüten unscheinbar sind, so wirken sie in ihrer Gesamtheit als üppige Rispen, Trauben oder Doldentrauben doch auffällig. Meist stehen an einem Baum rein männliche und rein weibliche Blüten nebeneinander. Die Ahornfrüchte sind Kindern als „Nasenzwicker" bestens bekannt. Die kleinen Nußfrüchte mit langen, trockenhäutigen Flügelfortsätzen hängen bis zur Reife paarweise zusammen.

Hohe, heimische Arten

Arten: *A. campestre* (Feldahorn, Maßholder), *A. platanoides* (Spitzahorn), *A. pseudoplatanus* (Bergahorn)
Herkunft: Laubmischwälder Europas
Wuchsform: *A. campestre* aufrechter bis ausladender mittelgroßer Baum oder Großstrauch, *A. platanoides* großer Baum mit stumpfkegeliger bis kugeliger Krone, *A. pseudoplatanus* großer Baum mit breitgewölbter, ausladender Krone
Höhe: *A. campestre* 3 –15 m, *A. platanoides* 20 – 30 m, Sorten 5 – 20 m, *A. pseudoplatanus* 20 – 40 m, Sorten 2 m – 25 m

Acer platanoides

Blütenfarbe: grüngelb
Blütezeit: *A. campestre* Mai, *A. platanoides* April bis Mai, *A. pseudoplatanus* Mai bis Juni
Früchte: geflügelte Nüßchen, *A. campestre* grün bis bräunlich, ab August, *A. platanoides* gelbgrün, ab September, *A. pseudoplatanus* gelbgrün bis rötlich, ab August
Merkmale: Der Feldahorn ist ein anpassungsfähiges und äußerst anspruchsloses Gehölz, das auf kargen Böden strauchig bleibt, bei guten Bedingungen aber zu einem recht stattlichen Baum heranwächst. Seine mit relativ kleinem, drei- bis fünflappigem stumpfgrünem Laub üppig beblätterten Zweige bilden eine dichte Krone, die vielen Vögeln als Unterschlupf und Nistplatz dient. Im Herbst, wenn sich das Laub allmählich leuchtend gelb färbt, entwickeln sich aus den Blütenrispen rötlich überlaufene Flügelfrüchte, die noch lange an den Zweigen haften. Der Spitzahorn entfaltet seine Blüten bereits an den noch winterkahlen Zweigen. Die aufrechtstehenden Blütenbüschel stellen einen auffälligen Kronenschmuck dar. Erst nach der Blüte erscheinen die für die Gattung typischen fünflappigen Blätter. Im Herbst färbt sich das Laub intensiv goldgelb, bisweilen ins Rötliche spie-

Bewährte Sorten der hohen, heimischen *Acer*-Arten

Sorte	Höhe in m	Kronenform	Laubfarbe	Herbstfärbung	Bemerkungen
von *Acer campestre*					
'Elsrijk'	8 – 12	breit eiförmig	dunkelgrün	gelb	mehltaufrei
'Royal Ruby'	8 – 12	breit eiförmig	dunkelgrün	gelb	Austrieb purpurrot
von *Acer platanoides*					
'Faassen's Black'	15 – 20	breitkegelig	schwarzrot	schwarzrot	auffallende dunkelrote Blüte
'Schwedleri'	15 – 20	breitkegelig	olivgrün	orangerot	auffallende gelbgrüne Blüte
'Cleveland'	12 – 15	breitkegelig	grün	gelborange	kein Fruchtansatz
'Emerald Queen'	12 – 15	breit eiförmig	grün	orangegelb	Austrieb hell rosarot
'Olmstedt'	12 – 15	schmalkegelig	grün	gelb	Austrieb bronzefarben
'Columnare'	8 – 10	spitzkegelig	grün	orangegelb	durch Schnitt Verlust der Kronenform
'Globosum'	5 – 7	kugelig	grün	gelb	besonders regelmäßige Krone
von *Acer pseudoplatanus*					
'Negenia'	20 – 25	kegelig	dunkelgrün	goldgelb	geringer Fruchtansatz
'Rotterdam'	20 – 25	breitkegelig	dunkelgrün	goldgelb	geringer Fruchtansatz
'Erectum'	15 – 25	eiförmig	dunkelgrün	goldgelb	anfangs säulenförmige Krone
'Brilliantissimum'	2 – 3	breitrund	hellgelb gefleckt	goldgelb	Laub häufig rosa überhaucht

lend. Die geflügelten Früchte bleiben bis in den Winter hinein an den Zweigen hängen. Vom Spitzahorn gibt es eine Reihe schöner Sorten, darunter auch etliche rotlaubige, die kleiner bleiben als die hochwüchsige Art und deshalb besonders für den Garten zu empfehlen sind. Der Bergahorn wird im Alter ein knorriger, sehr mächtiger Baum. Mit 10 Jahren, manchmal auch erst mit 25 Jahren, blüht er zum ersten Mal, dann aber mit üppigen Rispen. Die fünflappigen Blätter sind groß, unterseits graugrün und nehmen im Herbst eine schöne Gelbfärbung an. Vom Bergahorn wurden mehrere Sorten ausgelesen, die im Wuchs kleiner und schmaler bleiben. Alle genannten Arten sowie die Sorten sind vorzügliche Bienennährgehölze.

Standortansprüche: Der Feldahorn kann an sonnigen wie auch an halbschattigen

Acer campestre

Stellen, auf humosem Lehmboden wie auch auf sandigem oder steinigem Boden gepflanzt werden. Der Spitzahorn bevorzugt einen sonnigen bis absonnigen Stand auf frischem Lehmboden. Etwas höhere Bodenfeuchtigkeit braucht der Bergahorn, der sowohl auf humosem Lehm wie auf steinigem Boden gut gedeiht, solange diese tiefgründig sind. Alle drei Arten sind rauchhart, für innerstädtisches Klima geeignet und sehr gut kalkverträglich. Kurzzeitige Trockenheit schadet ihnen nicht, Nässe dagegen macht nur dem Bergahorn nichts aus.

Verwendung: Der Feldahorn ist durch seine Schnittverträglichkeit ausgezeichnet für Hecken geeignet. Er wird aber auch zur Befestigung von Böschungen, zur Begrünung von Dachgärten und als mobiles Grün in Pflanzkübeln verwendet. Mit seiner dichten Krone ergibt er einen wirksamen Windschutz. Spitz- und Bergahorn sind in erster Linie Solitärbäume für große Gärten. Für kleinere Gärten wählt man besser deren Sorten, die sowohl einzeln als auch in Gehölzgruppen gepflanzt werden können. Besondere Effekte erzielt man mit Sorten, die rotes Laub tragen oder säulenförmig bzw. kugelkronig wachsen.

Pflege: Die Bäume entwickeln sich ohne Schnittmaßnahmen am schönsten. Der Feldahorn verträgt aber auch einen radikalen Rückschnitt.

Vermehrung: Die reinen Arten können durch Aussaat (Saatgut benötigt zur Keimung eine Kälteperiode) oder im Frühjahr durch Stecklinge vermehrt werden. Sorten sollte man besser nachkaufen, denn ihre Eigenschaften bleiben nur durch Veredelung erhalten.

Schädlinge und Krankheiten: Gallmilben, Blattläuse; Ahornrunzelschorf, Rotpustelkrankheit, Zweigsterben, Ahornmehltau am Feldahorn

Tip: Ahornlaub verrottet schnell, es eignet sich daher gut zur Kompostierung.

Hohe, nicht heimische Arten

Arten: *A. negundo* (Eschenahorn), *A. rubrum* (Rotahorn), *A. saccharinum* (Silberahorn)

Herkunft: Misch- und Auwälder Nordamerikas

Wuchsform: *A. negundo* Baum oder Großstrauch mit ausladender Krone, *A. rubrum* kleiner Baum mit ovaler bis schmalkegeliger Krone, *A. saccharinum* großer Baum mit hochgewölbter bis kegelförmiger Krone

Höhe: *A. negundo* 15 – 20 m, Sorten 5 – 7 m, *A. rubrum* 7 – 12 m, *A. saccharinum* 15 – 20 m, selten bis 30 m, Sorten 15 – 20 m

Blütenfarbe: gelbgrün, *A. rubrum* rot

Blütezeit: März, *A. negundo* März bis April

Früchte: geflügelte Nüßchen, *A. negundo* hellgelb, ab

September, *A. rubrum* rot, ab Juli, *A. saccharinum* hellbraun, ab Juni
Merkmale: Sein drei- bis siebenzählig gefiedertes Laub, das dem der Esche ähnelt, brachte dem Eschenahorn seinen Namen ein. Bei dem raschwüchsigen, kurz- oder mehrstämmigen Baum oder Großstrauch ist die lockere, breite Krone aus geschwungenen Ästen mit überhängenden Zweigen aufgebaut. Viel auffälliger als die gelbgrünen Blüten, die meist vor dem Laub austreiben, sind die blaßgelben Flügelfrüchte, die bis in den Winter hinein am Baum bleiben. Besonders interessant wirken die buntlaubigen Sorten des Eschenahorns. Der Rotahorn verdankt seinen Namen der leuchtend orangeroten Herbstfärbung des drei- bis fünflappigen Laubs. Mit seinem malerischen Herbstlaub belebt er nicht nur weite Teile Nordamerikas, sondern auch Gärten in Europa. Der Silberahorn wächst schnell zu einem lichten Baum heran, dessen Äste steil nach oben ragen, dessen Zweigspitzen dagegen zierlich überhängen. Sein fünflappiges, tief eingeschnittenes Laub leuchtet beim Austrieb bronzefarben, bald danach frischgrün und unterseits silberweiß, im Herbst schließlich glänzend gelb. Das Laub einiger Sorten ist zusätzlich geschlitzt und wirkt dadurch besonders grazil.

Acer negundo

Sorten: Von *A. negundo* sind im Handel u.a. erhältlich (alle bis 7 m hoch) 'Aureovariegatum' (Goldbunter Eschenahorn; Laub dunkelgrün mit gelben Flecken), 'Flamingo' (Rosabunter Eschenahorn; Laub weiß gerandet und gefleckt, teilweise rosa gefärbt, Zweige blauweiß bereift), 'Variegatum' (Weißbunter Eschenahorn; Laub grün, weiß gerandet, teilweise weiß gebändert); von *A. rubrum* 'Armstrong' (schmalkronig, Höhe 10 – 12 m); von *A. saccharinum* (jeweils 15 – 20 m hoch) 'Laciniatum Wieri' (auch 'Wieri'; stark überhängende Zweige, Laub groß und tief eingeschnitten), 'Pyramidale' (breit-säulenförmiger Wuchs, Äste steil aufwärts strebend).
Standortansprüche: Ein sonniger bis halbschattiger Platz sagt allen Arten dieser Gruppe zu. Der Eschenahorn wächst am besten auf einem frischen, gut durchlässigen Sand- oder Lehmboden, der sauer oder auch kalkhaltig sein kann. Die beiden anderen Arten, insbesondere der Rotahorn, sind dagegen empfindlich gegen Kalk im Boden. Sie gedeihen am besten auf einem frischen bis feuchten Sand- oder Lehmboden, der für den Silberahorn auch tiefgründig sein sollte. Eschen- und Silberahorn sind gut für Stadtklima geeignet, sollten aber unbedingt windgeschützt stehen, da die Äste im Wind leicht brechen.
Verwendung: Der sehr raschwüchsige Eschenahorn ist vor allem zur schnellen Begrünung von Gärten zu empfehlen. Seine buntlaubigen Sorten kommen am besten in Einzelstellung zur Geltung. Auch der Rotahorn sollte einen weithin sichtbaren Platz erhalten. Am schönsten wirkt er hinter einer Rabatte mit herbstblühenden Stauden. Den Silberahorn pflanzt man wegen seiner Größe am besten nur als Einzelbaum oder als Gruppengehölz in weitläufigen Gärten, in denen er mit seinem silbrigen, tief geschlitzten Laub für schöne Kontraste sorgt.
Pflege: Bei den buntlaubigen Sorten des Eschenahorns treten mitunter Astpartien mit grünen Blättern auf. Solche Äste sollte man herausschneiden, damit der farbliche Eindruck erhalten bleibt. Darüber hinaus ist kein Schnitt erforderlich.
Vermehrung: Die reinen Arten können aus Samen nachgezogen werden, wobei zu beachten ist, daß der Eschenahorn ein Kaltkeimer ist. Stecklinge, die im Frühjahr geschnitten werden, bewurzeln sich leicht. Sorten müssen nachgekauft werden.
Schädlinge und Krankheiten: Gallmilben, Blattläuse; Rotpustelkrankheit, Zweigsterben

Niedrige, nicht heimische Arten

Arten: *A. japonicum* (Japanischer Ahorn, Thunbergs Fächerahorn), *A. palmatum* (Fächerahorn, Echter Fächerahorn), *A. ginnala* (Feuerahorn, Amur-Ahorn, Mongolischer Steppenahorn), *A. rufinerve* (Rotnerviger Ahorn, Rostnerviger Ahorn, Rostbartahorn)

Acer japonicum

Herkunft: Wälder Ostasiens
Wuchsform: kleine Bäume oder Großsträucher, *A. japonicum* mit lockerer, breit ausladender Krone, *A. palmatum* mit lockerer Krone, je nach Sorte aufstrebend, breit ausladend oder schirmförmig, *A. ginnala* mit breiter Krone, *A. rufinerve* mit lockerer, aufrechter Krone
Höhe: *A. japonicum* 1,5 – 2,5 m, Sorten bis 5 m, *A. palmatum* 3 – 4 m, selten bis 6 m, Sorten oft nur 1 – 3 m, selten bis 7 m, *A. ginnala* 4 – 6 m, *A. rufinerve* 5 – 6 m, selten bis 10 m
Blütenfarbe: *A. japonicum* dunkelrot und rosa, *A. palmatum* purpurrot, *A. ginnala* gelblichgrün, *A. rufinerve* grüngelb mit rostroter Behaarung
Blütezeit: Mai, *A. japonicum* April bis Mai
Früchte: geflügelte Nüßchen, rötlich, ab August, *A. rufinerve* grünlich, ab Juni
Merkmale: Beim Japanischen Ahorn wird nicht die reine Art kultiviert, sondern nur Sorten. Sie zeichnen sich durch ihren grazilen Wuchs und das schön geformte, fiederlappige Laub aus, das sich im Herbst leuchtend gelb bis orangerot verfärbt. Bemerkenswert sind auch die farbenfrohen Blüten mit purpurroten Kelch- und rosafarbenen Kronblättern, die in langgestielten Büscheln hängen. Aus ihnen entwickeln

Bewährte Sorten der niedrigen, nicht heimischen *Acer*-Arten

Sorte	Höhe in m	Wuchs	Laub	Herbstfärbung	Bemerkungen
von *Acer japonicum*					
'Aconitifolium'	3–5	breit ausladend	frischgrün	gelb-orange-rot	auffällige, purpurrote Blüte
'Aureum'	1,5–2,5	breitbuschig	gelbgrün	hellgelb	Blattstiele und -nerven rötlich
von *Acer palmatum*					
'Sango-kaku'	5–7	aufrecht	grün	goldgelb-hellrot	Zweige korallenrot
'Omurayama'	3–5	breitkronig	grün	goldgelb-rot	überhängende Zweige
'Osakazuki'	3–5	breitbuschig	frischgrün	orangerot	bogig überhängende Triebe
'Atropurpureum'	2–4	breitbuschig	grün	karminrot	reicher Fruchtansatz
'Dissectum Nigrum'	2–3	breit ausladend	schwarzrot	schwarzrot	Laub tief geschlitzt, bogig überhängende Triebe, bildet abgeflachte Halbkugel
'Dissectum Viridis'	2–3	breit ausladend	hellgrün	gelbrot	Laub tief geschlitzt, bogig überhängende Triebe, bildet abgeflachte Halbkugel
'Dissectum Garnet'	1–3	breit ausladend	schwarzrot	schwarzrot	Laub tief geschlitzt, bogig überhängende Triebe, bildet abgeflachte Halbkugel
'Ukegumo'	1–2	breitbuschig	cremeweiß-rosa	gelblich-rot	bildet nur kurze Triebe

Acer palmatum

sich rötliche bis braune Flügelfrüchte. Das Laub des Fächerahorns wirkt häufig, als sei es an den leicht überhängenden Zweigen regelrecht um die Krone aufgefächert. Wuchs, Blattform und Färbung können jedoch, je nach Sorte, sehr unterschiedlich sein. So gibt es frischgrün belaubte, locker aufstrebende Gestalten, intensiv purpurrot oder auch gelbgrün bis rosarot belaubte, rundkronige oder schirmförmige Sträucher sowie alle möglichen Zwischenformen. Besonders eindrucksvoll präsentieren sich die grünlaubigen Sorten im Herbst, wenn sich die Blätter feurig orangerot, goldgelb oder karminrot verfärben. Auch der Feuerahorn verdient seinen Namen zu Recht, denn die dreilappigen Blätter sind zum Austrieb rot, werden im Sommer glänzend dunkelgrün und nehmen im Herbst eine wahrhaft feurige Rotfärbung an. Betont aufrecht wachsen die Äste des Rotnervigen Ahorns. Er fällt nicht nur durch seine gelbgrünen Blüten mit rostroter Behaarung auf, sondern auch durch sein im Sommer dunkelgrünes, im Herbst aber gelbes und rot geflecktes Laub. Ältere Exemplare des Rotnervigen Ahorns ziehen selbst im Winter noch die Blicke auf sich, denn die Rinde, die in der Jugend glatt und grün ist, bekommt später auffällige weiße Längsstreifen.

Standortansprüche: Ihre Schönheit entfalten die ostasiatischen Ahornarten am besten im Schutz der Kronen anderer, größerer Bäume an einem absonnigen bis halbschattigen Standort. Feuerahorn und Rotnerviger Ahorn gedeihen auch bei überwiegend sonnigem Stand. Die hier genannten flachwurzelnden Arten reagieren empfindlich auf Oberflächenverdichtung. Man sollte sie deshalb in lockeren, gut durchlässigen, humosen und frischen Sand- oder Lehmboden pflanzen. Zudem muß der Boden sauer oder neutral sein, da sie keinen Kalk vertragen. Der Fächerahorn sowie seine Sorten sollten außerdem einen Platz mit möglichst hoher Luftfeuchtigkeit erhalten. An warmen Stellen wächst er nur gut, wenn der Boden stets ausreichend feucht ist. Für Stadtklima sind die Arten, mit Ausnahme des Feuerahorns, lediglich bedingt geeignet; als rauchhart gilt allein der Fächerahorn.

Verwendung: Die zierlichen Gehölze eignen sich besonders gut für kleine Gärten und kommen am besten zur Geltung, wenn sich ihre malerischen Kronen frei entfalten können. In Gehölzgruppen sollten sie daher nicht zu dicht mit anderen Arten zusammengepflanzt werden. Besonders kleinwüchsige Formen können gut im Steingarten oder Staudenbeet Verwendung finden. Hübsch wirken sie auch am Gewässerrand. Wegen ihres schwachen Wuchses eignen sie sich außerdem gut für Dachgärten und als mobiles Grün in Pflanzkübeln.

Pflege: Besonders der Fächerahorn und seine Sorten leiden schnell unter Austrocknung, was sich in Blattverbräunungen äußert. Man sollte sie deshalb mit kleinen Bodendeckern wie Frühlingsgedenkemein *(Omphalodes verna)*, Schaumblüte *(Tiarella cordifolia)* oder kleinen Farnen unterpflanzen oder bei Trockenheit häufig durchdringend gießen.

Acer rufinerve

Die Arten und Sorten sollten grundsätzlich nicht geschnitten werden. Allenfalls kann man alte Pflanzen vorsichtig auslichten.
Vermehrung: Eine Anzucht aus Samen ist nur bei den reinen Arten möglich, die bis auf den Japanischen und den Fächerahorn Kaltkeimer sind. Schneller geht die Nachzucht über Stecklinge, die man im Frühjahr gewinnt. Beim Japanischen und beim Fächerahorn ebenso wie bei deren Sorten können darüber hinaus Ableger oder Absenker gezogen werden.
Schädlinge und Krankheiten: Gallmilben, Blattläuse; Rotpustelkrankheit, Zweigsterben

Actinidia
Strahlengriffel

Arten: *A. arguta* (Gelber Strahlengriffel, Wilde Kiwi), *A. kolomikta* (Rosa Strahlengriffel, Kolomikta-Strahlengriffel, Amur-Stachelbeere)
Familie: Strahlengriffel- oder Aktinidiengewächse *(Actinidiaceae)*
Herkunft: Dickichte und Waldränder Ostasiens
Wuchsform: Schlingsträucher
Höhe: *A. arguta* 5 – 7 m, *A. kolomikta* 2 – 3 m
Blütenfarbe: *A. arguta* weiß, unscheinbar, *A. kolomikta* weiß
Blütezeit: Mai bis Juni
Früchte: eßbare Beerenfrüchte, *A. arguta* gelbgrün, *A. kolomikta* blauschwarz, beide ab Oktober
Merkmale: Die sehr ansehnlichen Strahlengriffel sind dicht belaubte, sommergrüne Klettergehölze. Ihre weißen, in Scheindolden stehenden, duftenden Blüten sind in der Regel eingeschlechtlich, d. h., es gibt weibliche und männliche Blüten, die zudem meist an verschiedenen Pflanzen stehen. Wie bei der zur selben Gattung zählenden Kiwi *(Actinidia deliciosa)* muß man Strahlengriffel beiderlei Geschlechts nebeneinandersetzen, wenn man deren an kleine Stachelbeeren erinnernde Früchte mit dem süßen, vitaminreichen Fruchtfleisch genießen will.
Der Gelbe Strahlengriffel zeichnet sich durch sattgrüne, papierdünne, elliptische Laubblätter aus, die unterseits braunfilzig sind und an rot gefärbten Blattstielen sitzen. Der starkwüchsige Schlinger behält seine Blätter bis weit in den Herbst hinein; erst dann färben sie sich gelb und fallen ab. Die zahlreichen Blüten fallen kaum auf, weil sie unter dem Laub verborgen bleiben, verbreiten jedoch einen sehr angenehmen Duft. Der Rosa Strahlengriffel bleibt in der Wuchsfreudigkeit weit hinter dem Gelben zurück, vor allem in der Jugend legt er nur zögernd an Höhe zu. Dafür fällt er durch seine ungewöhnliche Belaubung auf: Die hellgrünen, breit-elliptischen und vorn zugespitzten Blätter sind in Teilen ihrer Blattspreite weiß, hellrosa, dunkelrosa oder gar violett gefärbt, vor allem im oberen Bereich des Kletterstrauchs. Die bunte Blattfärbung tritt zumeist jedoch nur an männlichen Pflanzen auf.
Standortansprüche: Strahlengriffel gedeihen in geschützter Lage sowohl an sonnigen wie auch an halbschattigen Stellen. Ein gut durchlässiger, humoser und nährstoffreicher sowie ausreichend und gleichmäßig feuchter Boden gewährt den kräftigen, stark verzweigten und überwiegend flach unter der Oberfläche verlaufenden Wurzeln gute Bedingungen.
Verwendung: Mit diesen attraktiven Kettersträuchern lassen sich Pergolen, Lauben und Spaliere wirkungsvoll begrünen. Da das Laub des Gelben Strahlengriffels sehr dicht ist und lange am Strauch bleibt, eignet sich diese Art besonders gut als Schattenspender.

Actinidia kolomikta

Pflege: In den ersten Jahren nach der Pflanzung sollte der Wurzelbereich der Strahlengriffel den Winter über mit Reisig abgedeckt werden. Zur Ergänzung der Nährstoffvorräte gibt man im Herbst oder Frühjahr reifen Kompost. Ein Rückschnitt ist nur erforderlich, wenn die Pflanzen zu groß werden. Da gestutzte Zweige oft nur schwer wieder austreiben, nimmt man möglichst nur alte Triebe vollständig heraus und verschafft so den Jungtrieben wieder Luft.
Vermehrung: Neue Pflanzen lassen sich durch Aussaat oder durch Steckhölzer gewinnen.

Aesculus
Roßkastanie

Arten: *A. hippocastanum* (Gewöhnliche Roßkastanie), *A.* x *carnea* (auch *A. hippocastanum* x *A. pavia*, *A.* x *rubicunda*, Purpurkastanie, Rotblühende Roßkastanie, Blutkastanie), *A. parviflora* (auch *A. macrostachya*, Strauchkastanie)
Familie: Roßkastaniengewächse *(Hippocastanaceae)*
Herkunft: *A. hippocastanum* Berg- und Schluchtwälder Südosteuropas und Vorderasiens, in West- und Mitteleuropa eingebürgert, *A. parviflora* Waldränder Nordamerikas
Wuchsform: *A. hippocastanum* großer Baum mit breiter, hochgewölbter Krone, *A.* x *carnea* mittelgroßer Baum mit rundlicher Krone, *A. parviflora* breitbuschiger, ausladender Strauch
Höhe: *A. hippocastanum* 20 – 30 m, Sorten ab 10 m, *A.* x *carnea* 10 – 15 m, *A. parviflora* 2 – 3 m, selten bis 4 m
Blütenfarbe: *A. hippocastanum* weiß mit rot-gelber Zeichnung, *A.* x *carnea* hellrot bis rosarot, *A. parviflora* weiß
Blütezeit: *A. hippocastanum* April bis Mai, *A.* x *carnea* Mai, *A. parviflora* Juli bis August

Aesculus parviflora

Aesculus hippocastanum

Früchte: giftige Kapselfrüchte, *A. hippocastanum* grün, stachelig, Samen braun, *A.* x *carnea* bräunlichgrün, fast stachellos, Samen braun, werden nur zuweilen angesetzt, *A. parviflora* bräunlich, warzig, werden selten ausgebildet, alle ab September
Merkmale: Die mächtige Krone der Gewöhnlichen Roßkastanie beschirmt so manchen Dorfplatz und Biergarten, ist aber auch in Hausgärten nicht selten zu finden. Besonders reizvoll wirkt der dickstämmige Baum im Frühjahr, wenn er über und über mit weißen Blütenkerzen besteckt ist. Die Blüten stehen in aufrechten Rispen und tragen gelb-rote Saftmale, die den Insekten den Weg zur Nektarquelle am Blütengrund weisen. Schon einige Wochen vorher schiebt sich aus dicken, klebrigen Knospen der pelzige Austrieb heraus, der sich zu dem fünf- bis siebenteilig gefingerten Laub entfaltet, das im Sommer für erfrischenden Schatten sorgt. Bevor sich im Herbst die Blätter goldgelb verfärben und dann abfallen, platzen die mittlerweile kräftig herangewachsenen, igelartigen Früchte auf und geben glänzende, mahagonibraune Samen, die allbekannten Kastanien, frei. In der Volksheilkunde sind Kastanien altbewährt. Sie werden oft als Wildfutter gesammelt und von Kindern als Bastelmaterial geschätzt. Allerdings enthalten vor allem die grünen Schalen, aber auch die Früchte geringe Mengen für den Menschen giftiger Saponine. Die Purpurkastanie ähnelt der Gewöhnlichen Roßkastanie auf den ersten Blick sehr, sie wächst aber nur zu einem mittelgroßen Baum heran, und ihre hellrosa oder rosaroten Blüten öffnen sich etwas später. Nur selten entwickeln sich glattschalige oder nur wenig stachelige Früchte. Man pflanzt diese Hybride deshalb gern an Straßen, weil bei ihr kaum Belästigungen durch herabfallende Früchte auftreten. Wie die Gewöhnliche Roßkastanie ist auch die Purpurkastanie eine gute Bienenweide. Daß die Strauchkastanie zeitlebens strauchig bleibt, verrät schon ihr Name. Ihre Triebe mit dem für Roßkastanien typischen gefingerten Laub wachsen bogig aufrecht. Nicht nur durch ihre weißen, schlanken, erst spät im Sommer erscheinenden Blütenkerzen, sondern auch durch den bronzebraunen bis rötlichen Austrieb, das sattgrüne Sommerlaub und die goldgelbe Herbstfärbung zeigt sich die Strauchkastanie im Jahreslauf ausgesprochen abwechslungsreich. Früchte werden nur selten gebildet, wenn doch, bleiben sie wesentlich kleiner als bei der Gewöhnlichen Roßkastanie. Da sich der Strauch durch Ausläufer stark ausbreitet, erreicht er im Alter einen beachtlichen Durchmesser.
Sorten: von *A. hippocastanum* 'Baumannii' (Gefüllte Roßkastanie, auch als 'Plena' geführt; weiße, gefüllte Blüten, kein Fruchtansatz, schlankere Krone als die Art, Höhe 20 – 25 m), 'Pyramidalis' (weißblühend, schmalkronig, steil aufstrebende Äste, schwachwüchsig, Höhe 10 – 15 m); von *A.* x *carnea* 'Briotii' (Scharlachkastanie; leuchtend rote Blüten in besonders langen Kerzen, schwach- und langsamwüchsig, geringer Fruchtansatz, Höhe 10 – 15 m)
Standortansprüche: Roßkastanien bevorzugen sonnige bis absonnige Stellen; nur die Strauchkastanie kann auch halbschattig stehen. Der Boden sollte tiefgründig und gut durchlässig sein. Ideal ist ein humoser, frischer Lehmboden mit schwach saurer bis basischer Reaktion. Die Strauchkastanie gedeiht jedoch auch noch auf weniger tiefgründigen und sogar auf nassen Böden. Alle genannten Arten sind rauchhart und für Stadtklima geeignet. Allerdings vertragen Roßkastanien keine hohen Salzkonzentrationen im Boden und sollten daher nicht in die Nähe von Straßen gepflanzt werden, die im Winter mit Streusalz eisfrei gehalten werden. Das Laub salzgeschädigter Bäume vergilbt schon im Sommer, es trocknet von den Spitzen herein und fällt bald ab.
Verwendung: Die Gewöhnliche Roßkastanie kommt wegen ihres mächtigen Wuchses nur für große Gärten in Betracht. In Einzelstellung kann sich der Baum prächtig entwickeln und seine volle Schönheit entfalten. Die Purpurkastanie wird ebenfalls bevorzugt als Solitärbaum gepflanzt, z.B. als Schattenspender für einen Sitzplatz; sie kann aber auch mit anderen Gehölzen in der Gruppe stehen. Die sehr breit werdende Strauchkastanie setzt man am besten allein in weitläufige Rasenflächen oder in ausreichendem Abstand vor große Gehölzgruppen. Keine der Arten ist für eine Unterpflanzung geeignet, da sie mit ihren flach unter der Oberfläche verlaufenden Wurzeln und durch die starke Beschattung den Wuchs anderer Pflanzen drastisch einschränken.
Pflege: Am besten läßt man die Bäume sich frei entwickeln. Die Purpurkastanie verträgt zwar einen starken Verjüngungsschnitt, da sie aus schlafenden Augen willig austreibt, allerdings werden die Äste danach äußerst anfällig für Windbruch. Zudem dringen über die Wunden sehr leicht Fäulniserreger ins Holz ein. Durch Windbruch verursachte große Wunden sollten stets rasch mit Baumwachs verschlossen werden. Die Strauchkastanie kann problemlos durch Schnitt verjüngt werden, was aber ihren Ausbreitungsdrang durch Ausläufer nicht zügelt. Wo sie nicht ungehindert wachsen darf, muß man regelmäßig die Ausläufer ausgraben und abstechen.
Vermehrung: Die Arten kann man durch Aussaat vermehren, sie keimen problemlos und wachsen rasch heran. Die Sorten müssen veredelt werden, daher kauft man sie besser nach.

Schädlinge und Krankheiten: Blattfleckenkrankheit, Rotpustelkrankheit
Tip: Roßkastanienlaub verrottet nur langsam. Man sollte es daher nur in sehr kleinen Mengen zum Kompost geben. Als dünne Mulchschicht auf dem Boden ausgebreitet, z. B. unter Hecken, unterdrückt es Unkrautwuchs nachhaltig.

Alnus
Erle

Arten: *A. glutinosa* (Schwarzerle, Roterle), *A. incana* (Grauerle, Weißerle)
Familie: Birkengewächse *(Betulaceae)*
Herkunft: Au- und Uferwälder Europas
Wuchsform: *A. glutinosa* hoher Baum mit hochgewölbter Krone, *A. incana* mittelgroßer Baum mit anfangs spitzer, später rundlicher, breiter Krone
Höhe: *A. glutinosa* 10 – 20 m, selten bis 30 m, *A. incana* 8 – 12 m, selten bis 20 m, manche Sorten nur 8 – 10 m
Blütenfarbe: weibliche Blüten rötlich, männliche Blüten gelb
Blütezeit: *A. glutinosa* März bis April, *A. incana* Februar bis März
Früchte: grünlichgraue bis schwarze Zapfen, ab September
Merkmale: Schwarzerlen kennt man von Fluß- und Bachufern, von Bruch- und Auwäldern, wo die häufig mehrstämmig wachsenden Bäume größere Bestände bilden können. Ihre Wuchshöhe hängt stark vom Standort ab. Die Stämme streben kerzengerade nach oben und tragen eine schwarzbraune, längsrissige Borke. Die klebrigen Zweige sind locker verzweigt und stehen fast waagrecht ab.

Alnus incana, Hängeform

Das eiförmige, dunkelgrüne, anfangs ebenfalls klebrige Laub bleibt im Herbst viel länger als bei anderen Arten haften. Oft hängt es eingetrocknet noch den ganzen Winter über am Baum. Schon im Sommer bilden sich die Blütenstände für das nächste Frühjahr. Die männlichen, lang herabhängenden Kätzchen blühen im März dann gelb auf, die kleinen weiblichen, ovalen Kätzchen sind rötlich und entwickeln sich zu holzigen Fruchtzapfen, die nach dem Ausschütten der kleinen Nußfrüchte oft noch bis ins nächste Jahr erhalten bleiben. Die in der Jugend spitzkegelige Kronenform der etwas kleineren Grauerle verbreitert sich im Alter zusehends und wird schließlich rundlich. Die Rinde ist glatt und silbergrau. Das Laub ähnelt dem der Schwarzerle, ist jedoch nicht klebrig, bleibt kleiner und zeigt oberseits eine graugrüne, unterseits eine weißlichgraue Färbung. Die Blüten entsprechen denen der Schwarzerle, die Fruchtzapfen werden jedoch nicht so groß.

Sorten: von *A. glutinosa* 'Aurea' (gelbgrünes Laub, Austrieb gelb, Rinde anfangs orangegelb, Höhe 15 – 25 m), 'Imperialis' (Kaisererle; schwachwüchsig, Laub tief eingeschnitten, Höhe 10 bis 15 m); von *A. incana* (jeweils 8 – 10 m hoch) 'Aurea' (Austrieb goldgelb, Laub im Sommer grün, Rinde anfangs orangegelb, später grau, kupferrote männliche Kätzchen), 'Pendula' (Hängeform, bogig überhängende Zweige, sonst wie die Art)
Standortansprüche: Erlen sind sehr robuste, anspruchslose, flachwurzelnde Bäume, die in sonniger bis halbschattiger Lage auf nahezu allen Bodenarten gedeihen können. Mit Hilfe von Strahlenpilzen, die in den Erlenwurzeln leben, Luftstickstoff sammeln und für die Erlen nutzbar machen, können die Bäume auch auf extrem kargem Untergrund wachsen. Die Schwarzerle bevorzugt feuchte, saure Böden, während die Grauerle auf eher trockenen, kalkhaltigen gedeiht. Beide Arten sind nur mäßig rauchhart, für Stadtklima aber durchaus geeignet.
Verwendung: Erlen werden in erster Linie auf extremen Böden gepflanzt, also z.B. auf Ödland oder Schotterflächen, die Schwarzerle auch als Uferbefestigung größerer Gewässer. Die kleiner bleibenden Sorten wirken sowohl einzeln als auch in Gruppen in größeren Gärten sehr attraktiv.
Pflege: Grundsätzlich bleiben Erlen ungeschnitten. Sie verjüngen sich jedoch auch nach starkem Rückschnitt, selbst bis zum Boden, über Wurzelausschläge.
Vermehrung: Die Arten können durch Aussaat oder Stecklinge vermehrt werden, Sorten werden veredelt.

Schädlinge und Krankheiten: Gallmilben, Blattläuse, Erlenrüßler, Erlenblattfloh; Zweigsterben, Echter Mehltau
Tip: Durch die Symbiose der Erlen mit stickstoffsammelnden Strahlenpilzen ist der Boden unter den Bäumen besonders nahrhaft und erlaubt auch anderen Pflanzen ein üppiges Wachstum. Die trockenen Erlenzapfen eignen sich sehr gut für Trockenbinderei und für weihnachtliche Gestecke.

Amelanchier
Felsenbirne

Arten: *A. laevis* (Hängende Felsenbirne), *A. lamarckii* (auch *A. canadensis*, Kupferfelsenbirne)
Familie: Rosengewächse *(Rosaceae)*
Herkunft: *A. laevis* Bergwälder und Küstengebiete, *A. lamarckii* Waldränder und Gebüsche Nordamerikas
Wuchsform: große Sträucher, *A. laevis* mit lockerer, unregelmäßiger Krone, *A. lamarckii* breit aufrecht mit schirmförmiger Krone
Höhe: *A. laevis* 2 – 4 m, *A. lamarckii* 6 – 8 m
Blütenfarbe: weiß
Blütezeit: April bis Mai
Früchte: eßbare, beerenartige Apfelfrüchte, purpurrot bis schwarz, ab August
Merkmale: Die beiden sommergrünen Sträucher sind einander sehr ähnlich und präsentieren sich im Jahresverlauf ausgesprochen abwechslungsreich. An den oliv- bis rotbraunen Zweigen sitzen im Winter rötliche, spitze Knospen, aus denen im Frühjahr, unmittelbar vor dem Laubaustrieb, weiße Blütentrauben hervorbrechen, die einen deutlichen Honigduft verbreiten, zahlreiche Insekten anlocken und eine

Amelanchier lamarckii

gute Bienenweide darstellen. Bald darauf haben sich auch die eiförmig-länglichen, dunkelgrünen Blätter entfaltet. Bevor sich die Sträucher in leuchtende Herbstfarben hüllen, kommen die erbsengroßen, beerenartigen, purpurnen bis schwarzen, blau überhauchten Apfelfrüchte zur Reife. Sie werden von Singvögeln sehr geschätzt. Heute seltener als früher nutzt man die Felsenbirnen als Obststräucher; die Früchte werden zu Gelee, Sirup und Kompott verarbeitet oder als Korinthenersatz getrocknet. Die Hängende Felsenbirne zeigt aufrechte Triebe mit waagrecht abstehenden Seitenästen, und die dünnen Zweige hängen an den Spitzen über. Ihre Blüten erscheinen kurz vor den etwas kleineren der Kupferfelsenbirne. Letztere trägt ihren Namen nach der kupfrigroten Färbung des Austriebs, die einen herrlichen Kontrast zum Cremeweiß der Blüten bildet. Auch ihr Herbstlaub nimmt eine kupfrige, orangerote Tönung an.
Standortansprüche: Felsenbirnen sind robuste, wenig anspruchsvolle Gehölze, die vorübergehend sowohl Trockenheit als auch Nässe vertragen. Sie brauchen einen sonnigen bis absonnigen Platz, die Kupferfelsenbirne kann aber auch halbschattig stehen. Das Substrat sollte für die Flachwurzler gut durchlässig und möglichst auch humos sein. Leichter Sandboden ist ideal. Die Kupferfelsenbirne ist kalkliebend; dagegen bevorzugt die Hängende Felsenbirne eher sauren Boden. Beide sind rauchhart und eignen sich für innerstädtisches Klima.
Verwendung: Einzeln oder in Gruppen, auch als freiwachsende Hecken beleben Felsenbirnen mit ihrem vielseitigen Aussehen den Garten. Unübertroffen ist ihre Wirkung als Hintergrund für Frühlingsbeete. Besonders hübsch wirkt eine Unterpflanzung mit kleinen Zwiebelblumen wie Traubenhyazinthen *(Muscari)* oder Blausternen *(Scilla)*. Die Sträucher gedeihen willig auch auf Dachgärten und in Kübeln als mobiles Grün.
Pflege: Zu voller Pracht kommen Felsenbirnen nur, wenn sie ungestört wachsen und sich frei entfalten dürfen, ohne geschnitten zu werden – wenngleich sie auch das gut vertragen. Bei veredelten Sträuchern der Hängenden Felsenbirne sollten bodennahe Wildtriebe möglichst rasch entfernt werden. Bei älteren Kupferfelsenbirnen kann ein vorsichtiges Auslichten erforderlich sein, wenn der Strauch zu dicht wird.
Vermehrung: Durch Aussaat kann man sich neue Pflanzen heranziehen, die Samen müssen allerdings einer Kälteperiode ausgesetzt werden (Kaltkeimer). Auch Stecklinge eignen sich zur Vermehrung.
Krankheiten: Ringfleckenmosaik (Virose), Echter Mehltau
Tip: Das schon früh im Herbst abfallende Laub der Felsenbirnen verrottet schnell und eignet sich deshalb gut zum Kompostieren.

Aristolochia
Pfeifenwinde, Pfeifenblume

Art: *A. macrophylla* (auch *A. durior*, *A. sipho*, Großblättrige Pfeifenwinde, Tabakpfeifenstrauch)
Familie: Osterluzeigewächse *(Aristolochiaceae)*
Herkunft: Bergwälder Nordamerikas
Wuchsform: Schlingstrauch
Höhe: 6 – 10 m
Blütenfarbe: außen gelbgrün, innen purpurbraun
Blütezeit: Juni bis Juli
Merkmale: Die Großblättrige Pfeifenwinde ist ein hochwüchsiger, linkswindender Kletterstrauch mit sehr dichtem, dunkelgrünem, herzförmigem Laub. Im Sommer bilden sich Blüten, die wie Pfeifenköpfe geformt sind. Meist bleiben sie jedoch unter den wie Dachziegel übereinanderliegenden Laubblättern versteckt. Wahrnehmen wird man die außen gelbgrünen, rotbraun geäderten und innen purpurbraunen Kesselfallenblüten wohl eher an dem nicht besonders angenehmen Geruch, der viele Insekten anlockt. Vor allem Fliegen geraten in die Blütenfallen. Die hellgrünen Kapselfrüchte entwickeln sich im mitteleuropäischen Klima jedoch nur selten. Wie alle Arten der Gattung enthält auch die Großblättrige Pfeifenwinde in allen Pflanzenteilen giftige Alkaloide.
Standortansprüche: Solange der Standort nur windgeschützt liegt, kann die Großblättrige Pfeifenwinde sowohl an sonnigen wie auch an schattigen Stellen gepflanzt werden. Die fleischigen, sich in weitem Umkreis um die Pflanze erstreckenden Wurzeln finden in einem frischen, humosen Gartenboden beste Voraussetzungen. Zeitweilige Nässe schadet ihnen nicht, austrocknen darf der Boden dagegen nie. Die Großblättrige Pfeifenwinde ist ziemlich rauchhart und verträgt Stadtklima.
Verwendung: Der stark schattenspendende Kletterstrauch, der sich an ausreichend stabilen Gerüsten ohne weitere Hilfe emporwindet, ist vor allem als wirkungsvoller Sicht- und Sonnenschutz geschätzt.
Pflege: Die Sträucher wachsen in der Regel nur langsam an. In den ersten Jahren sollten sie einen leichten Winterschutz erhalten. Je sonniger der Standort, desto sorgsamer muß man auf ausreichende Bodenfeuchtigkeit achten. Einmal im Jahr wird der Boden mit reifem Kompost aufgebessert. Soll die Pflanze verstärkt in die Breite statt nur in die Höhe wachsen, leitet man Seitentriebe gezielt in die gewünschte Richtung. Zusätzlich kneift man ab und zu die Triebspitzen ab, um eine dichtere Verzweigung anzuregen. Ein Schnitt ist nicht erforderlich, die Pflanze verträgt aber selbst radikalen Rückschnitt.
Vermehrung: Neue Pflanzen gewinnt man durch Aussaat, Stecklinge oder Absenker.
Schädlinge und Krankheiten: Spinnmilben; Aristolochia-Mosaik (Virose)

Aristolochia macrophylla

B

Berberis thunbergii

Berberis
Berberitze, Sauerdorn

Arten: *B. thunbergii* (Thunbergs Berberitze, Heckenberberitze), *B. julianae* (Julianes Berberitze, Großblättrige Berberitze), *B. verruculosa* (Blaublattberberitze, Warzenberberitze), *B. candidula* (Kissenberberitze), *B. buxifolia* (auch *B. dulcis*, Buchsblättrige Berberitze)
Familie: Berberitzen- oder Sauerdorngewächse *(Berberidaceae)*
Herkunft: Wälder und Waldränder in Ostasien, *B. buxifolia* in Südamerika
Wuchsform: Sträucher, *B. thunbergii* sommergrün, trichterförmig aufrecht, *B. julianae* immergrün, dichtbuschig aufrecht, *B. verruculosa* immergrün, breit ausladend und überhängend, *B. candidula* breitkugeliger, immergrüner Zwergstrauch, *B. buxifolia* breitbuschiger, immergrüner Zwergstrauch
Höhe: *B. thunbergii* 1,5 – 4 m, Sorten oft viel niedriger, *B. julianae* 2 – 3 m, *B. verruculosa* 1 – 2 m, *B. candidula* 0,5 – 0,8 m, *B. buxifolia* 1 – 1,5 m, Sorte 0,3 – 0,5 m
Blütenfarbe: gelb
Blütezeit: Mai
Früchte: Beeren, *B. thunbergii* korallenrot, *B. julianae* blauschwarz, *B. verruculosa* schwarz, blau bereift, *B. candidula* blau, weiß bereift, ab September
Merkmale: Berberitzen sind sommer- oder immergrüne, spitze Dornen tragende Sträucher mit vielfältigen Erscheinungsformen. Thunbergs Berberitze ist die wohl am häufigsten in Gärten kultivierte Art. Der sommergrüne, dichtverzweigte Strauch trägt kleine, eiförmige Blätter. Im Frühjahr schmückt er sich mit hübschen kleinen Trauben gelber, halbkugeliger, nach Honig duftender Blüten, im Herbst bildet er leuchtend korallenrote, längliche Beerenfrüchte, bevor sein Laub sich schließlich orangerot verfärbt und abfällt. Besonders beliebt sind rotbelaubte Sorten, die meist als Blutberberitzen bezeichnet werden. Julianes Berberitze wächst zu einem dichtbuschigen, im Alter überhängenden Strauch heran. Ihre lanzettlichen Laubblätter bleiben ganzjährig grün, nur bei starkem Frost werden sie abgeworfen. Im Herbst fallen die blauschwarzen, bereiften Beeren auf. Die immergrüne Blaublattberberitze trägt eiförmiges, glänzend grünes, unterseits bläuliches Laub an bogig überhängenden Trieben mit warziger Rinde. Sie wächst kugelig bis hochgewölbt und zeichnet sich durch große, goldgelbe, süßlich duftende Blüten und später durch schwarze, blaubereifte, flaschenförmige Beeren aus. Recht ähnlich ist die ebenfalls immergrüne Kissenberberitze, deren satt dunkelgrünes Laub stark glänzt und unterseits silbrigweiß ist. Die Blätter sind außerdem an den Rändern eingerollt. Die reine Art der Buchsblättrigen Berberitze wird im Garten kaum kultiviert, wohl aber die Sorte 'Nana', ein dichtverzweigter, buschiger Zwergstrauch mit immergrünem Laub, das nur bei sehr starkem, anhaltendem Frost abgeworfen wird. Selten erscheinen im Mai orangegelbe Blüten, und so bleibt auch eine Fruchtbildung gewöhnlich aus.
Wegen der Bewehrung mit Dornen sind Berberitzen wertvolle Vogelschutzgehölze. Die Blüten aller Arten liefern Nektar und Pollen für Bienen und andere Insekten. Die Früchte der Zierarten sind im Gegensatz zu denen der heimischen Gewöhnlichen Berberitze *(B. vulgaris)* nicht für den Verzehr geeignet.
Sorte: von *B. buxifolia* 'Nana' (immergrün, schwachwüchsig, dicht verzweigt, breitbuschig, Höhe 0,3 – 0,5 m)
Standortansprüche: Berberitzen sind anspruchslose Sträucher, die fast überall gedeihen. Sie werden entweder an sonnige oder halbschattige Plätze gepflanzt. Die immergrünen Arten sind etwas frostempfindlich, sie sollten einen windgeschützten und absonnigen bis halbschattigen Standort erhalten, damit sie im Winter nicht aus-

Bewährte Sorten von *Berberis thunbergii*

Sorte	Höhe in m	Laubfarbe	Austrieb	Herbstfärbung
'Red Chief'	2 – 4	braunrot	rötlich	scharlachrot
'Atropurpurea'	1,5 – 3	braunrot	rötlich	scharlachrot
'Rose Glow'	1,5 – 3	bräunlich karminrot, rosa, grau und weiß gefleckt	rotbraun-karminrosa	–
'Pink Queen'	1 – 2	bräunlich rosa, weiß und grau gefleckt	rot	–
'Green Ornament'	1 – 1,5	dunkelgrün	bräunlich	braungelb
'Verrucandi'	1 – 1,5	dunkelgrün	grün	gelb-orange
Besonders für niedrige Hecken geeignete Sorten von *Berberis thunbergii*				
'Green Carpet'	0,5 – 0,8	hellgrün	hellgrün	gelb-rot
'Atropurpurea Nana'	0,3 – 0,6	braunrot	rötlich	scharlachrot
'Kobold'	0,3 – 0,5	dunkelgrün	rötlich	gelb-rot
'Bagatelle'	0,3 – 0,4	schwarzrot	bräunlich	scharlachrot

trocknen. An den Boden stellt keine der hier genannten Arten besondere Ansprüche. Für die flachwurzelnden Sträucher eignet sich ein frischer bis leicht trockener, humoser und durchlässiger Gartenboden am besten. Alle sind überdies gut rauchhart und vertragen innerstädtisches Klima.
Verwendung: Berberitzen werden in erster Linie für Hecken verwendet, sowohl für streng geschnittene als auch für freiwachsende. Mit den niedrigen Sorten kann man hübsche kleine Hecken, z.B. für Einfassungen, ziehen. Ebenso reizvoll sind die Sträucher aber, wenn sie in Gruppen frei wachsen dürfen. Die niedrigen Arten und Sorten können auch auf Dachgärten und in Kübeln als mobiles Grün Verwendung finden.

Berberis candidula

Pflege: Immergrüne Arten, die an sonnigen Stellen stehen, sollte man im Spätherbst noch einmal durchdringend gießen und im Spätwinter dann schattieren, um Frosttrockenheit zu vermeiden. Frei wachsende Sträucher läßt man am besten ungeschnitten, ein radikaler Verjüngungsschnitt ist aber möglich.
Vermehrung: Die reinen Arten können durch Aussaat gleich nach der Samenreife (Kaltkeimer), die Sorten durch Steckhölzer oder Absenker vermehrt werden.
Schädlinge und Krankheiten: Blattläuse, Schildläuse; Echter Mehltau
Tip: Die heimische Gewöhnliche Berberitze *(B. vulgaris)* ist vielerorts bis zur Ausrottung bekämpft worden, weil sie dem gefürchteten Getreideschwarzrost, einem pilzlichen Krankheitserreger, als Zwischenwirt dient. Die Sträucher dürfen aus diesem Grund nicht näher als 300 m an ein Getreidefeld herangepflanzt werden. In ländlichen Gebieten sollte man statt dieses heimischen Wildstrauchs besser andere Berberitzenarten verwenden. Fern von Getreidefeldern kann man die Art aber getrost in den Garten setzen, z.B. in eine Wildhecke.

Betula
Birke

Arten: *B. pendula* (auch *B. alba*, *B. verrucosa*, Weißbirke, Sandbirke, Hängebirke, Warzenbirke), *B. nigra* (Schwarzbirke, Flußbirke, Uferbirke), *B. albosinensis* (Kupferbirke, Chinesische Birke), *B. nana* (Zwergbirke, Polarbirke)
Familie: Birkengewächse *(Betulaceae)*
Herkunft: *B. pendula* lichte Wälder, Heiden und Brachflächen in Europa, Vorderasien und Nordafrika, *B. nigra* Ufer- und Auwälder in Nordamerika, *B. albosinensis* Bergwälder in China, *B. nana* Hochmoore in Europa, Grönland und Alaska

Betula pendula

Wuchsform: *B. pendula* großer Baum mit schlanker Krone, Sorten mit sehr variablem Kronenaufbau, *B. nigra* mittelgroßer, meist mehrstämmiger Baum mit breit ausladender Krone, *B. albosinensis* kleiner Baum mit kegeliger Krone, *B. nana* kissen- bis nestförmiger Zwergstrauch
Höhe: *B. pendula* 20 – 30 m, Sorten meist 10 – 15 m, auch niedriger, *B. nigra* 15 – 20 m, *B. albosinensis* 6 – 8 m, *B. nana* 0,2 – 1 m
Blütenfarbe: gelbgrün, nur männliche Kätzchen auffallend
Blütezeit: April
Früchte: walzenförmige Fruchtzäpfchen, grünlich, ab Juli
Merkmale: Birken gelten wegen ihres hellgrünen Austriebs, der die grazilen Äste im Frühjahr wie ein zarter Schleier überzieht, als Symbole der Fruchtbarkeit und der Erneuerung. Beliebt sind sie aber auch aufgrund ihrer feingliedrigen Gestalt und der oft schön gefärbten Rinde, die sich in papierdünnen Querstreifen oder Fetzen vom Stamm ablöst. Die dreieckigen bis rautenförmigen Blätter treiben bei allen Arten in zartem Lindgrün aus, werden im Sommer frischgrün bis dunkelgrün und verfärben sich im Herbst goldgelb. Schon im Spätsommer erscheinen bei den Birken die aufrechten, kleinen weiblichen Kätzchen, die aber kaum auffallen. Erst im folgenden Frühjahr setzt die eigentliche Blüte ein, dann nämlich, wenn die gelbgrünen, lang herabhängenden, schlanken männlichen Kätzchen den Baum schmücken. Aus den weiblichen Blüten entwickeln sich nach der Befruchtung walzenförmige Fruchtzapfen, die im Spätsommer in kleine, geflügelte Nußfrüchtchen zerfallen und vom Wind in alle Winkel getragen werden.
Die heimische Weißbirke ist schon von weitem an ihrer blendend weißen Rinde, die von einem Streifenmuster aus schwärzlicher, längsrissiger Borke durchzogen wird, zu erkennen. Sie wächst sehr rasch und bildet im Alter einen großen Baum, dessen feine Zweige überhängen. Die Triebe fühlen sich oft etwas klebrig an, weil sie mit vielen warzigen Harzdrüsen besetzt sind. Von dieser Art gibt es zahlreiche Sorten, von denen die meisten viel niedriger bleiben. Die Schwarzbirke wächst fast immer mehrstämmig, wobei die Stämme trichterförmig auseinanderstreben. Ihre Krone wird dadurch breit aus-

ladend, die äußeren Zweige hängen leicht über. Bemerkenswert ist bei dieser Art vor allem die rotbraune, teilweise silbergraue Rinde, die sich in mehreren Lagen kraus aufrollt, aber am Stamm haftenbleibt. Bei der Kupferbirke, einem recht langsam wachsenden kleinen Baum, ist die Rinde orange bis rotbraun, anfangs zudem noch bläulich bereift. Sie blättert in hauchdünnen Streifen ab. Zwergenhaft klein, wie ihr Name sagt, bleibt die heimische, in Hochmooren und auf Moorwiesen siedelnde Zwergbirke. Die reichverzweigten Äste des Zwergstrauchs sind niederliegend, ihre Spitzen aufsteigend, so daß sich eine kissen- bis nestförmige Gestalt ergibt. Auch das Laub dieser Art ist winzig, seine graugrüne Farbe wechselt im Herbst nach Orangegelb.

Sorten: Von *B. pendula* werden u. a. angeboten 'Tristis' (Hängebirke; Seitenäste schwach aufsteigend, an den Spitzen bogig überhängend, Zweige lang herabhängend, Höhe 10 – 15 m, manchmal bis 20 m), 'Dalecarlica' (auch als 'Crispa' geführt, Schlitzbirke, Ornas-Birke; Hauptäste betont aufrecht, Zweige bogig hängend, schmale Krone, tief geschlitzte Blätter, Höhe 10 – 15 m), 'Fastigiata' (Säulenbirke; straff aufrechter Wuchs, Äste häufig leicht wellenförmig gewunden, büschelig verzweigt, breit säulenförmige Krone, Höhe 10 – 15 m), 'Purpurea' (kleiner Baum mit durchgehendem Stamm, Äste erst straff aufrecht, später seitlich abstehend mit überhängenden Zweigen, Laub im Austrieb dunkelrot, später olivgrün bis bronzefarben, im Herbst braunrot, Höhe 7 – 10 m), 'Youngii' (Trauerbirke; kleiner Baum mit schirmförmiger

Betula nigra

Krone, lange, mähnenartig herabhängende Zweige, meist als Hochstamm veredelt, Wuchshöhe je nach Höhe der Unterlage 4 – 6 m), 'Gracilis' (kleiner Baum ohne Mitteltrieb, Äste bogig überhängend, Zweige fein und schmal-büschelig stehend, Laub tief gelappt, Höhe 3 – 5 m).

Standortansprüche: Birken sind ausgesprochene Lichtbäume und brauchen daher einen sonnigen, zumindest absonnigen Platz. Je nach Art sind die Ansprüche an den Boden sehr unterschiedlich. Die Weißbirke ist eine sog. Pionierbaumart und gedeiht auf trockenen bis frischen, steinigen und sandigen, auch flachgründigen Böden, die jedoch nährstoffreich sein müssen. Die Schwarzbirke braucht dagegen einen feuchten, tiefgründigen, kräftigen Lehmboden, um sich mit ihrem herzförmig in die Tiefe gehenden Wurzelwerk gut verankern zu können. Sie verträgt Trockenheit nur zeitweilig. Die Kupferbirke pflanzt man am besten in geschützter Lage auf guten, nährstoffreichen Gartenboden, der weder zu trocken noch zu naß sein darf. Entsprechend ihrem natürlichen Standort benötigt die Zwergbirke einen stark bis schwach sauren Untergrund, der viel Humus oder Torf enthält. Die Arten und Sorten sind mäßig rauchhart und für Stadtklima nur bedingt geeignet.

Verwendung: Die raschwachsende, mächtige Weißbirke kommt als Einzel- oder Gruppengehölz zur schnellen Begrünung neu angelegter größerer Gärten in Frage. Ihre Sorten sind dagegen auch für kleinere Gärten geeignet, wo sie einzelnstehend am besten zur Wirkung kommen. Insbesondere die Trauerform 'Youngii' ergibt eine herrliche Kulisse für Staudengruppen oder einen Sitzplatz. Die Schwarzbirke mit ihrer auffallend gefärbten Rinde bildet am Gewässerrand einen attraktiven Blickfang. Mit der Kupferbirke lockert man Gehölzgruppen auf oder setzt einen besonderen Akzent in einer Rasenfläche. Die Zwergbirke wird überwiegend als Gruppengehölz im Stein- und Heidegarten oder am Gewässerrand eingesetzt. Als flachwurzelnde Bäume, die knapp unter der Bodenoberfläche einen dichten Filz aus Feinwurzeln bilden, können Birken nur schwer unterpflanzt werden.

Pflege: Birken brauchen viel Wasser und zehren den Boden stark aus. Mit Ausnahme der Weißbirke reagieren sie auf extreme und langanhaltende Trockenheit häufig mit vorzeitigem Laubfall. Da eine Bewässerung und Düngung sehr aufwendig und oft nur mäßig erfolgreich ist, muß man unbedingt auf die richtige Standortwahl achten. Die Gehölze wachsen am besten an, wenn sie zu Beginn des Austriebs mit Ballen gepflanzt werden. Alle Arten und Sorten entwickeln sich am schönsten, wenn sie ungeschnitten bleiben. Rückschnitt wird nur sehr schlecht vertragen, vor allem im Alter.

Vermehrung: Die Arten können leicht aus Samen herangezogen werden. Die Sorten der Weißbirke werden veredelt, man bezieht sie besser aus der Baumschule.

Schädlinge und Krankheiten: Blattläuse, Rüsselkäfer; Birkenrost, Hexenbesen

Tip: Birkenlaub verrottet schnell, es kann daher gut zur Herstellung von Laubkompost verwendet werden.

Buddleja
Schmetterlingsstrauch, Sommerflieder, Buddleie

Arten: *B.-Davidii*-Hybriden, *B. alternifolia*
Familie: Schmetterlingsstrauchgewächse *(Buddlejaceae)*
Herkunft: Elternart *B. davidii* trockene Steppen und Matten, *B. alternifolia* sonnige Waldränder Chinas

Buddleja-Davidii-Hybride

Wuchsform: große Blütensträucher, trichterförmig aufrecht, breit ausladend mit leicht überhängenden Zweigen
Höhe: 2 – 4 m
Blütenfarbe: violett, *B.-Davidii*-Hybriden auch weiß, rosa und rot

Buddleja alternifolia

Blütezeit: *B.-Davidii*-Hybriden Juli bis Oktober, *B. alternifolia* Juni
Merkmale: Ihren Namen tragen die schönen, sommergrünen Blütensträucher wegen ihrer Attraktivität für Schmetterlinge, die sie zur Blütezeit in großen Scharen umgaukeln. Die farbenprächtig blühenden *B.-Davidii*-Hybriden entwickeln an den Enden ihrer rasch wachsenden einjährigen Triebe, später auch an denen der Seitenzweige, lange, schlanke Blütenrispen. Diese erinnern an die Blütenstände des Flieders und duften herrlich. Die daraus entstehenden Fruchtstände dagegen sind unscheinbar. Die Laubblätter zeigen sich lanzettlich, graugrün und unterseits graufilzig. *B. alternifolia* wirkt im Frühsommer, wenn sich an den peitschenförmig herabgebogenen Zweigen mit dem stumpfgrünen bis silbergrauen Laub die in Büscheln stehenden, ebenfalls duftenden Blüten öffnen, wie von einem zartlila Vorhang überzogen.
Standortansprüche: Schmetterlingssträucher erfordern einen sonnigen, geschützten und warmen Platz, da sie in mitteleuropäischen Breiten nur bedingt frosthart sind. Dafür nehmen sie aber auch mit trockenem, steinigem oder sandigem Boden vorlieb, der möglichst gut durchlässig und kalkhaltig sein sollte.
Verwendung: Schmetterlingssträucher wirken eigentlich immer schön, sei es einzeln oder in Gruppen oder als Hintergrund von Staudenbeeten. Auch für Dachgärten und Pflanzkübel sind sie geeignet. *B. alternifolia* kommt am besten zur Geltung, wenn sie nicht von anderen auffallenden Arten bedrängt wird. Die Sträucher sind nur mäßig rauchhart, eignen sich aber trotzdem gut für innerstädtisches Klima.
Pflege: Die Pflanzung erfolgt am besten im Frühjahr. Im Herbst oder Winter eingesetzte Sträucher leiden oft unter der Kälte. Eine dicke Mulchdecke über den Winter verhindert starkes Zurückfrieren. Um das flach unter der Erdoberfläche verlaufende Wurzelsystem nicht zu beeinträchtigen, sollten Grabearbeiten unter den Sträuchern vermieden werden.
Die im Winter oft stark zurückfrierenden Triebe der *B.-Davidii*-Hybriden müssen im Spätwinter (nicht schon im Herbst!) scharf zurückgeschnitten werden. Dies fördert außerdem den Blütenreichtum, denn die Sträucher blühen am einjährigen Holz. Man nimmt dazu alle Triebe stark zurück. *B. alternifolia* blüht dagegen am zweijährigen Holz und wird nur zurückhaltend geschnitten; man entfernt im Spätwinter vorsichtig einige alte Langtriebe im Innern des Strauchs, um Platz für neue zu schaffen.
Vermehrung: Neue Pflanzen gewinnt man durch krautige Stecklinge, die man im Sommer schneidet.
Schädlinge und Krankheiten: Blattläuse, Spinnmilben, Blattälchen; Mosaikvirose

Bewährte Sorten der *Buddleja-Davidii*-Hybriden

Sorte	Höhe in m	Wuchs	Blütenfarbe
'White Profusion'	2 – 4	stark	weiß
'Black Knight'	2 – 3	mittelstark	dunkelviolett
'Cardinal'	2 – 3	stark	purpurrot
'Empire Blue'	2 – 3	stark	blauviolett
'Peace'	2 – 3	mittelstark	weiß
'Purple Prince'	2 – 3	mittelstark	tiefviolett
'Royal Red'	2 – 3	mittelstark	purpurrot
'Fascination', auch 'Fascinating'	2 – 2,5	mittelstark, weit überhängend	rosa
'Ile de France'	2 – 2,5	mittelstark, weit überhängend	dunkelviolett
'Orchid Beauty'	1,5 – 2	mittelstark, breit ausladend	rosalila
'Summer Beauty'	1,5 – 2	niedrig, buschig	rosarot
'Vardar Broder Beauty'	1,5 – 2	niedrig, kompakt	rosarot

Buxus
Buchsbaum, Buchs

Art: *B. sempervirens* var. *sempervirens* (auch *B. sempervirens* var. *arborescens*, *B. sempervirens*, Gewöhnlicher Buchsbaum)
Familie: Buchs- oder Buchsbaumgewächse *(Buxaceae)*
Herkunft: Laubmischwälder und lichte Gebüsche Mittel- und Südeuropas, Nordafrikas und Westasiens
Wuchsform: großer Strauch mit dichter Krone
Höhe: 2 – 3 m, selten bis 7 m, Sorten auch niedriger
Blütenfarbe: gelblich, unscheinbar
Blütezeit: April bis Mai
Früchte: unscheinbare Kapselfrüchte, grünlich bis bräunlich, ab September
Merkmale: In der Gartenkultur ist der Gewöhnliche Buchsbaum, kurz „Buchs" genannt, seit langem geschätzt und verbreitet, vor allem in Form kunstvoll geschnittener Hecken oder Figuren. Schon im Mittelalter entdeckte man den Nutzen des Strauchs als Medizin gegen Gicht und Rheuma. Die vor allem in den Blättern enthaltenen giftigen Inhaltsstoffe aber verursachen Erbrechen und Durchfall, ja können sogar zum Tod führen.
Der wärmeliebende, immergrüne Gewöhnliche Buchsbaum wächst nur sehr langsam. Im Lauf vieler Jahre aber wird er ein stattlicher Strauch, der im Alter mit seinen dicken Grundstämmen schon fast baumartig erscheint. Die aufrechten, stark ausgebreiteten und verzweigten Äste bilden eine dichte Krone von unregelmäßiger Form. Die ledrigen Laubblätter sind klein, eiförmig und meist löffelartig gewölbt. Die gelblichen, manchmal

Buxus sempervirens var. *sempervirens*

eher grünlichen Blütchen, die in kleinen Büscheln stehen und aromatisch duften, fallen kaum auf. Für zahlreiche Insekten sind sie jedoch eine reiche Nektarquelle. In den Blütenständen stehen weibliche und männliche Blüten übereinander. Nur selten entwickeln sich die grünlichen bis bräunlichen, dreiklappigen Kapselfrüchte.
Sorten: 'Latifolia' (starkwüchsig, dickes, tiefgrünes Laub, Höhe 4 – 5 m), 'Rotundifolia' (rundliches, blaugrünes Laub, breitbuschiger Wuchs, außergewöhnlich frosthart, Höhe 2 – 4 m), 'Handsworthiensis' (starkwüchsig, dichtbuschig, überwiegend strauchartig, Höhe 2 – 3 m, selten bis 5 m), 'Bullata' (blasig aufgetriebene, blaugrüne Blätter, Höhe 0,8 – 1,2 m), 'Suffruticosa' (Einfassungsbuchs, Beetbuchs; kleiner Strauch, buschig gedrungener Wuchs, besonders für niedrige Einfassungshecken geeignet, Höhe 0,6 – 0,8 m, selten bis 1 m)
Standortansprüche: Der Gewöhnliche Buchsbaum zeichnet sich durch eine große Anpassungsfähigkeit an unterschiedliche Standorte aus. Er kann sowohl sonnig wie schattig stehen und gedeiht auf mäßig trockenem oder frischem, sandigem, lehmigem oder sogar kiesigem Boden, solange dieser humos ist. Da der Buchsbaum kalkliebend ist, sollte das Substrat eine basische, höchstens schwach saure Reaktion zeigen. Das Gehölz ist außergewöhnlich rauchhart und kann problemlos auch im innerstädtischen Bereich gepflanzt werden.
Verwendung: So vielfältig wie die möglichen Standorte sind auch die gestalterischen Zwecke, für die sich der Buchsbaum eignet. Das von Vögeln gern zum Nisten aufgesuchte Gehölz macht sich frei wachsend sowohl in Einzel- wie in Gruppenstellung gut, und auch als Unterwuchs höherer Bäume ist es ganzjährig eine Zier. Für freiwachsende ebenso wie für streng geschnittene Hecken kann es verwendet werden, außerdem läßt es sich gut zu Figuren wie Kugeln, Kegeln, Pyramiden oder phantasievollsten Kunstgebilden schneiden. Beeteinfassungen werden am besten mit der niedrigen Sorte 'Suffruticosa' gestaltet. Besonders dekorativ wirkt der immergrüne Strauch als Hintergrund für Rosen und Stauden, und auch in Kübeln macht er sich gut.
Pflege: Sowohl die Art wie die Sorten sind sehr gut schnittverträglich und können beliebig in Form gebracht werden. Freiwachsende Sträucher wird man allenfalls gelegentlich auslichten.
Vermehrung: Stecklinge oder Absenker bewurzeln sich leicht.
Schädlinge: Buchsbaum-Gallmücken, Buchsbaum-Blattflöhe, Triebspitzenmilben, Schildläuse, Spinnmilben
Tip: Verfärben sich im Winter die Blätter des Buchsbaums braun, ist dies kein Anzeichen für eine Krankheit oder einen Nährstoffmangel, sondern ein natürlicher Prozeß. Mit dem neuen Austrieb im Frühjahr erscheint der Strauch wieder in gewohntem Bild.

Buxus sempervirens var. *sempervirens*

C

Campsis
Trompetenblume, Klettertrompete

Arten: *C. radicans* (auch *Tecoma radicans*, Jasmintrompete), *C.* x *tagliabuana* (auch *C. grandiflora* x *C. radicans*, *C.* x *hybrida*)
Familie: Bignonien- oder Trompetenbaumgewächse (*Bignoniaceae*)
Herkunft: Misch- und Auwälder in den südlichen USA
Wuchsform: Kletterstrauch mit Haftwurzeln
Höhe: *C. radicans* 5 – 10 m, *C.* x *tagliabuana* 4 – 6 m
Blütenfarbe: orange bis scharlachrot, auch gelb
Blütezeit: Juli bis September
Merkmale: Eine verschwenderische Fülle leuchtend orangerot gefärbter Blüten macht die Trompetenblume zu einem Schmuckstück im Garten. Das sommergrüne Klettergehölz schmiegt seine Zweige dicht an die Unterlage und verankert sie daran mit Hilfe von Haftwurzeln. An den Enden der einjährigen Triebe, die mit frischgrünen gefiederten Blättern belaubt sind, entwickeln sich Trugdolden aus Trichterblüten. Bei der Jasmintrompete sind diese innen gelb, außen intensiv orangefarben und scharlachrot gesäumt. Die Hybride *C.* x *tagliabuana* entwickelt größere, außen rote, im Innern orangefarbene Trompetenblüten.

Sorten: von *C. radicans* (jeweils 6 – 8 m hoch) 'Flamenco' (orangerote Blüten, dunkelgrünes Laub, reichblühend), 'Flava' (gelbe bis gelborangefarbene Blüten, lindgrünes Laub); von *C.* x *tagliabuana* 'Madame Galen' (auch als 'Mme. Galen' geführt; Blüten außen orange, innen scharlachrot, großes, ornamentales Laub, Höhe 4 – 6 m)
Standortansprüche: Entsprechend ihrer Herkunft verlangen Trompetenblumen einen sonnigen, warmen und windgeschützten Platz. Die flach unter der Oberfläche verlaufenden fleischigen Wurzeln finden in einem frischen, nährstoffreichen, humosen Gartenboden gute Bedingungen.
Verwendung: Die tropisch anmutenden Blütenschönheiten kommen an Terrassen oder anderen gut einsehbaren Stellen am besten zur Geltung. Obwohl sie auch frei stehende Gerüste oder alte Bäume schmücken können, pflanzt man sie doch besser an Hauswände oder Mauern. Das Mauerwerk speichert Sonnenwärme und verschafft dadurch den Pflanzen ein ideales Kleinklima.

Campsis radicans

Pflege: An windgeschützten Stellen kann sich die Pflanze selbst hinreichend auf ihrer Kletterunterlage verankern, in windigen Lagen müssen die Haupttriebe festgebunden werden, damit die Zweige nicht von Sturmböen heruntergerissen werden. Einmal jährlich bessert man den Boden mit reifem Kompost auf. Bei anhaltender Trockenheit muß gewässert werden. Jungpflanzen sollte man mit einem Winterschutz versehen. Schneidet man nach der Blüte im Spätsommer abgeblühte Triebe auf 3 – 4 Augen zurück, erhöht sich die Blütenfülle im nächsten Jahr.
Vermehrung: Neue Pflanzen erhält man durch Absenker oder Steckhölzer. Sorten der Trompetenblume werden meist veredelt und daher am besten vom Fachhandel bezogen.
Tip: Bepflanzt man die Wurzelscheibe mit schattenspendenden Kleingehölzen oder Stauden, verhindert das eine übermäßige Austrocknung des Bodens, was die Trompetenblumen durch kräftiges Wachstum danken.

Caragana
Erbsenstrauch

Art: *C. arborescens* (Gewöhnlicher Erbsenstrauch, Hoher Erbsenstrauch)
Familie: Schmetterlingsblütler *(Leguminosae)*
Herkunft: Waldränder, Steppen und Uferböschungen in Sibirien und der Mandschurei, in Frankreich eingebürgert
Wuchsform: Großstrauch mit sparrig aufrechten Trieben
Höhe: 3 – 5 m, Sorten meist niedriger
Blütenfarbe: gelb
Blütezeit: Mai bis Juni
Früchte: giftige bräunliche Hülsen, ab August
Merkmale: Der Gewöhnliche Erbsenstrauch gibt seine Vorzüge nicht gerade auf den ersten Blick preis. Seine gelben Schmetterlingsblüten stehen nicht sehr dicht an den bedornten, nur wenig verzweigten Trieben, doch bei näherem Hinsehen leuchten sie recht hübsch zwischen dem hellgrünen, gefiederten Laub hervor. Im Sommer entwickeln sich aus den Blüten anfangs grüne, bei der Reife bräunliche, walzenförmige Hülsen, die an Erbsenschoten erinnern und giftig sind. Die Vorteile des Gewöhnlichen Erbsenstrauchs aber liegen in seiner Anspruchslosigkeit. Das äußerst robuste Gewächs gedeiht problemlos an den schwierigsten Stellen, an denen andere Pflanzen auf Dauer nicht anzusiedeln sind. Beachten sollte man, daß der Erbsenstrauch in allen Teilen giftig ist.
Sorten: 'Lorbergii' (zierliche Zweige, an den Spitzen überhängend, fedrig wirkendes Laub mit sehr schmalen Fiederblättern, Höhe 1 – 3 m), 'Pendula' (Hängeform, bogig herabhängende Zweige, hochstämmig veredelt, Wuchshöhe je nach Höhe der Veredelungsunterlage 1,5 – 2,5 m)
Standortansprüche: Erbsensträucher sind äußerst genügsame und dabei ungemein widerstandsfähige Sträucher, die sonnige bis absonnige Stellen bevorzugen. Obwohl sie auf nahezu allen Böden gedeihen, pflanzt man sie doch hauptsächlich auf trockene, karge Sandböden, wo andere Gehölze nur schwer wurzeln. Wie auch andere Schmetterlingsblütler können die Erbsensträucher mit Hilfe bestimmter, in ihren Wurzeln lebender Bakterien Luftstickstoff zur Ernährung nutzen. Sie sind recht rauchhart und für Stadtklima gut geeignet.

Caragana arborescens, Hängeform

Verwendung: Der anspruchslose Strauch bietet sich vor allem zur Begrünung von Bereichen mit sehr schlechtem und kargem Boden an. So pflanzt man ihn gern an trockene Böschungen oder als Sichtschutz an die Grundstücksgrenze zur Straße hin. Er wirkt aber auch in einer freiwachsenden Hecke oder einer Gehölzgruppe schön. Die Hängeform wird besser einzeln, als Blickfang, gepflanzt. Man kann sie aber ebensogut im Kübel ziehen.
Pflege: Als sog. Stickstoffsammler braucht der Erbsenstrauch keine Düngung, er verbessert im Gegenteil sogar den Boden.
Am schönsten entwickeln sich die Sträucher, wenn man auf jeglichen Schnitt verzichtet. Ein kräftiger Rückschnitt wird ohnehin nur in der Jugendphase vertragen.
Vermehrung: Neue Pflanzen erhält man durch Aussaat oder Stecklinge. Die Hängeform 'Pendula' kann nur durch Veredelung nachgezogen werden.

Carpinus
Hainbuche, Weißbuche

Art: *C. betulus* (Hainbuche, Weißbuche, Hagebuche)
Familie: Birkengewächse *(Betulaceae)*
Herkunft: Mischwälder, Gebüsche und Hecken in Europa, Kleinasien und im Kaukasus
Wuchsform: mittelgroßer, kurzstämmiger Baum mit sehr variabler Form
Höhe: 10 – 25 m, hängende Sorte 2 – 5 m
Blütenfarbe: grünlichgelb
Blütezeit: April bis Mai
Früchte: herabhängende Fruchtstände, grün bis braun, ab September
Merkmale: Hainbuchen sind nicht nur in heimischen Wäldern und Gebüschen weit verbreitet, sondern auch in Gärten. Man schätzt sie von alters her vor allem als Heckenpflanzen, worauf auch der Name Hagebuche zurückzuführen ist: Hag bedeutet soviel wie Einfriedung. Das Gehölz kann sich in freiem Stand zu einem hohen Baum entwickeln, der oft nur einen kurzen Stamm bildet und sich bereits knapp über dem Boden reich verzweigt. Die Krone zeigt eine recht variable Form. Neben den länglichovalen, an den Rändern doppelt gesägten Laubblättern ist eine sog. Drehwüchsigkeit des Stamms typisch für die Art. Dadurch entstehen auf der silbergrauen, glatten Rinde spiralig verlaufende Längswülste und Rippen. Die grünlichgelben Blütenkätzchen der Hainbuche sind recht unscheinbar. Weibliche und männliche Kätzchen stehen an einer Pflanze, erstere an den Triebspitzen, letztere am vorjährigen Holz. Auffälliger sind die Früchte der Hainbuche: Kleine Nüßchen, von denen jedes mit einer abstehenden, dreilappigen Hochblatthülle eingefaßt ist, hängen wie aufgefädelt in langen Fruchtständen herab. Im Herbst, wenn sich ihr Laub gelb verfärbt, zeigt sich die Hainbuche kurz in leuchtender Pracht. Die Blätter werden bald braun, bleiben aber den ganzen Winter über an den Zweigen.
Sorten: 'Columnaris' (dicht verzweigte, im Alter breit eiförmige Krone, Höhe 10 – 20 m), 'Fastigiata' (Säulenhainbuche; durchgehender Stamm bis zum Wipfel, spitzkegelige Krone, Höhe 10 – 20 m), 'Pendula' (Hängeform, Äste zunächst waagrecht, später abwärts gerichtet, Wuchshöhe je nach Höhe der Veredelungsunterlage 2 – 5 m)
Standortansprüche: Die Hainbuche erweist sich als äußerst anspruchslos und robust. In sonniger bis schattiger Lage nimmt sie mit fast allen Böden vorlieb, als tiefwurzelnde Baumart gedeiht sie jedoch auf tiefgründigem, humosem Lehmboden am besten. Einzig sehr trockene Sandböden und staunasse Stellen sind ungeeignet. Die Art wie auch die Sorten gelten als rauchhart und sind für Stadtklima geeignet.
Verwendung: Hainbuchen werden vorwiegend als Heckenpflanzen verwendet. Da das alte, trockene Laub zum größten Teil erst abgeworfen wird, wenn schon der Neuaustrieb erscheint, dienen sie ganzjährig als wirksamer Sicht- und Windschutz. Die Art, vor allem aber die Sorten können auch einzeln oder in Gruppen gepflanzt werden. Die Hängeform 'Pendula' setzt man vorwiegend als Solitärgehölz ein.
Pflege: Die Art kann beliebig in jede Form geschnitten werden. Selbst im Alter verträgt sie eine radikale Verjüngung, da sie sich über Stockausschläge und Wurzelausläufer schnell regeneriert. Sogar überalterte und aus der Form gekommene Hecken können durch einen rigorosen Rückschnitt wieder neu aufgebaut werden.
Vermehrung: Hainbuchen kann man aus Samen ziehen, die sofort nach der Reife ausgesät werden müssen (Kälteperiode zum Keimen erforderlich). Eine Vermehrung über Ableger, Absenker oder Steckhölzer ist ebenfalls möglich. Die in der Regel veredelten Sorten können zwar durch Aussaat vermehrt werden, die Sämlinge verlieren jedoch häufig die typischen Eigenschaften der Elternpflanzen.
Schädlinge und Krankheiten: verschiedene Raupen, Blattläuse, Spinnmilben, Gallmilben; Rotpustelkrankheit
Tip: Mit dem Laub der Hainbuche läßt sich wertvoller Laubkompost herstellen. Es verrottet gut und wirkt in hohem Maß bodenverbessernd.

Carpinus betulus

Catalpa bignonioides

Catalpa
Trompetenbaum

Art: *C. bignonioides* (Gewöhnlicher Trompetenbaum, Zigarrenbaum, Bohnenbaum)
Familie: Bignonien- oder Trompetenbaumgewächse *(Bignoniaceae)*
Herkunft: Auwälder im südöstlichen Nordamerika
Wuchsform: mittelgroßer Baum mit breitgewölbter Krone
Höhe: 10 – 15 m, selten bis 20 m, Sorte wesentlich niedriger
Blütenfarbe: weiß mit gelber und purpurner Zeichnung
Blütezeit: Juni bis Juli
Früchte: lange Kapselfrüchte, grün, später braun, ab September
Merkmale: Der exotisch anmutende Gewöhnliche Trompetenbaum ist in vieler Hinsicht eine ungewöhnliche Erscheinung. Über dem geraden Stamm mit der grauen, längsrissigen Rinde breiten sich die bogig aufrechten Äste zu einer breitgewölbten Krone aus. Im Frühjahr treiben zuerst die großen, langgestielten, ei- bis herzförmigen Blätter aus, die beim Zerreiben unangenehm riechen. Im Frühsommer entfalten sich dann die überaus reizvollen und weithin auffallenden Blüten. Die aufrechten Blüten-

rispen erinnern entfernt an die Kerzen der Roßkastanie (siehe Seite 132 ff.) und setzen sich aus vielen weißen, glockenförmigen, schwach duftenden Einzelblüten zusammen, die innen gelb und purpurn gemustert sind. Aus ihnen entwickeln sich lange, etwa bleistiftdicke Kapselfrüchte, die wie Zigarren oder Bohnen aussehen. Dieser ungewöhnliche Fruchtbehang bleibt bis weit in den Winter erhalten und entschädigt für den frühen Laubfall.
Sorte: 'Nana' (Kugeltrompetenbaum, fälschlich auch bisweilen als *C. bungei* geführt; kleine, dichte, abgeflachte Krone, Laub kleiner als bei der Art, kein Blütenansatz, Wuchshöhe je nach Höhe der Veredelungsunterlage 2 – 3 m)
Standortansprüche: Der Gewöhnliche Trompetenbaum ist ein wärme- und lichtliebendes Gehölz, das man nur an sonnigen bis absonnigen, geschützten Stellen pflanzen darf. Die fleischigen, dicken Wurzeln finden in einem tiefgründigen, frischen, nährstoffreichen Lehmboden die besten Bedingungen. Es eignet sich aber auch ein mehr sandiger oder toniger Untergrund, solange er genug Humus enthält und weder stark austrocknet noch zu feucht ist. Art wie auch die Sorte sind rauchhart, jedoch verträgt die Sorte Trockenheit besser und eignet sich daher eher für Stadtklima.
Verwendung: Den auffallenden Blütenbaum sollte man möglichst allein an eine gut einsehbare Stelle pflanzen, wo seine Schönheit voll zur Geltung kommen kann. Die kugelkronige Sorte 'Nana' eignet sich als attraktiver Blickfang auch für kleinere Gärten oder als mobiles Grün in einem Pflanzgefäß.
Pflege: In den ersten Jahren nach der Pflanzung sind Trompetenbäume recht frostempfindlich, weshalb ein geschützter Standort überaus wichtig ist. Vorsorglich kann man die Baumscheibe den Winter über dick mulchen. Mit zunehmendem Alter nimmt die Frostempfindlichkeit jedoch ab.
Am schönsten entwickeln sich die Bäume, wenn sie ungeschnitten bleiben, wenngleich ein Schnitt durchaus gut vertragen wird.
Vermehrung: Die Art kann man durch Samen vermehren, wobei die Sämlinge am besten unter Glas angezogen werden. Die Sorte kauft man am besten nach, denn sie muß veredelt werden.
Tip: Zieht man die Sorte 'Nana' im Kübel, sollte man sie mit hängenden Arten wie z. B. Hornklee *(Lotus)* oder Fächerblume *(Scaevola)* unterpflanzen, deren Triebe den Kübel beschatten und den Wurzelbereich vor starker Erwärmung und Austrocknung bewahren.

Cedrus
Zeder

Arten: *C. atlantica* (Atlas-Zeder), *C. deodara* (Himalaja-Zeder)
Familie: Kieferngewächse *(Pinaceae)*
Herkunft: Bergwälder, *C. atlantica* im nordafrikanischen Atlasgebirge, *C. deodara* im Himalaja
Wuchsform: mittelhohe bis hohe, kegelförmige Bäume, Sorten auch säulenförmig oder unregelmäßig überhängend
Höhe: *C. atlantica* 10 – 25 m, Sorten wesentlich niedriger, *C. deodara* 10 – 15 m, Sorten meist niedriger
Blütezeit: September

Cedrus atlantica, Hängende Blauzeder

Früchte: *C. atlantica* hellbraune eiförmige, *C. deodara* rötlichbraune walzenförmige Zapfen, beide ab Januar
Merkmale: Zedern sind immergrüne, oft bizarre Nadelbäume, die seit alters kulturelle Bedeutung haben. Bereits in der Bibel sind sie erwähnt, in Indien gelten sie als heilige Bäume, und aus ihrem Holz wurden Schiffe und Paläste gebaut. In der Jugend ist ihre Gestalt ebenmäßig kegelförmig, mit zunehmendem Alter entwickeln Zedern aber sehr ungeordnete, ausgebreitete Kronen. Den geraden, durchgehenden Stamm umhüllt eine graubraune Rinde, die an jungen Bäumen glatt, an älteren schuppig und rissig ist.
Die Atlas-Zeder bildet steil ansteigende Äste mit schirmartig ausgebreiteten Zweigen und einen aufrechten Gipfeltrieb. Ihre bläulichgrünen, bei einigen Sorten auch blau oder silbrig gefärbten Nadeln sind ähnlich wie bei den Lärchen (siehe Seite 182) in quirligen Büscheln angeordnet. Abweichend von allen anderen Nadelgehölzen blühen die Zedern erst im Herbst – so auch die Atlas-Zeder. Ab Januar entwickeln sich dann eiförmige, hellbraune Zapfen mit breiten Schuppen. Die Himalaja-Zeder trägt waagrecht abstehende Äste mit überhängenden Spitzen und einen peitschenartig gebogenen Gipfeltrieb. Sie unterscheidet sich überdies durch ihre langen, weichen, im Austrieb silbriggrünen, später graugrünen Nadeln von der Atlas-Zeder. Die großen, walzenförmigen, rötlichbraunen Zapfen, die zu Anfang bläulich bereift sind, stellen einen auffallenden Schmuck dar.
Sorten: Im Handel sind u. a. erhältlich von *C. atlantica* 'Glauca' (Blaue Atlas-Zeder, Blauzeder; Nadeln intensiv blaugrau, dichtes Astwerk, Höhe 10 – 15 m), 'Glauca Pendula' (Hängende Blauzeder; durch Aufbinden der Triebe künstlich entstehende Hängeform mit mähnenartig herabhängenden Zweigen, Nadeln silbrigblau, Höhe meist 4 – 6 m); von *C. deodara* 'Karl Fuchs' (aufrechter Mitteltrieb, silberblaue Nadeln, gut winterhart, Höhe 10 – 15 m, selten bis 20 m),

'Pendula' (Hängeform mit bogenförmig bis zum Boden überhängenden Ästen, blaugrüne Nadeln, Höhe 6 – 8 m).
Standortansprüche: Zedern bevorzugen einen geschützten, sonnigen bis absonnigen Standort mit möglichst hoher Luftfeuchtigkeit. Leider sind sie, vor allem in ihrer Jugend, nicht immer ausreichend frosthart. Die kräftigen, tief- und weitreichenden Wurzeln können sich in einem durchlässigen, frischen bis mäßig trockenen Boden am besten entwickeln. Der pH-Wert sollte für die Himalaja-Zeder im sauren bis neutralen Bereich liegen, die Atlas-Zeder dagegen ist kalkliebend. Beide Arten sind ausreichend rauchhart und eignen sich für innerstädtisches Klima.
Verwendung: Zedern bringen ihre bizarre Schönheit am besten zur Geltung, wenn sie völlig frei stehen. Kleinwüchsige Sorten wie die eigenwilligen Hängeformen können auch in Trögen und Kübeln kultiviert werden. Eine Unterpflanzung mit Bodendeckern oder anderen kleinwüchsigen Koniferen schützt die Zedern vor Frostschäden im Wurzelbereich.
Pflege: An ungenügend geschützten Stellen sollten junge Bäume im Winter mit Stroh, Sackleinen oder Jute abgedeckt werden. Damit sich bei den Hängeformen ein stabiler Stamm bildet, muß der Mitteltrieb an einem Pfahl hochgebunden und überhängendes Geäst häufig gestützt werden. Um die typisch unregelmäßige Gestalt zur Ausprägung zu bringen, sollten Zedern ungeschnitten bleiben.
Vermehrung: Die reinen Arten können aus Samen nachgezogen werden, aber auch Stecklingsvermehrung ist möglich. Sorten sind durchweg veredelt.

Celastrus
Baumwürger

Arten: *C. orbiculatus* (auch *C. articulatus*, Chinesischer Baumwürger, Asiatischer Baumwürger), *C. scandens* (Amerikanischer Baumwürger)
Familie: Spindelbaumgewächse *(Celastraceae)*
Herkunft: Wälder und Gebüsche, *C. orbiculatus* in Ostasien, *C. scandens* in Nordamerika
Wuchsform: Schlingsträucher
Höhe: *C. orbiculatus* 8 – 12 m, *C. scandens* 5 – 7 m
Blütenfarbe: grünlich, unauffällig
Blütezeit: Juni
Früchte: *C. orbiculatus* karminrote, *C. scandens* giftige orangefarbene Samen in gelben Fruchthüllen, beide ab Oktober
Merkmale: Der bedrohlich klingende Name bezieht sich darauf, daß die Klettergehölze mit ihren starken Stämmen junge, weichholzige Bäume derart fest umschlingen können, daß deren Saftstrom unterbrochen wird und sie absterben. An stabilen Unterlagen wie Pergolen, Spalieren oder auch alten, massiven Baumstämmen können die linkswindenden Schlinger allerdings keinen Schaden anrichten.
Die beiden Arten sind sich recht ähnlich. Der Chinesische Baumwürger klimmt rasch und mühelos bis in 12 m Höhe empor. Sein hellgrünes, eiförmiges Laub färbt sich im Herbst leuchtend gelb, bevor es abfällt. An den kahlen Trieben fallen dann die vielen erbsengroßen Früchte auf. Platzen die gelben Fruchthüllen auf, kommen karminrote Samen zum Vorschein. Die Früchte entwickeln sich

Celastrus orbiculatus

aus unscheinbaren, weißlich- oder gelblichgrünen Blüten. Da die männlichen und weiblichen Blüten an verschiedenen Pflanzen stehen, kommt es nur dann zu einer Fruchtbildung, wenn mindestens eine männliche Pflanze in der Nähe von weiblichen steht. Der Amerikanische Baumwürger klettert nicht ganz so hoch wie der Chinesische, außerdem sind seine Samen orangefarben getönt und giftig.
Standortansprüche: Baumwürger brauchen möglichst viel Sonne, an einem vollsonnigen bis absonnigen Platz wachsen sie am besten. Die genügsamen Pflanzen geben sich mit nahezu jedem Boden zufrieden, ideal aber ist ein frischer, durchlässiger Gartenboden. Zudem gelten sie als rauchhart und sind für Stadtklima geeignet.
Verwendung: Die starkwüchsigen Schlinger mit auffallendem Fruchtschmuck können an Pergolen, Lauben, frei stehenden Klettergerüsten, Mauerspalieren oder großen Bäumen gezogen werden. Fruchttragende Zweige ergeben einen außergewöhnlichen und lange haltbaren Vasenschmuck.
Pflege: Der Chinesische Baumwürger breitet sich durch Wurzelausläufer bisweilen stark aus. Wo dies lästig wird, sticht man die Ausläufer immer wieder mit dem Spaten ab. Schlingen sich die Baumwürger in noch nicht ganz ausgewachsene Bäume hinein, muß man darauf achten, daß sie deren Rinde nicht einschnüren. Notfalls müssen die Zweige der rabiaten Kletterer dort entfernt werden.
Ein Schnitt ist in der Regel nicht erforderlich. Starker Rückschnitt wird nur in der Jugend vertragen, später treiben die Klettergehölze nur noch schwer nach.
Vermehrung: Neue Pflanzen dieses Klettergehölzes kann man aus Stecklingen oder Samen (Kaltkeimer) heranziehen.

Cercis
Judasbaum

Art: *C. siliquastrum* (Gewöhnlicher Judasbaum, Herzbaum)
Familie: Schmetterlingsblütler *(Leguminosae)*
Herkunft: Felshänge und lichte Wälder des Mittelmeerraums und Vorderasiens
Wuchsform: in der Heimat kleiner Baum, in Mitteleuropa Großstrauch, selten baumartig, breitgewölbte Krone
Höhe: 4 – 6 m, selten bis 10 m
Blütenfarbe: purpurrosa bis violett
Blütezeit: April bis Mai

Cercis siliquastrum

Früchte: bohnenähnliche Hülsen, rot- bis dunkelbraun, ab August
Merkmale: Das außergewöhnliche Gehölz präsentiert sich im Frühjahr von seiner schönsten Seite: Direkt aus dem Stamm und aus dem Holz älterer Zweige brechen büschelweise die lebhaft purpurrosa, bisweilen auch eher violett gefärbten Blüten hervor. Diese Eigenart nennt man Stammblütigkeit oder Kauliflorie. Noch während oder kurz nach der Blütezeit treiben die Blätter aus. Das am Grund herzförmige, vorn stumpfe Laub wechselt seine Färbung von hellem Graugrün zur Zeit des Austriebs über Gelbgrün während des Sommers zu intensivem Goldgelb und Karminrot im Herbst, bevor es schließlich abgeworfen wird. Im Spätsommer reifen auch die zuerst grünen, später rot- bis dunkelbraunen Hülsenfrüchte heran, die bis weit in den Winter haftenbleiben.
Standortansprüche: In voller Sonne und geschützter Lage gedeiht der Judasbaum am besten. Ist der Untergrund ausreichend durchlässig und neutral bis stark basisch, sind auch seine Ansprüche an den Boden optimal erfüllt. Gut geeignet ist kalkhaltiger Lehm- oder Sandboden, der auch steinig sein darf. Als Tiefwurzler verträgt das Gehölz Trockenheit, da es Wasser aus der Tiefe aufnehmen kann. Außerdem ist der Judasbaum rauchhart und für innerstädtisches Klima wie auch für Dachgärten sehr gut geeignet.
Verwendung: Unvergeßlich ist der Anblick eines reichblühenden Judasbaums über einem Frühlingsbeet. Da aber auch das hübsche Laub und der eigenartige Fruchtbehang zu seiner Attraktivität beitragen, kann der Strauch ebenso einzeln oder in Gehölzgruppen gepflanzt werden.
Pflege: In der Jugend ist der Strauch recht frostempfindlich, deshalb sollte man ihn nur an geschützte Stellen pflanzen. Die abgefrorenen Triebe werden im zeitigen Frühjahr bis ins gesunde Holz zurückgeschnitten, der Neuaustrieb läßt meist nicht lange auf sich warten.
Der Judasbaum entwickelt seine volle Pracht nur, wenn er ansonsten ungeschnitten bleibt.
Vermehrung: Man kann selbstgeerntete Samen aus reifen Hülsen aussäen. Schneller gewinnt man jedoch aus Stecklingen kräftige Sträucher.

Chamaecyparis
Scheinzypresse

Arten: *C. lawsoniana* (Lawson-Scheinzypresse), *C. nootkatensis* (Nutka-Scheinzypresse), *C. obtusa* (Muschelscheinzypresse, Hinoki-Scheinzypresse), *C. pisifera* (Fadenscheinzypresse, Sawara-Scheinzypresse)
Familie: Zypressengewächse *(Cupressaceae)*
Herkunft: *C. lawsoniana* und *C. nootkatensis* Gebirge im nordwestlichen Nordamerika, *C. obtusa* und *C. pisifera* Wälder in Japan
Wuchsform: mittelhohe Bäume mit schlank kegelförmiger Krone, Sorten auch kleine Bäume oder Zwergformen
Höhe: Sorten meist 3 – 7 m, selten bis 15 m, Zwergformen niedriger
Blütezeit: April
Früchte: giftige, kleine kugelige Zapfen, bei *C. lawsoniana* zuerst blaugrün, später hellbraun, ab September, bei *C. nootkatensis* bräunlich bereift, ab September, bei *C. obtusa* orangebraun, ab Oktober, bei *C. pisifera* braun, ab Oktober
Merkmale: Die Nadelbäume tragen an abgeflachten Zweigen schuppenförmige Blätter und kleine runde Zapfen. Die Palette der verschiedenen Arten und Gartenformen reicht von goldgelber bis blaugrüner Nadelfärbung, von schlanken Säulenformen über kegelige Bäume bis hin zu strauchartig wachsenden Gehölzen. Während die reinen Arten für die Kultur im Garten kaum von Bedeutung sind, erfreuen sich die unzähligen Gartensorten um so größerer Beliebtheit. Man sollte jedoch wissen, daß die genannten Arten in allen Teilen Giftstoffe enthalten.
Die Lawson-Scheinzypresse ist ein anpassungsfähiges, anspruchsloses Gehölz mit schmaler, in der Jugend säulenförmiger, später kegelförmiger Krone und nickendem Gipfeltrieb. Steht sie frei, reichen ihre Äste bis zum Boden und bilden einen dichten, reichverzweigten Blattmantel. Den oftmals gegabelten Stamm umschließt eine zunächst glatte, rötlichbraune Rinde, die sich später in großen, rundlichen Platten ablöst. Die waagrechten, kurzen Äste tragen schuppenförmige, dicht anliegende dunkelgrüne Nadelblätter mit deutlich helleren Unterseiten. Im Herbst reifen zahlreiche, kleine kugelige Zapfen, die zu Beginn blaugrün, später hellbraun gefärbt sind. Die reine Art, die in ihrer Heimat die stattliche Höhe von über 60 m erreichen kann, ist für Gärten wenig geeignet. Dagegen kann man aus einer Vielzahl schöner Sorten wählen, die in Wuchsform und Nadelfärbung äußerst variantenreich sind. Die Nutka-Scheinzypresse ist der Lawson-Scheinzypresse recht ähnlich, doch hängen ihre Äste und Zweige deutlich herab. Auch die etwas größeren, kugeligen Zapfen mit höckeriger Oberfläche und die einheitlich dunkelgrün gefärbten Nadeln unterscheiden sie von den anderen Arten.
Die Muschelscheinzypresse trägt ihren Namen nach den

Chamaecyparis lawsoniana

Chamaecyparis obtusa

Bewährte Sorten von *Chamaecyparis*

Sorte	Höhe in m	Wuchs	Nadelfarbe	Besonderes
von *Chamaecyparis lawsoniana*				
'Columnaris'	5–10	▯	silbergrau-blaugrün	elegante Säulenform
'Silver Queen'	5–10	△	grün, Austrieb silbrig	interessante Färbung
'Spek'	5–10	△	graublau	zuverlässig blau gefärbt
'Alumii'	4–10	▯	stahlblau-graublau	gut für Einzelstellung und Hecken
'Stewartii'	3–10	△	goldgelb, im Winter grüngelb	widerstandsfähige gelbe Sorte
'Golden Wonder'	3–6	△	goldgelb	auch im Winter goldgelb
'Kelleriis Gold'	2–6	▯	goldgelb-grün	im Alter leicht bauchige Form
'Lane'	1,5–5	▯	goldgelb-gelbgrün	langsam wachsend
'Minima Glauca'	0,5–1	○–△	grün-grünblau	dicht fächerförmig verzweigt
von *Chamaecyparis nootkatensis*				
'Glauca' (Blaue Nutka-Scheinzypresse)	3–10, selten bis 15	▯–△	blaugrün	leicht überhängende Zweige
'Pendula' (Mähnenscheinzypresse)	3–10, selten bis 15	△	dunkelgrün	Hängeform, schlaff herabhängende Zweige
von *Chamaecyparis obtusa*				
'Aurea'	2–5	△	goldgelb	auch im Winter leuchtend gefärbt
'Contorta'	1–2	△	hellgrün	kurze, gedrehte Äste
'Nana Gracilis'	0,5–1, selten bis 2	○–△	dunkelgrün	nur veredelte Formen bleiben zwergig
'Hage'	0,5–1	○–△	frischgrün	dicht verzweigt
'Rigid Dwarf'	0,5–1	▯–△	dunkelgrün	straff aufrechter Wuchs
von *Chamaecyparis pisifera*				
'Squarrosa' (Silberzypresse)	4–10, selten bis 15	△	silbergrau	moosartige, gekrauste Benadelung
'Plumosa' (Mooszypresse)	4–8, selten bis 15	△	grün	moosartige, fedrige Benadelung
'Plumosa Aurea' (Gelbe Mooszypresse)	4–7, selten bis 10	△	goldgelb, im Winter bronzefarben	moosartige, gekräuselte Benadelung
'Boulevard'	1–3, selten bis 5	△	silberblau	beliebte Zwergform, wird im Alter recht hoch
'Filifera Nana Aurea'	1–3, selten bis 5	◠–△	goldgelb	fontänenartig überhängende Zweige
'Filifera Nana'	0,5–1, selten bis 5	◠	frischgrün	fontänenartig überhängende Zweige

△ kegelförmig ▯ säulenförmig ○ kugelig ◠ halbkugelig

abgeflachten Zweigen, die dicht von dicken, fest anliegenden Schuppennadeln besetzt sind und dadurch entfernt an Muschelschalen erinnern. Die Art selbst ist nicht in Kultur, wohl aber mehrere, vor allem zwergwüchsige Sorten mit grüner, gelber oder weißbunter Belaubung. Die Fadenscheinzypresse trägt an ihren waagrecht abstehenden Ästen flache, leicht überhängende Zweige, die mit zugespitzten Nadelschuppen belaubt sind. Die Zweige wirken fadenartig filigran, daher auch der Name dieser Art. Auch von ihr sind nur Sorten im Handel, dafür aber in überaus reicher Zahl.

Standortansprüche: Alle Scheinzypressen sind außerordentlich anpassungsfähig und gedeihen in sonniger bis halbschattiger, windgeschützter Lage, am besten an Stellen mit hoher Luftfeuchtigkeit. Sie nehmen mit fast jedem Gartenboden vorlieb, solange er nur durchlässig und nicht zu trocken ist. Außerdem sind die Bäume rauchhart und für innerstädtisches Klima geeignet.

Verwendung: Die beinahe unbegrenzte Formen- und Farbenvielfalt dieser Nadelbäume macht sie zu begehrten Ziergehölzen für alle Gartenbereiche. Die großen, schlanken Säulen- und Kegelformen kommen als Solitärbäume oder in Gruppen am besten zur Geltung. Viele Sorten sind außerordentlich schnittverträglich und können als Hecke oder Sichtschutz gepflanzt werden. Für kleinere Gärten und zur Bepflanzung von Rabatten, Steingärten sowie als mobiles Grün in Kübeln steht eine Vielzahl reizvoller Zwerg-, Hänge- und Strauchformen zur Auswahl. Besonders attraktive Arrangements können durch die Kombination von unterschiedlich gefärbten und geformten Sorten erzielt werden.

Pflege: Scheinzypressen sind anspruchslos und gut winterhart, lediglich die gelb benadelten Formen können durch starken Wind oder Wintersonne Schäden davontragen, wovor man sie jedoch mit Sackleinen schützen kann. Die meisten Sorten sind schnittverträglich, bei freiem Stand sollte aber jeglicher Schnitt unterbleiben, um eine natürliche Kronenentwicklung zu ermöglichen.

Vermehrung: Die Gartensorten werden durch Absenker oder Stecklinge nachgezogen. Stecklinge bewurzeln sich in feuchtwarmem Klima (unter einer Abdeckhaube oder im Gewächshaus) am besten.

Schädlinge und Krankheiten: Spinnmilben, Schildläuse; Triebsterben

Choenomeles
Zierquitte, Scheinquitte

Arten: *C. japonica* (auch *Chaenomeles japonica*, Japanische Zierquitte), *C. speciosa* (auch *C. lagenaria*, *Chaenomeles speciosa*, *Chaenomeles lagenaria*, Chinesische Zierquitte), *C.*-Hybriden (auch *C.* x *superba*, *Chaenomeles*-Hybriden)
Familie: Rosengewächse *(Rosaceae)*
Herkunft: Waldränder und Gebüsche, *C. japonica* in Japan, *C. speciosa* in China, in Japan eingebürgert
Wuchsform: kleine bis mittelgroße Sträucher, *C. japonica* teils niederliegend, teils sparrig aufrecht, *C. speciosa* breit ausladend, *C.*-Hybriden je nach Sorte buschig gedrungen bis locker aufrecht
Höhe: *C. japonica* 0,8 – 1,5 m, *C. speciosa* 1 – 3 m, *C.*-Hybriden 1 – 2 m
Blütenfarbe: *C. japonica* ziegelrot, *C. speciosa* dunkelrosa bis dunkelrot, *C.*-Hybriden rot, rosa, weiß
Blütezeit: März bis April
Früchte: duftende Apfelfrüchte, gelbgrünlich, ab August, gekocht genießbar
Merkmale: Zierquitten gehören mit ihren herrlich leuchtenden Blüten zu den wohl schönsten und auch beliebtesten Ziersträuchern. Der Name Zierquitte kommt nicht von ungefähr: Sowohl in Form und Duft wie auch im herben Geschmack ähneln die Früchte recht stark den „echten“ Quitten *(Cydonia oblonga)*. Da sie roh ebenfalls zu herb schmecken, sollte man sie stets zu Kompott, Gelee oder Saft verarbeiten. Die Japanische Zierquitte wächst überwiegend breitbuschig, ein Teil ihrer glatten, nur selten bedornten Triebe breitet sich niedrig über den Boden aus, die übrigen streben jedoch aufwärts. Sie schmücken sich im Frühling mit einer Vielzahl intensiv ziegelroter Schalenblüten, aus deren Mitte jeweils ein Büschel goldgelber Staubblätter herausleuchtet. Gleichzeitig mit den Blüten erscheinen auch die dunkelgrünen, spitzovalen Blätter. Im Herbst reifen dicke, runde Apfelfrüchte heran, deren ledrige, in der Vollreife grünlichgelbe, orange gepunktete Schalen mit einem filzigen Belag überzogen sind. Die Chinesische Zierquitte wird etwas höher als die Japanische. Die Triebe mit den oberseits glänzenden, schmalen, zugespitzten Blättern bilden einen lockeren, breit ausladenden Strauch. Ihre intensiv dunkelrosa bis dunkelroten Schalenblüten stehen in Büscheln beieinander. Im Gegensatz zu denen der Japanischen Zierquitte sind die Früchte der Chinesischen länglich, aber ebenfalls gelbgrün und duftend. Verschiedenartige Wuchsformen von locker aufrecht bis zu niedrig gedrungen sowie ein weites Farbenspektrum der Blüten zeichnen die *C.*-Hybriden aus. Die Schalenblüten der meisten Sorten sind auffallend groß und leuchten in klaren Farbtönen. Auch die Hybriden tragen im Herbst rundliche Früchte, die wie diejenigen der anderen Arten gekocht genießbar und überdies eine beliebte Vogelnahrung sind. Alle Arten bieten zudem gute Nistgelegenheiten für Vögel und sind dank ihrer leicht zugänglichen Blüten ergiebige Bienenweiden.
Standortansprüche: Zierquitten sind nicht nur sehr dekorativ, sondern auch anspruchslos. Sie gedeihen in sonniger bis halbschattiger Lage auf nahezu allen Böden. Am besten aber können sich die sowohl in die Tiefe gehenden wie auch flach unter der Oberfläche verlaufenden Wurzeln in einem durchlässigen, leicht sandigen, humosen Gartenboden entwickeln. Nur die Chinesische Zierquitte benötigt einen sauren bis neutralen Untergrund, da sie Kalk schlecht verträgt. Sie sowie auch die Hybriden gelten als rauchhart, die Japanische

Choenomeles speciosa

Choenomeles japonica

Bewährte Sorten von *Choenomeles*

Sorte	Höhe in m	Wuchs	Blütenfarbe
von *Choenomeles japonica*			
'Sargentii'	0,8	niederliegend	hell orangefarben
von *Choenomeles speciosa* (auch als Sorten der *C.*-Hybriden geführt)			
'Diane'	2 – 3	dichtbuschig	rosa
'Josef Arends'	2 – 3	aufrecht	dunkelrot
'Nivalis'	2 – 3	aufrecht	rein weiß
'Simonii'	1 – 2	niederliegend	dunkelrot
der *Choenomeles*-Hybriden			
'Pink Lady'	1 – 2	breit aufrecht	dunkelrosa
'Fire Dance'	1 – 1,5	locker ausgebreitet	blutrot
'Vesuvius'	1 – 1,5	buschig	scharlachrot
'Andenken an Karl Ramcke' (auch 'Carl Ramcke')	1	breit gedrungen	zinnoberrot
'Crimson and Gold'	1	sehr breit	dunkelrot
'Elly Mossel'	1	breitbuschig	feuerrot
'Hollandia'	1	buschig	scharlachrot
'Nicoline'	1	sehr breit	karminrot

Zierquitte ist in dieser Hinsicht etwas empfindlicher. Alle Arten sind jedoch für Stadtklima geeignet.
Verwendung: Ob in Einzelstellung, in Gruppen oder in freiwachsenden Hecken gepflanzt, stets wirken Zierquitten attraktiv. Zauberhafte Frühlingsbilder ergeben sich, wenn vor den Sträuchern bunte Zwiebelblumen, z. B. blaue Traubenhyazinthen *(Muscari)*, weiße oder gelbe Narzissen *(Narcissus)* oder Tulpen *(Tulipa)*, blühen. Alle Arten, insbesondere aber die kleinwüchsigen Sorten, lassen sich auch in Gefäßen ziehen. Die Chinesische Zierquitte kann an einem Spalier aufgeleitet werden und so zur Wandbegrünung dienen.
Pflege: Eine alljährlich gleichermaßen üppige Blüte kann man nur erwarten, wenn sich die Sträucher ohne jeglichen Schnitt frei entfalten dürfen. Die Blüten werden am alten Holz gebildet, und ein scharfer Rückschnitt würde zu vermehrter Bildung junger, blütenloser Triebe führen. Überalterte, zu dicht gewordene Sträucher sollten nur sehr vorsichtig ausgelichtet werden. Bei veredelten Sträuchern muß man Bodentriebe, die aus der Unterlage herauswachsen, entfernen, bevor sie die aufveredelte Sorte überwachsen.
Insgesamt erweisen sich die hübschen Ziersträucher als robust und kaum pflegebedürftig. Wegen der flach verlaufenden Wurzeln sollte man aber vermeiden, im Bereich der Wurzelscheibe zu graben.
Vermehrung: Die reinen Arten können durch Aussaat vermehrt werden, wobei die Samen einer Kälteperiode ausgesetzt sein müssen (Kaltkeimer). Schneller kommt man aber auf jeden Fall durch eine andere Methode zum Erfolg, die sich auch zur Vermehrung der Sorten und der C.-Hybriden eignet: Von allen lassen sich Stecklinge und Steckhölzer recht gut zur Bewurzelung bringen.
Schädlinge und Krankheiten: Blattläuse, Schildläuse; Echter Mehltau, Gelbfleckenkrankheit (Virose), Blattfleckenkrankheit, sehr selten Feuerbrand
Tip: Zierquittenfrüchte geben Quittengelee eine besonders aromatische Note. Zur Zubereitung des Gelees mischt man ein Teil Zierquittenfrüchte mit drei Teilen Quitten.

Clematis
Clematis, Waldrebe

Familie: Hahnenfußgewächse *(Ranunculaceae)*

Mit den vielen Arten der Gattung *Clematis* kann man Wände, Pergolen oder alte Baumstämme wirkungsvoll begrünen. Begeisterung rufen vor allem die leuchtend gefärbten Blüten hervor, die stets in üppiger Fülle erscheinen und vielen Insekten Nahrung bieten. Die Blütenformen reichen von sehr anmutigen Glöckchen bis hin zu großen, prächtigen Tellerblüten. Die meist starkwüchsigen Wildarten bezaubern durch ihren natürlichen Charme, sie bilden zwar eher kleine Blüten, diese aber in um so höherer Zahl. Mit riesigen, majestätisch wirkenden Blüten präsentieren sich dagegen die Großblumigen Hybriden, deren zahllose Sorten die Wahl schwermachen. Clematisarten sind sommergrüne Klettergehölze mit je nach Art wenig- oder vielteilig gefiedertem Laub. Ihre Blattstiele sind zu Ranken umgebildet, die sich um alle erreichbaren, nicht allzu dicken Stützen winden, sobald sie mit diesen in Kontakt kommen. Im Herbst werden überwiegend nur die Blätter abgeworfen, die sich festklammernden Blattstiele dagegen bleiben erhalten, sie verholzen sogar mit der Zeit.

Wildarten

Arten: *C. montana* (Bergwaldrebe, Anemonenwaldrebe), *C. tangutica* (Mongolische Waldrebe, Goldwaldrebe), *C. alpina* (Alpenwaldrebe), *C. macropetala* (Großblütige Alpenwaldrebe), *C. viticella* (Italienische Waldrebe), *C. maximowicziana* (auch *C. paniculata*, Oktober-Waldrebe, Rispenblütige Waldrebe)
Herkunft: Gebüsche und Waldränder in Ostasien, *C. alpina* Bergwälder in den europäischen Gebirgen, *C. viticella* Gebüsche, Waldränder und Auwälder in Südeuropa und Vorderasien, in Teilen Mitteleuropas eingebürgert
Wuchsform: Klettergehölze
Höhe: *C. montana* 6 – 8 m, Sorten auch niedriger, *C. tangutica* 2 – 3 m, selten bis 5 m, *C. alpina* 1 – 2 m, Sorten auch höher, *C. macropetala* 2 – 3 m, *C. viticella* 3 – 4 m, *C. maximowicziana* 8 – 10 m

Clematis tangutica

Clematis alpina

Blütenfarbe: *C. montana* weiß, auch rosa und lilarosa, *C. tangutica* gelb, *C. alpina* violett, auch blau und weinrot, *C. macropetala* blau, auch rosa und weiß, *C. viticella* violett, auch weinrot, rosarot und weiß, *C. maximowicziana* weiß
Blütezeit: *C. montana* Mai bis Juni, *C. tangutica* Juni, Nachblüte bis Oktober, *C. alpina* April bis Juni, *C. macropetala* Mai bis Juni, *C. viticella* Juni, Nachblüte bis August, *C. maximowicziana* August bis Oktober
Früchte: silbrige, fedrige Köpfchen, nur bei einigen Arten auffallend, *C. tangutica* ab Juli, *C. alpina* ab Juni, *C. viticella* ab August
Merkmale: Faszinierend ist der Anblick einer Mauer oder Pergola, die von einer kräftig wachsenden Bergwaldrebe überzogen und zur Blütezeit über und über mit vierteiligen Blütensternen übersät ist. Die reine Art, die nur selten im Handel ist, blüht weiß. Weitaus bekannter ist ihre Varietät *rubens* (oft auch als Sorte 'Rubens' geführt), die rosarote Blüten bildet und deren Laub purpurn austreibt. Daneben sind weitere Varietäten und Sorten mit Blüten in herrlichen Farbschattierungen im Handel. Nicht ganz so wuchskräftig ist die Mongolische Waldrebe. Ihre unzähligen

Bewährte Sorten der *Clematis*-Wildarten

Sorte	Höhe in m	Blütenfarbe	Besonderes
von *Clematis montana* (einschließlich Varietäten)			
C. montana var. *grandiflora* (auch *C. montana* 'Grandiflora')	6–8	weiß	verträgt auch schattigen Stand
C. montana var. *rubens* (auch *C. montana* 'Rubens')	6–8	rosarot	purpurner Austrieb
'Superba'	4–5	weiß	größere Blüten als die reine Art
'Elizabeth'	3–5	zartrosa	leicht duftend
'Marjorie'	3–5	cremeweiß, rosa überhaucht	halbgefüllte Blüten
'Tetrarosa'	3–5	lilarosa	purpurner Austrieb
von *Clematis alpina*			
'Pamela Jackman'	2–3	azurblau	schmale Blütenblätter, sehr grazil
'Frances Rivis' (auch 'Blue Giant')	1,5–2,5	tiefblau	großblumig, Blütenblätter gedreht
'Ruby'	1,5–2,5	weinrot	gelegentlich nachblühend
von *Clematis macropetala*			
'Blue Bird'	2–3	tief dunkelblau	sehr großblumig
'Markham's Pink'	2–3	rosa, lila gesäumt	grünweiße Staubgefäße
'Rosy O'Grady'	2–3	rosa	halbgefüllte Blüten
'White Swan'	2–3	weiß	dichtgefüllte Blüten
von *Clematis viticella*			
'Abundance'	3–4	hell weinrot	Blütenblätter dunkler gestreift
'Kermesina'	3–4	weinrot	besonders reiche Blüte
'Minuet'	3–4	cremeweiß, violett gesäumt	schwacher Wuchs
'Purpurea Plena Elegans'	3–4	purpurrosa	gefüllte Blüten
'Rubra'	3–4	weinrot	rotbraune Staubgefäße

glockenförmigen Blüten strahlen in leuchtendem Goldgelb. Die Hauptblütezeit liegt im Juni, jedoch erscheinen noch bis zum Herbst immer wieder neue Blüten, wenn auch in geringerer Zahl. Aus den Blüten entwickeln sich äußerst dekorative, silbrige Fruchtstände, die wie kleine Federbüschel wirken. Die Alpenwaldrebe bleibt zeitlebens niedrig, wächst eher niederliegend, als daß sie in die Höhe klettert. Der grazile, schwachwüchsige Ranker überzieht in der Natur gern kleine Nadelbäume oder größere Felsbrocken. Er schmückt sich mit violetten, nickenden Blütenglocken, die später zu fedrigen Fruchtständen werden. In Wuchsverhalten und Blüte ähnlich ist die Großblütige Alpenwaldrebe. Bei ihren blauen Glockenblüten fallen besonders die weit herausragenden Büschel von Nektarblättern, umgebildeten Staubgefäßen, auf. Die Italienische Waldrebe zeichnet sich durch sehr feingliedrige Triebe aus. An ihnen erscheinen im Juni in einem ersten üppigen Schub violette, flachkronige Blüten. Die Art blüht bis zum Spätsommer noch unermüdlich weiter. Sie wirkt dann besonders reizvoll, weil neben den Blüten nun auch bereits die silberweißen Fruchtstände an den Zweigen stehen. Als letzte der genannten Wildarten kommt die Oktober-Waldrebe zur Blüte. Mühelos rankt sich die wüchsige Pflanze bis in große Höhen empor. Im Herbst überzieht sie sich mit einem Schleier aus kleinen weißen Sternblüten, die in Rispen stehen und einen herben Duft nach bitteren Mandeln verströmen.

Standortansprüche: Alle hier genannten Wildarten können in sonniger bis halbschattiger Lage gepflanzt werden. An den Boden stellen sie recht geringe Ansprüche, jeder durchlässige und humose Untergrund ist geeignet. Da die Pflanzen kalkliebend sind, sollte der Boden neutrale bis basische Reaktion zeigen. Mit Ausnahme der Bergwaldrebe und ihrer Varietäten und Sorten gelten die Wildarten als nicht rauchhart, in innerstädtischem Klima fühlen sie sich nicht wohl.

Clematis viticella

Verwendung: Mit ihren herrlichen Blüten können Clematisarten Wände, Mauern, Zäune, Pergolen, Spaliere, Säulen und auch alte Baumstämme sehr reizvoll begrünen. Die Alpenwaldrebe und die Großblütige Alpenwaldrebe werden dagegen überwiegend im Steingarten verwendet, wo sie größere Felsbrocken oder kleinere Gehölze überwallen und zur Blütezeit sehr eindrucksvolle Akzente setzen.

Pflege: Allen Arten muß man eine Kletterhilfe bereitstellen. Am besten eignen sich Drahtgitter, straff gespannte Seile oder dünne Holzleisten, an denen die Blattstielranken Halt finden. Im Sommer muß immer wieder durchdringend gewässert werden, vor allem in längeren Trockenperioden. Einmal im Jahr sollte man durch Kompost- oder andere Düngergaben die Nährstoff-

vorräte im Boden ergänzen. Obwohl alle Arten einen Rückschnitt gut vertragen, sollte man besser darauf verzichten. Ist ein Schnitt jedoch erforderlich, etwa zur Begrenzung der Wuchshöhe, führt man ihn bei frühblühenden Arten wie der Bergwaldrebe gleich nach der Blüte und bei spät- und nachblühenden Arten wie der Mongolischen Waldrebe im zeitigen Frühjahr aus.
Vermehrung: Die reinen Arten können durch Aussaat (Kaltkeimer) vermehrt werden, sofern sie überhaupt Samen ansetzen. Im allgemeinen zieht man neue Pflanzen über Absenker oder Stecklinge heran.
Schädlinge und Krankheiten: Blattläuse, Spinnmilben; Echter Mehltau, Stengel- und Blattfleckenkrankheit, Clematissterben

Großblumige Hybriden

Art: *C.*-Hybriden
Herkunft: Kreuzungen verschiedener, teilweise nicht genannter Arten
Wuchsform: Klettergehölze
Höhe: 2 – 6 m
Blütenfarbe: weiß, rosa, rot, blau, violett, auch mehrfarbig
Blütezeit: je nach Sorte Mai bis Oktober
Früchte: silbrige, fedrige Büschel, ab Juli
Merkmale: Großblumige *Clematis*-Hybriden zählen wohl zu den beliebtesten Klettergewächsen überhaupt. Ihre einzigartigen, oft handtellergroßen, weit ausgebreiteten Blüten fallen schon von fern auf und wirken sehr prunkvoll. An der Entstehung der Hybriden waren eine Reihe von Wildarten beteiligt, deren Merkmale bei einigen von ihnen noch deutlich zu erkennen sind. Dadurch kam ein breites Spektrum verschiedenartiger Sorten zustande. Die Blüten erstrahlen in den unterschiedlichsten Farben, wobei Rot- und Blautöne jedoch vorherrschen. Im Zentrum der 4 – 8 Blütenblätter, die oft noch von kontrastierenden Streifen durchzogen sind, steht jeweils ein dichter Kranz filigraner, zu Nektarblättern umgebildeter Staubgefäße. Später entwickeln sich aus den Blüten die für alle Clematisarten so typischen Fruchtstände: kleine Nüßchen mit silbrig glänzenden, fedrigen Haarschweifen, die eine seidige Quaste bilden. Allerdings sind sie bei vielen Sorten nicht so attraktiv wie bei einigen Wildarten.

Clematis-Hybride

Standortansprüche: Die Großblumigen Hybriden erweisen sich als wesentlich anspruchsvoller als die Wildarten. Für sie kommt nur ein Platz in Frage, an dem die Triebe überwiegend besonnt werden, der Wurzelbereich dagegen schattig liegt. An Stellen, wo die Sonne auch den Boden bescheint, kann man die Kettersträucher mit niedrigen Stauden oder kriechenden Gehölzen unterpflanzen oder große Steine so plazieren, daß sie den nötigen Schatten spenden. Am besten gedeihen *Clematis*-Hybriden an nach Westen oder Osten ausgerichteten Stellen, südseitige Lagen sind oft zu heiß und trocken. Der Boden muß gut durchlässig sein, darf andererseits aber niemals austrocknen. Ideal ist ein frischer, nährstoffreicher, humoser Gartenboden. Alle Sorten bevorzugen einen kalkhaltigen Untergrund. An Hauswänden und Mauern ist darauf zu achten, daß die Pflanzen in ausreichendem Abstand vom Mauerwerk eingesetzt werden, da die Verhältnisse direkt unter einem Dachüberstand bzw. im

Clematis-Hybride

Regenschatten einer Mauer viel zu trocken sind. Wie die meisten Clematisarten sind auch die Hybriden nur wenig rauchhart. Für Stadtklima sind sie nur bedingt geeignet, bei aufmerksamer Pflege aber durchaus auch in der Stadt erfolgreich zu kultivieren.
Verwendung: An allen Stellen, die ein Wachstum in die Höhe zulassen, bilden die Großblumigen Hybriden herrliche Blickpunkte. Um die Blüten gebührend bewundern zu können, sollte man die *Clematis*-Hybriden an gut einsehbare Plätze pflanzen, etwa an ein Terrassenspalier, an den Pfosten einer Pergola oder neben den Hauseingang. Bei der Auswahl der Sorte ist

Bewährte Sorten der Großblumigen *Clematis*-Hybriden

Sorte	Höhe in m	Blütenfarbe	Blütezeit	Schnitt (Monat)
'Huldine'	4 – 5	cremeweiß	VII – X	W
'Jackmanii'	3 – 6	lilablau	VII – VIII	W
'Lady Betty Balfour'	3 – 6	violettblau	VIII – X	W
'Madame Le Coultre' (auch 'Marie Boisselot')	3 – 6	rein weiß	VI – IX	B (VII)
'Mrs. Cholmondeley'	3 – 5	lavendelblau	VI – VIII	B (VII)
'Perle d'Azur'	3 – 5	himmelblau	VII – X	W
'Ernest Markham'	3 – 4	samtig violettrot	VII – IX	W
'Étoile Violette'	3 – 4	dunkel purpurn	VII – IX	W
'Gipsy Queen'	3 – 4	samtig purpurviolett	VII – IX	W
'Lasurstern'	2,5 – 3,5	lavendelblau	V – VI, VIII – IX	B (VI)
'Niobe'	2,5 – 3,5	dunkel violettrot	VI – VIII	W
'Nelly Moser'	2 – 3	hellila, rot gestreift	V – VI, VIII – IX	B (VI)
'Rouge Cardinal'	2 – 3	dunkel purpurrot	VI – IX	W
'The President'	2 – 3	dunkel violettblau	VI – VIII	B (VI – VII)
'Ville de Lyon'	2 – 3	karminrot	VII – IX	W

B Schnitt gleich nach der Hauptblüte **W** Schnitt im Nachwinter

darauf zu achten, daß die Blütenfarbe mit dem Hintergrund harmoniert. Vor einer hellen Putzwand kommen Sorten mit kräftiger, dunklerer Tönung am besten zur Geltung, während sich helle, pastellfarbene Blüten deutlicher von einem dunklen Hintergrund, z.B. einer Holzwand, abheben.
Pflege: Wegen der speziellen Standortansprüche muß der Pflanzplatz für die Großblumigen Hybriden mit besonderer Sorgfalt gewählt werden. Der beste Pflanztermin liegt im Frühjahr. In schweren Böden sollte man vor der Pflanzung eine Dränageschicht aus Schotter oder Kies in das Pflanzloch einbringen. Die Sorten sind in der Regel auf Unterlagen von Wildarten veredelt. Die Veredelungsstelle, bei der gekauften Jungpflanze an einer deutlichen Verdickung des Haupttriebs knapp unter oder über der Erdoberfläche zu erkennen, muß beim Einpflanzen ein gutes Stück unter dem Bodenniveau zu liegen kommen. Man pflanzt die Gehölze deshalb mindestens eine Handbreit tiefer ein, als sie vorher standen. Dadurch wird die aufveredelte Sorte angeregt, selbst Wurzeln zu bilden. Das macht sie von der Unterlage unabhängiger und somit auch widerstandsfähiger. Nach der Pflanzung schneidet man sämtliche Triebe bis auf etwa 5 Augen (Triebknospen) zurück. Für gesundes Wachstum und eine reiche Blüte ist es unerläßlich, daß der Boden stets ausreichend mit Feuchtigkeit und Nährstoffen versorgt ist. Die Pflanzen müssen vor allem bei Trockenheit des öfteren durchdringend gegossen werden und sollten einmal im Jahr eine reichliche Düngergabe (reifer Kompost oder Volldünger) erhalten. Wo der Wurzelbereich nicht ausreichend beschattet ist, deckt man den Boden mit einer dicken Mulchschicht ab.
Ein regelmäßiger Rückschnitt ist für alle Sorten unerläßlich, damit die Pflanzen stets reich blühen, nicht kopflastig werden und nicht von unten her verkahlen. Man setzt die Schere grundsätzlich möglichst knapp über einer knotig verdickten Stelle des Triebs, d.h. dicht über einem Blattpaar, an. Dabei ist zu beachten, daß die Triebe der Clematis recht leicht brechen. Beim Schnitt muß man daher entsprechend vorsichtig zu Werke gehen, damit die verbleibenden Triebe nicht beschädigt werden. *Clematis*-Hybriden, die an Bäumen emporranken, brauchen nicht jedes Jahr geschnitten zu werden, wohl aber solche Pflanzen, die an Spalieren oder Pergolen stehen. Sorten, deren Hauptblütezeit im Frühjahr und Frühsommer liegt und die ihre Blütenknospen überwiegend am alten Holz anlegen, werden gleich nach dem ersten und reichsten Flor geschnitten. Man beschränkt sich dabei auf das Herausnehmen von abgestorbenen und schwachen Trieben. Bei überalterten Pflanzen, die nur noch spärlich blühen und kaum mehr neue Triebe bilden, nimmt man einen Teil der Triebe oder die gesamte Pflanze stärker zurück, um den Neuaustrieb wieder anzuregen. Sorten, deren Hauptblütezeit dagegen im Sommer und Frühherbst liegt und die ihre Blüten nur am diesjährigen Holz entwickeln, müssen im Nachwinter geschnitten werden. Um Platz für neue, blütentragende Triebe zu schaffen, nimmt man alle vorjährigen bis knapp über deren Ansatz heraus; es kann selbst bis ins alte Holz der Haupttriebe zurückgeschnitten werden.
Vermehrung: Die Sorten können nur vegetativ über Absenker oder Stecklinge vermehrt werden. Oft wachsen solche nachgezogenen Pflanzen aber nicht zufriedenstellend, da sie nicht veredelt sind, ihnen also die Unterstützung durch eine robuste Unterlage fehlt.
Schädlinge und Krankheiten: wie bei den Wildarten (siehe Seite 150)

Cornus
Hartriegel

Familie: Hartriegelgewächse *(Cornaceae)*

Unter den Hartriegelarten gibt es eine ganze Reihe herrlicher Ziersträucher. Sie alle bilden nur kleine, eher unscheinbare Blüten, die von Hochblättern umgeben sind. Bei einigen Arten sind diese Hochblätter, die sog. Brakteen, stark vergrößert und wirken wie Blütenblätter – sie werden allgemein als Blumenhartriegel bezeichnet. Andere Arten zeichnen sich durch eine besonders frühe Blüte aus, darunter z.B. die heimische Kornelkirsche, oder tragen eine leuchtend gefärbte Rinde, weswegen sie vor allem im Winter außergewöhnlich dekorativ wirken.

Hartriegelarten mit besonders auffälligen Blüten, Blumenhartriegel

Arten: *C. florida* (Blumenhartriegel), *C. kousa* (Japanischer Blumenhartriegel), *C. canadensis* (Teppichhartriegel)
Herkunft: Waldränder, *C. florida* in Nordamerika, *C. kousa* in Ostasien, *C. canadensis* Nadelwälder, Moore und Wiesen in Nordamerika und im nördlichen Ostasien
Wuchsform: *C. florida* und *C. kousa* Großsträucher mit lockerer Krone, *C. canadensis* Zwergstrauch

Cornus florida

Höhe: *C. florida* 4 – 6 m, *C. kousa* 5 – 7 m, *C. canadensis* 0,1 – 0,2 m
Blütenfarbe: eigentliche Blüten gelblich bis grünlich und unscheinbar, umgebende Hochblätter weiß, auch rosarot
Blütezeit: Mai bis Juni, *C. canadensis* Juni bis Juli
Früchte: rote bis rosafarbene Steinfrüchte, ab August
Merkmale: Die unscheinbaren Blüten der Blumenhartriegel werden von jeweils vier prächtigen Hochblättern umkränzt. Dadurch erwecken die Sträucher den Anschein, überreich mit großen Blüten besteckt zu sein.
Der aus Nordamerika stammende Blumenhartriegel bildet kräftige, stammartige Haupttriebe mit einer graugrünen, bläulich bereiften Rinde. Die Äste verzweigen sich reich und formen dadurch eine sehr dichte

Krone. Die eiförmigen, am Rand leicht gewellten Laubblätter werden zur Blütezeit fast völlig von den strahlend weißen Hochblättern der Blüten verdeckt. Bei einigen Sorten sind diese Hochblätter lebhaft rosarot gefärbt. Bevor das Laub im Herbst eine rote bis violettrote Tönung annimmt, werden vereinzelt rote, eiförmige Steinfrüchte reif. Recht ähnlich zeigt sich der Japanische Blumenhartriegel. Er wächst zu einem kurzstämmigen, großen Strauch heran, dessen Äste locker verzweigt sind. Mit zunehmendem Alter ordnen sich die Äste mehr und mehr etagenförmig an. Anders als bei der amerikanischen Art ist seine braune Rinde jedoch nicht bereift. Zudem bleiben die weißen, bei einigen Sorten rosaroten Hochblätter schmaler, die „Blüten" wirken dadurch eleganter. Gelegentlich entwickeln sich erdbeerähnliche, rosarote Früchte. Die dunkelgrünen, elliptischen Laubblätter nehmen im Herbst eine weithin leuchtende scharlachrote Färbung an. Bisweilen wird vom Japanischen Blumenhartriegel auch die Varietät *chinensis* unter dem Namen Chinesischer Blumenhartriegel angeboten. Sie zeichnet sich gegenüber der Art durch stärkeren Wuchs, leicht überhängende Zweige, größere Laubblätter und auffälligere Hochblätter aus. Beim Teppichhartriegel läßt schon der Name darauf schließen, daß es sich bei dieser Art um einen bodendeckenden Zwergstrauch handelt. Seine Triebe kriechen den Boden entlang, tragen ovale Laubblätter und bilden bald eine dichte grüne Decke. Im Sommer wird die Verwandtschaft zu den beiden erstgenannten Arten deutlich: Dann schmückt sich das zwergige Gehölz mit unzähligen, von weißen Hochblättern umrahmten Blüten. Noch bevor sich die Laubblätter orangefarben bis karminrot verfärben, zeigen sich korallenrote, kugelige Früchte.

Cornus canadensis

Sorten: Von *C. florida* werden u. a. angeboten (jeweils 4 – 6 m hoch) 'Cherokee Chief' (rosarote Hochblätter, sehr langsamer Wuchs), 'Cherokee Princess' (weiße Hochblätter, schmaler, aufrechter Wuchs), 'Rubra' (Roter Blumenhartriegel, auch als *C. florida* f. *rubra* geführt; hellrosa bis rosarote Hochblätter); von *C. kousa* u. a. (jeweils 5 – 7 m hoch) 'Gold Star' (weiße Hochblätter, dunkelgrüne Laubblätter mit gelbem Fleckenmuster), 'Milky Way' (rahmweiße Hochblätter, reich fruchtend), 'Schmetterling' (besonders große, weiße Hochblätter).
Standortansprüche: Obwohl alle hier genannten Arten viel Sonne vertragen, sind sie doch für eine zeitweise Beschattung dankbar. Man pflanzt sie am besten so, daß sie über die Mittagszeit nicht in voller Sonne stehen, dann halten sich auch die „Blüten" am längsten. Voraussetzung für ein gutes Gedeihen ist außerdem ein stark durchlässiger, humoser Boden, der unbedingt kalkfrei sein muß. Für den Teppichhartriegel sollte der Untergrund reichlich feucht sein. Da sich Hitze und Trockenheit schnell schädigend auswirken, eignen sich die genannten Arten nicht für Stadtklima.
Verwendung: Die prächtigen Blütensträucher setzt man am besten einzeln an eine gut einsehbare Stelle. In einer Gruppe sollte man sie nur mit solchen Gehölzen kombinieren, die nicht zur selben Zeit blühen bzw. eine sehr schlichte Färbung haben, also in erster Linie mit Nadelgehölzen. Besonders gut ergänzen sich auch Blumenhartriegel und Rhododendren. Mit dem Teppichhartriegel kann man Gehölzgruppen unterpflanzen oder kleinere Flächen begrünen.
Pflege: Da die Sträucher viele Feinwurzeln nahe der Erdoberfläche bilden, sollte man eine Oberflächenverdichtung in ihrem engeren Umkreis vermeiden. Wege, Trittpfade oder Sitzgelegenheiten wird man deshalb besser nicht in unmittelbarer Nähe eines Blumenhartriegels vorsehen. Am richtigen Standort brauchen die Arten im übrigen kaum Pflege, abgesehen von einer durchdringenden Bewässerung in lange anhaltenden Trockenperioden.
Die Sträucher entwickeln sich nur dann zu voller Schönheit, wenn sie ungeschnitten bleiben. Da sie zudem vor allem in der Jugend nur sehr zögernd wachsen, wird auch kaum jemals eine Größeneindämmung oder Auslichtung notwendig.
Vermehrung: Die Arten können aus Samen (Kaltkeimer) herangezogen werden. Da aber eine Fruchtbildung relativ selten erfolgt, nutzt man zur Vermehrung am besten Absenker. Beim

Cornus kousa

Teppichhartriegel lassen sich neue Pflanzen sehr leicht durch Ableger gewinnen.
Schädlinge: Schildläuse

Andere Hartriegelarten

Arten: *C. mas* (Kornelkirsche, Gelber Hartriegel), *C. sanguinea* (Roter Hartriegel), *C. alba* (auch *C. tatarica*, Tatarischer Hartriegel), *C. sericea* (auch *C. stolonifera*, *C. alba*, Weißer Hartriegel)
Herkunft: Waldränder, Hecken und Gebüsche, *C. mas* in Europa, Kleinasien und Vorderasien, *C. sanguinea* in Europa, *C. alba* in Ostasien, in Nordeuropa eingebürgert, *C. sericea* Auwälder, Ufergebüsche und Sümpfe in Nordamerika, in Europa stellenweise eingebürgert
Wuchsform: Großsträucher
Höhe: *C. mas* 3 – 6 m, selten bis 8 m, *C. sanguinea* 3 – 5 m, *C. alba* 2 – 3 m, *C. sericea* 1 – 2 m, Sorten auch 2 – 4 m
Blütenfarbe: *C. mas* gelb, *C. sanguinea* weiß, *C. alba* und *C. sericea* gelblichweiß
Blütezeit: *C. mas* März bis April, die übrigen Arten Mai bis Juni
Früchte: kleine Steinfrüchte, bei *C. mas* leuchtend rot und eßbar, bei *C. sanguinea* schwarz, bei *C. alba* bläulichweiß, bei *C. sericea* weiß, alle ab August

Merkmale: Die Vorzüge der Hartriegelarten dieser Gruppe liegen eher in ihrem interessanten Wuchsbild als in einer auffälligen Blüte. Die Kornelkirsche macht hierbei eine Ausnahme, denn sie schmückt sich im zeitigen Frühjahr mit einer Vielzahl von Dolden aus kleinen gelben Blüten. Der sparrige Strauch wirkt dann wie von einem zarten Goldschleier überzogen und lockt mit seinem Nektar viele Insekten an. Erst nach der Blüte treiben die elliptischen, glänzend grünen, unterseits bläulich schimmernden Laubblätter aus. Bevor sie sich im Herbst gelb verfärben, leuchten dazwischen kräftig rote, kirschenähnliche Steinfrüchte heraus, aus denen man schmackhafte Gelees, Konfitüren, Kompotte oder Säfte herstellen kann. Der Rote Hartriegel ist wie die Kornelkirsche ein anspruchsloses heimisches Bienennähr- und Vogelschutzgehölz, dessen straff aufwärtsstrebende Triebe eine ausladende Krone bilden. Er öffnet seine weißen Sternblütchen, die in schirmförmigen Trugdolden stehen, erst nach dem Laubaustrieb. Aus ihnen entwickeln sich ungenießbare, schwarze beerenartige Früchte. Im Herbst erstrahlt der Strauch in einem prächtig scharlachroten Laubkleid. Wegen seiner roten, teilweise auch schwarzen Rinde bietet der Rote Hartriegel selbst im Winter einen interessanten Anblick. Noch auffäliger in der Rindenfärbung ist der Tatarische Hartriegel, vor allem viele seiner Sorten. Die an der Basis bogenförmig niederliegenden, an den Spitzen jedoch aufstrebenden Triebe tragen eine leuchtend rote Rinde, die allerdings im Sommer von dem spitzelliptischen Laub verdeckt bleibt. Die gelblichweißen Blütchen stehen in Trugdolden, sind aber bei weitem nicht so schmückend wie die der übrigen Arten. Auch die ungenießbaren bläulichweißen Früchte fallen nicht sonderlich auf. Eine große Vielfalt in der Belaubung zeigen die verschiedenen Sorten, die im Garten weit häufiger Verwendung finden als die reine Art. Das gelbe Gegenstück zum Tatarischen Hartriegel stellt die Sorte 'Flaviramea' des Weißen Hartriegels dar. Sie wird wegen ihrer leuchtend gelbgrün gefärbten Triebe oft gepflanzt, während die teilweise rot berindete reine Art kaum in Kultur ist. Im Sommer erscheint der Weiße Hartriegel dem Tatarischen recht ähnlich.

Cornus mas

Sorten: Von *C. alba* sind u. a. im Handel (jeweils 2 – 3 m hoch) 'Argenteomarginata' (Weißbunter Hartriegel, auch als 'Albomarginata Elegans' geführt; Laub weiß gerandet und gemustert, karminrote Herbstfärbung, dunkelrote Rinde), 'Kesselringii' (Laub bläulichgrün, im Austrieb dunkelbraun, schwarzbraune Rinde), 'Sibirica' (Purpurhartriegel; scharlachrote Rinde, sonst wie die reine Art), 'Spaethii' (Gelbbunter Hartriegel; Laub im Austrieb bronzefarben, dann erst gelb gerandet, später völlig gelb, dunkelrote Rinde); von *C. sericea* u. a. 'Flaviramea' (leuchtend gelbgrüne Rinde, sonst wie die reine Art, Höhe 3 – 4 m).
Standortansprüche: Ganz anders als die anspruchsvollen Blumenhartriegel erweisen sich die hier genannten Hartriegelarten als überaus robust. Sie wachsen sowohl in sonniger wie halbschattiger Lage und auf nahezu jedem durchlässigen, frischen bis mäßig trockenen Gartenboden, der auch kalkhaltig sein darf. Alle Arten und Sorten gelten als gut rauchhart und sind für Stadtklima geeignet.
Verwendung: In freiwachsenden Hecken sowie in Gehölzgruppen kommen alle Arten gleichermaßen gut zur Geltung, für den Einzelstand sind sie dagegen weniger empfehlenswert. Kornelkirsche und Roten Hartriegel kann man auch als Schnitthecke ziehen. Der überaus anspruchslose Rote Hartriegel wird überdies gern zur Erstbegrünung von Hängen verwendet.
Pflege: Grundsätzlich bleiben die Sträucher ungeschnitten, vertragen mit Ausnahme der Sorte 'Flaviramea' des Weißen Hartriegels aber selbst radikalen Rückschnitt gut und treiben dann kräftig nach.
Vermehrung: Jungpflanzen lassen sich aus Steckhölzern, Stecklingen und Absenkern anziehen.
Schädlinge: Schildläuse

Corylus

Hasel, Haselnuß

Arten: *C. avellana* (Haselnuß, Waldhasel), *C. colurna* (Baumhasel, Türkische Baumhasel), *C. maxima* (Lambertshasel, Lambertsnuß)
Familie: Birkengewächse *(Betulaceae)*
Herkunft: Waldränder, Gebüsche und Feldgehölze in Europa, Klein- und Vorderasien

Corylus colurna

Wuchsform: *C. avellana* Großstrauch mit schirmartiger Krone, *C. colurna* mittelgroßer Baum mit kegelförmiger bis ovaler Krone, *C. maxima* Großstrauch mit breitbuschiger Krone
Höhe: *C. avellana* 3 – 5 m, *C. colurna* 15 – 20 m, *C. maxima* 3 – 6 m
Blütenfarbe: grünlichgelb
Blütezeit: März bis April
Früchte: eßbare Nüsse, grün, später braun, ab September
Merkmale: Am auffälligsten zeigen sich die Haseln während der Blütezeit im Frühjahr. Bereits im Vorjahr wurden an den Zweigen die männlichen Blütenstände angelegt, die sich schon bald

nach Winterende zu grünlichgelben, lang herabhängenden Kätzchen entwickeln und eine üppige Nektarquelle für Insekten darstellen. Die weiblichen Blüten bleiben dagegen in Knospen verborgen, nur ihre roten Narbenfäden ragen zur Blütezeit daraus hervor, um bestäubt werden zu können. Nach der Blüte entfalten sich die breiten, rundlichen, deutlich geäderten Laubblätter, deren Ränder doppelt gesägt sind. Im Herbst erscheinen schließlich die Früchte. Eingehüllt von jeweils zwei meist tief zerschlitzten grünen Hüllblättern, reifen grüne, sich später hellbraun färbende Nüsse heran, deren schmackhafte Kerne in der Küche vielerlei Verwendung finden. Auch zahlreiche Tiere schätzen diese Gehölze; sie bieten ihnen nicht nur reiche Nahrung, sondern auch Unterschlupf.
Die Haselnuß wächst überwiegend strauchartig. Ihre kräftigen Grundstämme sind an der Basis horstartig vereint, streben dann trichterförmig auseinander und entwickeln eine schirmartige Krone. Wie schon der Name verrät, bildet die Baumhasel dagegen einen durchgehenden Stamm aus, der eine ebenmäßige kegelige oder ovale Krone trägt. Die Lambertshasel wiederum bleibt strauchig, sie ist etwas wuchsstärker als die Haselnuß.
Sorten: Zu Zierzwecken werden vor allem angeboten von *C. avellana* 'Contorta' (Korkenzieherhasel; alle Triebe mit merkwürdig gewundenem Wuchs, Höhe 2 – 4 m) und von *C. maxima* 'Purpurea' (Blut- oder Purpurhasel; schwarzrote Belaubung, Höhe 3 – 4 m). Von den wichtigen Nutzpflanzen gibt es auch ein großes Angebot verschiedener Sorten, die sich vor allem hinsichtlich der Fruchtqualität unterscheiden. Diese Nutzsorten haben aber im Ziergarten nur eine untergeordnete Bedeutung.
Standortansprüche: Die genannten Haselarten sind überaus robuste und wuchskräftige Gehölze. Sie gedeihen in sonniger wie in halbschattiger Lage auf jedem nicht zu trockenen und auch nicht zu feuchten, humosen Gartenboden. Überdies sind die Arten gut rauchhart und für Stadtklima geeignet.
Verwendung: Haselnuß und Lambertshasel werden als anspruchslose Wildsträucher, die einen hervorragenden Sicht- und Windschutz ergeben, geschätzt. Man pflanzt sie bevorzugt in Gruppen oder als freiwachsende Hecken. Die Korkenzieherhasel sollte dagegen einen offenen, gut einsehbaren Platz erhalten, damit ihr bizarrer Wuchs zur Geltung kommt. Die Zweige ergeben einen ausgefallenen Vasenschmuck. Mit der rotlaubigen Bluthasel lassen sich Gehölzgruppen wirkungsvoll auflockern, vor allem neben weißblühenden Arten sieht sie äußerst ansprechend aus. Die Baumhasel kann den Garten sowohl als Einzelbaum wie auch als Gruppengehölz bereichern.
Pflege: Haselnuß und Lambertshasel vertragen zwar einen kräftigen Schnitt, man sollte sich jedoch auf ein gelegentliches Auslichten beschränken, um die natürliche Wuchsform zu erhalten, in der die Sträucher am schönsten wirken. Bei der Korkenzieherhasel müssen alle Wildtriebe, die aus der Basis sprießen, regelmäßig entfernt werden. Die Baumhasel sollte gänzlich ungeschnitten bleiben.
Vermehrung: Die reinen Arten können durch Aussaat (Kaltkeimer) vermehrt werden, allerdings ist die Keimrate in der Regel sehr gering. Einfacher lassen sich Jungpflanzen über Absenker oder Stecklinge heranziehen. Bei den Sorten, die in der Regel auf Baumhaselunterlagen veredelt sind, greift man besser auf Baumschulpflanzen zurück.
Schädlinge: Gallmilben
Tip: Haseln sind selbststeril. Wer Wert auf reichen Fruchtansatz legt, muß daher mindestens zwei bis drei Sträucher, möglichst sogar unterschiedlicher Sorten, zusammenpflanzen.

Corylus avellana, Korkenzieherhasel

Cotinus coggygria

Cotinus
Perückenstrauch

Art: *C. coggygria*
Familie: Sumach- oder Anakardiengewächse *(Anacardiaceae)*
Herkunft: Laubmischwälder und Gebüsche in warmen Regionen Südosteuropas und Asiens
Wuchsform: hoher Strauch mit breitbuschiger, ausladender Krone
Höhe: 3 – 5 m, Sorte 2 – 3 m
Blütenfarbe: grünlichgelb bis gelblichweiß, Sorte grünlichrot
Blütezeit: Juni bis Juli
Früchte: perückenartige, rötliche Fruchtstände, ab Juli
Merkmale: Der Perückenstrauch gehört zu den auffälligsten Gehölzen im sommerlichen Garten. Die breitbuschigen, dichten Kronen überziehen sich zuerst mit unzähligen Blütenrispen, die reich mit kleinen gelblichen Blüten besetzt sind. Obwohl für sich genommen völlig unscheinbar, wirken die Blüten doch in der Menge wie duftige Federbäusche und fallen schon von weitem auf. Nach der Blüte entwickeln sich aus den Rispen eigenartige Fruchtstände: Die Blütenstiele strecken sich, gleichzeitig entstehen daran viele fedrige Haare, und die Färbung wechselt ins Rötliche.

Schließlich ähneln die Fruchtstände lauter wuscheligen Perücken. Bleibt das länglichovale Laub zunächst unter den Blüten- und Fruchtständen versteckt, so rückt es im Herbst in den Vordergrund. Dann leuchtet es herrlich in orangefarbenen, karminroten und gelben Tönen auf.
Sorte: 'Royal Purple' (vom Austrieb bis zum Herbst intensiv dunkel- bis schwarzrot gefärbtes Laub, grünlichrote Blütenstände, rötliche, silbrig überhaucht wirkende Fruchtstände, Höhe 2 – 3 m)
Standortansprüche: Nur an sonnigen bis allenfalls absonnigen, warmen und geschützten Stellen kann der Perückenstrauch sein leuchtendes Farbenspiel in voller Pracht präsentieren; an weniger besonnten Standorten bleibt die Färbung dagegen eher trüb und verwaschen. Das flachwurzelnde Gehölz gedeiht auf jedem guten Gartenboden, am besten jedoch auf trockenen, kalkhaltigen Sand- oder Lehmböden. Art und Sorte gelten als rauchhart und eignen sich ausgezeichnet für Stadtklima.
Verwendung: Der Strauch braucht viel Platz, da er mit zunehmendem Alter stärker in die Breite als in die Höhe wächst. Man pflanzt ihn deshalb besser einzeln oder achtet zumindest darauf, daß er in einer Gruppe nicht eingeengt wird. Vor einer dunklen Nadelgehölzkulisse heben sich die wolkigen Blüten- und Fruchtstände besonders gut ab. Die rotlaubige Sorte 'Royal Purple' paßt hervorragend neben Blütengehölze wie Pfeifenstrauch, Schneeball oder Kolkwitzie.
Pflege: Um weder die natürliche Wuchsform noch die reiche Blütenbildung zu beeinträchtigen, sollte man jeglichen Schnitt unterlassen.
Vermehrung: Neue Pflanzen gewinnt man durch Steckhölzer oder Absenker.
Krankheiten: Selten tritt Verticillium-Welke auf, ein durch einen Pilz verursachtes plötzliches Absterben von einzelnen Zweigen oder gar größeren Teilen des Strauchs. Befallene Triebe müssen sofort entfernt werden, notfalls muß man das gesamte Gehölz roden.

Cotoneaster
Zwergmispel, Strauchmispel

Familie: Rosengewächse *(Rosaceae)*

Zu den Zwerg- oder Strauchmispeln gehören Arten mit unterschiedlichster Wuchsform, vom kriechenden Zwerggehölz bis hin zum breitbuschigen Großstrauch. Einige Arten zeichnen sich durch eine besonders üppige Blüte aus, während andere einen ausgesprochen auffälligen Fruchtschmuck besitzen. Beliebt und weit verbreitet sind Zwerg- oder Strauchmispeln darüber hinaus vor allem wegen ihrer Anspruchslosigkeit und Wuchskraft. Allen gemeinsam ist eine charakteristische Blüten- und Fruchtform: Aus weißen bis rötlichen fünfzähligen Blüten, die krug- oder tellerförmig sein können, entwickeln sich schon bald nach der Blütezeit leuchtend rote, beerenähnliche Früchte, die, ähnlich einem Apfel, ein winziges Kerngehäuse enthalten. Die mehr oder weniger streng duftenden Blüten werden gern von Insekten besucht, da sie reichlich Nektar und Pollen spenden. Die Früchte mancher Zwerg- oder Strauchmispelarten gelten als giftig. Zumindest aber sind sie allesamt ungenießbar.

Niedrige Arten

Arten: *C. dammeri* (Teppichmispel, Kriechmispel), *C. horizontalis* (Fächermispel, Teppichzwergmispel), *C. praecox* (Felsenmispel), *C. adpressus* (Kissenmispel, Spalierzwergmispel)
Herkunft: Berghänge und Gebüsche Chinas
Wuchsform: niederliegende, kriechende Sträucher
Höhe: *C. dammeri* 0,2 – 1 m, *C. horizontalis* 1 – 1,5 m, *C. praecox* 0,6 – 0,9 m, *C. adpressus* 0,2 – 0,3 m
Blütenfarbe: weiß bis rötlich, *C. adpressus* rosarot
Blütezeit: Mai bis Juni
Früchte: ungenießbare bis giftige, kleine rote Apfelfrüchte, ab August
Merkmale: Die Teppichmispel ist ein in ihrer Heimat immergrüner, im hiesigen Klima dagegen meist halbimmergrüner Kleinstrauch, dessen Zweige dem Boden flach aufliegen und sich häufig auch bewurzeln. Die elliptischen Laubblättchen sind ledrig und glänzend dunkelgrün. Ab Mai erscheinen kleine weiße Blüten mit rötlichem Schimmer. Aus ihnen entstehen noch im Sommer rote, beerenähnliche Apfelfrüchte. Im Herbst färbt sich ein Teil des Laubs, je nach Witterung, rot oder orangefarben und fällt ab. Die halbimmergrüne, je nach Standort auch nur sommergrüne Fächermispel überrascht mit einem ausgesprochen geometrisch wirkenden Wuchsbild. Ihre überwiegend flach ausgebreiteten Äste verzweigen sich in einer Art Fischgrätmuster, die Triebe erinnern dadurch an Fächer. Das glänzend grüne, rundliche Laub nimmt im Herbst eine auffällige orange- und scharlachrote Tönung an. Bemerkenswert ist noch der überaus

Cotoneaster horizontalis

reiche, dunkelrote Fruchtschmuck dieser Art. Bei der Felsenmispel verfärbt sich das dunkelgrüne, ovale und an den Rändern gewellte Laub im Herbst leuchtend rot und wird dann vollständig abgeworfen. Auch die roten Apfelfrüchte halten sich nicht lange an den bogig abstehenden Zweigen. Die Kissenmispel zeigt ähnlich wie die Fächermispel bogig niederliegende, fächerartig verzweigte Triebe. Sie bildet einen gedrungen wachsenden, dichten kleinen Busch. Die stumpfgrünen, eiförmigen Blättchen färben sich im Herbst weinrot und fallen dann gänzlich ab. Im Gegensatz zu denen der anderen hier genannten Arten sind die Blüten der Kissenmispel überwiegend rötlich, und es werden nur wenige Früchte gebildet.
Sorten: Von *C. dammeri* werden im Handel Sorten angeboten, die sich, abgesehen von den unterschiedlichen Wuchseigenschaften, recht ähnlich sehen, u. a. 'Skogholm' (teils kriechend, teils bogig überhängend, Höhe 0,8 – 1 m), 'Coral Beauty' (äußerst reicher, orange-

roter Fruchtbesatz, Höhe 0,4 – 0,6 m), 'Jürgl' (reicher hellroter Fruchtbesatz, Höhe 0,3 – 0,4 m), 'Eichholz' (gilt als besonders frosthart, bildet dichte Bodendecken, Höhe 0,2 – 0,4 m).
Standortansprüche: In ihrer Genügsamkeit sind Zwergmispeln von anderen Gehölzen wohl kaum zu übertreffen. Sie gedeihen problemlos in sonniger wie in halbschattiger Lage und nehmen mit jedem Gartenboden vorlieb. Zudem sind sie rauchhart und gut für Stadtklima geeignet.
Verwendung: Die zwergigen Arten der Gattung *Cotoneaster* werden in erster Linie zur flächigen Begrünung schwieriger Standorte verwendet. Man nutzt sie, um den Boden zwischen lockeren Strauchgruppen zu bedecken, Hänge wirkungsvoll zu bepflanzen, Mauerkronen überwallen zu lassen, oder setzt die Sträucher im Steingarten ein. Außerdem eignen sie sich vorzüglich zur Kultur in Gefäßen.
Pflege: Solange die Zwergsträucher nicht stören, läßt man sie ungehindert wachsen. Wird ein Rückschnitt nötig, sollte man die Triebe stets bis kurz vor einen tiefer stehenden Seitenzweig zurückschneiden.
Vermehrung: Die reinen Arten können durch Aussaat (Kaltkeimer) vermehrt werden oder, schneller noch, durch Stecklinge, die sich leicht bewurzeln. Bei den Sorten bleiben die speziellen Eigenschaften nur erhalten, wenn man sie vegetativ über Stecklinge nachzieht.
Schädlinge und Krankheiten: Blattläuse, Spinnmilben, Schildläuse, Dickmaulrüßler; Feuerbrand
Tip: Pflanzt man die Fächermispel direkt vor einen größeren Felsbrocken oder vor eine Mauer, schieben sich ihre regelmäßig verzweigten Triebe spalierartig in die Höhe. Der Zwergstrauch wirkt dadurch fast wie eine kleine Kletterpflanze.

Hohe Arten

Arten: *C. acutifolius* (Spitzblättrige Strauchmispel), *C. bullatus* (Runzelblättrige Strauchmispel), *C. divaricatus* (Sparrige Strauchmispel), *C. multiflorus* (Blütenmispel), *C. salicifolius* var. *floccosus* (Immergrüne Strauchmispel), *C.-Watereri*-Hybriden (auch *C.* x *watereri*, fälschlich auch *C. hybridus*)
Herkunft: Gebirge und Wälder Ostasiens
Wuchsform: mittelhohe Sträucher mit breit aufrechtem Wuchs
Höhe: 2 – 3 m, *C. bullatus* 3 – 4 m, *C. salicifolius* var. *floccosus* 3 – 5 m, Sorten 0,3 – 0,5 m, *C.-Watereri*-Hybriden 2 – 4 m
Blütenfarbe: weiß, *C. acutifolius* rosa, *C. bullatus* weiß bis rötlich
Blütezeit: Mai bis Juni
Früchte: ungenießbare bis giftige rote, bei *C. acutifolius* schwarze kleine Apfelfrüchte, alle ab August
Merkmale: Die sommergrüne Spitzblättrige Strauchmispel treibt ihre Äste in der Jugend straff aufrecht, später eher ausladend in die Höhe, wobei die Zweigspitzen leicht überhängen. Die eiförmigen, zugespitzten Laubblätter erscheinen schon sehr früh. Sie sind oberseits glänzend dunkelgrün, unterseits weißlich und färben sich im Herbst intensiv braunrot. Aus den rosafarbenen Blüten entwickeln sich auffallende Früchte, die im Gegensatz zu denen der anderen Arten schwarz gefärbt sind. Bei der Runzelblättrigen Strauchmispel bilden die trichterförmig angeordneten Triebe eine lockere, breit ausladende Krone. Die länglichen, ledrigen Blätter sind etwas runzelig und auf den Unterseiten graugrün behaart. Sie färben sich im Herbst prächtig rot und werden danach vollständig abgeworfen. Die Art zeichnet sich auch durch einen besonders reichen Fruchtansatz aus. Ihre lebhaft roten Früchte stehen immer zu mehreren an langen Stielen. Noch üppiger ist die Fruchtbildung bei der Sparrigen Strauchmispel, bei der die dicken, glänzend korallenroten Apfelfrüchte überdies sehr lange haftenbleiben. Die fächerartig verzweigten Triebe tragen spitz auslaufende, elliptische Blättchen, die nach einer orangeroten Herbstfärbung gänzlich abgeworfen werden. Die ebenfalls sommergrüne Blütenmispel gilt als die Art mit den wohl schönsten Blüten. Sie schmückt ihre langen, bogig überhängenden Zweige mit einer Fülle von aufrechten Doldenrispen, die jeweils aus bis zu 20 weißen Einzelblüten bestehen. Ähnlich auffallend ist später auch ihr leuchtend dunkelroter Fruchtschmuck. Der hohe, mit seinen weit überhängenden Ästen malerisch wirkende Strauch der Immergrünen Strauchmispel trägt ganzjährig glänzend dunkelgrüne, filzig behaarte, lanzettliche Laubblätter. Von den weißen, in breiten Doldenrispen stehenden Blüten geht ein intensiver, recht strenger Duft aus. Die roten Früchte erscheinen überaus zahlreich und bleiben bis weit in den Herbst hinein erhalten. Bei den *C.-Watereri*-Hybriden findet man überwiegend immergrüne, starkwüchsige Formen, die jedoch in strengen Wintern ihr Laub mehr oder weniger verlieren. Sie alle blühen recht üppig und fruchten meist auch gut.
Sorten: Von *C. salicifolius* var. *floccosus* werden mehrere bodenaufliegende oder kriechend wachsende Sorten angeboten (jeweils 0,3 – 0,4 m hoch), u. a. 'Parkteppich' (schnellwüchsig, großblättrig, reich fruchtend), 'Repens' (breiter, flächiger Wuchs); von den *C.-Watereri*-Hybriden sind u. a. im Handel 'Cornubia' (immergrün, trichterförmig aufwärts gerichtete Triebe, hornförmige, dunkelgrüne Blätter, üppige weiße Blüte, viele leuchtend rote Früchte, Höhe 3 – 4 m), 'Watereri' (immergrün, starkwüchsig, weit ausladende, überhängende Zweige, stumpfgrünes Laub, stark duftende weiße Blüten, glänzend hellrote Früchte, Höhe 3 – 4 m), 'Pendulus' (Hängemispel;

Cotoneaster bullatus

Cotoneaster multiflorus

immergrün, locker bodenaufliegend, durch Aufbinden aber stammbildend und dann mit breit ausladenden, überhängenden Zweigen, üppig weiß blühend und rot fruchtend, Höhe 2 – 3 m).
Standortansprüche: wie bei den niedrigen Arten (siehe Seite 156)
Verwendung: Die hier genannten Strauchmispeln eignen sich hervorragend zur Auflockerung von Gehölzgruppen oder zur Bereicherung freiwachsender Hecken. Reichblühende Arten wie die Blütenmispel können ebenso wie üppig fruchtende Arten, etwa die Sparrige Strauchmispel, auch als Solitäre gepflanzt werden. Die zwergstrauchigen Sorten der Immergrünen Strauchmispel verwendet man wie die niedrigen Arten (siehe Seite 156).
Pflege, Vermehrung, Schädlinge und Krankheiten: wie bei den niedrigen Arten (siehe Seite 156)

Crataegus
Weißdorn, Dorn

Arten: *C. laevigata* (auch *C. oxyacantha*, Rotdorn, Zweigriffeliger Weißdorn), *C. monogyna* (Weißdorn, Eingriffeliger Weißdorn), *C.* x *lavallei* (auch *C. crus-galli* x *C. pubescens*, Apfeldorn; nur als Sorte 'Carrierei' in Kultur, auch als *C. carrierei* geführt), *C. pedicellata* (auch *C. coccinea*, Scharlachdorn), *C. persimilis* (auch *C.* x *prunifolia*, Pflaumendorn, Pflaumenblättriger Weißdorn)
Familie: Rosengewächse *(Rosaceae)*
Herkunft: Hecken, Gebüsche, Waldränder und Hänge in Europa und Nordafrika, *C. monogyna* auch in Vorderasien, *C. pedicellata* Au- und Bergwälder in Nordamerika; *C.* x *lavallei* und *C. persimilis* sind Kreuzungen verschiedener Arten
Wuchsform: kleine Bäume oder Großsträucher
Höhe: *C. laevigata* 3 – 5 m, selten bis 10 m, Sorte 5 – 7 m, *C. monogyna* 3 – 7 m, *C.* x *lavallei* und *C. pedicellata* 5 – 7 m, *C. persimilis* 6 – 7 m
Blütenfarbe: weiß, *C. pedicellata* weiß bis rosa, Sorte von *C. laevigata* rot, Sorte von *C.* x *lavallei* weiß bis rosa
Blütezeit: Mai bis Juni
Früchte: kleine rote Apfelfrüchte, ab August; gekocht genießbar

Crataegus laevigata

Merkmale: Weißdornarten sind allesamt meist kleine Gehölze, die je nach Standort und Kultur strauchig oder baumartig wachsen. Sie schmücken sich im Frühsommer mit einer Fülle weißer, streng duftender Blüten, im Herbst mit einem reichen Fruchtbesatz und zeigen oft eine schöne Herbstfärbung. Die Äste und Zweige sind mit dornenartigen Kurztrieben besetzt und tragen gelappte oder fiederteilige Blätter.
In den Blüten des Rotdorns stehen jeweils zwei, selten auch drei Griffel. Die reine Art wird vorwiegend als Heckenstrauch verwendet. Weitaus größere Bedeutung als Ziergehölz hat jedoch die Sorte 'Paul's Scarlet', die auch als Echter Rotdorn bezeichnet wird. Die unzähligen, herrlich karminroten Blüten stellen einen Höhepunkt im frühsommerlichen Garten dar. Der Weißdorn blüht etwas später als der Rotdorn und wächst zu einem dicht verzweigten Strauch oder Bäumchen mit unregelmäßig runder oder schirmförmiger Krone heran. Besonders schmuck wirkt er zur Blütezeit, wenn er über und über mit weißen Blüten, die anders als der Rotdorn nur einen Griffel besitzen, bedeckt ist. Aus den Blüten entwickeln sich dunkelrote, runde bis längliche Früchte. Das stumpfgrüne, tief eingeschnittene Laub färbt sich im Herbst orangebraun, bevor es schließlich abgeworfen wird. Blüten wie Früchte enthalten kreislauf- und herzwirksame Inhaltsstoffe, weshalb der Weißdorn von alters her als Heilpflanze geschätzt wird.
Von der Art *C.* x *lavallei* ist ausschließlich die Sorte 'Carrierei', Apfeldorn genannt, in Kultur. Er bildet meist einen kleinkronigen Baum, dessen glänzend grünes Laub ledrig wirkt, sich im Herbst orangegelb bis rötlich bronzefarben verfärbt und sehr lange, meist bis November oder Dezember, an den Zweigen bleibt. Aus den weißen bis leicht rosafarbenen Blüten gehen später orangerote Früchte hervor. Der Scharlachdorn verdankt seinen Namen den scharlachroten Früchten. Meist wächst die Art mehrstämmig und entwickelt eine dichte, breitbuschige Krone. Dagegen bildet der Pflaumendorn überwiegend nur einen kurzen Hauptstamm. Sein glänzend dunkelgrünes Laub verfärbt sich im Herbst intensiv gelb und rot.
Alle Weißdornarten sind ausgezeichnete Vogelschutz- und Nistgehölze sowie gute Bienenweiden. Die Früchte aller Arten sind im Rohzustand nur wenig schmackhaft, dafür entfalten sie in Kompotten, Gelees und Konfitüren ein vorzügliches Aroma.
Sorten: Im Handel werden u. a. angeboten von *C. laevigata* 'Paul's Scarlet' (karminrote Blüten, Höhe 5 – 7 m); von *C. monogyna* 'Stricta' (auch als 'Fastigiata' geführt; schmal aufrechte, schlanke, säulenförmige Krone, weiße Blüten, Höhe 4 – 6 m); von *C.* x *lavallei* 'Carrierei' (auch als *C. carrierei* geführt; klein-

Crataegus monogyna

kronig, weiße bis rosafarbene Blüten, lange anhaftende rote Früchte, glänzend dunkelgrünes Laub, schöne Herbstfärbung, lange haftendes Laub, Höhe 5 – 7 m); von *C. persimilis* 'Splendens' (auch als *C. crus-galli* var. *splendens* geführt, Glanzdorn; kleinkroniger Baum, weiße Blüten, rote Früchte, glänzend dunkelgrünes Laub, orangerote Herbstfärbung, Höhe 6 – 7 m).

Standortansprüche: Alle hier genannten Arten und Sorten sind überaus robuste und an fast allen Stellen problemlos gedeihende Gehölze. Ein sonniger bis absonniger Platz sagt ihnen am meisten zu. Sie wachsen zwar auch im Halbschatten, dort bleiben jedoch Blüten- und Fruchtbildung spärlicher, die Herbstfärbung leuchtet weniger intensiv. Die Ansprüche an den Boden sind gering, allerdings sollte er tiefgründig sein, da sämtliche Arten Tiefwurzler sind. Ideal ist ein lehmiger, kalkhaltiger Untergrund. Alle Weißdornarten sind gut rauchhart und gedeihen auch in Stadtklima.

Verwendung: Die hier genannten Arten eignen sich wegen ihrer recht geringen Wuchshöhe selbst für kleine Gärten. Dort können sie einzeln, in Gruppen und sogar in freiwachsenden Hecken stehen. Weiß- und Rotdorn setzt man bevorzugt in Windschutzhecken ein. Der recht strenge Duft ihrer Blüten behagt allerdings nicht jedermann, deshalb sollte man die Gehölze nicht gerade in der Nähe einer Terrasse oder neben einem häufig offenstehenden Fenster plazieren. Die Arten und Sorten eignen sich auch für die Bepflanzung von sehr geräumigen Kübeln.

Pflege: Am natürlichsten wirken die Weißdorne, wenn sie sich ohne Schnitt frei entfalten dürfen. Sie vertragen aber selbst radikalen Rückschnitt und können nach Belieben in Form gebracht werden, ohne daß besondere Schnittregeln zu beachten wären. Bei *C. laevigata* 'Paul's Scarlet' erzieht man die Krone gern kugelförmig. Allerdings bleibt der Blütenansatz dann in der Regel gering.

Vermehrung: Die reinen Arten können durch Aussaat (Kaltkeimer) vermehrt werden, die Sorten nur durch Veredelung.

Schädlinge und Krankheiten: Raupen (vor allem von Gespinstmotten und Ringelspinnern), Gallmücken, Blutläuse, Spinnmilben; Echter Mehltau, Weißdornrost, Feuerbrand

Tip: Rotdorn und Weißdorn sind sehr anfällig für Feuerbrand, eine vor allem auch für Obstgehölze gefährliche Bakterienerkrankung. Damit sich die Krankheit nicht auf Obstbäume ausbreitet und dort verheerenden Schaden anrichtet, sollte man im und rund um den Obstgarten auf diese beiden Arten unbedingt verzichten.

Cytisus
Geißklee, Ginster

Arten: *C.* x *praecox* (auch *C. multiflorus* x *C. purgans*, Elfenbeinginster), *C. scoparius* (Besenginster), *C.-Scoparius*-Hybriden (Edelginster, Schmuckginster), *C.* x *beanii* (auch *C. ardoini* x *C. purgans*, Duftender Kriechginster), *C. decumbens* (Kissenginster), *C.* x *kewensis* (auch *C. ardoini* x *C. multiflorus*, Niedriger Elfenbeinginster), *C. purpureus* (auch *Chamaecytisus purpureus*, Purpurginster, Rosenginster, Roter Geißklee)

Cytisus x *praecox*

Familie: Schmetterlingsblütler *(Leguminosae)*

Herkunft: Böschungen, Waldränder und Heiden in Europa

Wuchsform: Sträucher oder Zwergsträucher

Höhe: 1 – 2 m, *C.* x *beanii* 0,3 – 0,4 m, *C. decumbens* 0,1 – 0,2 m, *C.* x *kewensis* 0,3 – 0,5 m, *C. purpureus* 0,4 – 0,6 m

Blütenfarbe: *C.* x *praecox* cremegelb, Sorten weiß, gelb, lila, oft mehrfarbig, *C. scoparius* goldgelb, *C.-Scoparius*-Hybriden gelb, rot, oft mehrfarbig, *C.* x *beanii* und *C. decumbens* gelb, *C.* x *kewensis* cremeweiß bis gelb, *C. purpureus* purpurrot bis rosa

Blütezeit: Mai bis Juni, *C.* x *praecox* April bis Mai

Früchte: giftige braune bis schwarze Hülsen, ab Juli

Merkmale: Mit ihrer Blütenfülle bilden die Geißkleearten im Frühsommer leuchtende Blickpunkte im Garten. Im Unterschied zu den Arten des eigentlichen Ginsters (*Genista*, siehe Seite 169 f.), die ungeteilte, einfache Blätter haben, tragen sie kleine, dreizählige Laubblätter. Wie bei allen Schmetterlingsblütlern setzen sich die Blüten aus unterschiedlich gestalteten Blütenblättern zusammen: Eine aufwärts gerichtete sog. Fahne überragt das nach unten stehende, aus zwei Blättern gebildete Schiffchen, seitlich davon stehen die beiden sog. Flügel ab.

Der dichtbuschige Elfenbeinginster blüht schon im Frühjahr und verströmt dann einen etwas strengen, süßlichen Duft. Seine cremegelben Blüten sind wie Perlen an den grünen, bogig überhängenden Rutentrieben aufgereiht. Sehr reizvoll wirken die Sorten dieser Hybride mit ihren oft mehrfarbigen Blüten. Der Besenginster öffnet seine goldgelben Blüten etwas später. Auch sie erscheinen in reicher Zahl an den grünen, kantigen Ruten und duften stark süßlich. Farbenfroh präsentieren sich die Sorten des Edelginsters – die Palette der Blütenfarben reicht von hellem Gelb bis hin zu Karminrot, oft sind die Blüten auch mehrfarbig. Der Duftende Kriechginster ist ein niederliegender bis kriechender Zwergstrauch, der sich überreich mit goldgelben Blüten schmückt. Noch kleiner bleibt der dichtbuschige Kissenginster, der leuchtend gelb blüht und im Alter sehr breit werden kann. Der Niedrige Elfenbeinginster wächst ebenfalls zwergig, an seinen elegant überhängenden Trieben bildet er eine Fülle von cremeweißen bis lichtgelben Blüten. Der Purpurginster stellt gewissermaßen das rote Pendant zu ihm dar, denn an dem zuerst buschig aufrechten, im Alter eher überhängenden, nieder-

Bewährte Sorten von *Cytisus*

Sorte	Höhe in m	Wuchs	Blütenfarbe
von *Cytisus* x *praecox*			
'Allgold'	1–2	leicht überhängend	goldgelb
'Frisia'	1–2	buschig aufrecht	lila, weiß und rosa
'Hollandia'	1–2	überhängend	purpurn und rahmweiß
'Zeelandia'	1–2	leicht überhängend	rahmweiß und lila
der *Cytisus-Scoparius*-Hybriden			
'Andreanus Splendens'	1,5–2	straff aufrecht, breitbuschig	gelb und rotbraun
'Goldfinch'	1,5–2	dichtbuschig	gelb, rot und rosa
'Dorothy Walpole'	1–2	straff aufrecht, stark verzweigt	karminrot, braunrot
'Firefly'	1–2	straff aufrecht	gelb und rot
'Red Favorite' (auch 'Roter Favorit')	1–2	locker aufrecht, überhängend	dunkelrot
'Burkwoodii'	1–1,5	breitbuschig gedrungen	karminrot, rosa und gelb
'Dragonfly'	1–1,5	locker aufrecht	gelb und rot
'Luna'	1–1,5	locker aufrecht	hellgelb und dunkelgelb
'Red Wings'	1–1,5	breit aufrecht, leicht überhängend	karminrot und lila

liegenden Strauch entwickeln sich purpurrote bis kräftig rosafarbene Blüten. Geißkleearten sind in allen Teilen stark giftig.
Standortansprüche: Die Sträucher können sich nur an einem sonnigen bis allenfalls absonnigen Platz optimal entwickeln. Eine geschützte, warme Lage ist für sämtliche Arten, besonders aber für Elfenbein-, Besen- und Edelginster wichtig, da sie in strengen Wintern schnell leiden. Der Boden sollte gut durchlässig und leicht sein, sandiger Untergrund ist ideal. Mit Ausnahme des Kissenginsters und des Niedrigen Elfenbeinginsters gedeihen die Arten nicht auf kalkhaltigem Untergrund. Die recht rauchharten Sträucher vertragen aber Trockenheit und Stadtklima gut und sind als sog. Stickstoffsammler auch mit kargem Boden zufrieden.
Verwendung: Mit ihrer überschäumenden Blütenfülle bereichern die Sträucher Heidegärten, Steingärten, Böschungen und kleine Gehölzgruppen. Sie können sowohl mit Zwergsträuchern wie Heide *(Erica)*, Besenheide *(Calluna)* oder kleinwüchsigen Wacholderarten und -sorten als auch mit Stauden und Gräsern kombiniert werden. Da alle Geißkleearten nach der Blüte nicht übermäßig attraktiv wirken, sollte man sie besser nicht in Einzelstellung pflanzen. Die besonders kleinwüchsigen Arten wie Duftender Kriechginster, Niedriger Elfenbeinginster, Kissen- und Purpurginster eignen sich hervorragend für Steingärten und zur Bepflanzung von Trögen.
Pflege: Die Sorten des Edelginsters sollten den Winter über locker mit Reisig abgedeckt werden. Die Sträucher lassen sich nur schwer verpflanzen, da ihr oberflächennah verlaufendes Wurzelsystem wenige Faserwurzeln ausbildet. Man sollte deshalb auch stets nur Pflanzen mit Wurzelballen oder aber Containerware kaufen.
Bei Elfenbein-, Besen- und Edelginster schneidet man gleich nach der Blüte einen Teil der Ruten zurück, um einen kräftigen Neuaustrieb und damit auch den Blütenansatz anzuregen. Die übrigen Arten sollten ungeschnitten bleiben.
Vermehrung: Alle Arten, Hybriden und Sorten lassen sich leicht durch Stecklinge vermehren; bei den reinen Arten führt auch eine Aussaat (Kaltkeimer) zum Erfolg.
Schädlinge und Krankheiten: Blattläuse, Spinnmilben, Kaninchen; Blatt- und Stengelfleckenkrankheit, Falscher Mehltau, Rost

Cytisus purpureus

D

Daphne mezereum

Daphne
Seidelbast

Arten: *D. mezereum* (Gewöhnlicher Seidelbast, Kellerhals), *D.* x *burkwoodii* (auch *D. caucasica* x *D. cneorum*, Maienseidelbast)
Familie: Seidelbastgewächse *(Thymelaeaceae)*
Herkunft: Laubmischwälder und Gebüsche in Europa, Kleinasien, Sibirien und im Kaukasus
Wuchsform: kleine Sträucher
Höhe: 0,5–1,2 m
Blütenfarbe: rosa
Blütezeit: *D. mezereum* Februar bis April, *D.* x *burkwoodii* Mai bis Juni
Früchte: *D. mezereum* giftige, rote beerenähnliche Steinfrüchte, ab Mai
Merkmale: Ein verführerischer süßer Duft verrät, daß

der Gewöhnliche Seidelbast in voller Blüte steht. Lange bevor das schmale, stumpfgrüne Laub austreibt, schmückt sich der Strauch mit einer Fülle rosaroter Blüten, die in dichten Büscheln an den Zweigenden stehen. Aus den Blüten entwickeln sich im Sommer zunächst grüne, zur Reife leuchtend rote, kugelige Steinfrüchte, die ebenso wie alle anderen Pflanzenteile sehr giftig sind. Schon der Verzehr weniger Beeren kann lebensgefährlich sein, und bereits bei Hautkontakt können Entzündungen, Schwellungen oder Blasenbildung auftreten. Da vor allem die hübschen roten Früchte zum Naschen verlocken, sollte man sich die Pflanzung von Seidelbast gründlich überlegen, wenn Kleinkinder im Garten sind. Der Gewöhnliche Seidelbast steht unter Naturschutz, Wildbestände dürfen daher keinesfalls ausgegraben werden. Beim Maienseidelbast ist die Vergiftungsgefahr geringer. Von dieser Hybride wird überwiegend die Sorte 'Somerset' kultiviert. Der hübsche Blütenstrauch setzt keine Früchte an und gilt als kaum giftig. Seine in üppigen Trauben stehenden Blüten öffnen sich etwas später als die des Gewöhnlichen Seidelbasts, duften aber ebenso intensiv. Sie sind erst rosa gefärbt und bleichen mit der Zeit aus.

Sorten: von *D. mezereum* (jeweils 0,5 – 1,2 m hoch) 'Alba' (auch als *D. mezereum* f. *alba* geführt, Weißer Seidelbast; Blüten cremeweiß, Früchte hellgelb), 'Rubra Select' (auch als 'Ruby Glow' geführt; Auslese mit großen, dunkel rosaroten Blüten); von *D.* x *burkwoodii* 'Somerset' (dichtbuschiger, aufrechter Strauch mit rundlicher Krone, lanzettliches Laub, in milden Lagen wintergrün, hellrosa Blüten, kein Fruchtansatz, kaum giftig, Höhe 0,6 – 1,2 m)

Standortansprüche: Der Gewöhnliche Seidelbast braucht zum Gedeihen einen absonnigen bis halbschattigen Platz und einen gut durchlässigen, frischen bis leicht feuchten, humosen, unbedingt kalkhaltigen Boden. Die Art gilt als ausgesprochen rauchhart, eignet sich aber nicht für innerstädtisches Klima. Der Maienseidelbast wächst in sonniger bis halbschattiger Lage auf frischem, neutralem bis leicht saurem Humusboden am besten.

Verwendung: Wenn man sich der Vergiftungsgefahr, die vom Gewöhnlichen Seidelbast ausgeht, bewußt ist und sich entsprechend davor schützt, kann der kleine Blütenstrauch eine reizvolle Bereicherung für einen Frühlingsgarten, einen größeren Steingarten oder für eine Gehölzgruppe sein. Der Maienseidelbast kann ähnlich verwendet werden, er gibt aber auch in Einzelstellung einen hübschen Blickfang ab.

Pflege: Wegen des Giftgehalts sollte man beim Hantieren mit Gewöhnlichem Seidelbast stets Handschuhe tragen. Er entwickelt ein tiefreichendes, fleischiges Wurzelsystem und läßt sich deshalb nur sehr schwer verpflanzen. Man sollte daher auch nur Ballen- oder Containerware aus der Baumschule erwerben. Der Maienseidelbast ist nicht besonders langlebig. Er neigt mit zunehmendem Alter zum Auseinanderbrechen und wächst dann nur noch kümmerlich weiter. Am besten ersetzt man ihn rechtzeitig durch einen neuen Strauch. Die Sträucher sollten stets ungeschnitten bleiben.

Vermehrung: Neue Pflanzen gewinnt man durch Stecklinge, beim Gewöhnlichen Seidelbast ist auch eine Aussaat der reifen Früchte (Kaltkeimer) möglich. Die Sorten kann man ebenfalls aus Samen heranziehen, doch zeigen die Sämlinge zuweilen veränderte Eigenschaften.

Schädlinge und Krankheiten: Spinnmilben; Seidelbastmosaik (Virose)

Deutzia
Deutzie

Arten: *D.* x *hybrida* (auch *D. discolor* x *D. longifolia*, Rosendeutzie), *D.* x *kalmiiflora* (auch *D. parviflora* x *D. purpurascens*, Kalmiendeutzie), *D.* x *lemoinei* (auch *D. gracilis* x *D. parviflora*), *D.* x *magnifica* (auch *D. scabra* x *D. vilmorinae*, Hohe Deutzie, Hoher Sternchenstrauch), *D.* x *rosea* (auch *D. gracilis* x *D. purpurascens*, Niedrige Deutzie, Niedriger Sternchenstrauch), *D. gracilis* (Maiblumenstrauch, Zierliche Deutzie), *D. crenata* (auch *D. scabra*, Rauhblättrige Deutzie)

Familie: Pfeifenstrauchgewächse (*Philadelphaceae*, auch zu *Saxifragaceae* gerechnet)

Herkunft: Elternarten der Hybriden sowie genannte Arten aus Wäldern in Ostasien

Wuchsform: kleine bis große Sträucher

Höhe: *D.* x *hybrida* 1,5 – 2,0 m, *D.* x *kalmiiflora* 1 – 1,5 m, selten bis 2 m, *D.* x *lemoinei* 1 – 1,5 m, *D.* x *magnifica* 3 – 4 m, *D.* x *rosea* 0,8 – 1,5 m, *D. gracilis* 0,5 – 1 m, *D. crenata* 2 – 4 m

Blütenfarbe: *D.* x *hybrida*, *D.* x *kalmiiflora* und auch *D.* x *rosea* rosa, *D.* x *lemoinei*, *D.* x *magnifica* und *D. gracilis* weiß, *D. crenata* weiß, auch rosa

Blütezeit: Mai bis Juni, *D.* x *rosea* und *D. crenata* Juni bis Juli

Merkmale: Deutzien sind in vielen Gärten zu finden und fallen im Frühsommer mit ihrer verschwenderischen Blütenpracht schon von weitem auf. Manchmal werden sie mit dem nahe verwandten Pfeifenstrauch (siehe Seite 191) verwechselt, dessen Triebe aber mit weißem Mark gefüllt sind, wohingegen die Triebe der Deutzien hohl bleiben. Die sommergrünen Sträucher bieten eine breite Vielfalt an Erscheinungsformen. Allen voran stehen die vielen Hybriden, die um die Jahrhundertwende von einem französischen Züchter in den Handel gebracht wurden. Die Rosendeutzie ist ein aufrecht wachsender, kleiner Strauch, der sich im Mai/Juni mit einer Fülle rosafarbener Blütenbüschel schmückt. Die Kalmiendeutzie, ein lockerer Kleinstrauch mit zierlich überhängenden Zweigen, überzieht sich mit einer Wolke aus weißlich-rosafarbenen Blüten, deren Außenseite karminrot ist. *D.* x *lemoinei* blüht rein weiß an bogig abstehenden

Deutzia x *rosea*

Deutzia x *hybrida*

Zweigen. Die Hohe Deutzie ist eine starkwüchsige Kreuzung mit aufrechten Trieben, an denen große Doldenrispen aus rein weißen, gefüllten Blüten stehen. Die Niedrige Deutzie bleibt dagegen klein und gedrungen, die innen weißen, glockigen Blüten sind bei den verschiedenen Sorten außen rosa bis rot gefärbt. Anmutig und zierlich wie keine andere Deutzie gibt sich der Maiblumenstrauch, ein zur Blütezeit von unzähligen weißen Sternchenblüten übersätes Kleingehölz. Die Rauhblättrige Deutzie dagegen wächst zu einem straff aufrechten, bisweilen auch ein wenig sparrigen Großstrauch heran. Wie alle anderen Arten begeistert auch sie durch ihre üppige Blütenfülle, die den Strauch, je nach Sorte, in reines Weiß oder duftiges Rosa hüllt.

Standortansprüche: Deutzien sind recht anspruchslose und genügsame Sträucher. Sie brauchen einen sonnigen bis absonnigen Standort, nur der Maiblumenstrauch verträgt auch Halbschatten. Der Boden sollte reichlich Humus enthalten, darf nicht allzu rasch austrocknen, aber auch nicht zu feucht sein. Alle genannten Hybriden und Arten, insbesondere aber die Rauhblättrige Deutzie, gelten als rauchhart und für innerstädtisches Klima geeignet.

Verwendung: Deutzien passen hervorragend in gemischte Gehölzgruppen, wo sie zur Blütezeit eine dominierende Rolle übernehmen. Für Einzelstellung an einem gut einsehbaren Platz sollte man Formen mit besonders elegantem Wuchs bevorzugen, etwa die Rosendeutzie oder die Niedrige Deutzie. Mit dem Maiblumenstrauch können auch kleine Blütenstrauchhecken gestaltet werden.

Pflege: Auf Trockenheit reagieren Deutzien empfindlich. Sie welken dann sehr rasch und werfen ihre Blüten vorzeitig ab. Man sollte sie daher in längeren Trockenperioden regelmäßig gründlich wässern.

Nimmt man jedes Jahr nach der Blüte einige der ältesten Äste heraus, fördert man den Neuaustrieb und den Blütenansatz.

Vermehrung: Nachwuchs kann man durch Stecklinge oder Steckhölzer heranziehen.

Bewährte Sorten von *Deutzia*

Sorte	Höhe in m	Wuchs/Eigenschaften	Blütenfarbe
von *Deutzia* x *hybrida*			
'Joconde'	1,5–2	starkwüchsig, leicht überhängend	blaß lilarosa
'Mont Rose'	1,5–2	locker verzweigt, leicht überhängend	rosa
'Perle Rose'	1,5–2	lockerer Wuchs, lange anhaltende Blüte	rosa
von *Deutzia* x *lemoinei*			
'Boule de Neige'	1–1,5	breit aufrecht, Zweige bogig abstehend	weiß
von *Deutzia* x *rosea*			
'Campanulata'	0,8–1,5	breit aufrecht, Zweige bogig abstehend	weiß
'Grandiflora'	0,8–1,5	weit überhängende Triebe	innen weiß, außen rot
von *Deutzia crenata*			
'Candidissima'	2–4	straff aufrecht, oben breit ausladend, gefüllte Blüten	weiß
'Pink Pompon'	2–4	straff aufrecht, dichte Blütenstände	rosa
'Plena'	2–4	straff aufrecht, horstartig, dichtgefüllte Blüten	innen weiß, außen rosa

E

Elaeagnus angustifolia

Elaeagnus
Ölweide

Arten: *E. angustifolia* (Schmalblättrige Ölweide, Wüstenölweide), *E. commutata* (Silberölweide, Uferölweide), *E.* x *ebbingei* (auch *E. macrophylla* x *E. pungens*, Wintergrüne Ölweide), *E. multiflora* (Eßbare Ölweide, Vielblütige Ölweide), *E. pungens* (Dornige Ölweide)

Familie: Ölweidengewächse *(Elaeagnaceae)*

Herkunft: Hänge, Ufer, Gebüsche, Waldränder, *E. angustifolia* in Asien, im südlichen Mittel- und Osteuropa eingebürgert, *E. commutata* in Nordamerika, *E. multiflora* in Ostasien, *E. pungens* in Japan und Nordchina

Wuchsform: *E. angustifolia* Großstrauch bis kleiner Baum, *E. commutata* dichtbu-

Elaeagnus multiflora

schiger Strauch, *E.* x *ebbingei* straff aufrechter, wenig verzweigter Strauch, *E. multiflora* breit aufrechter, hoher Strauch, *E. pungens* buschiger Kleinstrauch (am heimatlichen Standort Großstrauch)
Höhe: *E. angustifolia* 5 bis 7 m, *E. commutata* 3–5 m, *E.* x *ebbingei* 2–3 m, *E. multiflora* 3–5 m, *E. pungens* 0,5–1,5 m
Blütenfarbe: gelblichweiß, *E.* x *ebbingei* weiß
Blütezeit: Mai bis Juni, *E.* x *ebbingei* und *E. pungens* Oktober bis November
Früchte: eßbare Steinfrüchte, bei *E. angustifolia* gelblich, bei *E. commutata* silbrig und bei *E. multiflora* rotbraun, alle ab Juli/August
Merkmale: Ölweiden tragen ihren Namen zum einen, weil sie auf den ersten Blick den Weiden (siehe Seite 210 ff.) ähneln, zum andern, weil man aus den olivenähnlichen Früchten früher ein geschätztes Öl gewann.
Die sommergrüne Schmalblättrige Ölweide bildet einen hohen Strauch oder einen kleinen Baum mit manchmal sehr eigenwilliger Form. Ihre von silbrigen Schuppen überzogenen, dornigen Zweige tragen schmallanzettliche, beiderseits weißfilzige Laubblätter. Im Frühsommer erscheinen in den Blattachseln außen silberweiße, innen gelbliche, intensiv süßlich duftende Blüten, die sich später zu ovalen, gelblichen Früchten entwickeln. Sie schmecken mehlig-süß und eignen sich zum Rohgenuß wie auch zur Herstellung von Konfitüre.
Die Triebe der Silberölweide sind unbedornt. Ein Überzug mit feinen Sternhaaren läßt die Blätter, Blüten und Früchte ebenso wie die Rinde silbrig schimmern. Die Laubblätter des sommergrünen Strauchs sind im Gegensatz zu denen der Schmalblättrigen Ölweide breitoval. Die oberseits dunkelgrünen, unterseits silbergrauen, ledrigen, elliptischen Blätter der Wintergrünen Ölweide bleiben nur in sehr milden Gebieten ganzjährig an den Zweigen. Interessanterweise öffnet diese Hybride ihre weißen, sehr stark duftenden Blüten erst im Spätherbst. Die sommergrüne Eßbare Ölweide fällt im Frühsommer durch ihre blaßgelben Blüten auf, die überaus zahlreich an den meist unbedornten, locker überhängenden Trieben gebildet werden. Die sich daraus entwickelnden Früchte sind rotbraun und haben ein saftiges Fruchtfleisch mit erfrischend herb säuerlichem Aroma. Sie schmecken sowohl frisch vom Strauch wie auch als Gelee oder Kompott. Von den hier genannten Arten bleibt die immergrüne Dornige Ölweide bei weitem am niedrigsten. Wie die Wintergrüne Ölweide präsentiert auch sie erst im späten Herbst silbrigweiße, duftende Blüten. Alle Ölweiden werden von Vögeln gern als Unterschlupf und Nistplatz genutzt, und ihre Blüten bieten vielen Insekten reiche Nahrung.
Sorte: von *E. pungens* 'Maculata' (kleiner immergrüner Strauch, große, elliptische, dunkelgrüne Laubblätter mit gelber Zeichnung oder mit Mittelzone, weiße Blüten im Oktober oder November, Höhe 0,8–1 m, selten bis 1,5 m)
Standortansprüche: Die Pflanzstellen für Ölweiden müssen sehr sorgfältig gewählt werden. Am besten gedeihen die wärmeliebenden Gehölze an einem vollsonnigen bis halbschattigen Platz in geschützter, warmer Lage. An den Boden stellen sie dagegen nur geringe Ansprüche; jeder durchlässige, sandige, auch steinige und trockene Untergrund kommt in Frage. Ölweiden sind außerdem salzverträglich, rauchhart und gut für Stadtklima geeignet.
Verwendung: Mit ihrem silbrigen Laub und ihrem oft malerischen Wuchs bringen Ölweiden Abwechslung in Gehölzgruppen. Besonders schön heben sie sich von dunklen Nadelgehölzen ab. Da die Sträucher recht dicht werden, ergeben sie einen hervorragenden Wind- und Sichtschutz. Die Schmalblättrige Ölweide mit ihrem oberflächennahen, dicht verflochtenen Wurzelwerk sowie die ausläufertreibende Silberölweide werden gern zur Befestigung von Dünen, Böschungen oder steinigen Hängen eingesetzt. Da die Arten mit Luftstickstoff bindenden Strahlenpilzen eine Symbiose eingehen können, gedeihen sie auch auf sehr kargem Boden und eignen sich deshalb gut zur Erstbegrünung von Ödland.
Pflege: Am richtigen Standort brauchen Ölweiden kaum Pflege. Die Wintergrüne und die Dornige Ölweide sollte man den Winter über mit Reisig oder Rohrmatten abdecken und ihren Wurzelbereich mit einer dicken Laubschicht schützen.
Bei den immergrünen Arten sollte man auf einen Schnitt gänzlich verzichten, und die übrigen Arten brauchen nur ab und zu ein wenig ausgelichtet zu werden.
Vermehrung: Von der Silberölweide kann man Ausläufer abtrennen. Die anderen Arten vermehrt man am besten durch Absenker oder Stecklinge, aber auch Aussaat (Kaltkeimer) ist möglich.

Enkianthus
Prachtglocke

Art: *E. campanulatus*
Familie: Erika- oder Heidekrautgewächse *(Ericaceae)*
Herkunft: Mischwälder in Japan
Wuchsform: Strauch mit straff aufrechter Krone
Höhe: 2–3 m
Blütenfarbe: weißlichgelb mit rötlicher Zeichnung
Blütezeit: Mai bis Juni
Merkmale: Die straff aufrecht wachsende Prachtglocke, deren Seitenäste etagenartig abstehen, zeigt sich zweimal im Jahr sehr auffällig. Von besonderer Anmut sind ihre Blüten, die im Früh-

Enkianthus campanulatus

sommer in reicher Zahl erscheinen: Maiglöckchenähnliche, bauchige Kronen hängen in üppigen Doldentrauben am mehrjährigen Holz. Sie sind weißlichgelb gefärbt mit rötlichem Saum und ebenfalls rötlicher Äderung. Im Herbst ist es das Laub, das dem Zierstrauch noch einmal Beachtung verschafft. Bevor die blaugrünen, elliptischen Laubblätter abgeworfen werden, leuchten sie flammend rot und gelb auf.
Sorte: 'Albiflorus' (sehr reich blühend, rein weiße Blüten, orangegelbe Herbstfärbung, Höhe 2 – 3 m)
Standortansprüche: An einer geschützten, absonnigen bis halbschattigen Stelle und auf einem frischen, leichten Humusboden, der kalkfrei sein muß, fühlt sich die Prachtglocke besonders wohl. Ihre Eignung für Stadtklima sowie die Rauchhärte stehen nicht zuverlässig fest.
Verwendung: Der hübsche Blütenstrauch paßt gut in Gehölzgruppen, etwa zu Rhododendren und kleinen Nadelgehölzen, aber auch zu Bambus oder Heide *(Erica)*. Damit er seine Pracht voll entfalten kann, sollte er nicht zu eng zwischen höhere Sträucher gepflanzt werden, sondern eher in deren Vordergrund. Ausgesprochen malerisch wirkt die Prachtglocke, wenn sie einzeln an einer besonderen Stelle im Garten steht. Man kann das sehr schmucke Gehölz auch in Kübeln kultivieren.
Pflege: Da der Strauch dicht unter der Erdoberfläche sehr viele Feinwurzeln ausbildet, ist er empfindlich gegen Bodenverdichtung und Störungen im Wurzelbereich. Man sollte deshalb in unmittelbarer Nähe der Prachtglocke den Boden möglichst wenig betreten und dort Grabearbeiten vermeiden. Am schönsten entwickelt sich das Gehölz, wenn man es ungeschnitten läßt.
Vermehrung: Neue Pflanzen kann man durch Absenker oder Stecklinge heranziehen. Auch Aussaat unter Glas ist möglich.

Euonymus
Spindelstrauch

Familie: Spindelbaumgewächse *(Celastraceae)*

Innerhalb der Gattung *Euonymus* finden sich Arten mit sehr unterschiedlicher Wuchsform. Einige wachsen zu großen, sommergrünen Sträuchern heran, die vor allem durch ihren Fruchtschmuck und die herrliche Herbstfärbung auffallen. Andere Arten sind dagegen immergrüne Gehölze, die wegen ihrer kriechenden Triebe entweder als Bodendecker oder wegen ihres mit Haftwurzeln kletternden Geästs zur Wandbegrünung eingesetzt werden können.

Großsträucher

Arten: *E. europaea* (Pfaffenhütchen, Gewöhnlicher Spindelstrauch, Gewöhnlicher Spindelbaum), *E. alata* (Korkflügelstrauch, Korkspindel), *E. planipes* (auch *E. sachalinensis*, Großfrüchtiges Pfaffenhütchen)
Herkunft: Waldränder, Gebüsche und Hecken, *E. europaea* in Europa, Kleinasien, Sibirien und im Kaukasus, *E. alata* in Asien, *E. planipes* in Ostasien
Wuchsform: Großsträucher
Höhe: *E. europaea* 1,5 – 3 m, selten bis 6 m, *E. alata* 2 – 3 m, Sorte niedriger, *E. planipes* 2 – 4 m
Blütenfarbe: gelbgrün

Euonymus europaea

Blütezeit: Mai bis Juni
Früchte: giftige, fleischige Kapseln, *E. europaea* und *E. planipes* karminrot, Samen orangefarben, *E. alata* ziegelrot, alle ab August/ September
Merkmale: Das heimische Pfaffenhütchen ist ein robuster, breit aufrecht wachsender Großstrauch. Dabei legt es in der Jugend nur sehr zögernd an Höhe zu. Besonders auffällig, allerdings auch sehr giftig, sind die Früchte: Aus unscheinbaren, gelbgrünen Blüten entwickeln sich im Spätsommer vierklappige, leuchtend karminrote Kapseln. Ihre Form erinnert an die Kopfbedeckung katholischer Geistlicher und verhalf der Pflanze zu ihrem etwas respektlosen Namen. Springen die Kapseln in der Vollreife auf, werden die von einem intensiv orangefarbenen Mantel umgebenen Samen sichtbar. Das schon frühzeitig im Jahr austreibende hellgrüne Laub zieht im Herbst mit seiner leuchtend kupferroten Färbung noch einmal die Blicke auf sich. Weniger der Fruchtschmuck als vielmehr die interessante Rinde und die flammende Herbstfärbung zeichnen den Korkflügelstrauch aus. Die weit ausladenden, sparrig abstehenden, vierkantigen Äste tragen an den Kanten breite, dünne Korkleisten. Das Karminrot des Herbstlaubs ist von unglaublicher Leuchtkraft. Beim Großfrüchtigen Pfaffenhütchen tritt dagegen wieder der Fruchtschmuck in den Vordergrund. Die betont aufrechten, locker angeordneten Triebe tragen im Spätsommer eine Fülle von Früchten, die denen des heimischen Pfaffenhütchens sehr ähnlich sehen. Allerdings sind sie langgestielt, die Fruchtkapsel ist fünfklappig, und die orangefarbenen Samen hängen bei Vollreife an Fäden aus den roten Fruchtkapseln heraus. Auch diese Art fällt im Herbst durch ihre intensive karminrote Laubfärbung auf. Bei allen Arten sollte man beachten, daß nicht nur die Früchte, sondern auch alle anderen Pflanzenteile für den Menschen stark giftig sind. Vögel dagegen schätzen die Samen als Leckerbissen. Überdies finden sie in den Gehölzen Deckung und Nistraum.
Sorten: von *E. europaea* (jeweils 1,5 – 3 m hoch) 'Aldenhamensis' (rosarote Blüten, rosafarbene Fruchtkapseln), 'Red Cascade' (sehr

Euonymus alata

reich fruchtend, glänzend rosafarbene Fruchtkapseln); von *E. alata* 'Compacta' (eher breiter als aufrechter, dicht verzweigter kleiner Strauch, Äste sehr stark mit Korkleisten besetzt, Höhe 0,5 – 1 m)
Standortansprüche: Spindelsträucher sind genügsame und robuste Gehölze, die sich an einer sonnigen bis halbschattigen Stelle mit fast jedem Gartenboden zufriedengeben. Im Schatten fällt ihre Herbstfärbung weit weniger attraktiv aus als in der Sonne; auch bleibt dort der Fruchtansatz oft nur schwach. Alle Arten gelten als besonders rauchhart und sind für Stadtklima geeignet.
Verwendung: Mit ihrer auffallenden Herbstfärbung stellen alle hier genannten Arten eine echte Bereicherung für freiwachsende Hecken und Gehölzgruppen dar. Ihr farbkräftiger Fruchtschmuck und ihr ungewöhnlicher Wuchs lassen sie aber auch als Solitärgehölze attraktiv erscheinen. Die kleinwüchsige Sorte 'Compacta' des Korkflügelstrauchs kann sowohl im Steingarten wie in Gefäßen kultiviert werden.
Pflege: Alle Arten erweisen sich als ausgesprochen pflegeleicht. Gelegentliche Kompostgaben bewirken besonders üppigen Fruchtansatz. Damit sie ihre charakteristische Wuchsform schön entwickeln können, läßt man sie ohne jeden Schnitt wachsen.
Vermehrung: Nur die reinen Arten können durch Aussaat (Kaltkeimer) vermehrt werden. Sonst greift man auf Absenker oder Steckhölzer zurück.
Schädlinge und Krankheiten: Spindelbaum-Gespinstmotte, Blattläuse, Spinnmilben; Echter Mehltau

Kriechende und kletternde Arten

Art: *E. fortunei* (Kriechspindel), *E. fortunei* var. *radicans* (Kletterspindel)
Herkunft: Mischwälder in Ostasien
Wuchsform: *E. fortunei* kriechender bis kletternder Kleinstrauch, *E. fortunei* var. *radicans* Klettergehölz
Höhe: *E. fortunei* kriechend 0,2 – 0,6 m, kletternd 0,5 bis 2 m, strauchige Sorte bis 2,5 m, *E. fortunei* var. *radicans* 1 – 3 m
Blütenfarbe: grüngelb, unscheinbar
Blütezeit: Mai bis Juni
Früchte: nur bei wenigen Sorten, vor allem bei 'Vegetus', giftige Kapselfrüchte, gelb, weiß oder rot, ab August/September
Merkmale: Die immergrüne Kriechspindel treibt ihre langen Zweige entweder dicht über dem Boden entlang oder klettert, sobald sich ihr eine geeignete Unterlage bietet, mit Hilfe von Haftwurzeln in die Höhe. Die Art wie auch die vielen Gartensorten zeigen ein sehr veränderliches Laubkleid aus eiförmigen bis elliptischen Blättern. Besonders die Sorten mit weiß, gelb oder auch mehrfarbig gemustertem Laub wirken ausgesprochen interessant. Im Winter verfärben sich die Laubblätter oft ins Rötliche oder Rosafarbene, bleiben aber an den Zweigen haften. Blüten und Früchte sind im Gegensatz zu denen der großstrauchigen Arten meist unscheinbar. Obwohl botanisch mehrere Varietäten von *E. fortunei* unterschieden werden, faßt man diese gärtnerisch doch eher als Sorten auf, mit Ausnahme von *E. fortunei* var. *radicans*, der Kletterspindel. Der ebenfalls immergrüne Haftwurzelkletterer wächst zwar nur sehr langsam, sein stumpfgrünes Laub bildet aber dauerhaft schöne Blattvorhänge.
Standortansprüche: Anders als die Großsträucher der Gattung vertragen die hier genannten Arten neben sonnigen und halbschattigen Lagen auch vollen Schatten. Die Ansprüche an den Boden sind ebenfalls gering, die Arten und Sorten gedeihen auf jedem Gartenboden. Wie alle Spindelsträucher sind sie rauchhart und eignen sich auch für innerstädtisches Klima.
Verwendung: Die Kriechspindel und ihre Sorten sind hervorragende Bodendecker, die selbst an sonst nur sehr schlecht zu bepflanzenden Stellen schöne grüne Teppiche bilden. Sie lassen sich ebenso zur Unterpflanzung von Bäumen verwenden. Sobald man sie an eine Mauer, an größere Steine oder neben einen Baumstamm setzt, klettern sie mit ihren Trieben daran empor. Als „echte" Kletterpflanze sollte man aber die Kletterspindel bevorzugen, die sich zur Begrünung von Wänden und Mauern in Nordlagen eignet. Die kleinwüchsigen Sorten können gut in Gefäßen kultiviert werden.
Pflege: Kriech- und Kletterspindel sind anspruchslos, wachsen aber oft nur recht zögernd an. Werden sie als Bodendecker verwendet, empfiehlt es sich, den Boden zwischen den Pflanzen solange zu mulchen bzw. offenzuhalten, bis sie eine geschlossene Laubdecke entwickelt haben.

Euonymus fortunei

Bewährte Sorten von *Euonymus fortunei*

Sorte	Wuchshöhe in m kriechend	Wuchshöhe in m kletternd	Laubfarbe	Herbstfärbung
'Vegetus' (auch var. *vegeta* oder var. *vegetus*)	0,6	2	hellgrün (reichlich rote Früchte)	–
'Coloratus'	0,4	1,5	olivgrün	purpurn
'Gracilis' (auch 'Variegatus')	0,3	1,5	grün mit breitem weißen Rand	rosa überhaucht
'Emerald'n Gold'	0,3	1,5	grün mit gelbem Rand	rosarot
'Emerald Gaiety'	0,3	1	graugrün mit weißem Rand	rosarot
'Dart's Blanket'	0,3	1	dunkelgrün	braunrot
'Minimus'	0,2	0,5	frischgrün	–
'Silver Queen'	strauchig, 2,5		grün mit weißem Rand	–

Man sollte die Gehölze möglichst nicht durch Schnitt beeinträchtigen. Wo einzelne Triebe stören, kann man sie entfernen. Radikaler Rückschnitt wird nicht vertragen, die Pflanzen treiben vor allem im Alter kaum mehr neu aus.
Vermehrung: Die Arten, aber auch die Sorten kann man durch Stecklinge vermehren, ohne daß die sortentypischen Eigenschaften bei den Jungpflanzen verlorengehen.
Schädlinge und Krankheiten: Blattläuse, Spinnmilben; Echter Mehltau

Exochorda
Prunkspiere, Prachtspiere, Perlstrauch

Art: *E. racemosa*
Familie: Rosengewächse *(Rosaceae)*
Herkunft: Waldränder in Ostchina
Wuchsform: mittelgroßer bis großer Strauch
Höhe: 3 – 4 m
Blütenfarbe: weiß
Blütezeit: Mai
Früchte: grünbraune Fruchtkapseln, ab September
Merkmale: Mit ihrer eindrucksvollen Blütenfülle wird die Prunkspiere wahrlich ihrem Namen gerecht. Man nennt sie auch Perlstrauch, denn ihre Winterknospen sind wie Perlen an den Trieben aufgereiht. Die Hauptäste des sommergrünen Gehölzes streben trichterförmig auseinander, sie hängen ebenso wie die Zweige im oberen Bereich leicht über. Jeweils 6 – 10 der breiten, schüsselförmigen weißen Blüten, die in großer Zahl überall an den dicht verzweigten Trieben erscheinen, sind zu aufrechten Trauben vereint und leuchten vor dem hellgrünen länglichen Laub besonders hübsch.
Standortansprüche: Die Prunkspiere gedeiht sowohl in sonniger wie auch in halbschattiger Lage. Der Boden sollte reichlich Humus enthalten, muß aber kalkarm sein. Ihre Rauchhärte sowie die Eignung für innerstädtisches Klima sind nicht zuverlässig bekannt.
Verwendung: Der sehr elegante Blütenstrauch läßt sich sowohl als Solitär- wie auch als Gruppengehölz einsetzen. Besonders hübsch wirkt die Prunkspiere zu Rhododendren und Nadelgehölzen.
Pflege: In der Jugend schneidet man lange, rutenartige Triebe jährlich zurück, damit sich der Strauch besser verzweigt. Weitere Schnittmaßnahmen sind nicht erforderlich, die Prunkspiere sollte sich frei entfalten dürfen. Darüber hinaus empfiehlt es sich, die teils tiefreichenden, teils flachstreichenden Wurzeln nicht durch Grabearbeiten zu stören.
Vermehrung: Neue Pflanzen gewinnt man durch Aussaat (Kaltkeimer) oder durch Stecklinge.

Exochorda racemosa

F

Fagus
Buche

Art: *F. sylvatica* ssp. *sylvatica* (auch *F. silvatica*, Rotbuche)
Familie: Buchengewächse oder Becherfrüchtler *(Fagaceae)*
Herkunft: Laub- und Nadelmischwälder in Europa
Wuchsform: hoher Baum mit durchgehendem Stamm bis zum Wipfel und hochgewölbter, dichter Krone
Höhe: 25 – 30 m, selten bis 40 m, Sorten teilweise niedriger
Blütenfarbe: grüngelb, unauffällig
Blütezeit: Mai
Früchte: braune Nüsse mit dreiklappiger Fruchthülle (Bucheckern), ab September
Merkmale: Die Rotbuche wächst zu einem aufrechten, hohen Baum heran, dessen glänzend grau bis silbergrau berindeter Stamm bis zum Wipfel ragt. Die fast waagrecht abstehenden Äste bilden eine breit ausladende, hochgewölbte Krone. Aus spitzen Winterknospen brechen im Frühjahr die lebhaft grünen Blätter hervor, die im Herbst gelbe bis orangefarbene, später bräunliche Tönungen annehmen. Sie bleiben noch lange an den Zweigen haften, bis sie schließlich nach und nach von den Winterstürmen abgerissen werden. Manchmal hängen sie sogar noch im nächsten Frühjahr am Baum. Wie bei allen Buchengewächsen finden sich auch bei der Rotbuche männliche und weibliche Blüten an einem Baum. Die männlichen hängen in langgestielten, kugeligen Kätzchen herab, die weiblichen stehen jeweils zu zweit und sind von einem weichstacheligen Fruchtbecher umgeben. Sie entwickeln sich zu den bekannten Bucheckern, dreikantigen Nüssen, die zunächst von dem allmählich verholzenden dreiklappigen Fruchtbecher eingehüllt und im Herbst schließlich freigegeben werden. Die nahrhaften Samen dienen vielen Tieren als Nahrung, außerdem preßt man daraus ein hochwertiges Öl. In Notzeiten nutzte man Bucheckernkerne früher vielfach als Getreideersatz, doch kann der Genuß größerer Mengen schädlich sein. Wesentlich häufiger als die in Mitteleuropa vielerorts bestandsbildende reine Art werden im Garten die zahlreichen Sorten, z. B. rotlaubige oder hängende Formen, verwendet.

Fagus sylvatica ssp. *sylvatica*, Blutbuche

Standortansprüche: Rotbuchen wachsen am besten,

Bewährte Sorten von *Fagus sylvatica* ssp. *sylvatica*

Sorte	Höhe in m	Wuchs	Laub
'Atropunicea' (Blutbuche)	20–30	wie die Art	schwarzrot
'Laciniata' (Fiederbuche)	20–30	wie die Art	grün, sehr variable Form
'Swat Magret' (Blutbuche)	20–30	wie die Art	schwarzrot
'Dawyck' (auch 'Fastigiata', Säulenbuche)	15–20	säulenförmig	grün
'Pendula' (Hängebuche, Trauerbuche)	15–20	bogig überhängend	grün
'Asplenifolia' (Farnbuche)	10–15	wie die Art	dunkelgrün, tief geschlitzt
'Purpurea Pendula' (Schwarzrote Hängebuche)	10–15	bogig überhängend	schwarzrot
Fagus sylvatica ssp. *sylvatica* f. *purpurea* (Purpurbuche)	20–30	wie die Art	dunkelrot, vergrünend
Fagus sylvatica ssp. *sylvatica* f. *suenteliensis* (auch 'Tortuosa', Gespensterbuche, Schlangenbuche, Süntelbuche)	10–20	schlangenartig gewundene Äste	grün

wenn man sie an eine sonnige bis halbschattige Stelle pflanzt, an der der Boden durchlässig und nährstoffreich ist, gleichzeitig aber auch reichlich Feuchtigkeit enthält. Die Art wie auch die Sorten sind recht rauchhart, vertragen aber innerstädtisches Klima nicht besonders gut.
Verwendung: Die mächtige Rotbuche mit ihrer breit ausladenden, schattenspendenden Krone wird nur in weitläufigen Gärten oder Parks Verwendung finden. Dagegen kann man schwächer wachsende und weniger hohe Sorten, z.B. die zierliche Farnbuche 'Asplenifolia' oder die elegante Schwarzrote Hängebuche 'Purpurea Pendula', durchaus als schöne Einzelbäume in den Garten pflanzen. Mit der Rotbuche lassen sich aber auch hohe Schnitthecken anlegen, die einen ausgezeichneten Sicht- und Windschutz bieten.
Pflege: Der Baum bildet ein herzförmiges Wurzelsystem aus, das vor allem knapp unter der Erdoberfläche stark ausgeprägt ist. Aus diesem Grund ist die Rotbuche sehr empfindlich gegen Oberflächenverdichtung. Man sollte also keinesfalls einen häufig betretenen Weg oder eine vielgenutzte Sitzgelegenheit unter ihrer Krone anlegen. Wegen der dichten Durchwurzelung des Oberbodens und des starken Schattenwurfs läßt sich der Baum überdies nur sehr schlecht unterpflanzen.
Zugunsten einer natürlichen Entfaltung der Krone sollte man auf jede Art von Schnitt verzichten (außer natürlich bei Schnitthecken).
Vermehrung: Die reine Art kann man aus Bucheckern heranziehen, die sofort nach der Reife ausgebracht werden müssen (Kaltkeimer). Die Sorten der Rotbuche hingegen müssen veredelt werden.
Schädlinge: Blattläuse, Gallmücken, Buchenblatt-Baumlaus, Buchen-Wollschildlaus, Buchenspringrüßler
Tip: Buchenlaub verrottet recht schwer, man sollte es deshalb möglichst zerkleinert und nur in sehr kleinen Mengen zum Kompost geben. Angewelkt und zerhäckselt eignet es sich gut zum Mulchen. In trockener Form kann man damit Laubhaufen als Überwinterungshilfe für Igel oder andere Tiere aufschichten.

Fallopia
Schlingknöterich

Arten: *F. aubertii* (auch *Polygonum aubertii*, *Bilderdykia aubertii*, Schlingknöterich), *F. baldschuanica* (auch *Polygonum baldschuanicum*, *Bilderdykia baldschuanica*, *Reynoutria baldschuanica*, Bucharischer Schlingknöterich)
Familie: Knöterichgewächse *(Polygonaceae)*
Herkunft: Waldränder, *F. aubertii* in Westchina und Tibet, in Europa stellenweise eingebürgert, *F. baldschuanica* in Zentralasien
Wuchsform: Klettergehölze
Höhe: 8 – 15 m
Blütenfarbe: *F. aubertii* weiß, *F. baldschuanica* erst weiß, dann rötlich
Blütezeit: Juli bis Oktober
Früchte: unauffällige, kleine geflügelte Nüßchen, ab September
Merkmale: Seine überschäumende Wuchskraft brachte dem Schlingknöterich den volkstümlichen Namen „Klettermaxe" ein. Die sowohl rechts- wie auch linkswindenden Triebe legen in einem einzigen Jahr mehrere Meter zu. Ab Juli erscheinen an den diesjährigen Trieben unermüdlich weiße Blütenrispen, die bisweilen den gesamten Strauch wie eine fedrige Wolke einhüllen. Sie duften süßlich und locken viele Insekten an. Aus den Blüten entstehen winzige geflügelte Nüßchen, die nicht übermäßig auffallen, aber durchaus lästig werden können, wenn sie vom Wind in jeden Winkel getragen werden. Der Bucharische Schlingknöterich sieht insgesamt sehr ähnlich aus, nur verfärben sich seine Blüten mit der Zeit rötlich.
Standortansprüche: Beide Arten sind außergewöhnlich robuste und anspruchslose Gewächse. Sie gedeihen in jeder Lage, allerdings fällt die Blüte im Schatten nicht so reichlich aus wie in der Sonne. An den Boden stellen sie nur die eine Bedingung, daß er stets ausreichend feucht sein muß. Überdies sind Schlingknöteriche rauchhart und für Stadtklima geeignet.
Verwendung: Überall wo man Mauern, Wände, Pergolen, Gartenhäuschen oder hohe Zäune schnell begrünen möchte, bieten sich die beiden

Fallopia aubertii

Schlingknötericharten an. Besonders gern werden sie zum Kaschieren unschöner Garagenwände, alter Schuppen und anderer wenig ansehnlicher Stellen eingesetzt.
Pflege: Da die Schlingpflanzen in sehr kurzer Zeit ein erhebliches Eigengewicht entwickeln, brauchen sie unbedingt eine stabile Kletterhilfe, z. B. kräftige Spanndrähte oder Holzgerüste. Bei anhaltender Trockenheit sollte man den Boden durchdringend wässern. Gelegentlich frieren in strengen Wintern einige Triebe zurück, die Pflanzen treiben aber bald wieder kräftig durch. Störende Triebe können beliebig zurückgeschnitten werden. Um die ungestüme Wuchskraft zu bändigen, wird manchmal sogar ein jährlicher scharfer Rückschnitt aller Triebe empfohlen. Mindestens alle paar Jahre sollte man einen solchen kompletten Rückschnitt auf jeden Fall durchführen, um ein Verkahlen im unteren Bereich zu verhindern und den Blütenansatz zu fördern.
Vermehrung: Beide Arten vermehrt man leicht durch Stecklinge oder Steckhölzer.

Forsythia
Forsythie, Goldglöckchen

Arten: *F.* x *intermedia* (auch *F. suspensa* x *F. viridissima*), *F. ovata*, *F. suspensa*, *F. viridissima*
Familie: Ölbaumgewächse *(Oleaceae)*
Herkunft: Ostasien
Wuchsform: Sträucher mit dicht verzweigter Krone
Höhe: 2 – 4 m, selten bis 5 m, Sorten auch niedriger, *F. ovata* 0,6 – 1,2 m, Sorten auch höher, *F. viridissima* 1 – 2,5 m, Sorten auch niedriger
Blütenfarbe: gelb
Blütezeit: April bis Mai, *F. ovata* März bis April
Merkmale: Blühende Forsythien künden den Einzug des Frühlings an. Die leuchtend goldgelben, vierzipfeligen und dichtgedrängt am alten Holz stehenden Blüten öffnen sich noch vor dem Laubaustrieb und lassen die Sträucher weithin sichtbar aufleuchten. Nach der Blüte entfalten sich an den in der Jugend straff aufrechten und wenig verzweigten, in späteren Jahren in weitem Bogen überhängenden und reich mit Seitenzweigen bestückten Trieben die dunkelgrünen, ganzrandigen oder leicht gezähnten Laubblätter.
Die beliebteste Forsythie ist die Hybride *F.* x *intermedia*, die vor etwa 100 Jahren im Botanischen Garten zu Göttingen gefunden wurde. Inzwischen entstanden durch Züchtung und Auslese eine Reihe von Sorten, die sich durch eine üppige Blüte mit großer Leuchtkraft auszeichnen. Als erste aller Forsythien kommt *F. ovata* zur Blüte, die ihre hellgelben Glöckchen etwa 2 – 3 Wochen früher als die übrigen Arten öffnet. Sie wächst sehr langsam und bildet nur kleine Büsche. Von *F. suspensa* werden mehrere Varietäten unterschieden: *F. suspensa* var. *fortunei* wächst sehr kräftig, ihre Äste stehen anfangs aufrecht und bilden erst im Alter schwungvolle Bogen, ihre glockigen Blüten sind tief dunkelgelb gefärbt. Bei *F. suspensa* var. *sieboldii* hängen die Zweige bereits von Jugend an malerisch über, allerdings bleibt der Blütenansatz im Vergleich zu den anderen Formen eher gering. Zeitlebens straff aufrecht wächst dagegen *F. viridissima*. Sie besticht nicht nur durch ihre großen, dunkelgelben Blüten, sondern auch durch ihre eigenwillige Herbstfärbung: Das dunkelgrüne Laub nimmt eine violette Tönung an, bevor es abgeworfen wird.
Sorten: Von *F.* x *intermedia* werden u.a. angeboten 'Beatrix Farrand' (besonders große, intensiv goldgelb gefärbte Blüten, etwas weniger reich blühend als andere Sorten, Höhe 3 – 4 m), 'Lynwood' (auch als 'Lynwood Gold' geführt; große, dunkelgelbe Blüten, sehr regelmäßig verteilt, Höhe 2 – 3 m), 'Spectabilis' (große, dunkelgelbe Blüten in reicher Zahl, Höhe 2 – 3 m), 'Spring Glory' (große, hellgelbe Blüten, Höhe 2 – 3 m), 'Minigold' (große, dottergelbe Blüten, kompakter, dichtbuschiger Wuchs, Höhe 1 – 2 m); von *F. ovata* u.a. 'Tetragold' (auch als *F.* x *intermedia* 'Tetragold' im Handel; tiefgelbe Blüten, frühblühend, kompakter Wuchs, Höhe 1 – 2 m); von *F. viridissima* u.a. 'Bronxensis' (hellgelbe Blüten, Höhe 0,4 – 0,5 m).
Standortansprüche: Forsythien gedeihen an jedem sonnigen bis absonnigen Ort und auf nahezu jedem Gartenboden. Vor allem *F.* x *intermedia* gilt als rauchhart, die Arten vertragen innerstädtisches Klima sehr gut.
Verwendung: Mit ihrer goldgelben Blütenzier setzen Forsythien hübsche Akzente in Gehölzgruppen und freiwachsenden Hecken. Geradezu klassisch ist eine Kombination der Sträucher mit anderen frühlingsblühenden Gehölzen wie Blutjohannisbeere oder Zierquitte. Unterpflanzt mit Zwiebelgewächsen in kräftigen Farben, etwa blauen Traubenhyazinthen *(Muscari)*, Blausternen *(Scilla)* oder roten Wildtulpen *(Tulipa)*, ergibt sich ein lebhaftes Frühlingsbild.

Forsythia x *intermedia*

Forsythien kann man auch zu Schnitthecken formen, die zwar ebenfalls reichlich blühen, aber nie die Schönheit freiwachsender Sträucher erreichen. Niedrige Formen, z.B. *F. viridissima* 'Bronxensis' oder *F. ovata* 'Tetragold', eignen sich auch für den Steingarten und zur Gefäßkultur.
Pflege: Damit die Blüte jedes Jahr üppig ausfällt und die Forsythien nicht zu einem undurchdringlichen Dickicht heranwachsen oder gar auseinanderfallen, ist ein regelmäßiger, fachgerechter Schnitt gleich nach der Blüte unerläßlich. Dabei werden die Sträucher in erster Linie ausgelichtet, um Platz für neue Triebe zu schaffen. Der Schnitt sollte erstmals drei bis vier Jahre nach der Pflanzung erfolgen, von da ab in drei- bis vierjährigem Turnus. Ältere Triebe, die nicht mehr üppig blühen, nimmt man entweder bis zum Boden zurück oder kürzt sie bis zum Scheitelpunkt des Astbogens ein, so daß nur einige der untersten, kräftigsten Seitentriebe stehenbleiben. Auch schwache oder wenig

verzweigte Jungtriebe können um etwa ein Drittel bis ein Viertel ihrer Länge zurückgeschnitten werden (siehe auch Seite 90).
Vermehrung: Forsythien lassen sich sehr leicht durch Steckhölzer oder Absenker vermehren.
Krankheiten: Bakterienkrebs, Bakterienseuche, Welkekrankheit
Tip: Sehr beliebt ist die Treiberei von Forsythienzweigen im Advent. Nachdem im Garten für einige Tage Frost auf die Sträucher eingewirkt hat, lassen sich die Knospen in der Wärme leicht zum Aufblühen bringen. Man schneidet längere, noch nicht zu stark verzweigte Triebe, stellt sie in die Vase und bringt sie zunächst in einen kühlen Raum (etwa 10–15 °C). Wenn die Blütenknospen deutlich anschwellen, holt man die Zweige an einen wärmeren Ort. Nach wenigen Tagen öffnen sich die Blüten.

Fraxinus
Esche

Arten: *F. excelsior* (Gewöhnliche Esche), *F. ornus* (Mannaesche, Blumenesche)
Familie: Ölbaumgewächse *(Oleaceae)*
Herkunft: *F. excelsior* Laubmisch-, Au- und Schluchtwälder in Europa und Kleinasien, *F. ornus* Trockenwälder und Berghänge in Südeuropa und im östlichen Mittelmeerraum
Wuchsform: *F. excelsior* großer Baum mit runder bis breitpyramidaler Krone, Sorten teilweise kleine oder mittelhohe Bäume, *F. ornus* kleiner Baum oder Großstrauch mit runder Krone
Höhe: *F. excelsior* 30–40 m, Sorten wesentlich niedriger, *F. ornus* 6–10 m
Blütenfarbe: *F. excelsior* männliche Blüten rötlich, weibliche Blüten grünlich, unscheinbar, *F. ornus* cremeweiß
Blütezeit: *F. excelsior* April bis Mai, *F. ornus* Mai
Früchte: grüne, später braune, geflügelte Nüsse in dichten Büscheln, ab August
Merkmale: Die Gewöhnliche Esche ist einer der mächtigsten heimischen sommergrünen Laubbäume. In der nordischen Mythologie wurde sie als heiliger Baum verehrt, die Weltesche Yggdrasil war nach Vorstellung der alten Germanen untrennbar mit dem Schicksal der Erde verbunden. Der eindrucksvolle Baum kann bis zu 300 Jahre alt werden, sein von grauer Rinde und rissiger Borke umgebener Stamm ragt bis weit in die monumentale Krone hinein. Charakteristisch sind die aus je 7 bis 13 lanzettlichen, zugespitzten Fiederblättern zusammengesetzten Laubblätter, die sich im Frühjahr erst sehr spät entfalten. Noch vor dem Laubaustrieb öffnen sich die Blüten, die allerdings recht unscheinbar bleiben. Merkwürdigerweise kann die Gewöhnliche Esche entweder nur männliche, nur weibliche oder aber männliche und weibliche sowie auch zwittrige Blüten tragen. Aus den weiblichen Blüten entwickeln sich einseitig geflügelte Nußfrüchte, die in dichten Rispen herabhängen und oft bis zum nächsten Frühjahr an den Zweigen haftenbleiben. Obwohl die reine Art für den Hausgarten viel zu gewaltig ist, spielen die Sorten der Gewöhnlichen Esche doch eine recht bedeutsame Rolle. Viele von ihnen bleiben wesentlich kleiner als die Art, einige zeigen auch interessante Wuchsformen, etwa die

Fraxinus excelsior

Kugelesche oder die Laubenesche. Im Gegensatz zur Gewöhnlichen Esche bleibt die Mannaesche ein kleiner Baum, sie wächst bisweilen sogar strauchartig. Der aus Rindenrissen dieser Art fließende und an der Luft erstarrende Blutungssaft, das „Manna“, wird als Arzneimittelrohstoff verwendet. Dank ihrer auffälligen, in großen Rispen hängenden, cremeweißen Blüten, die intensiv duften und viele Insekten anlocken, wird sie oft auch Blumenesche genannt. Aus ihnen entwickeln sich die für Eschen typischen büscheligen Fruchtstände.
Sorten: Von *F. excelsior* werden u.a. angeboten 'Westhof's Glorie' (ovale bis rundliche Krone, Äste bogig oder schräg ansteigend, glänzend grünes Laub, Höhe 20 bis 30 m), 'Diversifolia' (auch als 'Monophylla' geführt; Laub nicht gefiedert, sondern einteilig, pyramidale Krone, Höhe 15–30 m), 'Atlas' (regelmäßige, ovale Krone, wenig windempfindlich, männliche Form, daher kein Fruchtansatz, Höhe 15–20 m), 'Pendula' (Laubenesche, Hängeesche; hochstämmig veredelte Hängeform, wenige starke Hauptäste zunächst waagrecht abstehend, später bogig überhängend, Höhe meist 6–8 m), 'Globosa' (Große Kugelesche; anfangs kugelige, später eiförmige Krone, Höhe 5–6 m), 'Nana' (Kleine Kugelesche; hochstämmig veredelte Sorte, sehr dichte, abgeflacht kugelige Krone, Höhe je nach Veredelung).
Standortansprüche: Die tiefwurzelnde und feuchtigkeitsliebende Gewöhnliche Esche verlangt einen sonnigen bis halbschattigen Standort mit tiefgründigem, frischem bis feuchtem und nährstoffreichem Boden. Bei der reinen Art können Stürme leicht Äste und Zweige abbrechen, daher ist ein Standort im Windschatten eines Hauses oder anderer hoher Bäume empfehlenswert. Einige Sorten, z. B. 'Atlas', sind deutlich weniger

anfällig für Windbruch. Die Mannaesche braucht einen sonnigen und möglichst auch geschützten Ort, da sie in ihren Jugendjahren etwas frostempfindlich ist. Der Boden soll durchlässig und kalkhaltig, darf aber karg und steinig sein. Beide Eschenarten sind rauchhart, eignen sich aber nur bedingt für Stadtklima.
Verwendung: Die Gewöhnliche Esche kommt ihrer Ausmaße wegen nur für sehr weitläufige Gärten oder Parks in Frage. Die kleineren Sorten pflanzt man überwiegend in Einzelstellung. Auffallend wirken vor allem die Sorten 'Globosa' und 'Nana', die Kugeleschen. Die Laubenesche (Sorte 'Pendula'), unter deren Zweigen man wie in einer Gartenlaube sitzen kann, eignet sich als sehr ungewöhnlicher Baum für größere Gärten. Als Gruppen- oder Einzelgehölz findet die Mannaesche Verwendung.
Pflege: Wildtriebe, die bei der Gewöhnlichen Esche aus dem Boden sprießen, sollte man regelmäßig entfernen. Jeglicher Schnitt sollte unterbleiben, damit sich die Bäume natürlich entwickeln können.
Vermehrung: Bei den reinen Arten kann man die Samen direkt nach der Reife aussäen. Gartensorten müssen veredelt werden.
Schädlinge: Gallmilben, Schildläuse, Eschenblattfloh

Fraxinus ornus

G

Genista
Ginster

Arten: *G. tinctoria* (Färberginster), *G. sagittalis* (auch *Genistella sagittalis*, Flügelginster, Pfeilginster), *G. lydia* (Steinginster, Lydischer Ginster, Goldlandginster)
Familie: Schmetterlingsblütler *(Leguminosae)*
Herkunft: Heiden, Trockenrasen, Felshänge und Waldränder, *G. tinctoria* in Europa, Kleinasien und Sibirien, *G. sagittalis* in Mittel- und Südeuropa, *G. lydia* auf dem Balkan und in Vorderasien
Wuchsform: *G. tinctoria* Kleinstrauch, *G. sagittalis* kleiner Halbstrauch, *G. lydia* Zwergstrauch
Höhe: *G. tinctoria* 0,3 – 1 m, *G. sagittalis* 0,1 – 0,3 m, *G. lydia* 0,3 – 0,5 m
Blütenfarbe: gelb
Blütezeit: *G. tinctoria* Juni bis August, *G. sagittalis* Juni bis Juli, *G. lydia* Mai bis Juni
Früchte: giftige, flache braune Hülsen, ab Juli/August
Merkmale: Der Ginster ist mit dem Geißklee (siehe Seite 158 f.) nicht nur nahe verwandt, die Arten der beiden Gattungen sehen sich, von der Blattform einmal abgesehen, auch sehr ähnlich. Der Färberginster, ein kleiner Strauch mit vielen dünnen, rutenartigen Trieben, wurde früher zum Gelbfärben von Textilien verwendet. An den aufrechten Ruten sitzen, eng anliegend, lanzettliche Laubblättchen, die seidig behaart sind. Im Sommer schmückt sich der Strauch mit einer Fülle leuchtend gelber Schmetterlingsblüten, die in langen, aufrechten Trauben stehen und Insekten reiche Nahrung bieten. Im Spätsommer entwickeln sich schotenartige, abgeflachte Samenhülsen. Der Flügelginster trägt seinen Namen nach den flügelartigen Verbreiterungen an seinen Trieben. Diese grünen Flügelleisten haben weitgehend die Funktion der Blätter übernommen, Laubblätter finden sich nur ganz vereinzelt. Da nur die unteren Bereiche der Triebe verholzen, die oberen aber krautig und immergrün bleiben, ist der Flügelginster botanisch gesehen ein sog. Halbstrauch. In der Gartenpraxis wird er in der Regel jedoch zu den Gehölzen gestellt. Die Art bildet niedrige, sehr breite, dem Boden aufliegende Büsche. Die dottergelben Blüten stehen in Trauben an den Triebenden. Der Steinginster wiederum ist ein echter Zwergstrauch mit vollständig verholzten, niederliegenden Trieben, die aber im Gegensatz zu denen des Färber- und Flügelginsters Dornen tragen. Wie auch die anderen Ginsterarten wirkt er zur Blütezeit – er blüht bereits im Frühsommer – wie eine große, goldgelbe Wolke. Alle Pflanzenteile der Ginsterarten enthalten giftige Alkaloide.
Sorten: von *G. tinctoria* 'Royal Gold' (goldgelbe Blüten, dichtbuschiger, kompakter Wuchs, Höhe 0,5 – 0,8 m), 'Plena' (orangegelbe, gefüllte Blüten, niederliegender Wuchs, Höhe 0,3 – 0,5 m)
Standortansprüche: Die hier genannten Ginsterarten brauchen einen sonnigen, warmen Platz in geschützter Lage. Der Boden sollte gut durchlässig und locker sein, ein humusreicher, auch trockener Sandboden ist ideal. Da die Arten mit Hilfe bestimmter Bakterien Luftstickstoff für sich nutzen können, gedeihen sie selbst auf sehr kargem Untergrund. Färber- und Flügelginster meiden Kalk, sie brauchen einen neutralen bis sauer reagierenden Boden. Der Steinginster kann dagegen auch auf kalkhaltigem Untergrund stehen. Rauchhärte ist beim Färberginster nachgewiesen, auf jeden Fall eignen sich die genannten Arten für Stadtklima.
Verwendung: Am schönsten wirken Ginsterbüsche, wenn sie in ähnlichen Pflanzengemeinschaften wie in freier Natur stehen, z. B. inmitten trockener Heideflächen, felsiger Hangpartien oder am sonnigen Gehölzrand. Flügel- und Steinginster machen sich vor allem im Steingarten oder auf der Krone einer Trockenmauer gut, sie können aber auch in Trögen oder Kübeln kultiviert werden.
Pflege: Da alle Arten tiefreichende, fleischige Pfahlwurzeln ausbilden, lassen sie sich nur schwer verpflanzen. Man sollte deshalb stets Ginster mit Topfballen kaufen. An frostgefährdeten Stellen können die Sträucher in sehr

Genista tinctoria

kalten Wintern gelegentlich zurückfrieren. Die abgestorbenen Triebe werden dann einfach im Frühjahr entfernt. Ein regelmäßiger Schnitt ist nicht erforderlich. Man schneidet die Sträucher nur dann in Form, wenn sie zu groß geworden oder durch Frost geschädigt sind. Allein beim Färberginster können alle 3 – 4 Jahre sämtliche Triebe um etwa ein Drittel zurückgenommen werden, damit er schön buschig bleibt.
Vermehrung: Bei den reinen Arten kann man reife Samen im Herbst oder Frühjahr aussäen, die Sorten müssen dagegen veredelt werden.
Schädlinge: Blattläuse, Spinnmilben, Kaninchen

Ginkgo
Ginkgo, Fächerblattbaum, Mädchenhaarbaum

Art: *G. biloba*
Familie: Ginkgogewächse *(Ginkgoaceae)*
Herkunft: Mischwälder in China, in Japan verwildert, seit 1730 in Europa eingebürgert
Wuchsform: großer Baum mit sehr variabler Krone, säulenförmig bis breit ausladend
Höhe: 20 – 30 m
Blütenfarbe: gelblich, unscheinbar

Ginkgo biloba

Blütezeit: März bis April
Früchte: gelbe, mirabellenähnliche Samen, ab September
Merkmale: Der sommergrüne Baum war schon im Erdmittelalter, vor rund 150 Millionen Jahren, weltweit mit vielen Arten verbreitet. Er wächst ein- oder mehrstämmig, seine Äste sind dick, sparrig und spärlich verzweigt. Der Ginkgo ist der einzige „Nadelbaum", der keine Nadeln ausbildet, sondern flächige, fächerförmige Blätter trägt, deren Nerven sich zum Rand hin gabeln. Das im Sommer hellgrüne Laub verfärbt sich im Herbst strahlend gelb. Erst im Alter bilden männliche Bäume im Frühjahr gelbliche Kätzchen, weibliche Bäume unscheinbare, eiförmige Samenanlagen. Nach Windbestäubung entwickeln sich im Herbst kleine gelbe, mirabellenähnliche Früchte mit fleischigem Samenmantel, die beim Zerdrücken einen unangenehmen Geruch verströmen. Die Kerne sind eßbar und werden in Asien als Delikatesse angesehen.
Standortansprüche: Der völlig winterharte Baum gedeiht auf allen tiefgründigen, sauren bis alkalischen Humusböden und kann in sonniger bis leicht schattiger Lage gepflanzt werden. Der Ginkgo ist ausgesprochen rauchhart und für innerstädtisches Klima geeignet, allerdings recht salzempfindlich.
Verwendung: Der dekorative Baum macht sich in Einzelstellung gut, aber auch als Gruppengehölz. Durch seine extreme Rauchhärte bietet er sich vor allem zur Pflanzung in Stadtgärten an.
Pflege: Der Ginkgo kommt ohne Pflege aus.
Vermehrung: Neue Bäume kann man durch Aussaat oder Stecklinge gewinnen.

H

Hamamelis x *intermedia*

Hamamelis
Zaubernuß

Arten: *H. mollis* (Chinesische Zaubernuß, Lichtmeßzaubernuß), *H. japonica* (Japanische Zaubernuß, Kleinblütige Zaubernuß), *H.* x *intermedia* (auch *H. japonica* x *H. mollis*, *H.*-Hybriden)
Familie: Zaubernußgewächse *(Hamamelidaceae)*
Herkunft: lichte Wälder und Waldränder, *H. mollis* in China, *H. japonica* in Japan
Wuchsform: Großsträucher mit lockerer Krone
Höhe: *H. mollis* 2 – 5 m, *H. japonica* 2 – 3 m, selten bis 4 m, *H.* x *intermedia* 3 – 4 m
Blütenfarbe: gelb, *H.* x *intermedia* gelb, orange, rot, kupfer- oder bronzefarben
Blütezeit: *H. mollis* Januar bis März, *H. japonica* Februar bis April, *H.* x *intermedia* je nach Sorte Dezember bis März
Früchte: holzige Kapseln, ab September
Merkmale: Der magisch klingende Name der ostasiatischen Sträucher rührt von deren erstaunlichen Eigenschaften her. Da ist zum einen die sehr ungewöhnliche Blütezeit: Die zart duftenden Blüten, die aus jeweils vier schmalen Kronblattzipfeln bestehen, öffnen sich bei günstiger Witterung teilweise schon um die Jahreswende, wenn alle übrigen Gehölze noch tief in ihrer Winterruhe verharren. Sie stehen in dichten Büscheln beieinander und wirken dadurch wie kleine Quasten. Werden sie von Schnee und Eis überrascht, kringeln sich die Kronblätter ein. Sobald aber wieder wärmere Tage kommen, entfalten sich die Blüten erneut. Dieser Vorgang kann sich mehrfach wiederholen. Das Laub, das sich erst nach der Blüte entwickelt, hat eine gewisse Ähnlichkeit mit dem der Haselnuß (siehe Seite 153 f.). Schließlich haben wohl auch die Früchte zur Namensgebung der Pflanze beigetragen. Die holzigen Kapseln, die erst im Herbst reifen, fallen zwar optisch nicht sonderlich auf, lassen aber deutliche Knackgeräusche vernehmen, wenn sie aufplatzen und ihre schwarzen Samen weit herausschleudern. Alle Zaubernußarten wachsen übrigens nur sehr langsam, vor allem in der Jugend.
Die Chinesische Zaubernuß entwickelt sich zu einem lockeren Großstrauch mit trichterförmig auseinanderstrebenden, wenig verzweigten Ästen. Da sie meist um die Zeit von Mariä Lichtmeß (2. Februar) zu blühen beginnt, trägt sie auch den

Hamamelis mollis

Namen Lichtmeßzaubernuß. Die goldgelben Kronblätter werden von einem purpurnen Kelch untermalt. Das Laub glänzt oberseits metallisch, unterseits trägt es einen grauen Filz. Bevor es im Herbst abgeworfen wird, nimmt es eine leuchtend goldgelbe Färbung an. Die Japanische Zaubernuß bildet eine ähnliche trichterförmige Krone. Ihre Laubblätter sind unterseits hellgrün und verfärben sich im Herbst kräftig orangerot. Die Blüten bestehen aus je vier gelben, leicht gewellten Kronblättern, der Kelch dagegen ist braunrot getönt. Blüten in herrlichen Farbschattierungen entfalten die Hybridsorten, die aus Kreuzungen der beiden vorher genannten Arten entstanden. Einige Sorten präsentieren ihren eigenwilligen Flor schon vor Weihnachten, andere blühen erst zum Frühjahr hin. Besonders interessant wirken Sorten, deren Blüten flammend orangerot oder kupfer- bis bronzefarben erstrahlen.
Sorten: Von *H. mollis* (jeweils 2 – 5 m hoch) sind u. a. im Handel 'Brevipetala' (kleine orangegelbe Blüten in sehr dichten Büscheln, frühblühend), 'Lichtmeßzauber' (große goldgelbe Blüten), 'Pallida' (sehr große, schwefelgelbe Blüten, recht intensiv duftend); von *H. japonica* 'Zuccariniana' (zitronengelbe Blüten, Höhe 2 – 3 m); von *H.* x *intermedia* (jeweils 3 – 4 m hoch) 'Barmstedt's Gold' (große goldgelbe Blüten), 'Diane' (weinrote Blüten), 'Feuerzauber' (kupfrig orangerote Blüten), 'Jelena' (gelbe Blüten mit kupfrigem Hauch), 'Primavera' (hellgelbe Blüten mit violettem Kelch), 'Ruby Glow' (weinrote Blüten mit bronzefarbenem Schimmer), 'Westerstede' (hellgelbe Blüten).
Standortansprüche: Zaubernüsse sind recht anspruchsvolle Gehölze. Bis auf die Japanische Zaubernuß, die Schatten verträgt, brauchen sie einen sonnigen bis halbschattigen Standort. Der Boden sollte für die gleichermaßen tief- wie flachwurzelnden Sträucher gut durchlässig, tiefgründig und humos sowie neutral bis schwach sauer sein. Andererseits gelten die Arten und Sorten aber als rauchhart und gedeihen auch im Stadtklima.
Verwendung: Die ungewöhnlichen Gehölze sollten bevorzugt in Einzelstellung gepflanzt werden, und zwar an einen Ort, an dem sie sowohl im Winter und Frühjahr zur Blütezeit wie auch in den Wochen der Herbstfärbung gut zu sehen sind. Besonders schön heben sich Blüten und Herbstlaub vor einem dunklen Hintergrund ab, etwa einer Nadelgehölzkulisse oder einer Mauer. Ihre volle Pracht entfalten Zaubernüsse, wenn sie ihre breiten, fast schirmförmigen Kronen über einen bunten Teppich von frühblühenden Zwiebelblumen ausbreiten dürfen. Die knospentragenden Zweige werden gern zur Treiberei verwendet.
Pflege: Da die Sträucher ihre stark verfilzenden Feinwurzeln überwiegend dicht unter der Erdoberfläche ausbreiten, ebenso aber auch tiefreichende Wurzeln ausbilden, lassen sie sich nur schwer verpflanzen. Man sollte deshalb ihren Standort sehr sorgfältig auswählen und den Zaubernüssen genügend Raum zum Wachsen gewähren, damit sich die breit ausladenden Kronen frei entwickeln können.
Jeglicher Schnitt sollte unbedingt unterbleiben. Lediglich Wildtriebe, die aus der Veredelungsunterlage treiben, müssen entfernt werden.
Vermehrung: Die reinen Arten kann man aus Samen (Kaltkeimer) heranziehen. Die Sorten sind überwiegend veredelt. Aus Steckhölzern gewonnene Jungpflanzen erweisen sich nicht selten als blütenarm.

Hedera
Efeu

Arten: *H. helix* (Gewöhnlicher Efeu), *H. colchica* (Kolchischer Efeu, Kaukasus-Efeu), *H. hibernica* (auch *H. helix* var. *hibernica*, Großblättriger Efeu, Irischer Efeu)
Familie: Araliengewächse *(Araliaceae)*
Herkunft: Wälder, Gebüsche, Steinbrüche und Ruinen, *H. helix* in Europa, *H. colchica* in Südosteuropa, Kleinasien und im Kaukasus, *H. hibernica* in Irland
Wuchsform: Klettergehölze mit Haftwurzeln
Höhe: *H. helix* und *H. hibernica* 5 – 20 m, selten bis 30 m, Sorten oft viel niedriger, *H. colchica* 5 – 8 m
Blütenfarbe: grünlichgelb
Blütezeit: September bis Oktober
Früchte: giftige blauschwarze Beeren, ab Frühjahr des folgenden Jahres

Hedera colchica, blühende Altersform

Merkmale: Das Klettergehölz klimmt mit Hilfe von Haftwurzeln an jeder geeigneten Unterlage empor, ist aber auch als dauerhafter Bodendecker beliebt. Nicht von ungefähr gilt das immergrüne Laub des Efeus als Symbol für Treue. Erstaunlicherweise findet man an ein und derselben Pflanze sehr unterschiedlich geformte Blätter. Die drei- bis fünflappigen, am Grund herzförmigen Blätter, die man gemeinhin als typische Efeublätter ansieht, sind sog. Jugendblätter. Sie entwickeln sich nur an nichtblühenden, Haftwurzeln bildenden Trieben. Auf glänzend dunkelgrünem Grund tragen sie ein weißliches Adernetz. Die Blätter der älteren, blühenden Triebe ohne Haftwurzeln haben eine rautenförmige bis elliptische Form und sind stets ungelappt. Den Winter über ist häufig eine rötliche Verfärbung der Blattunterseiten zu beobachten, die im Frühjahr wieder verschwindet. Die Blüte des Efeus zeigt sich nicht nur ungewöhnlich spät im Jahr, sie setzt überdies erst bei recht alten Pflanzen ein.

Für sich allein genommen sind die grünlichgelben Blüten eher unscheinbar. Sie stehen aber derart zahlreich in langgestielten, halbkugeligen Dolden, daß sie in ihrer Gesamtheit doch stark auffallen. Außerdem wissen viele Insekten die noch so spät dargebotene Nahrungsquelle sehr zu schätzen. Im darauffolgenden Frühjahr reifen die Beerenfrüchte heran, wobei sie sich blauschwarz färben. Sie werden gern von Vögeln gefressen, sind für den Menschen jedoch giftig. Auch die Blätter des Efeus enthalten geringe Mengen Giftstoffe.
Der heimische Gewöhnliche Efeu klettert zwar nicht besonders schnell in die Höhe, kann aber ein beträchtliches Alter erreichen. So findet man durchaus Exemplare, die mehrere hundert Jahre alt sind. Die Zahl der Sorten, die durch Auslese und Züchtung entstanden, ist beeindruckend. Sie zeigen eine breite Vielfalt verschiedenster Blattformen und -färbungen. Viele davon sind allerdings nicht winterhart, sie finden als Zimmerpflanzen Verwendung. Jungpflanzen, die von nicht mehr kletternden Alterstrieben gewonnen wurden, wachsen nur noch strauchig bis niederliegend und sind als sog. Strauchefeu im Handel.

Hedera helix

Der Kolchische Efeu unterscheidet sich vom Gewöhnlichen durch ein schnelleres Wachstum, erreicht aber dessen Wuchshöhe bei weitem nicht. Seine ebenfalls immergrünen Blätter sind eiförmig bis elliptisch und riechen schwach nach Sellerie. Da die Art weniger winterhart ist, eignet sie sich nur in milden Gebieten zur Gartenkultur. Der Großblättrige Efeu treibt sehr große, meist fünflappige Laubblätter, die auf grünem Grund eine gelbliche Nervatur zeigen. Insbesondere zur Wandbegrünung und Bodenbedeckung wird diese Art dem Gewöhnlichen Efeu sehr häufig vorgezogen, weil sie wesentlich schneller wächst.
Sorten: Da von einigen Spezialgärtnereien eine äußerst umfangreiche Sortenauswahl angeboten wird, sollen hier stellvertretend nur einige gängige, gut winterharte Sorten Erwähnung finden. Häufig im Handel sind z. B. von *H. helix* 'Goldheart' (Gelbbunter Efeu, auch als 'Goldherz' geführt; goldgelb geflecktes Laub, Höhe 5–20 m), 'Arborescens' (Strauchefeu; anfangs noch kletternd, später strauchig wachsend, Höhe 1–2 m), 'Conglomerata' (Felsenefeu; erst aufrechter, später niederliegender Wuchs, kleine, am Rand gewellte Blätter, Höhe 0,5–1,2 m).
Standortansprüche: Mit Ausnahme von vollsonnigen Stellen können die Klettergehölze an nahezu jeden Ort gepflanzt werden. Der Boden sollte weder zu trocken noch zu feucht sein sowie reichlich Humus und Nährstoffe enthalten. Für den Kolchischen Efeu ist eine geschützte Lage erforderlich. Im innerstädtischen Klima wachsen die Efeuarten gut, von einigen Anbietern werden sie auch als rauchhart bezeichnet.
Verwendung: In schattigen Lagen ist der Efeu als Wandbegrüner und Bodendecker unübertroffen, weil er wie kaum eine andere Pflanze auch im tiefen Schatten gedeiht. Mit seinem schön geformten und gezeichneten Laub kann er Wände, Mauern und alte Bäume zieren oder aber schwierig zu bepflanzende Gartenecken mit einem dekorativen Teppich überziehen. Die strauchigen Sorten, z. B. 'Arborescens', verwendet man in erster Linie zur Unterpflanzung von Gehölzgruppen oder Bäumen, aber auch für die Gefäßkultur.
Pflege: Dank ihrer Haftwurzeln können die Kletterer ohne Hilfe in die Höhe wachsen, nur bei sehr glatten Unterlagen ist ein Holzgerüst empfehlenswert. Beginnen junge Pflanzen nicht von selbst zu klettern, leitet man ihre Triebe anfangs an der Unterlage auf.
Geschnitten wird Efeu nur, wenn seine Triebe stören. Man kann ihn bei Bedarf beliebig zurücknehmen.
Vermehrung: Efeu läßt sich gut durch Aussaat oder Stecklinge vermehren. Allerdings bewurzeln Stecklinge, die von der Altersform geschnitten wurden, wesentlich schwerer als solche der Jugendform. Angeblich sollen aus Samen gezogene Pflanzen besser klettern.
Schädlinge: Spinnmilben, Blattläuse, Schildläuse
Tip: Einem ausgewachsenen Baum schadet es in der Regel nicht, wenn ein Efeu daran emporrankt. Meist ändert das Klettergehölz sein Wuchsverhalten, bevor es in den inneren Kronenbereich des Baums vordringt, und bildet dann nur noch blühende Alterstriebe.

Hibiscus syriacus

Hibiscus
Eibisch

Art: *H. syriacus* (Stracheibisch, Roseneibisch)
Familie: Malvengewächse *(Malvaceae)*
Herkunft: Waldränder in Süd- und Ostasien
Wuchsform: mittelgroßer, straff aufrechter Strauch
Höhe: 1,5–2 m
Blütenfarbe: weiß, rosa, rot, violett
Blütezeit: Juli bis September
Merkmale: Der Stracheibisch ist nahe verwandt mit dem Chinesischen Stracheibisch *(Hibiscus rosa-sinensis)*, der zu den beliebtesten Zimmerpflanzen zählt. Die Blütenknospen, die das Gehölz erst im Hochsommer ansetzt, öffnen sich zu herrlich gefärbten, trichterförmigen Kelchen. Aus der Mitte jeder Blüte ragt die von Staubgefäßen dicht umdrängte Narbe hervor. Bei der Wildart sind die Blütenkelche weiß mit rötlicher Mitte, bei den Sorten variieren die Farben von strahlendem Weiß über pastelliges Rosa und samtiges Rot bis hin zu dunklem Violett. Besonders üppig erscheinen die gefüllten Blüten einiger Sorten, die allerdings als äußerst wärmebedürftig gelten und nicht überall zur Vollblüte kommen. Der

Strauch selbst wächst recht langsam und zeigt eine schlanke, schmal aufragende Silhouette. Das sommergrüne, dreilappige Laub ähnelt dem von Chrysanthemen (*Chrysanthemum*-Arten). Im Herbst färbt es sich gelb, bevor es abfällt.
Sorten: Unter den vielen im Handel angebotenen Sorten haben sich u. a. bewährt (jeweils 1,5 – 2 m hoch) 'Ardens' (purpurviolett, weinroter Mittelfleck, gefüllt), 'Blue Bird' (blauviolett, purpurroter Mittelfleck), 'Coelestis' (hell blauviolett, purpurner Mittelfleck), 'Duc de Brabant' (dunkelrosa, weinroter Mittelfleck, halbgefüllt), 'Hamabo' (lilarosa, dunkelroter Mittelfleck), 'Lady Stanley' (zartrosa, roter Mittelfleck, gefüllt), 'Rubis' (lilarot, roter Mittelfleck), 'Totus Albus' (weiß), 'William R. Smith' (rein weiß, großblumig, Blütenblattränder gewellt), 'Woodbridge' (rubinrot, großblumig).
Standortansprüche: Der Straucheibisch ist ein wenig empfindlich, er braucht daher einen sonnigen und warmen Platz. Sogar heiße Stellen, etwa vor südwärts gerichteten Mauern, sagen ihm zu. Je rauher das Klima, desto wichtiger ist ein geschützter Standort. Gefülltblühende Sorten, so die Erfahrung, tragen nur in Weinbauklima und in günstigen Sommern üppigen Flor. Dabei ist jeder Gartenboden geeignet, solange er nur durchlässig und humos ist. Das schöne Blütengehölz gilt als rauchhart und gedeiht auch im Stadtklima.

Hibiscus syriacus

Verwendung: Mit seinem exotisch anmutenden Blütenschmuck ergänzt der Straucheibisch vor allem Gehölzgruppen, in denen er auch meist ausreichenden Schutz vor Frösten findet. Besonders hübsch macht er sich z. B. in Kombination mit einem Schmetterlingsstrauch, aber auch zu Johanniskraut oder Feuerdorn paßt er gut. Natürlich wirkt der elegante Strauch ebenfalls in Einzelstellung sehr dekorativ.
Pflege: In den ersten Jahren nach der Pflanzung ist es ganz besonders wichtig, den Eibisch vor Frost zu schützen, indem man ihn im unteren Bereich mit Reisig oder Stroh abdeckt. Sind die Gehölze erst einmal gut eingewachsen, reicht eine alljährliche Abdeckung des Bodens mit einer dicken Laubschicht. Jährlich oder in zwei- bis dreijährigem Turnus sollte ein Rückschnitt erfolgen. Dazu nimmt man im Nachwinter alle erfrorenen Triebe heraus und kürzt die übrigen um etwa ein Drittel ein.
Vermehrung: Der Straucheibisch kann durch Stecklinge oder Steckhölzer vermehrt werden.
Schädlinge: Spinnmilben, Blattläuse

Hippophaë
Sanddorn

Art: *H. rhamnoides* (Gewöhnlicher Sanddorn, Stranddorn, Korallenbeere)
Familie: Ölweidengewächse *(Elaeagnaceae)*
Herkunft: Schotter- und Kiesflächen an Gewässerufern, Auwälder und Dünen in Europa und Vorderasien
Wuchsform: Großstrauch mit anfangs aufrechter, später breit ausladender Krone
Höhe: 2 – 5 m
Blütenfarbe: gelblich bis rotbraun, unscheinbar
Blütezeit: März bis April
Früchte: eßbare orangefarbene Beeren, ab Juli
Merkmale: Mit seinem flammend orangefarbenen Beerenschmuck ist der Sanddorn nicht zu übersehen. Aber auch ohne Beerenbesatz wirkt der stark verzweigte, im Alter breit ausladend wachsende Strauch wegen seines silbrigen Laubs sehr auffällig. Die Zweige tragen dornige Kurztriebe, wodurch sein Wuchs noch sparriger und etwas „unordentlich“ erscheint. Die schmalen, lanzettlichen Laubblätter sind oberseits graugrün, unterseits silbrig, manchmal auch kupferrot gefärbt. Aber noch bevor das Laub austreibt, erscheinen die Blüten. Der Sanddorn bildet getrenntgeschlechtliche Blüten aus und ist zweihäusig, d. h., männliche und weibliche Blüten sitzen an verschiedenen Sträuchern. Sie bleiben unscheinbar, die weiblichen Blüten verströmen jedoch einen intensiven, würzigen Honigduft. Aus ihnen entwickeln sich leuchtend orangefarbene, knapp erbsengroße Beeren, die lange an den Zweigen haften bleiben. Sanddornfrüchte sind äußerst vitaminreich und in der Küche vielseitig verwendbar. Medizinisch haben sie sich bei Vitaminmangel und Erkältungskrankheiten bewährt.
Sorten: Aus Wildbeständen hat man eine Reihe von Sorten ausgelesen, die sich durch besonders reichen Fruchtansatz auszeichnen und vorwiegend als Nutzpflanzen gezogen werden. Für Schmuckzwecke im Garten ist es dagegen unerheblich, welche Sorte man wählt.
Standortansprüche: Der Sanddorn gedeiht in sonniger bis allenfalls absonniger Lage auf nahezu allen Böden. Der Untergrund kann trocken oder auch leicht feucht sein, darf aber keine Staunässe aufweisen. Der Strauch ist salzverträglich, rauchhart und eignet sich zur Kultur im Stadtklima.

Hippophaë rhamnoides

Verwendung: Da der Sanddorn ein weit ausgebreitetes Wurzelsystem sowie Ausläufer bildet und zudem durch Symbiose mit Strahlenpilzen Luftstickstoff zu seiner Ernährung nutzen kann, eignet er sich hervorragend zur Bodenbefestigung und Begrünung von Ödland. Man pflanzt ihn z. B. an Hänge, Böschungen oder Ufer, in Küstengegenden auch auf karge Sandflächen. Sanddornsträucher bilden undurchdringliche Hecken, die vielen Vögeln Schutz gewähren. Zweige mit dem sehr haltbaren Fruchtschmuck werden gern für die Vase geschnitten.

Pflege: Ein Rückschnitt ist zwar nicht erforderlich, kann aber bei Bedarf nach Belieben durchgeführt werden. Der wuchskräftige Sanddorn treibt selbst nach einem radikalen Rückschnitt wieder gut durch.
Vermehrung: Neue Pflanzen gewinnt man durch Aussaat. Reich fruchtende Sträucher sollte man allerdings besser vegetativ über Wurzelausläufer, Absenker oder Steckhölzer vermehren, damit die Fruchtfülle nicht verlorengeht.
Tip: Um einen üppigen Fruchtansatz zu gewährleisten, muß neben weiblichen Pflanzen stets auch mindestens eine männliche stehen. Man sollte sich daher in der Baumschule genau erkundigen, welches Geschlecht die Sträucher haben, insbesondere wenn es sich um Nutzsorten handelt.

Hydrangea
Hortensie

Familie: Hortensiengewächse (*Hydrangeaceae*, auch zu *Saxifragaceae* gerechnet)

Mit ihren üppigen, barock anmutenden Blütenständen gehören Hortensien zu den auffälligsten Gartengehölzen. Ihre oft riesigen, ball- oder schirmförmigen Rispen tragen nur im Innern vollständige, aber meist sehr kleine Blüten. Diese werden von einem Kranz aus sterilen Blüten umringt, deren Kron-, Staub- und Fruchtblätter stark reduziert sind oder ganz fehlen. Ihre Kelchblätter sind dagegen blütenblattartig vergrößerte und gefärbte Gebilde. In den Rispen gefülltblühender Sorten findet man oft ausschließlich solche sterilen Blüten. Neben einigen herrlich blühenden, strauchigen Hortensienarten ist für die Gartengestaltung auch noch eine kletternde Art interessant.

Strauchige Arten

Arten: *H. arborescens* (Strauchhortensie), *H. paniculata* (Rispenhortensie), *H.*-Hybriden (Bauernhortensien, Gartenhortensien), *H. aspera* (Rauhe Hortensie, Samthortensie)
Herkunft: Wälder, *H. arborescens* in Nordamerika, *H. paniculata* und *H. aspera* in Ostasien; *H.*-Hybriden stammen von verschiedenen Arten aus Ostasien ab
Wuchsform: Sträucher
Höhe: 2 – 3 m, *H.*-Hybriden 1 – 2 m, *H. aspera* 1 – 3 m, selten bis 4 m
Blütenfarbe: weiß, *H.*-Hybriden auch rosa, purpurn und blau, *H. aspera* auch rosa
Blütezeit: *H. arborescens* Juli bis September, *H. paniculata* und *H. aspera* Juli bis August, *H.*-Hybriden je nach Sorte zwischen Juli und September
Merkmale: An den vieltriebigen, steif aufrechten, hellgrün belaubten Büschen der Strauchhortensie blühen über einen sehr langen Zeitraum, von Juli bis September, weiße, ballförmige Blütenstände. An den einjährigen Triebenden der stark verzweigten und mit großen, mattgrünen Laubblättern besetzten Rispenhortensie erscheinen in reicher Zahl breitkegelige Doldenrispen, die zuerst rein weiß sind, sich im Verblühen aber zunehmend rosa färben. Die Bauernhortensien, oft nicht exakt unter dem Artnamen *H. macrophylla* geführt, zeichnen sich durch herrliche farbige Blütenstände aus, die je nach Sorte zartrosa, dunkelrosa, purpurn oder blau gefärbt sein können. Bisweilen zeigen auch die äußeren Blüten der ballförmigen Doldenrispen eine andere Färbung als die inneren.
Bei der Rauhen oder Samthortensie unterscheidet man verschiedene Unterarten. *H. aspera* ssp. *strigosa* (auch *H. aspera* var. *macrophylla*) bildet einen sparrigen, nur wenig verzweigten Strauch mit langen, schmalen graugrünen Laubblättern, die oberseits leicht samtig, unterseits dicht anliegend behaart sind. Im Sommer schmücken zahlreiche Doldenrispen aus weißen Innen- und weißen bis rosafarbenen Randblüten die Triebspitzen. *H. aspera* ssp. *sargentiana* (auch *H. sargentiana*) sieht ähnlich aus, doch sind ihre Laubblätter oberseits dicht samtig, unterseits wollig behaart, und ihre Blütenstände bestehen aus bläulichweißen Innen- und rein weißen Randblüten.

Hydrangea aspera

Hydrangea arborescens

Sorten: Im Handel werden u. a. angeboten von *H. arborescens* (jeweils 2 – 3 m hoch) 'Grandiflora' (Schneeballhortensie; besonders reich- und großblütig), 'Sterilis' (rein weiße, halbkugelige Blütenstände, sehr reich blühend); von *H. paniculata* 'Grandiflora' (besonders groß- und reichblütig, Höhe 2 – 3 m); von den *H.*-Hybriden u. a. 'Bouquet Rose' (ballförmige Blütenstände, rosa, Höhe 1 – 2 m), 'Bluebird' (schirmförmige Blütenstände, Randblüten rötlich-purpurn, Innenblüten blau, Höhe 1 – 1,5 m), 'Preziosa' (flach ballförmige Blütenstände, tiefrosa bis purpurrot, Höhe 1 – 1,5 m), 'Rosalba' (schirmförmige Blütenstände, Randblüten weißlich bis karminrosa, Innenblüten rosa oder blau, Höhe 1 – 1,5 m), 'Mariesii' (halbkugelige Blütenstände, Randblüten hellviolett, Innenblüten rosarot, Höhe etwa 1 m).
Standortansprüche: Diese Hortensien pflanzt man am besten in absonniger bis halbschattiger Lage auf einen frischen, humosen, stark bis schwach sauren Boden. Bei den Bauernhortensien hängt die Färbung der Blüten u. a. vom Säuregrad des Bodens ab: Die Tönung geht um so stärker ins Bläuliche, je höher der Säuregehalt des Substrats ist, und wird um so rötlicher, je basischer es reagiert. Hor-

tensien sind nicht übermäßig rauchhart und eignen sich kaum für Stadtklima.
Verwendung: Mit ihren prachtvollen Blüten sorgen Hortensien in Einzelstellung wie auch in Gehölzgruppen für Aufsehen. Herrlich nehmen sie sich neben Rhododendren aus. Die Rispenhortensie kann sogar in freiwachsende Blütenhecken integriert werden, wohingegen die Bauernhortensien gern zur Auflockerung von Staudenbeeten verwendet werden. Letztere eignen sich auch sehr gut zur Gefäßkultur, ja sie werden sogar als Zimmerpflanzen angeboten.

Hydrangea-Hybride

Ihre fülligen Blütenstände halten sich in der Vase sehr lange und ergeben einen dekorativen Trockenschmuck. Die Rauhe Hortensie sollte man möglichst immer einzeln oder allenfalls in kleinen Gruppen pflanzen, damit ihre eigenartige Wuchsform, ihr schönes Laub und die attraktiven Blüten gut zur Geltung kommen.
Pflege: Das Wurzelsystem der Hortensien verläuft überwiegend knapp unter der Bodenoberfläche, so daß die Sträucher schnell unter Trockenheit leiden. Bei anhaltend trockenem Wetter muß deshalb durchdringend gewässert werden. Einmal jährlich sollte man die anspruchsvollen Gehölze mit reifem Kompost oder organischem Volldünger versorgen. Eine Mulchschicht aus Nadelstreu wirkt sich günstig auf den Boden und damit auf das Wachstum aus; insbesondere für die Rauhe Hortensie ist eine dicke Mulchdecke sehr zu empfehlen.
Hortensien müssen sorgfältig geschnitten werden, damit sie jedes Jahr üppig blühen. Strauch- und Bauernhortensien lichtet man im Nachwinter aus, d. h., man entfernt die jeweils ältesten Triebe sowie erfrorenes oder beschädigtes Holz. Die Rispenhortensie und die Rauhe Hortensie, die ihre Blüten am einjährigen Holz entwickeln, müssen dagegen alljährlich im zeitigen Frühjahr einen scharfen Rückschnitt erhalten, um den Austrieb möglichst zahlreicher Jungtriebe zu fördern. Man nimmt dazu sämtliche Triebe dieser Sträucher bis auf kurze Stummel zurück.
Vermehrung: Hortensien vermehrt man am besten durch Stecklinge.
Schädlinge und Krankheiten: Blattläuse, Spinnmilben, Dickmaulrüßler; Hortensienmosaik (Virose), Blattfleckenkrankheit, Echter Mehltau
Tip: Bauernhortensien, die gern als Zimmerpflanzen gekauft oder verschenkt werden, kann man nach der Blüte in den Garten auspflanzen, wo sie noch viele Jahre gedeihen. Allerdings sollte man die Sträucher in der ersten Zeit nach dem Auspflanzen gut vor Sonne schützen und sie reichlich gießen.

Kletternde Art

Art: *H. anomala* ssp. *petiolaris* (auch *H. petiolaris*, Kletterhortensie)
Herkunft: Bergwälder und Waldränder Ostasiens
Wuchsform: Klettergehölz mit Haftwurzeln
Höhe: 5 – 7 m, selten 10 m
Blütenfarbe: weiß
Blütezeit: Juni bis Juli
Merkmale: Die zimtfarben bis rotbraun berindeten Triebe der Kletterhortensie verankern sich mit Hilfe von Haftwurzeln an Bäumen, Mauern, Hauswänden oder Gerüsten. Schon früh im Jahr treiben die herzförmigen, glänzenden Laubblätter in frischem Grün aus, später nehmen sie eine satt dunkelgrüne Färbung an. Im Frühsommer erscheinen dann weiße, schirmartige Blütenstände, in denen viele kleine, fruchtbare Blüten von einem lockeren Kranz großer, steriler Blüten umgeben sind. Wochenlang verströmen sie einen zarten Duft. Im Herbst verfärbt sich das Laub leuchtend gelb, bevor es schließlich abfällt.
Standortansprüche: Die Kletterhortensie fühlt sich an halbschattigen bis schattigen Stellen wohl, solange diese vor kalten Winden geschützt liegen. Vollsonnige Lagen eignen sich nur dann, wenn der Boden stets reichlich Feuchtigkeit enthält. Im Gegensatz zu den strauchig wachsenden Arten muß der Boden nicht unbedingt sauer sein, die Kletterpflanze gedeiht auch in kalkhaltigem Substrat. Wie die strauchigen Arten ist auch die Kletterhortensie nur bedingt rauchhart und kaum für Stadtklima geeignet.
Verwendung: Mit dem auffällig blühenden Klettergehölz lassen sich Wände, Mauern oder alte Bäume wirkungsvoll begrünen. Am Gehölzrand kann die Kletterhortensie durchaus auch frei wachsen. Sie bildet dann schöne, rundliche Büsche.

Hydrangea anomala ssp. *petiolaris*

Pflege: Da Kletterhortensien nach der Pflanzung häufig nur zögernd anwachsen, sollte man ihre Triebe anfangs etwas aufleiten. Mit zunehmendem Alter nimmt die Wuchskraft dann zu. An glatten Mauern und Wänden ist eine Kletterhilfe (z. B. aus Spanndrähten) sehr empfehlenswert. Bei anhaltender Trockenheit muß gründlich gewässert werden.
Ein regelmäßiger Schnitt ist nicht erforderlich, Rückschnitt wird aber gut vertragen. Ab und zu sollte man überalterte Triebe herausnehmen.
Vermehrung: Zusätzliche Pflanzen gewinnt man durch Absenker oder Stecklinge.
Schädlinge und Krankheiten: wie bei den strauchigen Arten (siehe oben)

Hypericum
Johanniskraut, Hartheu

Arten: *H. androsaemum* (Blutjohanniskraut, Mannsblut), *H.* x *moserianum* (auch *H. calycinum* x *H. patulum*), *H.*-Hybride 'Hidcote'
Familie: Johanniskraut- oder Hartheugewächse *(Hypericaceae, Guttiferae)*
Herkunft: Wälder und Gebüsche, *H. androsaemum* in Süd- und Westeuropa, Kleinasien und Nordafrika, Elternarten von *H.* x *moserianum* vom Balkan bis Kleinasien bzw. in Japan; die Herkunft der *H.*-Hybride 'Hidcote' ist nicht eindeutig geklärt
Wuchsform: Zwerg- oder Kleinsträucher
Höhe: *H. androsaemum* 0,3 – 1 m, *H.* x *moserianum* 0,3 – 0,5 m, *H.*-Hybride 'Hidcote' 1 – 1,5 m
Blütenfarbe: gelb
Blütezeit: Juni bis Oktober
Früchte: *H. androsaemum* rotbraune, später schwarze Beeren, ab August
Merkmale: Beim Blutjohanniskraut, einem halbimmergrünen Kleinstrauch, fallen nicht nur die zahlreichen Blüten, sondern vor allem auch die Früchte auf. Aus den gelben Blüten entwickeln sich ungenießbare Beeren, die zuerst rotbraun leuchten, sich später aber schwarz verfärben. *H.* x *moserianum*, ein ebenfalls halbimmergrüner Zwergstrauch, zeichnet sich durch besonders große, goldgelbe Blüten aus, in deren Mitte rötliche Staubgefäße stehen. Sie erscheinen in sehr reicher Zahl über den langen Zeitraum von Juni bis Oktober hinweg. Die Hybride 'Hidcote' schmückt sich ähnlich üppig mit goldgelben Tellerblüten.
Sorten: von *H. androsaemum* 'Red Glory' (goldgelbe Blüten, sehr lange Staubgefäße, Früchte erst dunkel- bis purpurrot, später schwarz, Höhe 0,8 – 1 m), 'Autumn Blaze' (tiefgelbe Blüten, reich fruchtend, purpurne Herbstfärbung, Höhe 0,7 – 1 m)
Standortansprüche: Johanniskräuter gelten als überaus anspruchslos und robust. Sie gedeihen sowohl in voller Sonne wie auch im Halbschatten. Nahezu jeder Gartenboden ist ihnen recht, solange er nur ausreichend durchlässig ist. Selbst karger und trockener Untergrund wird gut vertragen. Ihre Rauchhärte sowie die Eignung für innerstädtisches Klima sind noch nicht hinreichend bekannt.
Verwendung: Die kleinen Gehölze eignen sich in erster Linie als Füllsträucher für Gehölzgruppen und Staudengemeinschaften. Man kann mit ihnen Böschungen begrünen oder auch niedrige Hecken formen.
Pflege: Mit Ausnahme von *H.* x *moserianum* brauchen Johanniskräuter nicht geschnitten zu werden. Bei *H.* x *moserianum* fördert jedoch ein jährlicher Rückschnitt den Blütenansatz.
Vermehrung: Das Blutjohanniskraut kann man aus Samen vermehren, die sofort nach der Reife ausgesät werden müssen. Stecklinge lassen sich bei allen genannten Arten leicht heranziehen.

Hypericum-Hybride 'Hidcote'

I

Ilex
Stechpalme, Hülse, Ilex

Arten: *I. aquifolium*, *I. crenata* (Bergilex, Japanische Stechpalme), *I.* x *meserveae* (auch *I. aquifolium* x *I. rugosa*)
Familie: Stechpalmengewächse *(Aquifoliaceae)*
Herkunft: *I. aquifolium* Laub- und Nadelmischwälder in Europa, Nordafrika und Westasien, *I. crenata* Waldränder und Unterholz in Japan
Wuchsform: *I. aquifolium* kegelförmig bis breitbuschig, *I. crenata* breit ausladend, *I.* x *meserveae* breitbuschig
Höhe: *I. aquifolium* 8 – 12 m, meist jedoch niedriger, vor allem die Sorten, *I. crenata* 2 – 2,5 m, Sorten meist niedriger, *I.* x *meserveae* 0,5 – 3 m, selten höher
Blütenfarbe: weiß, eher unauffällig
Blütezeit: Mai bis Juli
Früchte: giftige Beeren, rot, bei einigen Sorten orangegelb, bei *I. crenata* schwarzrot, alle ab September
Merkmale: *I. aquifolium* ist die einzige immergrüne Laubgehölzart Mitteleuropas. Sie entwickelt im Alter eine ebenmäßige, breitkegelige Gestalt von beachtlicher Höhe und steht unter Naturschutz. Auffällig sind vor allem die leuchtend roten, beerenartigen Früchte, die sich ab September deutlich vom glänzend grünen, ledrigen Laub abheben. Die Blätter können sehr vielgestaltig sein, häufig ist ihr Rand stachelig gezähnt, manchmal aber auch ganzrandig. Der markante Fruchtschmuck entwickelt sich allerdings nur, wenn weibliche und männliche Pflanzen beieinanderstehen, denn Stechpalmen sind zweihäusig, d. h., weibliche und männliche Blüten sitzen getrennt an verschiedenen Sträuchern. Die vielen Gartensorten von *I. aquifolium* bieten ein weites Spektrum an Erscheinungsformen, die sich vor allem im Wuchs und in der Laubfarbe sowie manchmal auch in der Färbung der Beeren von der reinen Art unterscheiden.

Ilex aquifolium

Eher breit als hoch wächst der Bergilex, dessen Laub von dem der heimischen Art stark abweicht: Seine Blätter sind wesentlich kleiner, eiförmig und glänzend grün bis graugrün, wodurch der Strauch an den Buchsbaum (siehe Seite 139 f.) erinnert. Seine knapp erbsengroßen Früchte entwickeln sich ebenfalls im Herbst, sie leuchten schwarzrot. Eine auffallend bläuliche Färbung zeigen die Triebe der

Bewährte Sorten von *Ilex*

Sorte	m/w	Höhe in m	Wuchs	Laubfarbe	Besonderes
von *Ilex aquifolium*					
'J. C. van Tol'	w	8	△	dunkelgrün	üppig fruchtend
'Pyramidalis'	w	6	∩ – △	dunkelgrün	Laub ungezähnt
'Atlas'	m	5	∩	rein grün	gut für Hecken
'Pyramidalis Aureomarginata'	w	5	∩	grün, gelb gesäumt	reich fruchtend
'Silver Queen'	w	4	∩	graugrün marmoriert	reich fruchtend
'Alaska'	w	2	∩	rein dunkelgrün	reich fruchtend
'Argenteomarginata'	w	2	△	grün, weiß gerandet	reich fruchtend
von *Ilex crenata*					
'Convexa'	w	2	□	hellgrün	blasig gewölbte Blätter
'Hetzii'	w	2	□	hellgrün	gewölbte Blätter
'Rotundifolia'	w	1,5	□	hellgrün	reich fruchtend
'Stokes'	w	1	○	mattgrün	bleibt meist niedriger
'Golden Gem'	w	0,8	○	grün, gelb gerandet	reich fruchtend
von *Ilex* x *meserveae*					
'Blue Prince'	m	3	○	mattgrün	guter Pollenspender
'Blue Angel'	w	1,5	○	dunkelgrün	große Früchte
'Blue Princess'	w	1,5	○	blaugrün	üppig fruchtend

m männlich **w** weiblich △ kegelförmig ○ breitbuschig ∩ schmal aufrecht □ breit aufrecht

Sorten von *I.* x *meserveae*. Ihre Laubblätter ähneln denen von *I. aquifolium*, sind aber kleiner. Stechpalmen sind giftig, insbesondere die Blätter und Früchte.

Standortansprüche: Am besten pflanzt man Stechpalmen an einen halbschattigen Ort, sie wachsen aber auch in absonnigen oder schattigen Lagen. Ungeeignet sind dagegen Stellen, die im Winter voll von der Sonne beschienen werden, da die Sträucher dort schnell austrocknen. Darüber hinaus muß der Platz geschützt liegen, da sie etwas frostempfindlich sind. Nur *I.* x *meserveae* gilt als gut frosthart. An den Boden stellen Stechpalmen nur geringe Ansprüche; sie gedeihen sowohl auf sandigen wie auf lehmigen Böden, solange diese nicht zu trocken oder zu naß sind. Von einigen Fachleuten werden Stechpalmen als gut rauchhart bezeichnet, für die Pflanzung im innerstädtischen Bereich sind sie jedoch nicht geeignet.

Verwendung: Mit Stechpalmen lassen sich Gehölzgruppen beleben; sie kommen ebenso für freiwachsende Hecken, als Unterpflanzung höherer Gehölze wie auch als mobiles Grün in Pflanzgefäßen in Frage. Fruchttragende Zweige von *I. aquifolium* werden gern für weihnachtliche Bindearbeiten und Gestecke verwendet.

Pflege: Im Herbst sollten die Sträucher noch einmal durchdringend gegossen werden, um winterlichen Dürreschäden vorzubeugen. Eine Schattierung (z. B. ein übergelegtes Leintuch) schützt sie vor Austrocknung durch die Wintersonne. Vor allem bei frisch gepflanzten Sträuchern sollte man durch eine dicke Mulchschicht aus Laub Frost vom Wurzelbereich fernhalten. Geschnitten werden Stechpalmen in der Regel nicht. Wachsen sie jedoch zu sparrig, kann man einzelne Triebe aus dem Strauchinnern herausnehmen oder störende Triebe einkürzen.

Vermehrung: Nach der Reife kann man die Früchte der reinen Arten ernten und noch im Herbst aussäen. Die Saat wird im Freien aufgestellt (Kaltkeimer). Einfacher ist jedoch die Vermehrung über Sommerstecklinge.

Schädlinge: Ilex-Minierfliege, Schildläuse

Tip: Beim Kauf von Sträuchern sollte man darauf achten, neben weiblichen Pflanzen auch mindestens eine männliche als Pollenspender zu erhalten, um den Fruchtschmuck zu garantieren.

J

Jasminum
Jasmin

Art: *J. nudiflorum* (Winterjasmin)
Familie: Ölbaumgewächse *(Oleaceae)*
Herkunft: Gebüsche und Felshänge in Ostasien
Wuchsform: Strauch, Spreizklimmer
Höhe: 1 – 3 m
Blütenfarbe: gelb
Blütezeit: Dezember bis April
Merkmale: Die Blütezeit des Winterjasmins fällt sehr aus dem Rahmen: Bei günstiger Witterung öffnen sich die ersten Blüten schon im Dezember. Allerdings duften sie nicht wie bei so vielen anderen Jasminarten. Zwar halten die gelben Blüten-

Jasminum nudiflorum

sterne dem Frost nicht stand, sobald aber wieder wärmere Tage kommen, entfalten sich viele neue Knospen an den vorjährigen Trieben. Früchte werden nur selten gebildet. Erst lange nach der Blüte entwickeln sich die lanzettlichen Laubblätter. Die grünen, rutenartig dünnen Zweige des Winterjasmins stehen locker und hängen bei freiem Stand des Strauchs stark über. Findet das Gehölz allerdings eine Stütze, verspreizen sich die Triebe darin und wachsen in die Höhe.
Standortansprüche: Der völlig winterharte Blütenstrauch bevorzugt einen geschützten Ort in sonniger bis absonniger Lage. Der Boden sollte gut durchlässig, frisch und nährstoffreich sein, er darf auch reichlich Kalk enthalten. Der Winterjasmin gilt als gut rauchhart und gedeiht in innerstädtischem Klima problemlos.
Verwendung: Damit die Blüten bestmöglich zur Geltung kommen, sollte der interessante Spreizklimmer an eine gut einsehbare Stelle gepflanzt werden. Läßt man ihn erhöht, z. B. auf einer Mauerkrone oder auch an einer Böschung, frei wachsen, hängen seine Triebe malerisch herab. Mit Hilfe eines Klettergerüsts kann er spalierartig in die Höhe gezogen werden. Auch an Geländern, Zäunen oder in größeren Sträuchern finden die Triebe Halt. Sehr elegant wirkt der Winterblüher vor dunklen Nadelgehölzen, etwa vor Kiefern oder auch Wacholder. Nicht zuletzt eignet er sich auch zur Kultur in Kübeln oder geräumigen Kästen.
Pflege: Soll der Winterjasmin klettern, muß man seine dünnen Triebe an der Stütze aufleiten, am besten, indem man sie anbindet. Ältere Pflanzen sollte man alle 2 – 3 Jahre etwas auslichten, d. h. die ältesten, stark verzweigten Triebe einkürzen. Dies fördert den Neuaustrieb dünner Ruten, die dann im nächsten Jahr üppig blühen werden.
Vermehrung: Neue Pflanzen gewinnt man durch Absenker oder Stecklinge. Triebe, deren Spitzen den Boden berühren, schlagen ohnehin oft Wurzeln und können dann einfach abgetrennt werden. Auch Aussaat ist möglich.

Juniperus
Wacholder

Familie: Zypressengewächse *(Cupressaceae)*

Obwohl von den vielen Wacholderarten nur wenige für die Gartenkultur Bedeutung haben, zeigen die zahlreichen Sorten doch eine beachtliche Fülle an Wuchsformen und Nadelfarben. Wacholder tragen zwei Typen von Nadeln: eine abstehende spitze Jugendform und eine schuppenförmig den Zweigen anliegende Altersform, die beide an ein und derselben Pflanze vorkommen können. Außer beim Gewöhnlichen Wacholder sind die Früchte der genannten Arten giftig.

Heimische Arten

Arten: *J. communis* (Gewöhnlicher Wacholder), *J. sabina* (Sadebaum)
Herkunft: *J. communis* Trockenheiden der Nordhalbkugel, *J. sabina* Gebirge in Europa und Asien
Wuchsform: *J. communis* Großstrauch oder kleiner Baum, *J. sabina* kleiner Strauch, selten baumförmig
Höhe: *J. communis* 1 – 3 m, selten bis 10 m, Sorten auch

Juniperus sabina

höher oder niedriger, *J. sabina* 1 – 2 m, selten bis 4 m, Sorten meist niedriger
Blütezeit: April bis Mai
Früchte: grüne, später blauschwarze kugelige Beerenzapfen, bei *J. communis* in kleinen Mengen genießbar, bei *J. sabina* giftig, beide ab September
Merkmale: Zwischen den graugrünen, steifen und spitzen Nadelblättern des Gewöhnlichen Wacholders sitzen die Blüten, überwiegend nach Geschlecht getrennt, auf verschiedenen Pflanzen. Aus den weiblichen entwickeln sich fleischige, kugelige Beerenzapfen, die sog. Wacholderbeeren, deren grüne Färbung bei der Reife im zweiten oder dritten Jahr nach Schwarzblau wechselt. Sie duften aromatisch und werden als Gewürz verwendet. Der Genuß größerer Mengen kann jedoch gesundheitsschädlich wirken. Der Sadebaum ist ein reichverzweigter Strauch mit liegenden, ausgebreiteten Ästen. Nur sehr selten wächst er auch baumförmig. In der Jugend trägt er nadelartige, im Alter dagegen schuppenförmige Blätter, die beim Zerreiben unangenehm riechen. Seine Beerenzapfen sind im Gegensatz zu denen des Gewöhnlichen Wacholders giftig, ebenso alle übrigen Pflanzenteile.
Sorten: Von *J. communis* werden u. a. angeboten 'Suecica' (Schwedischer Säulenwacholder; breit säulenförmiger Wuchs, blaugrüne Nadeln, Höhe 4 – 5 m, selten bis 8 m), 'Hibernica' (Irischer Säulenwacholder; schmalkegelig bis säulenförmig, blaugraue bis blaugrüne Nadeln, Höhe 3 – 5 m), 'Hornibrookii' (kriechende Zwergform, hellgrüne Nadeln, Höhe 0,4 bis 0,5 m), 'Nana Aurea' (Zwergform, silberweiße Nadeln, im Herbst goldgelb, im Winter bronzegelb, Höhe 0,3 – 0,5 m), 'Repanda' (kriechende Zwergform, grüne, silbrig gestreifte Nadeln, Höhe 0,2 – 0,4 m). Von *J. sabina* wird vor allem 'Tamariscifolia' (Tamariskenwacholder; niedriger, buschiger Wuchs, hellgrün bis blaugrün benadelt, Höhe 0,3 – 0,5 m, selten bis 0,8 m) im Sortiment geführt.
Standortansprüche: Wacholder sind außergewöhnlich robuste und anspruchslose Gehölze, die an einer sonnigen bis absonnigen Stelle auf nahezu jedem, selbst auf trockenem und kargem Boden gedeihen. Im tiefen Schatten dagegen verkahlen sie rasch. Wacholder gelten als sehr rauchhart und eignen sich gut für Stadtklima.
Verwendung: Der klassische Platz für Wacholder ist im Heidegarten, wo sie mit ihrem dauerhaften Grün stimmungsvolle Akzente setzen. Den hohen ausladenden und säulenförmigen Sorten gewährt man am besten einen Einzelstand. Zwergformen eignen sich hervorragend zur Bepflanzung von Steingärten, Rabatten oder Gefäßen. Kriechende Formen ergeben ganzjährig attraktive Bodendecken und können auch Hänge und Böschungen wirkungsvoll begrünen.

Pflege: Säulenformen muß man gelegentlich zusammenbinden, wenn sie auseinanderzufallen drohen.
In der Regel braucht Wacholder keinen Schnitt.
Vermehrung: Die reinen Arten lassen sich durch Aussaat (Kaltkeimer) vermehren. Bei den Sorten führen Absenker oder Stecklinge zum Erfolg, allerdings wachsen veredelte Exemplare meist besser.
Schädlinge und Krankheiten: Blattläuse, Schildläuse, Spinnmilben, Wacholderminiermotte; Wacholderrost
Tip: Wacholder dienen als Zwischenwirte für verschiedene Rostpilze, die an anderen Gehölzen großen Schaden verursachen können. Die bekannteste Pilzkrankheit ist der Birnengitterrost, der vom Sadebaum auf Birnen wechselt. Diese Art sollte man daher nicht in die Nähe von Birnbäumen setzen.

Asiatische Arten

Arten: *J. chinensis* (China-Wacholder), *J. squamata*
Herkunft: bewaldete Gebirgsregionen in Ostasien
Wuchsform: *J. chinensis* Großstrauch oder kleiner Baum, Sorten mit sehr variabler Wuchsform, *J. squamata* niederliegender Strauch
Höhe: *J. chinensis* 2 – 5 m, Sorten auch höher oder niedriger, *J. squamata* 0,3 – 1 m

Juniperus squamata

Blütezeit: April bis Mai
Früchte: giftige, kugelige Beerenzapfen, blaugrün, später braun, ab September
Merkmale: Der China-Wacholder ist ein üppig verzweigter Großstrauch, bisweilen wächst er aber auch baumförmig und bildet dann einen dicken Stamm mit kegelförmiger Krone. Seine Jugendblätter sind nadelförmig, die älteren schuppenartig. Für die Kultur im Garten sind vor allem die zahlreichen Sorten bedeutsam, deren Formenvielfalt erstaunlich ist. *J. squamata* bildet einen niederliegenden Strauch, dessen Triebspitzen mehr oder weniger stark ansteigen. Seine nadeligen Blätter stehen zu dritt in Quirlen. Auch seine Sorten sind weitaus stärker verbreitet als die Art. Die Beerenzapfen beider Arten sind giftig.
Sorten: Von *J. chinensis* werden u.a. angeboten 'Keteleerii' (säulenförmig oder spitzkegelig, grüne, blau bereifte Nadeln, Höhe 3 – 8 m), 'Hetzii' (Strauch mit variabler Wuchsform, entweder trichterförmig oder kegelig, graublau benadelt, Höhe 3 – 4 m), 'Pfitzeriana' (Pfitzer-Wacholder; breitwüchsiger Strauch mit unregelmäßig herausragenden Ästen, moosgrün benadelt, Höhe 3 – 4 m), 'Pfitzeriana Aurea' (Gelber Pfitzer-Wacholder; wie 'Pfitzeriana', aber Nadeln im Austrieb gelb, später grün, im Winter bräunlichgelb, Höhe 3 – 4 m), 'Blaauw' (auch als 'Blaauw's Varietät' geführt; Strauch mit variabler Wuchsform, meist trichterförmig ohne Mitteltrieb wachsend, graublau benadelt, Höhe 2 – 3 m, selten bis 5 m), 'Plumosa Aurea' (Gelber Mooswacholder; breitbuschiger Zwergstrauch, Nadeln im Austrieb goldgelb, später gelbgrün, im Winter bronzegelb, Höhe 1 – 2 m), 'Mint Julep' (halbkugeliger Strauch mit schirmförmig überhängenden Zweigen, Triebe bei Bodenkontakt kriechend, frischgrün benadelt, Höhe 1 – 1,5 m, selten bis 3 m). Von *J. squamata* sind u. a. im Handel 'Blue Star' (gewölbte, polstrige Zwergform, silbrigblau benadelt, Höhe 0,5 – 0,8 m), 'Blue Carpet' (dicht verzweigte Zwergform, flach kriechend, blaugrün benadelt, Höhe 0,3 – 0,5 m).
Standortansprüche: grundsätzlich wie bei den heimischen Arten (siehe Seite 178), jedoch auch für Halbschatten geeignet
Verwendung, Pflege, Vermehrung, Schädlinge und Krankheiten: wie bei den heimischen Arten (siehe Seite 178 f.)

Nordamerikanische Arten

Arten: *J. virginiana* (Rotzeder), *J. horizontalis* (Kriechwacholder)
Herkunft: Nordamerika, *J. virginiana* im Gebirge, *J. horizontalis* im Gebirge und an Seeufern
Wuchsform: *J. virginiana* Großstrauch oder mittelhoher Baum, Sorten mit variabler Wuchsform, *J. horizontalis* niederliegender Strauch
Höhe: *J. virginiana* 5 – 15 m, Sorten meist niedriger, *J. horizontalis* 0,2 – 1 m
Blütezeit: April bis Mai
Früchte: giftige, kugelige Beerenzapfen, zuerst grünlich, bei *J. virginiana* später blau, bei *J. horizontalis* schwarzblau, beide ab September
Merkmale: Die Rotzeder wird als reine Art kaum gepflanzt, dafür aber eine Vielzahl variabler Sorten. Die Äste des Kriechwacholders liegen dem Boden auf, und

Juniperus horizontalis

der Strauch bildet damit ein dichtes Polster. Die Gartensorten tragen in der Regel nur Schuppenblätter, die meist blaugrün oder stahlblau gefärbt sind.
Sorten: Von *J. virginiana* sind u.a. im Handel 'Skyrocket' (Raketenwacholder; schmale Säulenform, blaugrün benadelt, Höhe 6 – 8 m), 'Canaertii' (kleiner Baum mit kegeliger Krone, dunkelgrün benadelt, zahlreiche blau bereifte Beerenzapfen, Höhe 5 – 8 m), 'Glauca' (kleiner Baum mit zunächst säulenförmiger, später ovaler Krone, stahlblau benadelt, blau bereifte Beerenzapfen, Höhe 5 – 8 m), 'Grey Owl' (dichtbuschiger, trichterförmiger Strauch, graugrün benadelt, Höhe 2 – 3 m). Von *J. horizontalis* werden u.a. geführt 'Plumosa' (flachkugeliger Wuchs, hell graugrün benadelt, im Winter purpurn, Höhe 0,3 – 0,5 m), 'Glauca' (Blauer Teppichwacholder; niederliegender Wuchs, stahlblau benadelt, Höhe 0,2 – 0,3 m).
Standortansprüche, Verwendung, Pflege, Vermehrung, Schädlinge und Krankheiten: wie bei den heimischen Arten (siehe Seite 178 f.)

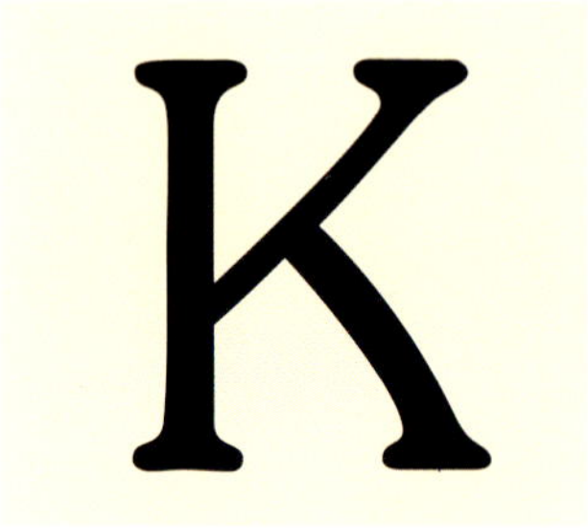

Kalmia latifolia

Kalmia
Lorbeerrose, Kalmie

Arten: *K. angustifolia* (Lorbeerröslein), *K. latifolia* (Berglorbeer)
Familie: Erika- oder Heidekrautgewächse *(Ericaceae)*
Herkunft: *K. angustifolia* Moore und Sümpfe in Nordamerika, in Deutschland und Nordwestengland eingebürgert, *K. latifolia* Eichen- und Kiefernwälder in Nordamerika
Wuchsform: *K. angustifolia* Kleinstrauch, *K. latifolia* Strauch
Höhe: *K. angustifolia* 1 m, *K. latifolia* 2 – 3 m
Blütenfarbe: *K. angustifolia* purpurrot, *K. latifolia* rosa, Sorten auch weiß oder mehrfarbig
Blütezeit: *K. angustifolia* Juni bis Juli, *K. latifolia* Mai bis Juni
Merkmale: Lorbeerrosen gehören zu den schönsten immergrünen Blütensträuchern, die im Garten kultiviert werden. Mit dem echten Lorbeer *(Laurus nobilis)* haben sie nichts weiter gemein als die Form ihrer Blätter.
Das Lorbeerröslein ist ein straff aufrecht wachsender, nur wenig verzweigter Kleinstrauch mit frischgrünem, lanzettlichem Laub. Im Sommer schmückt es sich mit einer Fülle purpurroter, breitglockiger Blüten, die in dichten Trauben am Ende der Triebe stehen. Der Berglorbeer wird wesentlich höher, er verzweigt sich auch stärker und trägt viel breiteres Laub, das oberseits glänzend dunkelgrün, unterseits gelbgrün gefärbt ist. Seine ebenfalls glockigen Blüten stehen wie beim Lorbeerröslein in üppigen Büscheln beieinander. Allerdings zeigen sie eine rosa, bisweilen fast weißliche Färbung. Die Blätter der Lorbeerrosen enthalten Giftstoffe.
Sorten: Von *K. angustifolia* sind im Handel (jeweils 1 m hoch) 'Purpurflor' (dunkel purpurrote Blüten, sehr reich blühend) und 'Rubra' (dunkelpurpurne Blüten, wird häufiger angeboten als die reine Art). Von *K. latifolia* werden – leider nur von einigen wenigen Spezialgärtnereien – u. a. geführt (jeweils 2 – 3 m hoch) 'Carousel' (Blüten weißgrundig mit breitem purpurrotem Band), 'Freckles' (Blüten hellrosa, purpurn getupft), 'Nancy' (Blüten rosarot mit dunklerem Grund, Knospen leuchtend rot), 'Olympic Wedding' (Blüten hellrosa, in der Mitte sternförmige, weinrote Zeichnung, kastanienbraune Bänderung), 'Pink Charm' (dunkelrosa, überaus reich blühend), 'Sarah' (Blüten rosarot, in der Knospe tiefrosa, Blütenstiele und Laubaustrieb purpurrot).
Standortansprüche: Lorbeerrosen stehen am besten absonnig bis halbschattig auf einem durchlässigen, frischen, sauren Humusboden. Sie werden von einigen Fachleuten als gut rauchhart bezeichnet, eignen sich jedoch nicht für Stadtklima.
Verwendung: Gemäß ihrer Ansprüche an den Boden passen die immergrünen Sträucher hervorragend in Moorbeete, z. B. zu Rhododendren. Sie schmiegen sich gern unter große Gehölze und bilden dort einen herrlich blühenden Unterwuchs. Das Lorbeerröslein kann man auch an den Teichrand oder ins Sumpfbeet pflanzen, den Berglorbeer auch in Heidegärten.
Pflege: Um die Schönheit der völlig winterharten Gehölze nicht zu beeinträchtigen, sollte man sie ohne jeden Schnitt wachsen lassen.
Vermehrung: Durch Stecklinge und Ableger lassen sich am einfachsten junge Pflanzen nachziehen.

Kerria
Ranunkelstrauch, Kerrie

Art: *K. japonica*
Familie: Rosengewächse *(Rosaceae)*
Herkunft: Waldränder in China
Wuchsform: mittelhoher Strauch
Höhe: 1 – 2 m
Blütenfarbe: gelb
Blütezeit: Mai bis Juli, gelegentlich Nachblüte von September bis Oktober
Merkmale: Seinen Namen erhielt der Ranunkelstrauch nach den goldgelben, gefüllten, ranunkelartigen Blüten der alten Gartensorte 'Pleniflora'. Die Wildart trägt dagegen nur einfache Blüten, die sich zu flachen Schalen öffnen. Die sommergrünen Sträucher verzweigen sich in viele rutenartige Triebe mit grüner Rinde, die von der Basis her trichterförmig auseinanderstreben. Ihre länglichen, eiförmigen Laubblätter sind am Rand gesägt und bilden mit ihrer frischgrünen Färbung einen schönen Kontrast zu den leuchtend gelben Blüten.

Kerria japonica

Sorte: 'Pleniflora' (goldgelbe, dichtgefüllte Blüten, sonst wie die reine Art)
Standortansprüche: Ranunkelsträucher sind sehr genügsam. An einem sonnigen bis halbschattigen Ort gedeihen sie auf jedem Gartenboden willig und blühen stets reich. Zudem gelten sie als rauchhart und eignen sich auch für Stadtklima.
Verwendung: Der im Frühsommer üppig blühende und im Herbst manchmal mit einer Nachblüte aufwartende Strauch fügt sich hervorragend in jede Gehölzgruppe oder in freiwachsende Blütenhecken ein. Steht er allein, verliert er dagegen an Ausstrahlung, denn mit seinen langen, rutenartigen Trieben zeigt er keinen besonders eleganten Umriß.
Pflege: Nach strengen Wintern müssen erfrorene Zweig-

spitzen im Frühjahr eingekürzt werden. Außerdem nimmt man alle 3 – 4 Jahre ältere Triebe heraus, um Platz für neue zu schaffen.
Vermehrung: Da sich der Ranunkelstrauch mit kurzen Wurzelausläufern langsam ausbreitet, kann er als eines von wenigen Gehölzen durch Teilung vermehrt werden. Jungpflanzen lassen sich aber auch aus Steckhölzern oder Absenkern heranziehen.

Kolkwitzia
Kolkwitzie

Art: *K. amabilis* (Perlmuttstrauch)
Familie: Geißblattgewächse *(Caprifoliaceae)*
Herkunft: Waldränder in China
Wuchsform: mittelhoher Strauch
Höhe: 2 – 3 m
Blütenfarbe: hellrosa
Blütezeit: Mai bis Juni
Merkmale: Im Frühsommer erscheint das Gehölz geradezu von Blütenkaskaden überschüttet. Die zahllosen Glockenblüten sind außen kräftig rosa gefärbt und schimmern im Innern wie hellrosa Perlmutt. Sie stehen in dichten Büscheln an den langen, im Alter weit überhängenden Zweigen. Das stumpfgrüne, eiförmige Laub wird im Herbst abgeworfen, ohne sich vorher nennenswert zu verfärben.
Sorten: (jeweils 2 – 3 m hoch) 'Pink Cloud' (Blüten rein rosa, überaus reich blühend), 'Rosea' (Blüten kräftig rosafarben)
Standortansprüche: Trotz seiner überschäumenden Blütenfülle gehört der Perlmuttstrauch zu den anspruchslosesten Gartengehölzen. Er gedeiht in sonniger, aber auch in halbschattiger Lage auf jedem Gartenboden. Überdies ist er relativ rauchhart und eignet sich zur Pflanzung im innerstädtischen Bereich.
Verwendung: Stellt man den Blütenstrauch einzeln, bildet er im Alter einen malerischen, halbkugeligen Umriß. In Gehölzgruppen fällt dieser überhängende Wuchs um so weniger auf, je dichter die Nachbargewächse stehen. Mit seinen rosafarbenen Blütenvorhängen bildet der Perlmuttstrauch auch einen sehr hübschen Hintergrund für Staudenbeete.
Pflege: Um die elegante Wuchsform des völlig winterharten Gehölzes nicht zu beeinträchtigen, sollte der Perlmuttstrauch ungeschnitten bleiben. Allenfalls können ältere Exemplare vorsichtig ausgelichtet werden.
Vermehrung: Die Art wie auch die Sorten lassen sich durch Stecklinge vermehren.

Kolkwitzia amabilis

L

Laburnum
Goldregen

Arten: *L. anagyroides* (auch *L. vulgare*, Gewöhnlicher Goldregen), *L.* x *watereri* (auch *L. alpinum* x *L. anagyroides*, Edelgoldregen)
Familie: Schmetterlingsblütler *(Leguminosae)*
Herkunft: Waldränder, Gebüsche, Hecken und Berghänge in Südeuropa und im südlichen Mitteleuropa, im übrigen Mittel- und in Nordwesteuropa stellenweise eingebürgert
Wuchsform: Großsträucher oder kleine Bäume
Höhe: *L. anagyroides* 5 – 7 m, *L.* x *watereri* 4 – 5 m
Blütenfarbe: gelb
Blütezeit: Mai bis Juni
Früchte: giftige braune Hülsen, ab August
Merkmale: Der Goldregen macht seinem Namen alle Ehre, wenn zum Ausklang des Frühjahrs unzählige goldgelbe Blütentrauben von seinen Zweigen herabhängen. Die von grüngestreifter Rinde umhüllten Äste des Gewöhnlichen Goldregens streben trichterförmig auseinander und hängen an den Spitzen leicht über. Neben den herrlichen Blüten wirken auch die dreiteiligen Laubblätter sehr attraktiv. Später entwickeln sich braune Fruchthülsen, die mehrere graugrüne Samen enthalten und bis weit in den Winter hinein an den Zweigen hängen bleiben. Vom Edelgoldregen ist nur die Sorte 'Vossii' für die Gartenkultur von Bedeutung. Diese Form unterscheidet sich vom Gewöhnlichen Goldregen durch ihre geringere Wuchshöhe und die auffällig großen, leuchtend goldgelben Blütentrauben, die sie an aufrechten, oben auseinanderstrebenden Trieben trägt, sowie auch durch größere, glänzende Laubblätter. Alle Goldregenarten enthalten in sämtlichen Pflanzenteilen starke Giftstoffe, vor allem in den Samen.
Sorte: von *L.* x *watereri* 'Vossii' (große, intensiv goldgelbe Blüten, besonders reich blühend, Höhe 4 – 5 m)

Laburnum x *watereri*

Standortansprüche: Goldregen gedeihen sowohl an sonnigen wie auch an halbschattigen Stellen. Ihre Ansprüche an den Boden sind denkbar gering, so daß jeder Gartenboden geeignet ist. Die Gehölze gelten überdies als rauchhart und eignen sich für Stadtklima.
Verwendung: Mit seiner leuchtenden Blütenfülle fällt der Goldregen überall auf, ob im Einzelstand oder in Gehölzgruppen. Man kombiniert ihn

Larix decidua

sehr gern mit gleichzeitig blühenden Bäumen oder Sträuchern, z.B. Rotdorn, Perückenstrauch, Pfeifenstrauch oder Weigelie. Wo häufig Kinder im Garten spielen, sollte man sich die Anpflanzung der hochgiftigen Sträucher jedoch gut überlegen.
Pflege: Die Gehölze sind zwar völlig winterhart, ihre Äste brechen aber unter Schneelasten leicht ab. Zudem vermögen die fleischigen, wenig verzweigten Wurzeln, die sich nur im Bodenbereich unter der Krone ausbreiten, den Großstrauch unter Umständen nicht stabil genug zu verankern. Schweren Naßschnee, der sich im Kroneninnern gesammelt hat, sollte man deshalb möglichst bald vorsichtig abschütteln.
Einen Schnitt verträgt der Goldregen ausnehmend schlecht. Seine Krone und der reiche Blütenschmuck entwickeln sich nur ungestört zu voller Schönheit.
Vermehrung: Den Gewöhnlichen Goldregen kann man durch Aussaat oder Steckhölzer vermehren. Der Edelgoldregen ist meist veredelt.
Schädlinge und Krankheiten: Blattläuse; Falscher und Echter Mehltau

Larix
Lärche

Arten: *L. decidua* (Europäische Lärche), *L. kaempferi* (auch *L. leptolepis*, Japanische Lärche)
Familie: Kieferngewächse *(Pinaceae)*
Herkunft: *L. decidua* Gebirge in Europa, *L. kaempferi* Bergwälder in Japan
Wuchsform: große Bäume mit kegelförmiger Krone
Höhe: *L. decidua* 25–30 m, *L. kaempferi* 15–25 m, selten bis 30 m, Sorten beider Arten wesentlich niedriger
Blütezeit: März bis April
Früchte: braune kugelige Zapfen, ab November
Merkmale: Im Gegensatz zu den meisten anderen Nadelgehölzen werfen Lärchen ihr Laub jedes Jahr ab. Die Europäische Lärche wächst zu einem stattlichen, dennoch keineswegs wuchtig wirkenden Baum mit durchgehendem Stamm und kegelförmiger Krone heran. Ihre Kurztriebe tragen die weichen, langen Nadeln in Büscheln, an den herabhängenden Langtrieben sind sie dagegen spiralig angeordnet. Die Nadeln treiben im Frühjahr frischgrün aus, werden im Sommer zunehmend dunkler und verfärben sich im Herbst goldgelb, bevor sie schließlich abgeworfen werden. Im zeitigen Frühjahr, meist noch vor dem Blattaustrieb, erscheinen gelbe, kugelige männliche und rote bis purpurne, walzenförmige weibliche Blütenstände an den Zweigen. Aus letzteren entwickeln sich im darauffolgenden Winter kleine kugelige, braungefärbte Zapfen. Die Japanische Lärche ähnelt der Europäischen, trägt aber blaugrüne Nadeln und aufrechtstehende Zweige. Im Alter wird aus ihrer anfangs kegelförmigen eine zunehmend hochgewölbte Krone.
Sorten: von *L. decidua* 'Pendula' (Hängelärche, Trauerlärche; weit bogig überhängende Zweige, Höhe sehr variabel, je nach Art der Kultivierung etwa 5–12 m); von *L. kaempferi* 'Pendula' (Japanische Hängelärche; Äste leicht ansteigend, an den Spitzen bogig überhängend, Zweige schleppenartig angeordnet, Höhe sehr variabel, je nach Erziehungsform 3–10 m), 'Wolterdingen' (Zwergform mit waagrecht abstehenden Ästen, graugrüne Nadeln, Höhe 0,3–0,5 m)
Standortansprüche: Lärchen sind ausgesprochene Lichtholzarten und brauchen einen sonnigen bis absonnigen Standort, der für die Japanische Lärche am besten kühl-feucht sein sollte. Ihre weit- und zugleich tiefreichenden Wurzeln finden in einem durchlässigen, leichten, frischen Humusboden optimale Bedingungen. Während die Europäische Lärche auf Rauchgase empfindlich reagiert, gilt die Japanische Lärche als gut rauchhart. Für innerstädtisches Klima sind beide Arten ungeeignet.
Verwendung: Lärchen können ihre prachtvollen Kronen nur dann richtig entwickeln, wenn sie frei stehen. Man pflanzt sie deshalb am besten als Solitärgehölz, z.B. in einen Heidegarten oder auch mitten in eine große Rasenfläche. Zwergformen können auch im Steingarten oder in Beeten Verwendung finden. Ungewöhnlich wirken aus Europäischen Lärchen gestaltete breite Schnitthecken.
Pflege: Im Bodenbereich unter der Krone von Lärchen sollte man jegliches Umgraben vermeiden und auch keine häufig begangenen Wege oder Sitzplätze anlegen, um die Wurzeln nicht zu beeinträchtigen.
Ihre natürliche Schönheit können Lärchen nur entfalten, wenn sie ungeschnitten bleiben. Da sie aber Schnitt gut vertragen, können sie sogar zu Hecken gezogen werden.
Vermehrung: Die reinen Arten können durch Aussaat vermehrt werden. Von den Sorten zieht man Stecklinge oder Absenker, meist werden sie aber veredelt.
Schädlinge und Krankheiten: Gallenläuse, Miniermotten; Lärchenschütte

Larix kaempferi, Zwergform

Ligustrum
Liguster, Rainweide

Arten: *L. vulgare* (Gewöhnlicher Liguster), *L. obtusifolium* var. *regelianum* (auch *L. regelianum*), *L. ovalifolium*
Familie: Ölbaumgewächse *(Oleaceae)*
Herkunft: Waldränder, Gebüsche und Hecken, *L. vulgare* in Europa, Kleinasien, Vorderasien und Nordafrika, *L. obtusifolium* var. *regelianum* und *L. ovalifolium* in Japan
Wuchsform: mittelhohe Sträucher
Höhe: *L. vulgare* 3–5 m, Sorten auch niedriger,

Ligustrum vulgare

L. obtusifolium var. *regelianum* 1,5 – 2 m, *L. ovalifolium* 2 – 3 m, selten bis 5 m
Blütenfarbe: weiß
Blütezeit: Juni bis Juli
Früchte: giftige, beerenartige Steinfrüchte, blauschwarz, ab September
Merkmale: Ligusterarten sind wegen ihrer guten Schnittverträglichkeit vor allem als Heckenpflanzen sehr beliebt. Die Blüten spenden Insekten reichlich Nektar und Pollen, Vögel finden in dem dichten Gezweig ideale Nistgelegenheiten und tun sich im Herbst an den Beeren gütlich. Alle Ligusterarten enthalten in sämtlichen Pflanzenteilen, besonders jedoch in den Früchten, Giftstoffe.
Der Gewöhnliche Liguster ist ein heimischer Wildstrauch, dessen Krone locker aufrecht wächst. An den dichten, biegsamen Zweigen sitzen etwas ledrige, längliche Laubblätter, die eigentlich nur sommergrün sind, in milden Wintern aber bis zum Neuaustrieb im folgenden Frühjahr am Strauch haftenbleiben. Vom satten Dunkelgrün des Laubs heben sich die in lockeren Rispen stehenden weißen Blüten gut ab. Sie verströmen einen intensiven, nicht von jedermann als angenehm empfundenen Duft. Zum Herbst hin entwickeln sich blauschwarz glänzende, beerenartige Steinfrüchte.
L. obtusifolium var. *regelianum* bildet einen eher kleinen, breit ausladenden und dichtbuschigen Strauch. Sein sommergrünes Laub verfärbt sich im Herbst bläulich bis violett und bleibt sehr lange an den Zweigen hängen. Die cremeweißen schmalen, trichterförmigen Blüten stehen in gedrungenen Rispen. Auch aus ihnen gehen blauschwarze Früchte hervor.
L. ovalifolium zeichnet sich durch eine glänzend dunkelgrüne Belaubung aus, die er bei starkem Frost teilweise verliert, ähnelt sonst aber den vorher beschriebenen Arten.
Sorten: Von *L. vulgare* werden u. a. angeboten 'Atrovirens' (straff aufrechter Wuchs, metallisch glänzendes, dunkelgrünes Laub, das lange haftenbleibt, sonst wie die reine Art), 'Lodense' (Zwergliguster; dunkelgrünes, schmales Laub, im Winter bronzebraun, Höhe 0,5 – 0,7 m); von *L. ovalifolium* 'Aureum' (Goldliguster; Laub goldgelb gerandet oder auch völlig goldgelb, Höhe 2 – 3 m).
Standortansprüche: Liguster sind außergewöhnlich anspruchslos. Die völlig winterharten Sträucher gedeihen in allen Lagen und auf nahezu jedem Boden. Zumindest der Gewöhnliche Liguster ist überaus rauchhart, die Sträucher eignen sich auch gut für innerstädtisches Klima.
Verwendung: In erster Linie werden alle Ligusterarten für freiwachsende oder streng geschnittene Hecken verwendet. Da sie ihr Laub teilweise behalten, bilden sie auch im Winter einen ansehnlichen und wirkungsvollen Sichtschutz. Liguster läßt sich aber auch in Gehölzgruppen integrieren oder zur Unterpflanzung hoher Bäume nutzen.
Pflege: Alle hier genannten Arten vertragen selbst einen scharfen Rückschnitt problemlos. Freiwachsende Sträucher sollte man aber nicht regelmäßig schneiden, damit sie ihre Kronen in natürlicher Weise entfalten können.
Vermehrung: Über Stecklinge oder Steckhölzer lassen sich Arten wie Sorten sehr einfach vermehren. Bei den reinen Arten ist auch Aussaat möglich.
Schädlinge: Blattläuse, Fliedermotten

Liriodendron tulipifera

Liriodendron
Tulpenbaum

Art: *L. tulipifera*
Familie: Magnoliengewächse *(Magnoliaceae)*
Herkunft: Wälder in Nordamerika
Wuchsform: großer Baum mit hochgewölbter, pyramidaler Krone
Höhe: 20 – 35 m, Sorten 10 – 15 m
Blütenfarbe: gelblichgrün
Blütezeit: Mai bis Juni
Früchte: braune zapfenähnliche Sammelfrüchte, ab Oktober
Merkmale: Der raschwüchsige Tulpenbaum, ein in Nordamerika wegen seines schönen Holzes hochgeschätzter Nutzbaum, wird in seiner Heimat überaus mächtig, doch bleibt er unter europäischen Verhältnissen wesentlich kleiner. Dennoch kann der Baum mit seiner hochgewölbten, kegelförmigen Krone eine Wuchshöhe von mehr als 30 m erreichen. Attraktiv wirkt er zu jeder Jahreszeit. Im Mai öffnen sich gelblichgrüne Blütenkelche, die am Grund orangerot gefleckt sind und deren dicke Narbe von vielen Staubgefäßen umkränzt ist. Die Ähnlichkeit der Blütenform mit Tulpen hat dem Gehölz seinen Namen eingetragen. Aus den Blüten entwickeln sich zapfenartige Sammelfrüchte, die aus lauter kleinen, geflügelten Nüßchen zusammengesetzt sind. Das frischgrüne Laub zeigt eine ungewöhnliche Form: Die im Umriß annähernd quadratischen Blätter sind seitlich zu zwei spitzen Lappen ausgezogen. Ihr großer Mittellappen wirkt, als wäre er mit einer Schere abgeschnitten. Im Herbst färbt sich das Laub auffallend goldgelb, bevor es schließlich abfällt.
Sorten: (jeweils 10 – 15 m hoch) 'Aureomarginatum' (gelb gerandetes Laub, schwacher Wuchs), 'Fastigiatum' (schmale, kegelförmige Krone)
Standortansprüche: Der Tulpenbaum benötigt einen sonnigen, möglichst freien Stand. Als ausgesprochener Tiefwurzler kann er sich nur in einem tiefgründigen Boden, der auch sauer bis schwach basisch sein sollte, gut entwickeln. Außerdem muß der Untergrund stets ausreichend Feuchtigkeit und viel Humus enthalten. Der Baum ist aber gut rauchhart und eignet sich für Stadtklima.
Verwendung: Schon allein seiner Größe wegen pflanzt man den attraktiven Tulpenbaum als Solitärgehölz, und

zwar tunlichst nur in weitläufigen Gartenanlagen. Am besten steht er in einer größeren Rasenfläche, da er anderen Unterwuchs als Gras kaum duldet. Nur die weniger mächtigen Sorten, die aber nur selten angeboten werden, eignen sich auch für kleinere Gärten.
Pflege: Die fleischigen Wurzeln des Tulpenbaums trocknen leicht aus. Baumschulpflanzen müssen daher umsichtig behandelt und möglichst gleich eingepflanzt werden. In den ersten Jahren kann der noch kleine Baum in strengen Wintern Schaden nehmen. Man setzt ihn deshalb anfangs am besten in den Schutz von anderen Gehölzen und bedeckt die Baumscheibe den Winter über mit einer schützenden Laubschicht. Mit zunehmendem Alter müssen die Nachbargehölze aber zugunsten des Tulpenbaums weichen, denn dieser gelangt nur in freiem Stand zu voller Pracht. Der Baum sollte grundsätzlich nicht geschnitten werden.
Vermehrung: Nachwuchs erhält man am leichtesten durch Absenker. Auch Aussaat (Kaltkeimer) ist möglich, allerdings erweist sich die Keimfähigkeit der Samen als gering.

Lonicera
Heckenkirsche, Geißblatt, Geißschlinge

Familie: Geißblattgewächse *(Caprifoliaceae)*

Die Gattung *Lonicera* umfaßt eine große Zahl von Arten – sommergrüne und immergrüne, strauchige und kletternde, hochwüchsige und niedrig bleibende. Kennzeichnend für alle sind gegenständige, ungeteilte Blätter. Bei den strauchig aufrecht wachsenden Arten stehen die Blüten stets paarweise zusammen, während sie bei den kletternden Arten in meist sechsblütigen Quirlen angeordnet sind. Entsprechend findet man auch die Beerenfrüchte, die bei allen Arten giftig sind, entweder zu zweien oder zu mehreren am Zweig.

Lonicera ledebourii

Sommergrüne, strauchig aufrecht wachsende Arten

Arten: *L. xylosteum* (Gewöhnliche Heckenkirsche, Rote Heckenkirsche), *L. tatarica* (Tatarische Heckenkirsche), *L. maackii* (Schirmheckenkirsche), *L. ledebourii* (Kalifornische Heckenkirsche)
Herkunft: Wälder, Waldränder und Gebüsche, *L. xylosteum* Europa bis Mittelasien, *L. tatarica* Südrußland, Turkestan, Altai, *L. maackii* China, *L. ledebourii* Kalifornien
Wuchsform: mittelhohe bis große Sträucher
Höhe: *L. xylosteum* 1 – 2 m, selten bis 3 m, Sorten auch niedriger, *L. tatarica* 3 – 4 m, selten bis 5 m, *L. maackii* 3 – 4 m, *L. ledebourii* 2 – 3 m
Blütenfarbe: *L. xylosteum* weißlichgelb, später gelb, *L. tatarica* weiß bis rosarot, *L. maackii* weiß, später gelb, *L. ledebourii* gelb und rot
Blütezeit: Mai bis Juni
Früchte: giftige rote, bei *L. ledebourii* giftige schwarze, erbsengroße Beeren, alle ab August/September
Merkmale: Die aufrecht wachsenden, laubabwerfenden Heckenkirschen sind anspruchslose und robuste Sträucher, die sowohl durch ihre hübschen Blüten wie auch durch ihre leuchtenden Früchte auffallen. Die heimische Gewöhnliche Heckenkirsche bildet einen breit ausladenden Strauch, dessen dünne Zweige überhängen. In den Achseln der schwach seidig behaarten Blätter erscheinen ab Mai weißlichgelbe Blüten, die sich im Verlauf der Blütezeit mehr und mehr gelblich färben und zunehmend süßlich duften. Aus ihnen entwickeln sich glänzend dunkelrote Früchte. Die Tatarische Heckenkirsche wächst zu einem straff aufrechten, sehr dichten Großstrauch heran, dessen bereits früh austreibende Laubblätter oberseits dunkelgrün, unterseits bläulich gefärbt sind. Nach den weißen bis rosaroten Blüten zieren leuchtend hellrote Beeren den Strauch. Die Schirmheckenkirsche trägt ihren Namen nach ihrer schirmförmig überhängenden Krone, an der sich im Frühsommer eine Fülle weißer Blüten entfaltet. Ähnlich wie bei der Gewöhnlichen Heckenkirsche nehmen sie im Verblühen einen gelben Farbton an und duften zunehmend intensiver. Auch der Fruchtansatz ist üppig, und die roten Beeren bleiben meist bis nach dem herbstlichen Laubfall an den Zweigen haften. Bei der Kalifornischen Heckenkirsche streben die kaum verzweigten Triebe trichterförmig auseinander, wodurch sich ein recht lockeres Bild ergibt. Ihre kräftig gelben Blüten sitzen auf einem roten Tragblatt. Während der Fruchtreife vergrößern sich diese Tragblätter und bilden gleichsam einen Teller, auf dem die schwarzen Beeren präsentiert werden.

Lonicera maackii

Sorten: von *L. xylosteum* 'Clavey's Dwarf' (kleiner, kompakter Strauch mit kugeliger Krone, besonders für niedrige Hecken geeignet, Höhe 0,5 – 1 m); von *L. tatarica* 'Hack's Red' (Blüten intensiv purpurrosa, sonst wie die reine Art)
Standortansprüche: Heckenkirschen sind derart anspruchslos, daß sie in beinahe jeder Lage gedeihen. Sie können sowohl sonnig oder halbschattig als auch schattig stehen und wachsen auf jedem Gartenboden. Überdies sind die Sträucher rauchhart, insbesondere die Tatarische Heckenkirsche, und eignen sich vorzüglich für innerstädtisches Klima.
Verwendung: Am wirkungsvollsten stehen die Blüten- und Fruchtsträucher in freiwachsenden Hecken oder Gehölzgruppen. Die Gewöhnliche Heckenkirsche empfiehlt sich vor allem für naturnahe Gehölzstreifen, denn sie ist ein wertvolles Vogelschutz- und -nährgehölz. Die Schirmheckenkirsche mit ihrer dekorativen Wuchsform macht sich auch in Einzelstellung gut.
Pflege: Ein regelmäßiger Schnitt ist nicht erforderlich,

allerdings sollte man ältere Sträucher gelegentlich durch Auslichten verjüngen.
Vermehrung: Alle Arten kann man durch Stecklinge und Steckhölzer vermehren; auch Aussaat ist möglich.
Schädlinge und Krankheiten: Blattläuse, Wolläuse; Echter Mehltau
Tip: Die Kirschfruchtfliege, ein gefürchteter Schädling im Obstgarten, lebt zeitweise an Heckenkirschen. Man sollte diese Sträucher deshalb nicht in die Nähe von Kirschbäumen pflanzen.

Immergrüne, niedrige Arten

Arten: *L. nitida* (Heckenmyrte), *L. pileata* (Böschungsmyrte)
Herkunft: Wälder und Gebüsche in China
Wuchsform: *L. nitida* Kleinstrauch, *L. pileata* Zwergstrauch
Höhe: *L. nitida* 0,8 – 1,5 m, *L. pileata* 0,3 – 0,4 m
Blütenfarbe: *L. nitida* weiß, *L. pileata* gelb
Blütezeit: Mai
Früchte: giftige, bei *L. nitida* rote, bei *L. pileata* purpurviolette Beeren, beide ab August
Merkmale: Die kleinen Sträucher tragen immergrünes, myrtenartiges Laub, das sie in strengen Wintern aber teilweise verlieren können. Die Heckenmyrte wird als reine Art kaum kultiviert, wesentlich wichtiger sind ihre Sorten. Das Laub der dichtbuschigen und feintriebigen Sträucher, deren Zweigspitzen leicht überhängen, ist dunkelgrün. Ihre rahmweißen Blüten sind recht klein, erscheinen dafür aber um so zahlreicher. Die glänzend roten Früchte bleiben dagegen oft unter dem Laub versteckt. Die Böschungsmyrte bildet einen flachen, niederliegenden Strauch von fast nestförmiger Gestalt. Sie treibt hellgelbe, duftende Blüten und entwickelt später purpurviolette Beeren, die ebenfalls weitgehend unter dem glänzend grünen Laub verborgen bleiben.

Lonicera pileata

Sorten: von *L. nitida* (jeweils 0,8 – 1,5 m hoch) 'Elegant' (auch als *L. pileata* 'Yunnanensis' oder *L. pileata* f. *yunnanensis* geführt; waagrecht stehende bis überhängende Zweige), 'Maigrün' (auch als *L. pileata* 'Maigrün' geführt; bogig überhängende Zweige, kompakter Wuchs)
Standortansprüche: Wie alle Heckenkirschen sind auch die hier genannten Arten ausgesprochen robust. Sie können in sonniger bis halbschattiger Lage auf jedem Gartenboden wachsen. Zudem gelten auch sie als rauchhart und für Stadtklima geeignet.
Verwendung: Diese immergrünen Arten werden überwiegend für freiwachsende wie für geschnittene Hecken verwendet. Sie bilden aber auch einen sehr dekorativen Unterwuchs unter größeren Gehölzen und eignen sich ganz ausgezeichnet zur Kultur in Gefäßen.
Pflege: Selbst nach strengen Wintern, in denen die Pflanzen bisweilen zurückfrieren, treiben sie immer wieder kräftig durch. Ein regelmäßiger Rückschnitt wird gut vertragen, er sollte allerdings keinesfalls allzu radikal ausfallen.
Vermehrung, Schädlinge und Krankheiten: wie bei den sommergrünen Arten (siehe oben)

Kletternde Arten

Arten: *L. caprifolium* (Jelängerjelieber), *L. periclymenum* (Waldgeißblatt), *L.* x *brownii* (auch *L. hirsuta* x *L. sempervirens*), *L.* x *heckrottii* (auch *L. americana* x *L. sempervirens*, Feuergeißschlinge), *L. henryi* (Immergrüne Geißschlinge), *L.* x *tellmanniana* (auch *L. sempervirens* x *L. tragophylla*, Goldgeißschlinge)
Herkunft: *L. caprifolium* und *L. periclymenum* Wälder, Waldränder und Gebüsche in Europa, *L. henryi* Waldränder in China
Wuchsform: Klettergehölze
Höhe: 3 – 5 m, *L.* x *tellmanniana* 4 – 6 m
Blütenfarbe: gelb und weiß, *L.* x *brownii* orangerot, Sorten auch scharlachrot, *L.* x *heckrottii* gelb und rot, *L. henryi* gelb bis rot, *L.* x *tellmanniana* gelb
Blütezeit: Juni bis August, *L. caprifolium* Mai bis Juni, *L. periclymenum* Juli bis August
Früchte: giftige rote, bei *L. henryi* giftige schwarze Beeren, alle ab August oder September
Merkmale: Die kletternden Heckenkirschen, oft auch als Geißschlingen bezeichnet, sind alle rechtswindende Schlingsträucher, die ziemlich rasch wachsen, eine Fülle duftender Blüten bilden und im Herbst durch ihren hübschen, aber giftigen Fruchtschmuck auffallen. Die Gehölze bieten vor allem Vögeln Deckung und Nahrung.

Schon sein Name Jelängerjelieber verrät, daß man sich an den vielen herrlich duftenden Blüten dieses Kletterers gar nicht genug erfreuen kann. Sie sind gelb und weiß und an den Außenseiten bisweilen rötlich überlaufen. Die Früchte, die sich aus ihnen entwickeln, leuchten kräftig korallenrot. Typisch für diese Art ist, daß die Laubblätter im oberen Bereich der Zweige am Grund paarweise miteinander verwachsen. Das Waldgeißblatt trägt ebenfalls reichen Blütenschmuck. Seine Blüten zeigen zwar eine ähnliche Färbung wie beim Jelängerjelieber, sind aber schmaler und zierlicher. Auch verwachsen die Laubblätter nicht miteinander, sondern stehen alle frei. Die Hybridform *L.* x *brownii* besticht durch ihre orangeroten Blüten, die wie lange, schmale Tüten aussehen und über den oberen, miteinander verwachsenen Blattpaaren stehen. Über viele Wochen hinweg kann man sich am Flor der Feuergeißschlinge erfreuen. Ihre innen gelben, außen rot gefärbten Blüten verbreiten einen intensiven Duft. Die frischgrünen Laubblätter der Immergrünen Geißschlinge bleiben über den Winter weitgehend erhalten. Aus den gelben bis roten Blüten entwickeln sich schwarze,

Lonicera x *brownii*

glänzende Beeren. Die wuchskräftigste Form kletternder Heckenkirschen ist die Goldgeißschlinge. Ihre goldgelben Blüten stehen in üppigen Quirlen über dem dunkelgrünen Laub. Später gehen aus ihnen hellrote Beeren hervor.
Sorten: von *L.* x *brownii* (jeweils 3 – 5 m hoch) 'Dropmore Scarlet' (orange-scharlachrote Blüten von Juni bis Oktober), 'Fuchsioides' (scharlachrote Blüten)
Standortansprüche: wie die sommergrünen Arten (siehe Seite 184), jedoch möglichst nicht an heißen Stellen
Verwendung: Die schlingenden Heckenkirschenarten nutzt man zur Begrünung von Klettergerüsten und Pergolen oder läßt sie an großen Sträuchern oder Bäumen emporwachsen. Ist die Kletterhilfe nur niedrig, etwa ein Zaun oder eine kleine Mauer, bilden die Sträucher bald dekorative Vorhänge.
Pflege: Alle hier genannten Arten brauchen auf flächiger Unterlage eine Kletterhilfe in Form von Spanndrähten, Gittern oder Holzgerüsten. Ein regelmäßiger Schnitt ist nicht erforderlich, ältere Sträucher kann man aber gelegentlich auslichten.
Vermehrung, Schädlinge und Krankheiten: wie bei den sommergrünen Arten (siehe Seite 185)

Lonicera periclymenum

M

Magnolia liliiflora

Magnolia
Magnolie

Arten: *M.* x *soulangiana* (auch *M. denudata* x *M. liliiflora*, Tulpenmagnolie, fälschlich auch Tulpenbaum), *M.-Soulangiana*-Hybriden, *M. liliiflora* (auch *M. purpurea*, Purpurmagnolie), *M.* x *loebneri* (auch *M. kobus* x *M. stellata*), *M. denudata*, *M. kobus* (Baummagnolie, Kobushi-Magnolie), *M. stellata* (Sternmagnolie), *M. sieboldii* (Sommermagnolie)
Familie: Magnoliengewächse (*Magnoliaceae*)
Herkunft: Wälder Ostasiens
Wuchsform: Großsträucher oder kleine Bäume, *M. stellata* und *M. sieboldii* mittelhohe Sträucher
Höhe: *M.* x *soulangiana* und *M.-Soulangiana*-Hybriden 3 – 5 m, selten bis 8 m, *M. liliiflora* und *M. denudata* 3 – 4 m, *M.* x *loebneri* 6 – 8 m, *M. kobus* 8 – 10 m, *M. stellata* 2 – 3 m, *M. sieboldii* 1,5 – 3 m
Blütenfarbe: *M.* x *soulangiana*, *M.-Soulangiana*-Hybriden und *M. sieboldii* rosa-weiß, *M. liliiflora* purpurn-weiß, *M.* x *loebneri*, *M. denudata* und *M. stellata* weiß, *M. kobus* weiß, mitunter rötlichweiß
Blütezeit: April bis Mai, *M. liliiflora* Mai bis Juni, *M. stellata* März bis April, *M. sieboldii* Juni bis Juli
Früchte: braune zapfenähnliche Sammelfrüchte, bei *M.* x *soulangiana*, den *M.-Soulangiana*-Hybriden und *M. sieboldii* mit orangeroten bis rosaroten Samenhüllen, bei den anderen Arten grünlich, alle ab August
Merkmale: Ihre großen, tulpen- oder sternförmigen Blüten verleihen den auffälligen Magnolien eine unübertroffene fernöstliche Eleganz. Die wohl bekannteste Art ist die Tulpenmagnolie. An ihrer breit ausladenden Krone schieben sich im Frühjahr aus dick bepelzten Knospen duftende glockige Blüten, die sich später schalenförmig entfalten und dann die strahlend weißen Innenseiten der Blütenblätter präsentieren; die Außenseiten dagegen sind rötlich überlaufen. Erst nach der Blüte entwickeln sich die großen eiförmigen Laubblätter. In Jahren mit günstiger Witterung kann man auch eine Fruchtbildung beobachten. Die braunen zapfenartigen, holzigen Fruchtstände enthalten mehrere Samen, die jeweils von einer orange- bis rosaroten Samenhülle umgeben sind. Die *M.-Soulangiana*-Hybriden sind der Tulpenmagnolie recht ähnlich. Sie unterscheiden sich vor allem durch verschiedene Rosatöne der Blütenaußenseiten. Außerdem bestehen die Blüten, je nach Sorte, aus einer unterschiedlichen Zahl schmaler oder breiter Kronblätter. Zeitlebens strauchig bleibt die Purpurmagnolie, die durch ihre elegant geformten und außen tief purpurn gefärbten Blüten besticht. Die Hybride *M.* x *loebneri* wartet mit süßlich duftenden, rein weißen Schalenblüten auf. Dank der zimtbraunen Rinde ihrer Triebe wirkt sie auch im Winter noch attraktiv. *M. denudata* gilt wegen ihrer schneeweißen Blüten, die wie aus dünnem Porzellan erscheinen, als eine der apartesten Arten. Sie bleibt wesentlich kleiner als die Baummagnolie, die von allen hier genannten Magnolien die größte Wuchshöhe erreicht. Diese Art trägt weiße, außen mitunter leicht rötlich überhauchte Blüten und setzt reichlich Früchte an. Die Sternmagnolie, ein ausgesprochen langsam wachsender Strauch, schmückt sich bereits ab März mit einer Vielzahl strahlend weißer und herrlich duftender Blütensterne, die aus jeweils 12 bis 15 schmalen Blütenblättern zusammengesetzt sind. Die Sommermagnolie fällt durch ihre späte Blütezeit aus dem Rahmen der übrigen Magnolien. Ihre schalenförmigen Blüten, die sich erst im Sommer zeigen, sind weiß, nur die drei äußeren Blütenblätter schimmern leicht rosa. Aus der Mitte jeder Blüte aber leuchten karminrote Staubgefäße hervor.
Standortansprüche: Magnolien können ein sehr hohes Alter erreichen, vorausgesetzt, sie stehen am richtigen Standort. Die Wahl der Pflanzstelle sollte deshalb besonders sorgfältig erfolgen. Alle Arten gedeihen am besten an einem geschützten, sonnigen bis halbschattigen Platz. Ihre fleischigen, überwiegend flach verlaufenden und nur teilweise auch in die Tiefe dringenden Wurzeln

Magnolia x *soulangiana*

finden in einem gut durchlässigen, frischen Humusboden, der reichlich Nährstoffe enthält, optimale Bedingungen vor. Magnolien bevorzugen einen schwach sauren Boden, allein die Baummagnolie erweist sich als etwas kalkverträglicher. Rauchhärte ist bei der Tulpenmagnolie, den *M.-Soulangiana*-Hybriden und der Baummagnolie nachgewiesen, auch *M.* x *loebneri* soll industriefest sein. Für innerstädtisches Klima sind sämtliche Arten nur bedingt geeignet.

Verwendung: Die zur Blütezeit ungemein reizvollen Gehölze verdienen stets einen gut sichtbaren Platz im Garten. Einzeln gepflanzt können sie sowohl ihre attraktive Wuchsform wie ihre herrliche Blütenpracht optimal zur Schau stellen. Magnolien lassen sich aber auch in lockere Gehölzgruppen einfügen. Eine Unterpflanzung mit Frühlingsblühern steigert ihre Wirkung.

Pflege: Die Blüten können durch Spätfröste geschädigt werden, die Pflanzen selbst leiden aber nicht darunter. Zu voller Pracht gelangen Magnolien nur, wenn sie sich ohne jeglichen Schnitt frei entwickeln dürfen.

Vermehrung: Die reinen Arten können durch Aussaat vermehrt werden. Dabei müssen die Samen sofort nach der Reife ausgebracht werden, denn sie sind nur für sehr kurze Zeit keimfähig. Hybriden und Sorten sind in der Regel veredelt. Auch durch Stecklinge oder Absenker kann man neue Pflanzen heranziehen. Allerdings erweisen sich diese Nachkommen oft als nicht besonders robust.

Mahonia
Mahonie

Arten: *M. aquifolium* (Gewöhnliche Mahonie), *M. bealei* (Schmuckmahonie)
Familie: Berberitzen- oder Sauerdorngewächse *(Berberidaceae)*
Herkunft: Waldunterwuchs, *M. aquifolium* in Nordamerika, *M. bealei* in China
Wuchsform: Sträucher
Höhe: *M. aquifolium* 0,8 bis 1,5 m, *M. bealei* 1,5 – 2 m
Blütenfarbe: gelb
Blütezeit: *M. aquifolium* April bis Mai, *M. bealei* Februar bis Mai
Früchte: schwach giftige blauschwarze Beeren, ab Juli
Merkmale: Mahonien wirken wegen ihres immergrünen, ledrigen, lackartig glänzenden Laubs das ganze Jahr über ansprechend. Die Blätter sind unpaarig gefiedert, wobei jedes Fiederblättchen am Rand dornig gezähnt ist. Der frische Austrieb ist oft kräftig bronzerot gefärbt, und auch im Winter, vor allem nach strengem Frost, sind die Blätter rot getönt. Im Frühjahr leuchten zwischen dem dunkelgrünen Laub goldgelbe Blüten hervor. Sie stehen in langen, dichten Trauben und verströmen einen intensiven süßlichen Duft. Einige Monate später reifen aus ihnen blauschwarze Beerenfrüchte heran, die hell bereift sind. Die Früchte werden von Vögeln sehr geschätzt, für den Menschen sind sie allerdings ungenießbar, ja sie werden sogar als schwach giftig beschrieben.
Die Gewöhnliche Mahonie bildet einen aufrechten, buschigen Strauch, dessen Wuchshöhe stark von der Qualität des Bodens abhängt. Die schon ab Februar blühende Schmuckmahonie ähnelt ihr sehr, wirkt allerdings durch ihre steifen Triebe etwas sparrig.
Sorte: von *M. aquifolium* 'Apollo' (schwacher, dichtbuschiger Wuchs, sehr reich blühend, Höhe 0,8 – 1 m)

Mahonia aquifolium

Standortansprüche: Die Gewöhnliche Mahonie ist ein sehr robuster Strauch, der in allen Lagen und auf jedem durchlässigen Gartenboden gedeiht. Die Schmuckmahonie sollte dagegen besser an eine geschützte Stelle im Halbschatten gepflanzt werden. Vor allem im Winter darf

Bewährte Sorten von *Magnolia*

Sorte	Blüten	Bemerkung
der *Magnolia-Soulangiana*-Hybriden (Höhe und Wuchs wie *Magnolia* x *soulangiana*)		
'Alba Superba'	innen weiß, außen im unteren Drittel zartrosa	auch als 'Alba' geführt
'Alexandrina'	innen weiß, außen zartrosa, an der Basis dunkler	sehr ausgedehnte Blütezeit
'Burgundy'	innen rosa-weiß, außen kräftig rosa	wetterfeste Blüten
'Speciosa'	innen weiß, außen rosa gestreift	intensiv duftend
von *Magnolia liliiflora* (Höhe und Wuchs wie die Art)		
'Nigra'	innen hell-, außen dunkelpurpurn	auch als *Magnolia-Soulangiana*-Hybride 'Nigra' geführt
von *Magnolia* x *loebneri* (Höhe und Wuchs wie die Ausgangsform)		
'Merril'	rein weiß, dichtgefüllt	besonders reich blühend
von *Magnolia stellata* (Höhe und Wuchs wie die Art)		
'Centennial'	rein weiß, dichtgefüllt	besonders großblumig
'Rosea'	in der Knospe rosa, später weiß	ungewöhnliche Wirkung
'Royal Star'	rein weiß, dichtgefüllt	blüht erst ab April

sie nicht sonnig stehen, da sie sonst unter den starken Temperaturwechseln zwischen Tag und Nacht sowie unter Austrocknung durch Frost leidet. Mahonien gelten als rauchhart und eignen sich für Stadtklima.
Verwendung: Die allzeit attraktiven Mahonien kann man als Füllsträucher in Gehölzgruppen integrieren oder aber als grüne Ruhepole in den Hintergrund von Beeten pflanzen. Die sehr gut schattenverträgliche Gewöhnliche Mahonie eignet sich zur Unterpflanzung großer Sträucher oder Bäume. Beide Mahonienarten kann man auch als niedrige Hecke ziehen oder in Gefäßen kultivieren. Das immergrüne Laub wird gern für Bindearbeiten und für weihnachtlichen Schmuck verwendet.
Pflege: Die Gewöhnliche Mahonie ist völlig anspruchslos. Die Schmuckmahonie sollte man jedoch den Winter über (zumindest in den ersten Jahren nach der Pflanzung) mit etwas Reisig locker abdecken.
Ein Schnitt wird in jeder Form und zu jedem Zeitpunkt gut vertragen, die Sträucher treiben schnell wieder aus.
Vermehrung: Neue Pflanzen zieht man am einfachsten durch Aussaat heran.
Krankheiten: Echter Mehltau, Mahonienrost, Blattfleckenkrankheit

Malus
Apfel, Zierapfel, Kirschapfel

Arten: *M. floribunda*, *M. toringo* var. *sargentii* (auch *M. sargentii*), *M.*-Hybriden
Familie: Rosengewächse (*Rosaceae*)
Herkunft: *M. floribunda* ist nur in Kultur bekannt, *M. toringo* var. *sargentii* stammt aus Japan, die *M.*-Hybriden sind durch vielfache Kreuzungen verschiedener Arten entstanden, eine exakte Zuordnung zu einzelnen Arten ist oft nicht mehr möglich.
Wuchsform: Großsträucher oder kleine Bäume
Höhe: *M. floribunda* 6 – 10 m, *M. toringo* var. *sargentii* 4 – 6 m, *M.*-Hybriden je nach Sorte 3 – 8 m
Blütenfarbe: *M. floribunda* rosa-weiß, *M. toringo* var. *sargentii* weiß, *M.*-Hybriden je nach Sorte weiß, rosa, rot
Blütezeit: Mai
Früchte: kleine Apfelfrüchte, gekocht genießbar, *M. floribunda* gelb, *M. toringo* var. *sargentii* dunkelrot, bei den Hybriden je nach Sorte grüngelb, gelb, orange, rot, rotbraun, alle ab August
Merkmale: Zur Gattung *Malus* gehören nicht nur Apfelbäume, die das allseits geschätzte Obst liefern, sondern auch eine ganze Reihe von Wildarten und Zierformen. Weil die vielen natürlich vorkommenden Arten sowie die durch Züchtung entstandenen Hybriden und Sorten nur schwer auseinanderzuhalten sind, nennt man sie ganz allgemein Zieräpfel oder auch Kirschäpfel. Zweimal im Jahr lenken die Zieräpfel alle Blicke auf sich: Im Mai ziert sie ein üppiger Blütenflor, und im Herbst leuchten ihre lebhaft getönten Früchte aus dem noch grünen, schon bald aber feurig verfärbten Blätterdach heraus. Roh schmecken diese Äpfelchen sehr herb und sauer, daraus bereitete Säfte oder Gelees sind aber eine Delikatesse.
M. floribunda wurde 1862 von Japan nach Europa eingeführt. In seiner Heimat war das Gehölz bereits damals nur noch als Kulturpflanze bekannt. Die Art entwickelt sich zu einem hohen Strauch mit breitgewölbter Krone und überhängenden Zweigen. Die zierlichen Triebe sind im Frühjahr über und über mit karminroten Blütenknospen besetzt, die sich zu rosafarbenen, später weißen Blütenschalen öffnen. Mit ihrem reichen Angebot an Pollen und Nektar locken sie unzählige Insekten an. Die sich daraus entwickelnden Früchte werden nur ungefähr erbsengroß, sind kräftig gelb gefärbt und tragen auf der Sonnenseite rote Bäckchen.

Malus floribunda

Bewährte Sorten der *Malus*-Hybriden

Sorte	Höhe in m	Wuchs	Knospen	Blüten	Früchte	Herbstfärbung
'Liset'	6 – 8	△	rot	purpurrot, e	purpurn	purpurn
'Nicoline'	6 – 8	□ – ↷	dunkelrot	dunkelrot, e	rot	dunkelrot
'Profusion'	5 – 8	⌓	dunkelrot	weinrot, e	dunkelrot	braunrot
'Hillieri'	4 – 8	⌓ – ↷	rot	hellrosa, hg	gelb-rot	orangerot
'John Downie'	4 – 8	△	rosa	weiß, e	gelb-orange	orangerot
'Charlottae'	4 – 6	□	rosa	zartrosa, g	grüngelb	orangerot
'Eleyi'	4 – 6	○	dunkelrot	weinrot, e	purpurrot	braunrot
'Striped Beauty'	4 – 6	□ – ↷	rosa	weiß, e	gelb, rot gestreift	orangerot
'Van Eseltine'	4 – 6	△	dunkelrosa	rosa, g	gelb-rot	orangegelb
'Hopa'	4 – 5	⌓	lilarot	lilarosa, e	hellrot	purpurbraun
'Aldenhamensis'	3 – 4	⌓	purpurrot	purpurrot, hg	purpurbraun	bronzerot
'Professor Sprenger'	3 – 4	□ – △	rosa	weiß, e	orangegelb	goldgelb
'Royalty'	3 – 4	⌓	schwarzrot	dunkelrot, e	dunkelrot	braunrot

⌓ breit ausladend □ breit aufrecht ○ rundlich △ kegelförmig ↷ überhängend
e einfach **hg** halbgefüllt **g** gefüllt

Das unterseits leicht weißlich behaarte Laub sorgt im Herbst mit orangerotem Kolorit für auffallenden Schmuck im Garten. *M. toringo* var. *sargentii* ist ein dichter, breitbuschiger Großstrauch, der sehr langsam wächst. Seine Blüten zeigen nur als Knospen einen leichten, rosafarbenen Hauch, später strahlen sie in frischem Weiß. Ähnlich wie *M. floribunda* präsentiert auch *M. toringo* var. *sargentii* ab August einen reichen Fruchtschmuck. Die Äpfelchen sind allerdings intensiv dunkelrot gefärbt und hängen manchmal bis zum nächsten Frühjahr an den Zweigen, sofern sie nicht vorher von Vögeln verspeist werden. Weitaus reichhaltiger ist das Farbenspiel der Blüten, der Früchte, aber auch des Herbstlaubs bei den zahlreichen Hybriden. Deren Sorten werden meist als kurzstämmige Veredelungen angeboten und wachsen dann zu kleinen Bäumen heran. Die Kronenform variiert von Sorte zu Sorte.
Standortansprüche: Zieräpfel kann man überall dort pflanzen, wo auch die Obstbäume gedeihen. Sie brauchen einen sonnigen oder absonnigen Platz sowie einen möglichst tiefgründigen, humusreichen Gartenboden, der nicht zu sandig sein sollte. Zieräpfel sind teilweise rauchhart, bei guter Pflege eignen sie sich auch für Stadtklima.

Malus-Hybride

Verwendung: Die herrlich blühenden Bäume wirken sowohl in Einzelstellung wie auch in lockeren Gehölzgruppen gut. Ein besonders eindrucksvolles Gartenbild ergibt sich, wenn ein Zierapfel im Hintergrund eines bunten Frühlingsbeets steht. Kleinwüchsige Sorten können sogar in geräumigen Kübeln gezogen werden.
Pflege: Die Großsträucher bzw. kleinen Bäumchen sind recht pflegeleicht, sofern ihre Standortbedingungen erfüllt sind. Verbessert man den Boden jedes Jahr durch eine reiche Kompostgabe und mulcht zusätzlich die Baumscheibe, danken es die Gehölze durch eine reiche Blüte und guten Fruchtansatz. Die Sorten sind überwiegend veredelt; bei ihnen müssen Wildtriebe, die aus der Basis erscheinen, regelmäßig bis zum Ansatz entfernt werden. In den ersten Jahren nach der Pflanzung müssen Zieräpfel einen regelmäßigen Erziehungsschnitt erhalten. Man kürzt dazu die vorjährigen Triebe um etwa ein Drittel ein und nimmt alle Äste und Zweige heraus, die ins Innere der Krone wachsen. Mit zunehmendem Alter beschränkt sich der Schnitt dann auf gelegentliches Auslichten.
Vermehrung: *M. floribunda* und *M. toringo* var. *sargentii* kann man durch Aussaat (Kaltkeimer) vermehren. Die Hybriden sind in der Regel veredelt, daher kauft man neue Pflanzen besser nach.
Schädlinge und Krankheiten: Blattläuse, Spinnmilben, Blutläuse, Raupen von Miniermotten, Apfelbaum-Gespinstmotten und Wicklern sowie von Frostspannern; Feuerbrand, Obstbaumkrebs, Echter Mehltau, Schorf

P

Paeonia-Suffruticosa-Hybride

Paeonia
Pfingstrose, Päonie

Arten: *P. suffruticosa* (auch *P. arborea*, *P. moutan*, Strauchpfingstrose, Strauchpäonie), *P.-Suffruticosa*-Hybriden (Strauchpfingstrosen, Strauchpäonien, Baumpäonien)
Familie: Pfingstrosengewächse *(Paeoniaceae)*
Herkunft: Wälder und Waldränder in Nordwestchina, Tibet und Bhutan
Wuchsform: wenig verzweigte, aufrechte Sträucher
Höhe: 0,8 – 1 m, selten bis 2 m
Blütenfarbe: rosa bis weiß, Hybriden auch rot und lila, selten gelb
Blütezeit: Mai bis Juni
Merkmale: Strauchpfingstrosen haben eine jahrtausendealte Kulturgeschichte. Die Blütensträucher wurden schon Anfang des 1. Jh. in China kultiviert. Bald gelangten sie auch nach Japan, wo man ebenfalls Gefallen an den rosenähnlichen Blüten fand. Bis in die heutige Zeit haben Strauchpfingstrosen nichts von ihrer Ausstrahlung verloren. Anders als bei den weitaus bekannteren Blütenstauden, den Edel- und Bauernpfingstrosen (*P.-Lactiflora*-Hybriden und *P. officinalis*), verholzen ihre Triebe. Sie entwickeln sich im Frühjahr aus prallen Knospen, verzweigen sich nur wenig und tragen große, doppelt gefiederte Blätter. An den Triebenden erscheinen schon bald die Blütenknospen, die sich im Mai und Juni zu großen Schalenblüten öffnen. Die reine Art ist nur selten im Handel. Sie blüht rosa bis weiß, wobei jedes Blütenblatt an der Basis einen tief violettroten, manchmal auch rotgerandeten Fleck zeigt. Die Palette der Gartensorten, die aus den verschiedenen Hybriden entstanden sind, scheint unerschöpflich. Es werden japanische Sorten angeboten, die überwiegend nicht oder nur leicht gefüllt sind und daher sehr elegant und zart wirken, aber auch europäische Sorten, die oft eine etwas barocke Ausstrahlung haben. Alle zeigen in ihren Blüten ein vielfältiges Spiel der Farben und Formen. Leider erweisen sich die Blüten sehr stark gefüllter Sorten meist als zu schwer für die Stiele und hängen dann über. Bei aller Schönheit der Strauchpfingstrosen gilt es zu beachten, daß die Pflanzen giftig sind.
Sorten: Aus dem reichhaltigen Sortiment können hier nur einige Sorten stellvertretend genannt werden. Baumschulen und Gärtnereien führen oft sehr unterschiedliche Sorten; manchmal werden Strauchpfingstrosen auch schlicht nur unter verschiedenen Blütenfarben angeboten. Schöne europäische Sorten (jeweils 0,8 – 1 m hoch) sind

u. a. 'Beauty de Twickel' (karminrot, dunkle Mitte, besonders großblumig), 'Großherzog von Baden' (karminrot, rosa überhaucht, leicht gefüllt), 'Jeanne d'Arc' (hellrosa), 'Lactea' (cremeweiß, stark gefüllt), 'Mme Stuart Low' (lachsrosa, silbrig gesäumt, halbgefüllt), 'Negricans' (dunkel karminrot, ungefüllt, großblumig). Von den japanischen Sorten, bei denen die deutsche Schreibweise der aus dem Japanischen übernommenen Sortennamen häufig variiert, werden u. a. angeboten (jeweils 0,8 – 1 m hoch) 'Godaishu' (rein weiß, gefüllt, sehr großblumig), 'Hino-tobira' (scharlachrot, gefüllt), 'Kinkoo' (goldgelb, gefüllt), 'Momo-yama' (zartrosa, halbgefüllt), 'Taiyo' (leuchtend rot, bräunlichrot glänzend, halbgefüllt), 'Yachiyo-tsubaki' (korallenrosa, halbgefüllt bis gefüllt, Blütenblätter am Rand gekräuselt).
Standortansprüche: Strauchpfingstrosen brauchen einen geschützten, sonnigen bis absonnigen Standort und gut durchlässigen, humosen und nährstoffreichen Boden, um ihre volle Pracht entwickeln zu können. Sie vertragen saures Substrat ebensowenig wie stark kalkhaltigen Boden, der pH-Wert sollte neutral bis schwach basisch sein.
Verwendung: Einzeln oder in lockeren Gruppen an einen gut sichtbaren Platz gepflanzt, finden die herrlichen Blütensträucher ungeteilte Bewunderung. Keinesfalls sollten sie zu dicht neben anderen zur gleichen Zeit blühenden Sträuchern stehen, sondern bestenfalls mit neutral wirkenden Gehölzen kombiniert werden.
Pflege: Man pflanzt die Sträucher sehr zeitig im Frühjahr (noch vor dem Austrieb) oder aber im Herbst. Die Hybriden müssen so tief in die Erde gesetzt werden, daß sich die Veredelungsstelle etwa eine Handbreit unter der Bodenoberfläche befindet.
Bis die Sträucher nach der Pflanzung zum ersten Mal blühen, können mehrere Jahre vergehen. Zum Schutz vor Frost und zugleich als Düngung sollte man im Herbst rund um die Pflanzen dick mit Laub oder reifem Kompost mulchen. Auch eine leichte Reisigabdeckung im Winter hat sich als günstig erwiesen. Grabearbeiten im Wurzelbereich sind zu vermeiden, um das flach unter der Oberfläche verlaufende Wurzelsystem nicht zu beeinträchtigen.
Die Pflanzen wachsen sehr langsam und sollten keinesfalls geschnitten werden. Nur abgestorbene Triebspitzen entfernt man im Frühjahr.
Vermehrung: Die reine Art kann durch Samen vermehrt werden, was allerdings sehr langwierig ist. Bei den Hybriden ist eine Veredelung erforderlich, die man besser dem Fachmann überläßt.

Paeonia suffruticosa

Parthenocissus
Jungfernrebe, Wilder Wein

Arten: *P. quinquefolia* (Fünfblättrige Jungfernrebe, Zaunrebe), *P. tricuspidata* (Dreispitzige Jungfernrebe, Efeuwein, Selbstklimmender Wein)
Familie: Reben- oder Weinrebengewächse *(Vitaceae)*
Herkunft: Waldränder und Gebüsche, *P. quinquefolia* in Nordamerika, *P. tricuspidata* in Ostasien
Wuchsform: Klettergehölze, Rankpflanzen
Höhe: 8 – 12 m
Blütenfarbe: *P. quinquefolia* weißlich, *P. tricuspidata* gelbgrün, unscheinbar
Blütezeit: Juni bis Juli
Früchte: blauschwarze Beerenfrüchte, ab September
Merkmale: Jungfernreben haben eine besondere Klettertechnik entwickelt. Botanisch gesehen sind sie sommergrüne Rankpflanzen, die Enden ihrer Ranken sind jedoch zu speziellen Haftscheiben umgebildet, mit denen sie ihre Triebe an der Unterlage festheften. Im Gegensatz zu anderen Rankpflanzen wie *Clematis* (siehe Seite 148 ff.) oder Rebe (siehe Seite 225 f.) kommen sie meist ohne jede Kletterhilfe aus, manche klimmen sogar an senkrechten Glasscheiben empor. Die beiden hier genannten Arten tragen nicht nur eine schmucke Belaubung, sie zeichnen sich vor allem durch ihre unglaublich leuchtende Herbstfärbung und überdies durch enorme Wuchskraft aus.
Die Fünfblättrige Jungfernrebe ist unschwer an ihren aus jeweils fünf schmalen Abschnitten zusammengesetzten Blättern zu erkennen. Sie sind den Sommer über frischgrün und färben sich im Herbst erst orangerot, später

Parthenocissus quinquefolia

flammend karminrot bis purpurn. Die kleinen weißlichen Blüten, die in lockeren Rispen stehen, bleiben dagegen unscheinbar. Schon eher fallen später die blauschwarzen Früchte auf. Die Dreispitzige Jungfernrebe trägt im Umriß herzförmige und zu jeweils drei spitzen Lappen ausgezogene Blätter. Diese entfernte Ähnlichkeit ihres Laubs mit dem des Efeus (siehe Seite 171 f.) brachte ihr auch den Namen Efeuwein ein. Ähnlich wie die Fünfblättrige Jungfernrebe besticht sie vor allem durch ihre dekorativen Laubvorhänge. Die herbstliche Pracht des Klettergehölzes ist unübertroffen, denn die Blätter verfärben sich nach und nach in allen nur denkbaren feurigen Orange- und Rottönen, bevor sie abgeworfen werden. Nur bei genauerem Hinsehen kann man im Frühsommer die grünlichgelben Blütenrispen entdecken; ebenso bleiben die Früchte meist unter dem Laub versteckt.
Sorten: von *P. quinquefolia* 'Engelmannii' (oft auch als *P. quinquefolia* var. *engelmannii* geführt; Belaubung zierlicher als bei der Art, intensivere Herbstfärbung, auf rauhem Untergrund zuverlässig selbstkletternd, Höhe 8 – 12 m); von *P. tricuspidata* 'Veitchii' (unter diesem Sortennamen sind mehrere, meist

nicht differenzierte Auslesen im Handel, z. B. 'Veitchii Robusta' oder 'Veitchii Boskoop'; Laub etwas kleiner als bei der Art, glänzend grün, intensive Herbstfärbung, Höhe 8 – 12 m)
Standortansprüche: Grundsätzlich gelten beide Arten als robust und anspruchslos. Obwohl Jungfernreben selbst im Schatten gedeihen, sollte man sie wenigstens an halbschattige, besser noch an sonnige Plätze pflanzen, denn nur dort verfärbt sich ihr Laub im Herbst prachtvoll. Auf tiefgründigem, frischem bis feuchtem Boden wachsen sie rasch in die Höhe. Beide Arten gelten als rauchhart und gedeihen im Stadtklima.
Verwendung: Die rasch wachsenden Ranker ergeben einen herrlichen Sicht- und Windschutz sowie dekorativen Schmuck für Gebäude. Die Fünfblättrige Jungfernrebe eignet sich vor allem für Klettergerüste, Zäune oder Spaliere, während man die Dreispitzige Jungfernrebe eher an Mauern und Wänden emporwachsen läßt, da sie sich besonders gut an jeder Unterlage verankert.
Pflege: Die Fünfblättrige Jungfernrebe sollte anfangs etwas aufgeleitet werden. Bisweilen haftet sie auch zu schwach, man zieht sie deshalb besser an Kletterhilfen hoch oder wählt die zuverlässig selbstklimmende Sorte 'Engelmannii'.
Ein regelmäßiger Schnitt ist nicht nötig, doch können Jungfernreben ganz nach Belieben und Erfordernissen zurückgeschnitten werden.
Vermehrung: Die Fünfblättrige Jungfernrebe kann man durch Steckhölzer oder auch durch Aussaat vermehren. Die Dreispitzige Jungfernrebe erwirbt man in der Regel veredelt; unveredelte Jungpflanzen wachsen vielfach nur zögerlich.
Tip: Jungfernreben wachsen nur allzurasch in Dachrinnen hinein und verstopfen diese beträchtlich. Man sollte deshalb durch einen alljährlichen Rückschnitt der Triebe die Dachrinnen unbedingt freihalten.

Philadelphus-Hybride

Philadelphus
Pfeifenstrauch, Falscher Jasmin, Sommerjasmin

Arten: *P. coronarius* (Gartenjasmin, Bauernjasmin), *P.*-Hybriden
Familie: Pfeifenstrauchgewächse (*Philadelphaceae*, auch zu *Saxifragaceae* gerechnet)
Herkunft: *P. coronarius* Waldränder, Gebüsche und Berghänge Südosteuropas
Wuchsform: *P. coronarius* Großstrauch, *P.*-Hybriden mittelhohe bis hohe Sträucher
Höhe: *P. coronarius* 2 – 3 m, selten bis 5 m, *P.*-Hybriden 1 – 3 m
Blütenfarbe: weiß
Blütezeit: Mai bis Juni
Merkmale: Im Frühsommer überziehen sich die dunkelgrün belaubten Pfeifensträucher mit rahmweißen, leicht glockigen Blüten und erfüllen die Luft mit süßlichem Duft, der an den des Echten Jasmins *(Jasminum officinale)* erinnert. Daher nennt man die hübschen sommergrünen Sträucher auch Falscher Jasmin. Der Gartenjasmin ist ein häufig gepflanztes Blütengehölz, das mit straff aufrechten, steifen, an den Spitzen aber leicht überhängenden Trieben einen dichten Großstrauch bildet. Im Garten sind neben dieser robusten Wildart vor allem die vielen Hybriden von Bedeutung, die außer vom Gartenjasmin noch von verschiedenen anderen Arten abstammen. Je nach Sorte bilden sie mittelhohe bis hohe Sträucher, die jedoch alle horstartig wachsen, d. h., die Triebe erscheinen an der Basis dicht nebeneinander. Ihre Blüten sind stets weiß, können ungefüllt, halb- oder dichtgefüllt sein und stark oder gar nicht duften.
Sorten: Im Handel werden von den *P.*-Hybriden u. a. geführt 'Virginal' (steif aufrechter Wuchs, gefüllte, weiße Blüten, stark duftend, Höhe 2 – 3 m), 'Dame Blanche' (dichtbuschiger, gedrungener Wuchs, halbgefüllte, weiße Blüten, stark duftend, Höhe 1 – 2 m), 'Erectus' (dichter Wuchs, einfache, weiße Blüten, duftend, Höhe 1 – 2 m), 'Schneesturm' (lockerer Wuchs mit schwungvoll überhängenden Zweigen, gefüllte, weiße Blüten, stark duftend, Höhe 1 – 2 m), 'Belle Étoile' (halbhoher, gedrungener Wuchs, einfache, weiße Blüten mit purpurner Mitte, stark duftend, sehr reich blühend, Höhe 1 – 1,5 m), 'Girandole' (dichtbuschiger Wuchs, gefüllte, rahmweiße Blüten, mäßig duftend, Höhe 1 – 1,5 m), 'Manteau d'Hermine' (dichter Wuchs mit weit überhängenden Zweigen, gefüllte, weiße Blüten, nicht duftend, Höhe 1 – 1,5 m).
Standortansprüche: Trotz ihrer verschwenderischen Blütenfülle erweisen sich Pfeifensträucher als recht anspruchslose und robuste Gartengehölze. Sie können zwar durchaus im Halbschatten stehen, entwickeln sich aber bei sonnigem Stand besser und blühen dann reicher. Jeder Gartenboden kommt in Frage, solange dieser durchlässig und weder zu trocken noch zu feucht ist. Die Sträucher gelten als rauchhart und eignen sich für innerstädtisches Klima.
Verwendung: Mit ihrem überschwenglichen Blütenschmuck setzen Pfeifensträucher im Frühsommer auffällige Akzente in Gehölzgruppen und freiwachsenden Hecken, sehen aber auch einzeln gepflanzt attraktiv aus. Besonders eindrucksvoll wirken die Blütengehölze in Kombination mit Rosen, Weigelien, Flieder oder mit einem Ranunkelstrauch.
Pflege: Damit die Sträucher über viele Jahre hinweg eine schöne Form behalten und reich blühen, müssen sie regelmäßig geschnitten werden. Man lichtet sie alle 2 – 3 Jahre nach der Blüte aus, indem man alte Triebe aus dem Innern bis zum Boden herausnimmt und schwache Triebe um etwa ein Drittel einkürzt.
Vermehrung: Die Art wie auch die Hybriden lassen sich durch Stecklinge und Steckhölzer vermehren; beim Gartenjasmin ist auch Aussaat möglich.
Schädlinge: Blattläuse

Picea
Fichte

Familie: Kieferngewächse *(Pinaceae)*

Die Gattung *Picea* umfaßt eine Vielzahl immergrüner Arten mit den verschiedensten Wuchsformen. Von den Tannen (siehe Seite 126 ff.) kann man sie an ihren hängenden Zapfen, die bei der Reife als Ganzes abfallen, unterscheiden. Fichten behalten außerdem ihre kegelförmige Wuchsform zeitlebens bei, während die Krone der Tannen mit zunehmendem Alter immer stärker abflacht. Die Nadelblätter der Fichten stehen an stielartigen Nadelkissen. Fallen diese ab, hinterlassen sie einen raspelartig rauhen Zweig. Ein und derselbe Baum trägt männliche und weibliche Blüten. Männliche Blütenstände von gelber bis rötlicher Färbung finden sich im gesamten Kronenbereich, die weiblichen roten Zäpfchen dagegen nur im obersten Wipfelbereich.

Heimische Art

Art: *P. abies* (auch *P. excelsa*, Rotfichte, Gewöhnliche Fichte)
Herkunft: Wälder in Europa

Picea abies, Schlangenfichte

Wuchsform: hoher Baum mit spitzkegeliger Krone, Sorten auch Zwergformen oder kleine Bäume mit rundlicher, breitkegeliger oder andersgestaltiger Krone
Höhe: 30 – 50 m, Sorten meist bedeutend niedriger
Blütezeit: April bis Mai
Früchte: längliche braune Zapfen, ab September
Merkmale: Die heimische Rotfichte, häufig auch fälschlich Rottanne genannt, ist eine der wichtigsten Forstbaumarten in Europa. Als anspruchsloses und raschwüchsiges Nadelgehölz verdrängte sie die meisten anderen Waldbaumarten, weil sie schnellen Ertrag bringt. Vielerorts entstanden riesige Monokulturen, die sich aber als sehr anfällig für Windbruch und Schädlingsbefall erwiesen und heute zunehmend wieder durch Mischwaldbestände ersetzt werden. Die reine Art zeichnet sich durch eine rotbraune, rauhe und rissige Rinde aus, trägt rote Blütenstände und bildet rotbraune Zapfen. Da sie für die meisten Gärten viel zu mächtig wird, wählt man weitaus häufiger ihre Sorten, die ein breites Spektrum an Erscheinungsformen bieten. Vor allem zwergwüchsige Sorten sind beliebt.
Sorten: Im Handel werden u.a. geführt 'Virgata' (Schlangenfichte; kleiner Baum oder Großstrauch, meist zwei- bis dreistämmig, schlangenartig sich umeinanderwindende, waagrecht abstehende bis hängende Zweige, Höhe 5 – 10 m), 'Inversa' (Schleppenfichte, Hängefichte; Hängeform mit umgebogenem Leittrieb und senkrecht abwärts wachsenden Trieben, muß anfangs aufgeleitet werden, Höhe 5 – 7 m, selten bis 10 m), 'Acrocona' (Zapfenfichte; kleiner Baum mit breitkegeliger Krone, viele große Zapfen im Wipfelbereich, Höhe 5 – 7 m, manchmal auch um einiges höher), 'Pumila Glauca' (Blaue Pummelfichte; kugelige bis kegelige Zwergform, blaugrüne Nadeln, Höhe 0,5 – 1 m), 'Nidiformis' (Nestfichte; nestartige Zwergform, hellgrüne Nadeln, Höhe 0,4 – 0,6 m), 'Pygmea' (Gnomenfichte; kugelige bis kegelige Zwergform, dichte, frischgrüne Benadelung, Höhe 0,3 – 0,5 m), 'Echiniformis' (Igelfichte; kissenartige Zwergform, gelbgrüne bis graugrüne Nadeln, Höhe 0,2 – 0,5 m), 'Little Gem' (flach gewölbte, nestartige Zwergform, feine, frischgrüne Nadeln, Höhe 0,2 – 0,3 m).
Standortansprüche: Die Rotfichte und ihre Sorten gedeihen am besten an einem sonnigen bis absonnigen Standort auf leichtem bis mittelschwerem Boden, der ausreichend feucht sein muß. Auf schwerem Boden kann das flache, tellerartige Wurzelsystem den Stamm kaum halten, der dann bei Sturm leicht umkippt. Dagegen können Fichten sehr gut auf flachgründigem Boden wachsen. Günstig wirkt sich ein kühler, luftfeuchter Standort aus. Die Rotfichte ist extrem empfindlich gegen Rauchgase und für innerstädtisches Klima ungeeignet.
Verwendung: Die reine Art kann frei stehend nur in sehr großzügigen Gartenanlagen und Parks eingesetzt werden, in Form einer Schnitthecke jedoch auch in kleineren Gärten. Die niedrigeren Sorten, insbesondere die Zwergformen, wirken vor allem in Beeten, Steingärten oder Trögen, aber auch im Vordergrund von Gehölzgruppen sehr reizvoll. Sorten mit ungewöhnlichem Wuchs, wie etwa die Schlangen-, Zapfen- und Schleppenfichte, stellt man am besten einzeln an einen augenfälligen Platz.
Pflege: Bei anhaltender Trockenheit sollte man Fichten durchdringend wässern. Die Bäume sind gut schnittverträglich, störende Triebe kann man einfach einkürzen.
Vermehrung: Die reine Art läßt sich aus Samen nachziehen, die Sorten sind in der Regel veredelt.
Schädlinge und Krankheiten: Gallenläuse, Spinnmilben, Wicklerraupen; Fichtennadel-Blasenrost
Tip: Fichtenreisig verliert schon bald seine Nadeln, ist also für Bindearbeiten nur wenig geeignet. Als Winterabdeckung, die im zeitigen Frühjahr durch den baldigen Nadelfall luftig wird und Licht an die darunterliegenden Pflanzen läßt, ist es aber ideal.

Mittelhohe bis hohe fremdländische Arten

Arten: *P. omorika* (Omorika-Fichte, Serbische Fichte) *P. orientalis* (Orient-Fichte, Orientalische Fichte, Kaukasus-Fichte), *P. pungens* (Stechfichte), *P. sitchensis* (Sitka-Fichte)
Herkunft: *P. omorika* Bergwälder auf dem Balkan, *P. orientalis* Berg- und Mischwälder im Kaukasus, *P. pungens* Bergwälder im westlichen Nordamerika, *P. sitchensis* Küstenwälder im westlichen Nordamerika
Wuchsform: mittelhohe bis hohe Bäume mit kegelförmiger Krone
Höhe: *P. omorika* 10 – 15 m, selten bis 30 m, Sorte viel niedriger, *P. orientalis* 10 – 20 m, selten bis 30 m, *P. pungens* 10 – 15 m, selten bis 20 m, Zwergform wesentlich niedriger, *P. sitchensis* 10 – 20 m, selten bis 25 m

Picea omorika

Blütezeit: April bis Mai
Früchte: längliche Zapfen, bei *P. omorika* violettbraun, bei *P. orientalis* und *P. pungens* hellbraun, bei *P. sitchensis* rötlich- bis gelbbraun, alle ab September des auf die Blüte folgenden Jahrs
Merkmale: Die Omorika-Fichte bildet einen schmalkegeligen, fast säulenförmigen Baum mit sichelartig nach oben gebogenen Ästen. Die glänzend dunkelgrünen Nadeln sind auf den Unterseiten weiß gestreift. Im Wipfelbereich fallen violettbraune, längliche Zapfen auf. Die Orient-Fichte wächst dagegen zu einem breit kegelförmigen Baum heran, der zierlich schwarzgrün benadelt ist. Die Stechfichte gibt sich beim Anfassen sehr deutlich zu erkennen, denn ihre graugrünen Nadelblätter sind scharf zugespitzt und stechen. Der kegelige Baum schmückt sich wie die Orient-Fichte mit einer Vielzahl hellbrauner Zapfen. Beliebt sind vor allem blaunadelige Sorten dieser Art. Bei der Sitka-Fichte ragen die Äste aufwärts. Dadurch bestimmt die silberweiße Unterseite der steifen Nadeln den Gesamteindruck des Baums. Erst im Alter stehen die Äste dann seitwärts ab und hängen an den Spitzen leicht über. Dekorativ wirkt die Vielzahl rötlich- bis gelblichbrauner Zapfen.

Sorten: Von *P. omorika* ist 'Nana' (Serbische Kegelfichte; Zwergform mit breitkegeligem Wuchs, Nadelunterseite silberblau, Höhe 0,6 – 4 m) weit verbreitet; von *P. orientalis* ist beliebt 'Aurea' (auch als 'Aureospica' geführt, Orientalische Goldfichte; Austrieb intensiv goldgelb, später vergrünend, sonst wie die Art, Höhe 10 – 20 m). Von *P. pungens* werden u. a. angeboten 'Glauca' (Blaufichte, Blaue Stechfichte; hoher Baum mit kegeliger Krone, stahlblau bis graublau benadelt, Höhe 10 – 20 m), 'Koster' (hoher Baum mit schmalkegeliger Krone, silberblau benadelt, Höhe 10 – 15 m, selten bis 20 m), 'Hoopsii' (hoher Baum mit gleichmäßiger, kegeliger Krone, silberblau benadelt, Höhe 10 – 15 m), 'Glauca Globosa' (Zwergform mit breitkegeliger Krone, silberblau benadelt, Höhe 1 – 1,5 m, selten bis 2 m).
Standortansprüche: Ähnlich wie die heimische Rotfichte benötigen auch die hier genannten Arten einen sonnigen bis absonnigen, kühlfeuchten Standort. Der Untergrund soll gut durchlässig und frisch sein, am besten ist ein humoser, leichter bis mittelschwerer Boden geeignet. Die Omorika-Fichte braucht ein schwach saures bis basisches, die Sitka-Fichte ein saures bis schwach basisches Substrat; die beiden übrigen Arten gedeihen auf sauren wie auch auf kalkreichen Böden. Mit Ausnahme der Omorika-Fichte und der Blaufichte (*P. pungens* 'Glauca'), die als ziemlich rauchhart gelten, vertragen Fichten keine Schadstoffe und eignen sich nicht für Stadtklima.
Verwendung, Pflege und Vermehrung: wie bei der heimischen Art (siehe Seite 192)

Schädlinge und Krankheiten: Gallenläuse, Spinnmilben, Wickler, bei Stechfichte und Sitka-Fichte Fichtenröhrenläuse (Sitkaläuse); Fichtennadel-Blasenrost, bei der Omorika-Fichte Omorikasterben (Nadelbräune)

Kleinwüchsige fremdländische Arten

Arten: *P. breweriana* (Mähnenfichte, Siskiyou-Fichte), *P. glauca* (Schimmelfichte, Weißfichte)
Herkunft: Bergwälder in Nordamerika
Wuchsform: *P. breweriana* kleiner bis mittelhoher Baum mit kegelförmiger Krone, *P. glauca* mittelhoher Baum, Sorten meist zwergförmig
Höhe: *P. breweriana* 5 – 7 m, selten bis 10 m, *P. glauca* 6 – 12 m, Sorten meist niedriger
Blütezeit: April bis Mai
Früchte: längliche Zapfen, bei *P. breweriana* hell violettbraun, ab August, bei *P. glauca* braun, ab Oktober
Merkmale: Die Mähnenfichte verdient ihren Namen zu Recht, hängen doch ihre peitschenförmigen Zweige wie ein breiter Haarschopf von den waagrechten bis leicht ansteigenden Ästen herab. Neben den blaugrünen Nadeln sorgen bei diesem etwas extravaganten Baum schmale, längliche Zapfen, die hell violettbraun gefärbt sind, für zusätzlichen Schmuck. Die Schimmelfichte wurde nach ihren weißgrauen bis hell blaugrauen Nadeln benannt. An ihrer schlanken Krone bildet sie schon in jungen Jahren reichlich Zapfen. Viel häufiger als die reine Art werden Sorten der Schimmelfichte gepflanzt.
Sorten: von *P. glauca* 'Conica' (Zuckerhutfichte; langsam wachsende Zwergform mit sehr regelmäßiger, dichter Kegelkrone, frischgrün bis bläulichgrün benadelt, Höhe 1,5 – 3 m), 'Echiniformis' (Igelfichte; flach kissenartige bis kugelige Zwergform, steife, blaugrüne, silbrig bereifte Nadeln, Höhe 0,2 – 0,5 m)
Standortansprüche: Auch diese Fichtenarten bevorzugen sonnige bis absonnige Plätze mit kühlfeuchtem Klima und einen durchlässigen, leichten bis mittelschweren Untergrund. Die Mähnenfichte braucht einen sauren bis neutralen Boden, die Schimmelfichte und ihre Sorten gedeihen dagegen auch auf kalkhaltigem Untergrund. Die Mähnenfichte ist im Gegensatz zur Schimmelfichte recht rauchhart, beide sollten nicht im innerstädtischen Bereich gepflanzt werden.
Verwendung: Die Mähnenfichte kommt nur in freiem Stand richtig zur Geltung. Die Schimmelfichte dagegen kann in Gehölzgruppen integriert werden; ihre Zwergformen eignen sich gut zum Auflockern von Heidebeeten, Steingärten oder auch Trögen.
Pflege, Vermehrung, Schädlinge und Krankheiten: wie bei der heimischen Art (siehe Seite 192)

Picea glauca, Zuckerhutfichte

Pieris japonica

Pieris
Schattenglöckchen, Lavendelheide

Arten: *P. floribunda* (auch *Andromeda floribunda*), *P. japonica* (auch *Andromeda japonica*)
Familie: Erika- oder Heidekrautgewächse *(Ericaceae)*
Herkunft: *P. floribunda* Wälder Nordamerikas, *P. japonica* Bergwälder Japans
Wuchsform: mittelhohe Sträucher
Höhe: *P. floribunda* 1 – 2 m, *P. japonica* 2 – 3 m, Sorten meist niedriger
Blütenfarbe: cremeweiß, Sorten von *P. japonica* auch rosa
Blütezeit: März bis Mai
Früchte: rundliche braune Kapselfrüchte, ab September
Merkmale: Schattenglöckchen sind buschige, immergrüne Sträucher. Die dicht verzweigten Triebe von *P. floribunda* wachsen aufrecht und tragen ledrige, oberseits mattgrüne, unterseits bräunlich gefärbte Laubblätter von elliptischer Form. Bei günstiger Witterung erscheinen schon im März die cremeweißen, bauchigen Blüten, die aufrecht in dichten Rispen stehen. Aus ihnen entwickeln sich braune, fünfklappige Fruchtkapseln, die den Strauch noch den ganzen Winter über zieren. Einen etwas lockeren und unregelmäßigen Wuchs zeigt die Art *P. japonica*. Ihre lanzettlichen Laubblätter, die dichtbüschelig an den Triebenden stehen, treiben in bronzefarbener Tönung aus und wirken dann fast wie Blüten. Später färben sie sich glänzend grün. Kurz nach dem Laubaustrieb erscheinen leicht überhängende Rispen cremeweißer Blüten, die an Maiglöckchen erinnern, wie diese auch zart duften und den Strauch über mehrere Wochen hinweg zieren.
Sorten: Von *P. japonica* werden u. a. angeboten 'Red Mill' (Austrieb braunrot, rahmweiße Blüten, Höhe 1,2 – 1,6 m), 'Flamingo' (dunkelrosa Blüten, Höhe 1 – 1,5 m), 'Splendens' (Austrieb rotbraun, weiße Blüten, Höhe 1 – 1,5 m), 'White Cascade' (rein weiße Blüten in auffallend großen Rispen, sehr reich blühend, Höhe 1 – 1,5 m), 'Forest Flame' (Austrieb rosarot bis karminrot, weiße Blüten, Höhe 0,8 – 1 m), 'Variegata' (weiß bis hellgelb gerandetes Laub, selten weiß blühend, Höhe 0,8 – 1 m).
Standortansprüche: Schattenglöckchen sollte man an einen absonnigen bis halbschattigen Platz auf frischen, humosen, unbedingt sauren Boden pflanzen. Beide Arten gelten als sehr gut rauchhart und gedeihen im Stadtklima, sofern der Boden ausreichend feucht ist.
Verwendung: Die Sträucher werden bevorzugt in Gehölzgruppen integriert, wo sie mit ihrem immergrünen Laub und ihrer frühen Blüte sehr hübsche Akzente setzen. Besonders gut ergänzen sie Moorbeetpflanzen, z. B. Rhododendren. Niedrig wachsende Sorten von *P. japonica* eignen sich auch zur Kultur in Kübeln.
Pflege: Die überwiegend flachwurzelnden Gehölze brauchen einen möglichst offenen Boden, der in Strauchnähe allerdings nicht umgegraben werden darf, damit die verfilzenden Feinwurzeln nicht gestört werden. Mineralischen Dünger vertragen die Pflanzen nur schlecht, günstig wirken sich dagegen regelmäßige Gaben von reifem Kompost oder Rindenhumus aus.
Damit die Sträucher sich zu voller Schönheit entwickeln können, sollte jeglicher Schnitt unterbleiben.
Vermehrung: Neue Pflanzen kann man aus Stecklingen heranziehen, bei den reinen Arten ist auch Aussaat möglich.

Pinus
Kiefer

Familie: Kieferngewächse *(Pinaceae)*

Kiefern sind unschwer an ihren langen Nadeln zu erkennen, die, stets zu mehreren gebündelt, an kleinen Kurztrieben stehen. Die Zahl der jeweils in einem Büschel beieinanderstehenden Nadeln ist für die einzelnen Arten charakteristisch. Die Langtriebe sind dagegen mit schuppenförmigen, kurzlebigen Blättern besetzt und bringen zudem die Blüten hervor. Die aus zahlreichen Staubgefäßen bestehenden männlichen Blüten sind auffällig gelb, orange oder rot gefärbt. Ihren Pollen geben sie in so großen Mengen frei, daß er sich im Mai und Juni als gelbe Staubschicht auf die ganze Umgebung legt. Die weiblichen Blüten entwickeln sich zu hängenden oder aufrechten Zapfen aus spiralig gestellten Fruchtschuppen.

Hohe Arten

Arten: *P. sylvestris* (Gewöhnliche Kiefer, Föhre), *P. nigra* (Schwarzkiefer), *P. strobus* (Weymouthskiefer, Seidenkiefer, Strobe), *P. wallichiana* (Tränenkiefer, Himalaja-Kiefer)
Herkunft: *P. sylvestris* Mischwälder, Moore und Dünen in Europa, Nordasien und Vorderasien, *P. nigra* Bergwälder in Südosteuropa, *P. strobus* Mischwälder in Nordamerika, *P. wallichiana* Bergwälder im Himalaja
Wuchsform: hohe Bäume mit kegelförmiger Krone, Sorten auch kleine Bäume oder Sträucher
Höhe: *P. sylvestris* 10 – 20 m, selten bis 40 m, Sorten meist niedriger, *P. nigra* 20 – 30 m, selten bis 40 m, *P. strobus* 20 – 30 m, Sorten meist niedriger, *P. wallichiana* 20 – 25 m
Blütezeit: Mai bis Juni
Früchte: eiförmige braune oder graue Zapfen, etwa zwei Jahre nach der Blüte
Merkmale: Die Gewöhnliche Kiefer, ein in Mitteleuropa

Pinus strobus, Streichelkiefer

weitverbreiteter Waldbaum, formt ihre Krone aus knorrigen Ästen, die den rotbraun berindeten Stamm in mächtigen Quirlen umgeben. Steht sie frei, ist ihre Gestalt kegelförmig, wird sie dagegen von Nachbarbäumen bedrängt, entwickelt sich die Krone schirmförmig. Die graugrünen, langen Nadeln stehen stets zu zweit beieinander. Auffallend sind die Zapfen, die sich erst zwei Jahre nach der Blüte voll entwickeln. Die Schwarzkiefer erkennt man an ihrer tiefrissigen, schwärzlichen Borke. Sie trägt dunkelgrüne Nadeln, die ebenfalls jeweils paarweise zusammenstehen. Botanisch unterscheidet man mehrere geographische Unterarten, von denen vor allem die Österreichische Schwarzkiefer (*P. nigra* ssp. *nigra*, auch *P. nigra* ssp. *austriaca*) in der Gartenkultur verbreitet ist. Sie zeichnet sich durch einen besonders ebenmäßigen Wuchs aus und behält ihre bodennahen Äste bis ins hohe Alter. Bei der Weymouthskiefer sind jeweils fünf graugrüne Nadeln wie zu kleinen Pinseln zusammengefaßt. Da die Nadelbüschel ganz weich sind, nennt man die Art auch Seidenkiefer. Ihre Äste reihen sich quirlig um den graubraun berindeten Stamm und stehen in deutlichen Etagen. Einen hübschen Blickfang bilden ihre zuerst grauvioletten, später braunen Zapfen. Die Tränenkiefer trägt ebenfalls je fünf weiche Nadeln in Büscheln, allerdings sind sie blaugrün bis silberblau gefärbt und hängen schlaff herab. Die Spitzen ihrer breit ausladenden Äste steigen bogig an, die Krone wirkt insgesamt sehr locker. Olivgraue, später braune Zapfen vervollständigen das überaus reizvolle Bild dieser Kiefernart.

Sorten: von *P. sylvestris* 'Fastigiata' (Säulenkiefer; Säulenform, Äste dem Stamm dicht angeschmiegt, blaugrün bis stahlblau benadelt, Höhe 5 – 15 m), 'Watereri' (Strauch, blaugrün benadelt, Höhe 3 – 5 m); von *P. strobus* 'Radiata' (fälschlich auch als 'Nana' geführt, Streichelkiefer, Zwergstrobe; Zwergform mit flachkugeligem Wuchs, blaugrün benadelt, Höhe 1 – 1,5 m)
Standortansprüche: Kiefern sind außerordentlich genügsame und anpassungsfähige, tiefwurzelnde Lichtholzarten. Man gewährt ihnen am besten einen sonnigen bis absonnigen Platz auf durchlässigem, tiefgründigem, mäßig trockenem bis frischem, nicht zu schwerem Boden. Die Schwarzkiefer bevorzugt ein basisches Substrat, Weymouths- und Tränenkiefer gedeihen dagegen auf saurem Untergrund. Gewöhnliche, Weymouths- und Tränenkiefer gelten als wenig rauchhart, wohingegen die Rauchhärte bei der Schwarzkiefer ausgeprägter ist. Sie alle eignen sich nur bedingt für innerstädtisches Klima.
Verwendung: Die eindrucksvollen Bäume finden natürlich nur in großzügigen Gartenanlagen Platz. Ihre wahre Pracht können sie ausschließlich in freiem Stand entfalten, man sollte ihnen daher unbedingt reichlich Standfläche einräumen und sie nicht zu dicht an andere Gehölze pflanzen. Die kleinwüchsigen Sorten können in Hausgärten üblicher Größe zu besonderen Schmuckelementen werden. Auch sie wirken einzelnstehend am besten. Mit ihrer dunklen Benadelung ergeben Kiefern einen schönen Hintergrund für Rosen.
Pflege: Kiefern sollte man ungeschnitten lassen, damit sich ihre Kronen richtig entwickeln können.
Vermehrung: Die reinen Arten kann man aus Samen nachziehen, die Sorten sind meist veredelt.
Schädlinge und Krankheiten: Wicklerraupen, Wolläuse; Kiefernschütte, Rost, bei der Gewöhnlichen Kiefer Kiefernrinden-Blasenrost, bei der Weymouthskiefer Weymouthskiefern-Blasenrost

Mittelhohe Arten

Arten: *P. aristata* (Grannenkiefer), *P. cembra* (Zirbelkiefer, Arve), *P. contorta* (Drehkiefer), *P. leucodermis* (Schlangenhautkiefer), *P. parviflora* (Mädchenkiefer), *P. peuce* (Pinselkiefer, Rumelische Kiefer)
Herkunft: *P. aristata* Bergwälder in Nordamerika, *P. cembra* Hochgebirge in Mitteleuropa, *P. contorta* Mischwälder in Nordamerika, *P. leucodermis* und *P. peuce* Bergwälder auf dem Balkan, *P. parviflora* Bergwälder in Japan und Nordostsibirien
Wuchsform: kleine Bäume
Höhe: *P. aristata* 4 – 5 m, *P. cembra* und *P. parviflora* 2 – 5 m, selten höher, *P. contorta* und *P. leucodermis* 5 – 7 m, *P. peuce* 7 – 12 m, selten bis 15 m
Blütezeit: Mai bis Juni
Früchte: eiförmige bis längliche braune Zapfen, ab Juli
Merkmale: Die Grannenkiefer wächst zu einem kleinen Baum heran, dessen in dichten Fünfergruppen stehende Nadeln teilweise mit weißen Harzflöckchen besetzt sind. Dies gibt dem Baum eine recht eigenartige Erscheinung, darf aber nicht etwa mit einem Schädlingsbefall von Schmier- oder Wolläusen verwechselt werden. Die Zirbelkiefer, eine ungemein frostharte Art alpiner Regionen, entwickelt sich im Flachland selten zu solch mächtigen Exemplaren wie im Gebirge. Meist wächst sie schlank säulenförmig. Auch bei ihr stehen die blaugrünen, weichen Nadeln jeweils zu fünft beieinander. Bemerkenswert sind die eiförmigen Zapfen dieser Art, denn sie öffnen sich nicht, sondern fallen geschlossen ab und geben ihre Samen erst nach dem Verrotten frei. Die Drehkiefer ist eine interessante Art mit paarweise stehenden Nadeln. Ihre kandelaberartigen Äste sind leicht gedreht und bilden eine kegelförmige Krone. Auffällig sind auch die hellbraunen Zapfen, die gewöhnlich in sehr großer Zahl angesetzt werden. Die Schlangenhaut-

Pinus cembra

kiefer trägt ihren Namen nach der grauen Borke, die in großen Schuppen abschilfert. Ihre bogig aufwärts gerichteten Zweige sind bürstenähnlich mit dunkelgrünen Nadeln besetzt, die jeweils zu zweit stehen. Auch diese Art wird von zahlreichen eiförmigen Zapfen geziert, die aber dunkelbraun sind. Eine ausgesprochen elegante Erscheinung ist die Mädchenkiefer.

Zum einen fällt sie durch ihren graziösen Wuchs aus dem Rahmen, zum andern besticht sie durch ihre grasgrünen bis blaugrünen Nadeln, die dichte Fünferbüschel bilden, sowie durch ihren rot- bis hellbraunen Zapfenschmuck. Vergleichsweise hochwüchsig ist die Pinselkiefer, die ihre dicken Äste mit aufsteigenden Spitzen waagrecht zu einer breitkegeligen Krone ausbreitet. Ihre grünen bis graugrünen Nadeln stehen jeweils zu fünft wie kleine Pinsel an den Kurztrieben. Ihre hellbraunen Zapfen sondern anfangs reichlich Harz ab.
Sorte: von *P. parviflora* 'Glauca' (Blaue Mädchenkiefer; blaugrüne bis silbrigblaue Nadeln, sichelförmig gebogen, leicht gedreht, Höhe 2 – 3 m, selten bis 5 m)
Standortansprüche: Ähnlich wie die hohen Arten benötigen auch die hier genannten Kiefern einen sonnigen bis absonnigen Platz auf gut durchlässigem, mäßig trockenem bis frischem Boden. Die Drehkiefer braucht einen sauren bis neutralen, die Schlangenhautkiefer und die Pinselkiefer einen neutralen bis basischen Untergrund; die übrigen Arten gedeihen sowohl auf saurem wie auf kalkreichem Substrat. Als rauchhart werden die Zirbelkiefer, die Schlangenhautkiefer und in geringerem Maß auch die Mädchenkiefer eingestuft. Die beiden letzteren eignen sich gut für Stadtklima; bei gleichmäßiger Bodenfeuchtigkeit gilt das auch für die Zirbelkiefer.
Verwendung: Die mittelhohen Kiefernarten sind ideale Gehölze für freien Stand an auffälligen Stellen. Grannen-, Zirbel- und Pinselkiefer bilden einen stilgerechten Hintergrund für Steingärten, die Mädchenkiefer wird gern in Heidegärten gesetzt. Die kleineren der genannten Arten können sogar in geräumigen Gefäßen gezogen werden.
Pflege und Vermehrung: wie bei den hohen Arten (siehe Seite 195)
Schädlinge und Krankheiten: Wicklerraupen, Wolläuse; Kiefernschütte, Rost

Pinus mugo

Niedrige Arten

Arten: *P. mugo* (Bergkiefer, Latsche, Legföhre, Krummholzkiefer), *P. pumila* (Pummelkiefer, Zwergkiefer)
Herkunft: Bergwälder, *P. mugo* in Mittel- und Südeuropa, *P. pumila* in Japan
Wuchsform: Sträucher
Höhe: *P. mugo* 0,5 – 5 m, *P. pumila* 1 – 3 m, Sorten bei beiden Arten auch niedriger
Blütezeit: Mai bis Juni
Früchte: eiförmige braune Zapfen, ab Juli
Merkmale: In den Alpen bedecken die oft bizarren Sträucher der Bergkiefer weite Flächen, und häufig bilden ihre Bestände die obere Waldgrenze. Die zweinadelige Kiefernart wird nach ihrem Wuchsverhalten und der Zapfenform in mehrere Unterarten (bzw. Varietäten) unterteilt. Die Krummholzkiefer (*P. mugo* ssp. *mugo*, auch *P. mugo* var. *mughus*) kommt in den Ostalpen und auf dem Balkan vor. Sie bildet niederliegende Sträucher mit asymmetrischen, hellbraunen Zapfen. Die Zwerglatsche oder Kniekiefer (*P. mugo* ssp. *pumilio*, auch *P. mugo* var. *pumilio*) stammt aus den Gebirgen Italiens, des Balkans und aus den deutschen Mittelgebirgen. Die ebenfalls niederliegenden Sträucher bleiben kleiner als die Krummholzkiefer, ihre Zapfen sind symmetrisch geformt und gelblich bis dunkelbraun gefärbt. Gewissermaßen das Gegenstück zur heimischen Bergkiefer stellt die aus Japan stammende Pummelkiefer dar, die ebenfalls strauchig wächst, deren blau bereifte Nadeln aber jeweils zu fünft beieinanderstehen. Ihre männlichen Blüten leuchten in kräftigem Rot zwischen den dicht an die Zweige geschmiegten Nadeln heraus, die eiförmigen Zapfen verfärben sich von Violett nach Braun.
Sorten: Von *P. mugo* werden u. a. angeboten 'Gnom' (Zwergform mit dichtem, kugeligem Wuchs, dunkelgrün benadelt, Höhe 0,5 – 1,5 m), 'Mops' (Zwergform, flachkugeliger bis kissenförmiger Wuchs, dunkelgrün benadelt, Höhe 0,3 – 0,8 m); von *P. pumila* 'Glauca' (Blaue Kriechkiefer; lange graublaue Nadeln, Höhe 0,4 – 0,5 m, selten mehr).
Standortansprüche: Wie die baumförmigen Kiefernarten sind auch die zwergwüchsigen Formen ausgesprochene Sonnenanbeter, die unbedingt einen vollsonnigen bis höchstens absonnigen Standort benötigen. Der Boden sollte durchlässig und humos sowie mäßig trocken bis feucht sein. Die Bergkiefer eignet sich gut für innerstädtisches Klima, sie gilt als recht rauchhart.
Verwendung: Die strauchigen Kiefern wirken sowohl einzeln wie auch in einer Gruppe schön. Hervorragend passen sie in großzügige Steingartenanlagen, aber auch in Heidegärten, zu Rosen oder zu Rhododendren. Ganz niedrige Sorten eignen sich gut für Tröge, die Bergkiefer auch für freiwachsende Hecken.
Pflege und Vermehrung: wie bei den hohen Arten (siehe Seite 195)
Schädlinge und Krankheiten: Wicklerraupen, Wolläuse; Kiefernschütte, Rost, bei der Bergkiefer Kiefernrinden-Blasenrost

Platanus
Platane

Art: *P.* x *hispanica* (auch *P. occidentalis* x *P. orientalis*, *P.* x *acerifolia*, *P.* x *hybrida*)
Familie: Platanengewächse *(Platanaceae)*
Herkunft: unbekannt
Wuchsform: großer Baum mit runder, breit ausladender Krone
Höhe: 20 – 30 m
Blütenfarbe: gelblichgrün, unscheinbar
Blütezeit: Mai
Früchte: olivbraune kugelige Sammelnußfrüchte an langen Stielen, ab August
Merkmale: *P.* x *hispanica*, eine Hybride unbekannten Ursprungs, ist ein in Europa seit langem verbreiteter Parkbaum, der sich anhand seiner Rinde leicht erkennen läßt. Schon beim jungen Baum bildet sich am geraden, bis weit in die Krone hineinragenden Stamm und an den Ästen eine glatte, grau- bis gelblichbraune Borke, die in großen Platten abblättert. Stamm und Äste erscheinen dadurch helldunkel gescheckt. Die breit ausladende, rundliche Krone der Platane trägt drei- bis fünflappige dunkelgrüne

Platanus x *hispanica*

Laubblätter, die an die Blätter des Ahorns (siehe Seite 128 ff.) erinnern. Bevor sie im Herbst abfallen, färben sie sich ockergelb. In der dann kahlen Krone fallen die eigenartigen borstigen Früchte auf, die sich aus unscheinbaren gelbgrünen Blüten entwickelt haben. Sie hängen an langen Stielen noch bis weit in den Winter von den Zweigen herab. Baumschulen bieten von der Platane oft eine speziell erzogene Form mit breiter, flacher, dachförmiger Krone an, die aber nicht eigens als Sorte geführt wird und deren Höhe von der Erziehungsweise abhängt.
Standortansprüche: Bei der Platane handelt es sich um eine raschwachsende Lichtbaumart, die einen sonnigen, allenfalls absonnigen Standort benötigt. An den Boden stellt sie keine Ansprüche, jeder mäßig trockene bis frische Gartenboden ist geeignet. Der Baum ist außerordentlich widerstandsfähig gegen Rauchgase und gedeiht im Stadtklima problemlos.
Verwendung: Besonders malerisch wirkt die Platane, wenn sie als Solitärbaum gepflanzt wird. Wegen ihrer beachtlichen Ausmaße eignet sie sich nur für größere Gärten. Die dachartig gezogene Form stellt einen ungewöhnlichen Schattenspender für einen Sitzplatz dar.
Pflege: Am schönsten entwickelt sich die Platane, wenn sie ungestutzt bleibt. Jedoch wird ein Schnitt bis ins hohe Alter problemlos vertragen.
Vermehrung: Platanen lassen sich durch Aussaat oder Steckhölzer nachziehen.
Krankheiten: Blattfleckenkrankheit

Populus
Pappel

Arten: *P. alba* (Silberpappel, Weißpappel), *P. canescens* (Graupappel), *P. nigra* (Schwarzpappel), *P. tremula* (Zitterpappel, Espe, Aspe), *P. balsamifera* (Balsampappel), *P.* x *berolinensis* (auch *P. laurifolia* x *P. nigra* 'Italica', Berliner Lorbeerpappel), *P. simonii* (Birkenpappel)
Familie: Weidengewächse *(Salicaceae)*
Herkunft: Ufer- und Auwälder in Europa, Westasien und Nordafrika, *P. tremula* jedoch Mischwälder und Ödland, *P. balsamifera* in Nordamerika, *P. simonii* in Nordchina
Wuchsform: große Bäume, *P. tremula* und *P. alba* 'Nivea' auch Großstrauch, überwiegend mit schlanker Krone
Höhe: 20 – 35 m, *P. tremula* 10 – 20 m, selten bis 30 m, Sorten niedriger, *P.* x *berolinensis* 20 – 25 m, *P. simonii* 12 – 15 m, Sorten niedriger
Blütenfarbe: gelblichgrün
Blütezeit: März bis April
Früchte: kleine Kapselfrüchte, die zu weißen, wolligen Bäuschen aufspringen, ab Mai
Merkmale: Pappeln sind raschwüchsige, sommergrüne Bäume, die an den Langtrieben gewöhnlich rhombisches, an den Kurztrieben jedoch eiförmiges Laub tragen, das sich im Herbst gelb verfärbt. Viele Arten fallen durch einen schlanken, säulen- bis pyramidenförmigen Wuchs auf. Ihre unscheinbaren Blüten sind eingeschlechtlich, wobei sich männliche und weibliche Blüten auf verschiedenen Bäumen befinden. Aus den weiblichen entwickeln sich kleine Fruchtkapseln, die bei der Reife aufspringen und viele winzige, mit seidigen Haarschöpfen versehene Samen entlassen. Als wollige Bäusche, sog. Samenwolle, werden sie vom Wind weit verbreitet.
Die Silberpappel wächst zu einem mächtigen Baum mit eher rundlicher Krone heran. Ihr hellgrau berindeter Stamm reicht bis zum Wipfel. Charakteristisch für diese Art ist die weißfilzig behaarte Unterseite der Laubblätter. Auch die Graupappel zeigt eine relativ breite, hochgewölbte Silhouette, ihre dreieckig-ovalen Blätter tragen auf den Unterseiten aber einen grauen Filz. Von der Schwarzpappel ist vor allem die Sorte 'Italica', die Säulen- oder Pyramidenpappel, im Garten von Bedeutung. Wie ihr Name schon besagt, bildet sie eine auffallend säulenförmige Krone. Das Laub der Zitterpappel läßt fast ständig ein leichtes Rascheln vernehmen, denn schon beim geringsten Windhauch beginnen die Blätter auf geradezu sprichwörtliche Art zu „zittern wie Espenlaub". Die Art gilt als äußerst anpassungsfähig, sie bildet je nach Standort einen hohen Baum mit gewundenem Stamm oder einen vielfach verzweigten Großstrauch. Die Balsampappel, ein hoher, schmalkroniger Baum, zeichnet sich durch eiförmiges, oberseits dunkelgrünes, unterseits weißliches Laub aus, das aromatisch duftet und sich schon sehr früh im Jahr aus den dicken, klebrigen Knospen schiebt.
Die Berliner Lorbeerpappel präsentiert sich mit einer breit säulenförmigen bis spitzkegeligen Krone. Dagegen erinnert die Birkenpappel mit ihrem eleganten, zierlich anmutenden Wuchs auf den ersten Blick an eine Birke (siehe Seite 137 f.). Ihre oberseits dunkelgrünen, unterseits heller gefärbten Laubblätter zeigen einen rhombischen bis elliptischen Umriß und treiben bereits sehr früh im Jahr aus.

Populus alba

Sorten: von *P. alba* 'Nivea' (hoher Baum oder Großstrauch mit recht schmaler Krone, drei- bis fünflappiges, unterseits kreideweiß gefärbtes Laub, Höhe 20 – 30 m, an extrem trockenem Standort oft nur 2 – 3 m); von *P. nigra* 'Italica' (Säulen- oder Pyramidenpappel; hoher Baum mit säulenförmiger Krone, Höhe 25 – 30 m); von *P. tremula* 'Erecta' (Säulenespe, schmalkroniger Baum, bereits kurz über dem Boden beastet, Höhe 8 – 15 m, stark abhängig vom Standort); von *P. simonii* 'Fastigiata' (mittelhoher Baum mit säulenförmiger Krone, Höhe 7 – 10 m)

Populus nigra

Standortansprüche: Pappeln sind raschwachsende, oft vergleichsweise kurzlebige Gehölze, deren Wuchsform stark vom Standort abhängt. Sie brauchen einen sonnigen bis allenfalls halbschattigen Platz und einen reifen, nährstoffreichen, möglichst auch humosen Boden, der zudem tiefgründig und feucht bis frisch sein sollte. Pflanzt man sie auf trockeneren, noch rohen Untergrund, entfalten sie nicht immer ihre typische Gestalt. Meist wachsen sie dann strauchartig und bleiben viel niedriger. Insgesamt gelten Pappeln als rauchhart, Silber-, Grau-, Zitter-, Berliner Lorbeer- und Birkenpappel eignen sich auch für Stadtklima.
Verwendung: Die zwar meist schmalen, aber doch sehr hohen Bäume wird man nur in großen Gartenanlagen einsetzen, wo sie in Gruppen um einen größeren Teich oder im Mittelpunkt einer Rasenfläche stehen können. Häufig nutzt man Pappeln, in Reihe gepflanzt, als Windschutz. Die Birkenpappel kann wegen ihrer geringen Höhe auch in kleineren Gärten Verwendung finden.
Pflege: Die Äste der Pappeln sind windbruchgefährdet. Daher sollte man alte, vor allem ausladende Äste beizeiten aus der Krone herausnehmen. Meist bilden die Gehölze Wurzelausläufer, die bisweilen recht lästig werden können. Solche Schößlinge müssen regelmäßig entfernt werden. Ein Schnitt ist nicht notwendig. Die Bäume regenerieren sich jedoch in der Regel schnell, auch wenn sie radikal zurückgenommen werden.
Vermehrung: Pappeln können durch Aussaat sofort nach der Fruchtreife oder durch Steckhölzer vermehrt werden.
Schädlinge und Krankheiten: Pappelbock, Erlenrüßler, Pappelspinner, Blattläuse, Spinnmilben; Pappelrost, Bakterienkrebs

Potentilla
Fingerstrauch

Art: *P. fruticosa*
Familie: Rosengewächse *(Rosaceae)*
Herkunft: lichte Wälder, Augehölze und Hänge in Südwest- und Westeuropa, Nordasien und Nordamerika
Wuchsform: Kleinstrauch
Höhe: 0,4 – 1,5 m
Blütenfarbe: gelb, Sorten auch weiß, rosa und rot
Blütezeit: Juni bis Oktober
Merkmale: Der Fingerstrauch wächst als buschiger, dicht verzweigter, sommergrüner Kleinstrauch. An seinen Triebspitzen erscheinen vom Frühsommer bis weit in den Herbst hinein unermüdlich Blüten, die kleinen Wildrosenblüten ähneln. Sie setzen sich aus fünf Kronblättern zusammen, die bei der reinen Art goldgelb leuchten, bei den vielen Sorten jedoch ein breites Farbenspektrum aufweisen. Das dunkelgrüne bis bläulichgrüne, handförmig gefiederte Laub bietet einen hübschen Kontrast zu den Blüten.
Sorten: Im Handel werden u. a. geführt 'Goldfinger' (intensiv gelb, Höhe 1 bis 1,5 m), 'Abbotswood' (weiß, Höhe 0,8 – 1 m), 'Farreri' (dunkelgelb, Höhe 0,6 bis 1 m), 'Goldstar' (goldgelb, Höhe 0,6 – 0,8 m), 'Kobold' (goldgelb, Höhe 0,6 – 0,8 m), 'Princess' (rosa, Höhe 0,6 – 0,8 m), 'Sommerflor' (goldgelb, Höhe 0,6 bis 0,8 m), 'Elizabeth' (auch als 'Arbuscula' oder *P. fruticosa* var. *arbuscula* geführt; goldgelb, mehltauresistent, Höhe 0,5 – 0,8 m), 'Hachmann's Gigant' (goldgelb, Höhe 0,5 – 0,7 m), 'Goldteppich' (goldgelb, Höhe 0,4 – 0,6 m), 'Red Ace' (innen rot, außen gelb, Höhe 0,4 – 0,6 m).
Standortansprüche: Fingersträucher sind überaus robuste und gleichzeitig anspruchslose Gehölze. Sie gedeihen auf jedem Gartenboden durchaus auch im Halbschatten, in sonniger Lage blühen sie jedoch wesentlich üppiger. Allerdings sind sie nicht besonders rauchhart und eignen sich nur bedingt für innerstädtisches Klima.
Verwendung: Der reichblühende Kleinstrauch läßt sich vielfältig einsetzen. Er sieht alleinstehend gepflanzt ebenso hübsch aus wie inmitten eines Staudenbeets, kann aber auch Gehölzgruppen wirkungsvoll ergänzen. Gern verwendet man Fingersträucher auch zur Unterpflanzung größerer Gehölze, zur flächigen Begrünung einzelner Gartenbereiche sowie für niedrige Hecken. Selbst in Trögen und Kübeln kann man sie kultivieren.
Pflege: Alle 2 – 3 Jahre sollte man Fingersträucher auslichten und in Form schneiden, um den Blütenansatz zu fördern und die Wuchsform zu erhalten. Sie treiben selbst nach einem radikalen Rückschnitt wieder gut durch.
Vermehrung: Alle Sorten lassen sich ebenso wie die Art sehr einfach durch Stecklinge oder Steckhölzer vermehren.
Schädlinge und Krankheiten: Spinnmilben; Echter Mehltau

Potentilla fruticosa

Prunus mahaleb

Prunus

Pflaume, Zierpflaume, Kirsche, Zierkirsche, Pfirsich, Mandel, Aprikose

Familie: Rosengewächse *(Rosaceae)*

Die Gattung *Prunus* umfaßt zahlreiche Arten, darunter viele weitverbreitete Obstgehölze. Ein Großteil der übrigen Arten gehört zu den schönsten Ziergehölzen für den Garten, darunter die überaus prächtigen ostasiatischen Blütenkirschen, deren rosafarbene oder weiße Blütenwolken im Frühjahr einen unvergleichlichen Anblick bieten. Etliche heimische Arten schätzt man nicht nur als robuste Wildgehölze, sondern auch wegen ihrer reichen Blüte; zudem liefern einige davon aromatisches Wildobst. Nur bei einer Art spielen Blüten- und Fruchtschmuck eine untergeordnete Rolle, sie hebt sich vielmehr durch ihre immergrüne Belaubung hervor.

Heimische Arten

Arten: *P. avium* (Vogelkirsche, Süßkirsche, Wildkirsche), *P. padus* (Traubenkirsche), *P. cerasifera* (Kirschpflaume, Myrobalane), *P. mahaleb* (Steinweichsel, Felsenkirsche, Weichselrohr), *P. spinosa* (Schlehe, Schwarzdorn, Schlehdorn)
Herkunft: Mischwälder, Waldränder und Hecken in Europa, Vorder- und Kleinasien
Wuchsform: *P. avium* mittelhoher Baum, *P. padus*, *P. cerasifera* und *P. mahaleb* Großsträucher bis kleine Bäume, *P. spinosa* mittelhoher bis hoher Strauch
Höhe: *P. avium* 15 – 20 m, Sorte niedriger, *P. padus* 3 – 15 m, *P. cerasifera* 4 – 7 m, *P. mahaleb* 2 – 6 m, *P. spinosa* 1 – 3 m, selten bis 5 m
Blütenfarbe: weiß
Blütezeit: April bis Mai, *P. cerasifera* März bis April
Früchte: eßbare, nur bei *P. padus* ungenießbare Steinfrüchte, schwarzrot, ab Juli, *P. mahaleb* rot, später schwarz, ab August, *P. spinosa* schwarzblau, ab September
Merkmale: Schon allein die heimischen Arten zeigen eine beachtliche Vielfalt an Wuchsformen. Die Vogelkirsche wächst zu einem stattlichen Baum mit rundlicher Krone heran. Aus ihren schneeweißen, in dichten Büscheln stehenden Blüten reifen im Hochsommer schwarzrote Kirschen heran, die eine wahre Heerschar von Vögeln anlocken. Ihr spitzovales Laub färbt sich im Herbst gelborange. Der meist mehrstämmige Baum der Traubenkirsche trägt seine rein weißen, zart duftenden Blüten in kleineren Trauben, die leicht überhängen. Im Sommer entwickeln sich erbsengroße, schwarzrot glänzende Steinfrüchte, die überaus bitter und ungenießbar sind. Die Kirschpflaume, ein aus Südwestasien vielfach in Europa eingebürgerter Großstrauch mit baumartiger Krone, blüht weiß, fruchtet aber recht spärlich. Zu Zierzwecken sind vor allem rotlaubige Sorten dieser Art, sog. Blutpflaumen, interessant, deren Blüten rosa gefärbt sind. Besonders eindrucksvoll wirkt die Steinweichsel mit ihren rein weißen, angenehm duftenden Blüten, aus denen sich zunächst rote, später glänzend schwarze Früchte entwickeln, die im Geschmack leicht an Sauerkirschen erinnern. Die Schlehe schließlich ist ein weitverbreiteter Wildstrauch, dessen dornige Triebe ein undurchdringliches Dickicht bilden. Noch vor dem Laubaustrieb erscheint der Strauch in eine weiße Blütenwolke gehüllt, spät im Jahr dann reifen seine schwarzblauen bereiften Früchte heran, die erst nach Frosteinwirkung genießbar werden.

Prunus spinosa

Sorten: von *P. avium* 'Plena' (kleiner, rundkroniger Baum, schneeweiße gefüllte Blüten, Höhe 8 – 12 m); von *P. cerasifera* 'Atropurpurea' (Blutpflaume, auch als 'Pissardii' geführt; kleinkroniger Baum, purpurrotes Laub, hellrosa Blüten, Höhe 4 – 8 m), 'Nigra' (Blutpflaume; kleiner Baum oder Großstrauch, schwarzrotes Laub, rosarote Blüten, Höhe 5 – 7 m)
Standortansprüche: Die heimischen Wildkirschen erweisen sich als recht anspruchslos, wenn man ihnen einen sonnigen bis halbschattigen Platz auf tiefgründigem, nährstoffreichem Boden zuweist. Steinweichsel und Schlehe können selbst auf trockenen, sehr kargen Stein- oder Sandböden wachsen. Alle hier genannten Arten sowie die Sorten sind rauchhart und gedeihen bei guter Pflege auch im innerstädtischen Klima.
Verwendung: Die heimischen Arten bereichern Gehölzgruppen und großzügige Hecken, mit Ausnahme der Schlehe kommen sie aber auch einzeln gut zur Geltung. Besonders hübsch wirken sie in Kombination mit anderen frühblühenden Gehölzen. Die rotlaubigen Sorten der Kirschpflaume (Blutpflaumen) bilden einen reizvollen Kontrast zu grünlaubigen Sträuchern, z. B. zu Felsenbirne, Forsythie oder Spierstrauch. Schlehen eignen sich hervorragend zur Ergänzung von Wildhecken und zur Bepflanzung von Ödland sowie Hängen oder Böschungen.
Pflege: In der Regel läßt man die heimischen Arten ungeschnitten. Nur wo ihre Kronen allzu dicht werden, sollte man vorsichtig auslichten.
Vermehrung: Die reinen Arten lassen sich aus Samen (Kaltkeimer) nachziehen, man kann aber auch Stecklinge zur Vermehrung nutzen.
Schädlinge: Blattläuse, Gallmilben, an der Traubenkirsche auch Traubenkirschen-Gespinstmotten
Tip: Aus den Früchten der Vogelkirsche und der Kirschpflaume lassen sich schmackhafte Säfte und Konfitüren herstellen, aus Schlehenfrüchten aromatische Liköre, Kompotte und Gelees.

Fremdländische Arten

Arten: *P. serrulata* (Japanische Blütenkirsche), *P. subhirtella* (Japanische Blütenkirsche), *P. sargentii* (Scharlachkirsche), *P. serotina* (Späte Traubenkirsche), *P.* x *yedoensis* (Maienkirsche), *P. triloba* (Mandelbäumchen)
Herkunft: Wälder und Gebüsche in Ostasien, *P. serotina* Au- und Bergwälder in Nordamerika
Wuchsform: Großsträucher bis kleine Bäume, *P. triloba* Kleinstrauch
Höhe: *P. serrulata* 3 – 12 m, *P. subhirtella* 4 – 10 m, Sorten meist niedriger, *P. sargentii* 8 – 12 m, *P. serotina* 6 – 15 m, *P.* x *yedoensis* 8 – 10 m, *P. triloba* 1 – 2 m
Blütenfarbe: *P. serrulata* rosa oder weiß, *P. subhirtella*, *P. sargentii* und *P. triloba* rosa, *P. serotina* und *P.* x *yedoensis* weiß
Blütezeit: April bis Mai, *P. serotina* Mai bis Juni, *P. triloba* März bis April, *P. subhirtella* 'Autumnalis' November bis April
Früchte: kleine Steinfrüchte, *P. serotina* rotschwarz, *P.* x *yedoensis* schwarz, bei den übrigen Arten unauffällig, alle ab August

Bewährte Sorten fremdländischer *Prunus*-Arten

Sorte	Abstammung	Höhe in m	Wuchs	Blüten
'Taihaku'	*P. serrulata*	8 – 12	▽ – ↷, B	weiß, einfach
'Kanzan' (auch 'Hisakura')	*P. serrulata*	7 – 10	▽, B – GS	dunkelrosa, dichtgefüllt
'Shirofugen'	*P. serrulata*	7 – 9	▽, B	rosa, später weiß, gefüllt
'Pink Perfection'	*P. serrulata*	4 – 8	▽, B	dunkelrosa, gefüllt
'Amanogawa'	*P. serrulata*	4 – 6	▯, B	hellrosa, leicht gefüllt
'Fukubana'	*P. subhirtella*	4 – 6	▽ – ↷, B	rosa, gefüllt
'Accolade'	*P. sargentii* x *P. subhirtella*	3 – 6	▽, GS	rosarot, gefüllt
'Autumnalis'	*P. subhirtella*	4 – 5	▽, GS – B	weiß, halbgefüllt
'Kiku-shidare-sakura' (auch 'Shidare-sakura')	*P. serrulata*	3 – 5	▽ – ↷, B	rosa, dichtgefüllt
'Pandora'	*P. subhirtella* 'Rosea' x *P.* x *yedoensis*	3 – 5	▯, B	hellrosa, einfach
'Shirotae'	*P. serrulata*	3 – 5	▽ – ↷, B	weiß, einfach bis halbgefüllt

▽ breit ausladend, trichterförmig ▯ säulenförmig ↷ überhängend **GS** Großstrauch **B** kleiner Baum

Merkmale: Japanische Blütenkirschen sind zauberhafte Blütenbäume, und es ist nicht verwunderlich, daß die Zeit der Kirschblüte in Japan von alters her mit einem Fest gefeiert wird. Zahlreiche Gartensorten verschiedener Abstammung schmücken auch europäische Gärten. Sie bilden breitkronige, zierlich überhängende oder auch säulenförmige Großsträucher oder Bäume, die im Frühjahr mit unzähligen, meist rosafarbenen, einfachen oder rüschenartig gefüllten Blüten besteckt sind. Besonders die Sorten von *P. serrulata*, einer in China heimischen Wildkirsche, erfreuen sich größter Beliebtheit. *P. subhirtella* wird als Art kaum kultiviert, um so mehr aber ihre schönen Zierformen, darunter auch die Sorte 'Autumnalis', die bei günstiger Witterung schon ab November blüht. Die Scharlachkirsche ist wegen ihrer flammend orangefarbenen bis scharlachroten Herbstfärbung eine bemerkenswerte Wildart. Die Späte Traubenkirsche entfaltet ihre weißen, in dichten Trauben stehenden Blüten erst im Frühsommer, dafür behält das schmalkronige Gehölz sein glänzend dunkelgrünes Laub bis weit in den Herbst hinein. Ebenfalls weiß blüht die hübsche Maienkirsche, eine Hybride unbekannten Ursprungs. Die zart nach Mandeln duftenden Blüten erscheinen so zahlreich, daß von den feingliedrigen, elegant überhängenden Zweigen kaum noch etwas zu sehen ist. Auch ihr frischgrünes Laub kann im Herbst mit einer prächtigen orangegelben Färbung aufwarten. Die Früchte der Späten Trauben- und der Maienkirsche fallen kaum auf und eignen sich nicht zum Verzehr. Das Mandelbäumchen, nicht zu verwechseln mit dem Mandelbaum *(P. dulcis)*, könnte man als kleine Schwester der prunkvollen Japanischen Blütenkirschen bezeichnen. Es wird nicht nur als Strauch, sondern oft auch als Zierbäumchen gezogen. Dicht an dicht sitzen im Frühling gefüllte rosa Blüten an seinen langen Trieben.

Prunus serrulata

Prunus triloba

Standortansprüche: Die hier genannten Zierkirschen sollten einen sonnigen bis absonnigen Ort erhalten. In einem tiefgründigen, gut durchlässigen Boden finden die tiefreichenden Wurzeln gute Bedingungen. Der Untergrund sollte überdies nährstoffreich, kalkhaltig und humos sein. Feuchte, sich nur schlecht erwärmende und stark saure Böden sind ungeeignet. Die Gehölze gelten als ziemlich rauchhart, bei guten Standortbedingungen wachsen sie auch im Stadtklima.
Verwendung: In Einzelstellung gepflanzt, bietet jede dieser Zierkirschen zur Blütezeit einen überwältigenden An-

Prunus laurocerasus

blick. Man kann die Gehölze aber auch in lockere Gruppen einfügen, aus denen dann ihr Blütenschmuck äußerst apart herausleuchtet. Nur das kleine Mandelbäumchen sollte stets einzeln gesetzt werden. Abgeschnittene Zweige lassen sich in der Wärme leicht vorzeitig zur Blüte treiben.
Pflege: Bis auf das Mandelbäumchen sollten die Zierkirschen zugunsten einer freien Entwicklung ihrer Kronen ungeschnitten bleiben. Nur störende und beschädigte Äste nimmt man heraus. Ein Rückschnitt wird aber allgemein vertragen. Beim Mandelbäumchen müssen alle Blütentriebe nach dem Abwelken gut eingekürzt werden. So regt man einen kräftigen Neuaustrieb an, an dem im nächsten Jahr reichlich Blütenknospen entstehen. Bei den Sorten der Japanischen Blütenkirschen müssen Wildtriebe, die aus der Veredelungsunterlage erscheinen, umgehend entfernt werden, damit sie die Edelsorte nicht überwachsen.
Vermehrung: wie bei den heimischen Arten (siehe Seite 199), jedoch sind die meisten Formen dieser Gruppe veredelt
Schädlinge und Krankheiten: Blattläuse; Spitzendürre beim Mandelbäumchen

Immergrüne Art

Art: *P. laurocerasus* (Lorbeerkirsche)
Herkunft: Laubwälder und Gebüsche in Südosteuropa, Klein- und Vorderasien, in Süd- und Westeuropa stellenweise eingebürgert
Wuchsform: kleiner bis mittelhoher Strauch
Höhe: je nach Sorte 1 – 3 m
Blütenfarbe: weiß
Blütezeit: Mai bis Juni
Früchte: giftige schwarze Steinfrüchte, ab Juli
Merkmale: Die Lorbeerkirsche, fälschlich auch oft Kirschlorbeer genannt, behält als einzige der bei uns häufig kultivierten Zierkirschen ihr Blattwerk ganzjährig an den Zweigen. Das in seiner Form an Lorbeerblätter *(Laurus nobilis)* erinnernde Laub glänzt dunkelgrün und bildet einen starken Kontrast zu den im Mai und Juni erscheinenden weißen Blütenkerzen. Einige Wochen später reifen an breitbuschigen Sträuchern schwarz glänzende, etwa erbsengroße Steinfrüchte heran, die wie die übrigen Pflanzenteile Giftstoffe enthalten. Von der Lorbeerkirsche gibt es eine Reihe schöner Ziersorten, die sich vor allem in der Wuchsform unterscheiden.
Sorten: 'Herbergii' (schlank aufrechter bis kegelförmiger Wuchs, Höhe 2 – 3 m), 'Schipkaensis Macrophylla' (lockerer, breitbuschiger Wuchs, Höhe 2 – 2,5 m), 'Otto Luyken' (breit ausladender Wuchs, Höhe 1 – 1,5 m), 'Barmstedt' (schlank aufrechter Wuchs, Höhe 1 – 1,2 m), 'Zabeliana' (waagrecht ausgebreiteter bis bodenaufliegender Wuchs, Höhe 0,8 – 1,2 m)
Standortansprüche: Die immergrünen Sträucher wachsen in allen Lagen, selbst im tiefen Schatten. Sie bevorzugen einen durchlässigen, nährstoffreichen Humusboden, der möglichst auch etwas Kalk enthalten sollte. Lorbeerkirschen haben sich als sehr rauchhart erwiesen, gedeihen im Stadtklima aber nur an halbschattigen bis schattigen Stellen mit ausreichender Bodenfeuchtigkeit.
Verwendung: Mit den schön belaubten Sträuchern füllt man nicht nur Lücken in Gehölzgruppen, man setzt sie auch gern unter große Bäume oder verwendet sie flächig als Bodendecker. Sie können sogar als niedrige Hecken gezogen und in Kübeln kultiviert werden.
Pflege: An sonnigen Stellen sind die Sträucher für eine Winterabdeckung dankbar. Lorbeerkirschen vertragen zwar selbst radikalen Rückschnitt, jedoch sollte man sich auf das Entfernen von erfrorenen Trieben beschränken.
Vermehrung: Die kleinen Gehölze lassen sich sehr einfach durch Stecklinge oder Absenker nachziehen.

Pseudotsuga
Douglasie, Douglas-Tanne

Art: *P. menziesii* (auch *P. douglasii*)
Familie: Kieferngewächse *(Pinaceae)*
Herkunft: Berg- und Küstenwälder im westlichen Nordamerika
Wuchsform: großer Baum mit breitkegeliger Krone
Höhe: 25 – 30 m, selten bis 40 m, Zwergform 1 – 3 m
Blütezeit: April bis Mai
Früchte: hängende hell- bis rotbraune Zapfen, ab September
Merkmale: Die raschwüchsige Douglasie erinnert auf den ersten Blick an eine Fichte (siehe Seite 192 f.). Sie bildet einen mächtigen, ausladenden Baum mit breitkegeliger Krone und kann in ihrer Heimat eine Wuchshöhe von 60 m erreichen. In Mitteleuropa bleibt sie jedoch wesentlich niedriger. Man unterscheidet zwei geographische Varietäten: die Küstendouglasie oder Grüne Douglasie (*P. menziesii* var. *menziesii*), die vor allem in den Küstengebieten vorkommt und grüne Nadeln trägt, sowie die Gebirgs- oder Inlandsdouglasie (*P. menziesii* var. *glauca*), eine blaugrün benadelte Form, die hauptsächlich in den Rocky Mountains wächst. Für mitteleuropäische Gärten ist nur die Varietät *menziesii* von Bedeutung, die aber im Handel meist nur unter dem Artna-

Pseudotsuga menziesii

men geführt wird. Interessant wirkt die graue, anfangs glatte Borke, die mit zunehmendem Alter rissig und korkig wird und Harzbeulen bekommt. Die unregelmäßig angeordneten, ansteigenden und teilweise weit aus der Krone herausragenden Äste tragen graugrüne, weiche Nadeln, die beim Zerreiben angenehm nach Orangen duften. Unverwechselbar sind auch die eiförmigen hell- bis rotbraunen

Zapfen, deren dreispitzige Deckschuppen weit abstehen.
Sorte: 'Fletcheri' (Zwergform, kugeliger Wuchs, gelbgrüne Nadeln, Höhe 1 – 3 m)
Standortansprüche: Das absolut winterharte Gehölz verträgt zwar in der Jugend viel Schatten, sollte aber im Alter möglichst sonnig und frei stehen. Am besten gedeiht der Baum in durchlässigen, sauren bis schwach basischen Sand- oder Lehmböden. Die Douglasie ist salz- und rauchempfindlich und eignet sich kaum für innerstädtisches Klima.
Verwendung: Am besten kommt der große Baum in Einzelstellung zur Geltung, doch kann er auch den Hintergrund einer großen Gehölzgruppe bilden. Die Zwergsorte eignet sich gut zur Bepflanzung von Heide-, Stein- und Troggärten. Die angenehm duftenden Zweige werden gern für die Vase und für Bindearbeiten verwendet.
Pflege: Das anspruchslose Gehölz braucht keine Pflege.
Vermehrung: Neue Pflanzen erhält man durch Aussaat oder Stecklinge.
Schädlinge und Krankheiten: Wolläuse; Douglasienschütte

Pyracantha
Feuerdorn

Arten: *P. coccinea*, *P.*-Hybriden
Familie: Rosengewächse *(Rosaceae)*
Herkunft: Waldränder und Gebüsche in Süd- und Südwesteuropa
Wuchsform: mittelhohe Sträucher
Höhe: 1 – 3 m
Blütenfarbe: weiß
Blütezeit: Mai bis Juni
Früchte: giftige beerenartige Apfelfrüchte, rot bis orange, bei einigen Sorten auch gelb, ab September
Merkmale: Der Feuerdorn trägt seinen Namen durchaus zu Recht, leuchten doch die Früchte an seinen mit Dornen bewehrten Trieben in feurigem Rot oder Orange. *P. coccinea* wächst zu einem sparrig verzweigten und buschigen Strauch heran, der das ganze Jahr über dunkelgrünes ledriges, länglichovales Laub trägt. Zum Ende des Frühjahrs schmückt er sich mit dichten Dolden weißer, etwas streng duftender Blüten, aus denen sich bis zum Herbst dunkelrote bis orangefarbene beerenähnliche Apfelfrüchte entwickeln. Im Garten ist vor allem die Sorte 'Red Column' von Bedeutung. Die *P.*-Hybriden unterscheiden sich nur wenig von *P. coccinea*, je nach Sorte wachsen sie mehr aufrecht oder eher breitbuschig, und ihre Früchte können auch gelb gefärbt sein. Beachten sollte man, daß die Früchte des Feuerdorns Giftstoffe enthalten, die beim Verzehr zu Magen-Darm-Beschwerden führen.
Sorten: von *P. coccinea* 'Red Column' (straff aufrechter Wuchs, rote Früchte, aber nur wenig blühend und fruchtend, robuste Heckenpflanze, Höhe 2 – 2,5 m); von den *P.*-Hybriden 'Orange Glow' (breit aufrecht, Früchte orange, Höhe 2 – 3 m), 'Golden Charmer' (buschig aufrecht, Früchte orange, frostempfindlich, Höhe 1,5 – 2 m), 'Orange Charmer' (buschig aufrecht, Früchte orange, Höhe 1,5 – 2 m), 'Soleil d'Or' (breitbuschig, Früchte goldgelb, Höhe 1,5 – 2 m)
Standortansprüche: Der Feuerdorn braucht einen sonnigen bis halbschattigen Platz auf durchlässigem, auch sehr trockenem, aber nicht allzu saurem Boden steht. Die *P.*-Hybriden sind oft etwas frostempfindlich, sie sollten daher einen geschützten Platz erhalten. Die Gehölze gelten als rauchhart und eignen sich für Stadtklima.
Verwendung: Die Ziersträucher können einzeln oder in Gruppen stehen, einen besonderen Blickfang im Heidegarten bilden oder auch zu dichten, nahezu undurchdringlichen Hecken gezogen werden, die man regelmäßig in Form schneiden oder frei wachsen lassen kann.
Pflege: Man sollte nach Möglichkeit nur getopfte oder in Containern gezogene Pflanzen einsetzen, denn diese wachsen wesentlich besser an. Der Feuerdorn braucht keinen regelmäßigen Schnitt, kann aber nach Belieben in Form gebracht werden.
Vermehrung: Am einfachsten gewinnt man neue Pflanzen durch Stecklinge.
Schädlinge und Krankheiten: Blattläuse, Miniermotten; Feuerbrand, Schorf
Tip: Neuerdings werden von den *P.*-Hybriden in einigen Baumschulen Sorten angeboten, die frosthart sowie gegen Feuerbrand und Schorf resistent sein sollen. Obwohl sie noch nicht lange genug auf diese Eigenschaften hin geprüft wurden, kann es nicht schaden, sich beim Einkauf nach solchen neuen Sorten zu erkundigen.

Pyracantha coccinea

Q

Quercus
Eiche

Arten: *Q. petraea* (Traubeneiche, Wintereiche), *Q. robur* (Stieleiche, Sommereiche), *Q. rubra* (Amerikanische Roteiche), *Q. palustris* (Sumpfeiche), *Q. cerris* (Zerreiche), *Q. frainetto* (Ungarische Eiche)
Familie: Buchengewächse oder Becherfrüchtler *(Fagaceae)*
Herkunft: Wälder in Europa und Vorderasien, *Q. rubra* und *Q. palustris* Wälder in Nordamerika
Wuchsform: große Bäume mit kegelförmiger bis rundlicher Krone
Höhe: *Q. petraea*, *Q. robur* und *Q. rubra* 25 – 40 m, Sorten von *Q. robur* 10 – 20 m, *Q. palustris*, *Q. cerris* und *Q. frainetto* 20 – 30 m
Blütenfarbe: grünlichgelb, unscheinbar
Blütezeit: April bis Mai
Früchte: längliche bis kugelige Nußfrüchte in charakteristischen Fruchtbechern, erst grün, in der Reife braun, ab September
Merkmale: Typisch für alle Eichen sind zum einen die gebuchteten Laubblätter, zum andern die Früchte. Botanisch gesehen sind Eicheln Nußfrüchte, deren unterer Teil von einem napfförmigen Fruchtbecher umhüllt ist.
Die Traubeneiche erkennt man an ihren gedrängt beieinanderstehenden, den Zweigen

fast aufsitzenden Früchten, die einfarbig braun oder gescheckt sind, und an ihrem meist bis zum Wipfel durchgehenden Stamm. Die Stieleiche dagegen trägt ihre anfangs gestreiften, später braunen Eicheln in langgestielten Fruchtbechern, und ihr Stamm gabelt sich meist schon im unteren Kronenbereich auf. Die Laubblätter der Amerikanischen Roteiche sind gekerbt und zu spitzen Lappen ausgezogen, ihre Früchte nur etwa erbsengroß. Bemerkenswert ist ihre bunte Herbstfärbung, die in Gelb-, Rot- und Brauntönen spielt. Bei der Sumpfeiche, die ihrem Namen zum Trotz auch auf trockeneren Standorten gedeiht, stehen die Äste fast waagrecht vom Stamm ab und bilden eine gleichmäßige, kegelförmige Krone. Auch bei dieser Art besticht das tiefgelappte Laub durch eine überaus abwechslungsreiche Herbstfärbung. Nur gelbbraun tönen sich dagegen die ungleich gelappten Blätter der Zerreiche, deren kugelige Eicheln in eigenartigen, wollig behaarten Fruchtbechern stehen. Bei der Ungarischen Eiche weisen die Laubblätter regelmäßige, schmale Buchten und eine tiefgrüne, fast schon schwarz schimmernde Färbung auf.
Sorten: von *Q. robur* 'Fastigiata' (Säulen- oder Pyramideneiche; schmale, säulenförmige Krone, Höhe 15 – 20 m), 'Fastigiata Purpurea' (säulenförmige Krone, Austrieb purpurrot, Höhe 15 – 20 m), 'Concordia' (Goldeiche; schwachwüchsig, gelber Austrieb, gelbgrünes Laub, Höhe 10 – 18 m)
Standortansprüche: Die tiefwurzelnden Eichen brauchen einen sonnigen bis absonnigen Standort mit durchlässigem, frischem, nährstoffreichem Boden, der unbedingt tiefgründig sein muß. Außer der Amerikanischen Rot- und der Sumpfeiche vertragen Eichen auch stark basischen Boden. Alle genannten Arten gelten als gut rauchhart und für Stadtklima geeignet.
Verwendung: Eichen können sehr alt werden und erfordern wegen ihrer mächtigen Kronen sehr viel Platz, was man bei der Standortwahl beachten muß. Sie werden meist als Einzelbäume in großen Gartenanlagen gepflanzt und entwickeln sich im Lauf einiger Menschengenerationen zu ausdrucksstarken Baumgestalten. Bei beschränktem Gartenraum sollte man die kleiner bleibenden Sorten der Stieleiche wählen.
Pflege: Damit sich die Kronen zu voller Schönheit entwickeln können, sollte man jeden Schnitt unterlassen.
Vermehrung: Während die reinen Arten durch Aussaat vermehrt werden können, muß man die Sorten veredeln, damit sie ihre typischen Eigenschaften behalten.
Schädlinge und Krankheiten: Blattläuse, Schildläuse, Frostspanner, Eichenwickler; Eichenmehltau
Tip: Eichenlaub verrottet nur sehr schwer. Es sollte daher nicht oder nur in ganz geringen Mengen zum Kompost gegeben werden.

Quercus robur

R

Rhamnus catharticus

Rhamnus
Kreuzdorn

Arten: *R. catharticus* (Echter Kreuzdorn, Purgierstrauch), *R. frangula* (auch *Frangula alnus*, Faulbaum, Pulverholz)
Familie: Faulbaum- oder Kreuzdorngewächse *(Rhamnaceae)*
Herkunft: ganze Nordhalbkugel, *R. catharticus* Waldränder, Hecken und Gebüsche, *R. frangula* Laubmisch-, Au- und Moorwälder
Wuchsform: Großsträucher oder kleine Bäume
Höhe: *R. catharticus* 2 – 3 m, baumförmig 4 – 8 m, *R. frangula* 1,5 – 5 m
Blütenfarbe: *R. catharticus* gelbgrün, *R. frangula* weißlichgrün, unscheinbar
Blütezeit: Mai bis Juni
Früchte: giftige beerenähnliche, schwarze Steinfrüchte, ab September
Merkmale: Der sommergrüne Echte Kreuzdorn trägt seinen Namen wegen der gegenständigen und bisweilen regelrecht kreuzförmig an seinen Zweigen angeordneten, verdornten Kurztriebe. Meist bildet er einen sparrigen Großstrauch, manchmal wächst er aber auch zu einem kleinen Baum heran. Aus den unscheinbar gelbgrünen, unangenehm riechenden Blüten, die in den Achseln der eiförmigen Laubblätter stehen, entwickeln sich schwarze, mattglänzende Steinfrüchte, die bitter schmeckende Giftstoffe enthalten. Früher gewann man aus ihnen einen Farbstoff, das sog. Saftgrün, für die Malerei. Der ebenfalls sommergrüne Faulbaum, der nach seiner wenig ansprechend riechenden, giftigen Rinde benannt wurde, ist nur selten als baumförmiges Exemplar zu finden; er wächst überwiegend strauchig. Im Gegensatz zum Echten Kreuzdorn trägt er keine Dornen. Kennzeichnend für ihn ist seine graubraune, glatte Rinde, die durch unzählige weiße Korkzellen punktiert erscheint. Auch bei diesem Wildgehölz fallen die Blüten kaum auf. Die daraus entstehenden Steinfrüchte färben sich von Grün über Gelb und Rot nach Schwarz um und sind wie die des Echten Kreuzdorns für den Menschen giftig. Beide Arten liefern jedoch Bienen, Fliegen, Käfern, Schmetterlingen und Vögeln reiche Nahrung.
Standortansprüche: Beide Gehölzarten erweisen sich als sehr robust. Man pflanzt sie am besten in sonniger bis halbschattiger Lage. Der Echte Kreuzdorn benötigt einen trockenen, neutralen bis

basischen Boden, der sandig, steinig und karg sein darf. Dagegen braucht der Faulbaum einen feuchten oder gleichmäßig frischen, humusreichen Untergrund. Beide Arten gelten als mäßig rauchhart, der Echte Kreuzdorn eignet sich jedoch zumindest für Stadtklima.
Verwendung: Obwohl die beiden Großsträucher auf den ersten Blick nicht sonderlich attraktiv erscheinen, stellen sie vor allem im Naturgarten eine Bereicherung für Wildhecken oder Wildstrauchgruppen dar, zumal wenn sie ihren Fruchtschmuck entwickelt haben.
Pflege: Ein regelmäßiger Schnitt ist nicht erforderlich, doch kann man die Sträucher bei Bedarf ohne weiteres ein wenig auslichten.
Vermehrung: Beide Arten können durch Aussaat (Kaltkeimer) vermehrt werden. Auch Absenker lassen sich zu neuen Pflanzen heranziehen.

Rhododendron
Rhododendron, Azalee, Alpenrose

Familie: Erika- oder Heidekrautgewächse *(Ericaceae)*

Die Gattung *Rhododendron* umfaßt eine große Zahl immergrüner oder sommergrüner Sträucher. Neben zahlreichen Wildarten haben besonders Hybridsorten in schier unerschöpflicher Fülle weite Verbreitung gefunden. Ins Blickfeld geraten die Gehölze vor allem zur Blütezeit, wenn sie mit ihren üppigen Blütenständen in leuchtenden Farben prangen. Das umfangreiche Sortiment wird im Handel in mehrere Gruppen unterteilt:
Hochwüchsige immergrüne Hybriden oder Großblumige Hybriden bilden große Büsche mit kugeligen Blütenständen.
Kleinwüchsige immergrüne Hybriden bleiben niedriger im Wuchs, zeichnen sich aber ebenfalls durch üppige Blüten aus.
Sommergrüne Azaleen verlieren im Gegensatz zu den übrigen Rhododendren im Winter ihr Laub, und sie schmücken im Frühjahr ihr Gezweig mit unzähligen, sehr farbintensiven Blüten.
Japanische Azaleen umfassen halbimmergrüne bis immergrüne, niedrige Sträucher mit großen oder kleinen Blüten in leuchtenden Farbtönen.
Wildarten sind ursprüngliche Formen, wie sie auch in freier Natur vorkommen. Zu ihnen rechnet man aber auch Hybriden, die ihrer Abstammung und ihrem Aussehen nach den Wildarten sehr nahestehen und sich weitgehend deren Wildcharakter bewahrt haben.
Die Blätter vieler Rhododendronformen enthalten Giftstoffe.

Hochwüchsige immergrüne Hybriden, Großblumige Hybriden

Arten: *R.-Catawbiense*-Hybriden und verschiedene andere *R.*-Hybriden
Herkunft: Die Ursprungsarten stammen aus lichten Wäldern und von Waldrändern in Ostasien und Nordamerika.
Wuchsform: mittelhohe Sträucher mit dichtbuschiger Krone
Höhe: 1 – 5 m
Blütenfarbe: alle Farben außer Blau
Blütezeit: Mai bis Juni
Merkmale: Die Großblumigen Hybriden warten im Spätfrühling mit einer Fülle bauschiger Blütenkegel auf, die aus bis zu einem Dutzend

Rhododendron-Catawbiense-Hybride

und mehr besonders großer Einzelblüten bestehen. Jede Blüte hat eine trichter- bis becherförmige Gestalt, und die Staubgefäße ragen weit aus der Krone heraus. Die Blütenmitte ist oft hübsch getupft, gestrichelt oder besonders farbintensiv getönt. Bekannte Vertreter dieser Gruppe sind vor allem die *R.-Catawbiense*-Hybriden, die sich durch eine hohe Winterhärte auszeichnen.
Sorten: Die Sortenzahl ist derart umfangreich, daß hier stellvertretend nur einige wenige, die häufig angeboten werden, genannt sind: 'Cunningham's White' (Blüten weiß, gelb gezeichnet, Höhe 3 – 5 m), 'Catawbiense Grandiflora' (Blüten hellila, gelbrot gezeichnet, Höhe 2,5 – 4 m), 'Catawbiense Album' (Blüten weiß, gelbgrün gezeichnet, Knospen lilarosa, Höhe 2,5 – 3 m), 'Nova Zembla' (Blüten rubinrot, dunkel gezeichnet, Höhe 1,5 – 2,5 m), 'Bernstein' (Blüten gelborange, rotbraun gezeichnet, Höhe 1 – 1,5 m), 'Hachmann's Feuerschein' (Blüten leuchtend rot, Höhe 1 – 1,5 m).
Standortansprüche: Die anspruchsvollen Gehölze sollte man möglichst in windgeschützter, halbschattiger Lage pflanzen. Absonnige oder schattige Plätze sind auch noch geeignet, allerdings treten dort bisweilen Trockenschäden auf bzw. fällt die Blüte unter Umständen schwächer aus. Der Boden muß frisch, gut durchlässig und locker sowie sauer (ideal ist ein pH-Wert zwischen 4,5 und 5,5) sein und viel Humus enthalten. Gegebenenfalls muß, vor allem bei kalkhaltigem Untergrund, weiträumig und bis in große Tiefe entsprechend verbessert werden, oder aber man legt ein spezielles Moorbeet (siehe Seite 69) oder Hochbeet an. Vor allem die *R.-Catawbiense*-Hybriden gelten als gut rauchhart, die Sträucher eignen sich aber kaum für innerstädtisches Klima.
Verwendung: Man pflanzt die immergrünen Rhododendron-Hybriden am besten unter hohe, alte Bäume wie etwa Kiefer, Sumpfzypresse, Ginkgo oder Robinie. Diese sorgen für den nötigen Schatten, ohne dabei mit den flachwurzelnden Rhododendren in Konkurrenz zu treten. Zudem liefert ihr Laub einen schnell verrottenden, den Boden ansäuernden Mulch, den die Rhododendren sehr zu schätzen wissen. Gegen die Hauptwindrichtung vorgepflanzte Büsche schützen vor allem im Winter vor Austrocknung und Frostschäden. Da Rhododendren nur langsam wachsen, kann man sie selbst in kleineren Gärten gut verwenden, auch wenn sie im Alter recht hoch und vor allem breit zu werden versprechen. Man stellt sie entweder einzeln oder kombiniert sie mit anderen Sträuchern zu Gruppen, in denen sie nicht nur zur Blütezeit, sondern dank ihres dunkelgrünen Laubs ganzjährig reizvoll aussehen.
Pflege: Wichtiger als jede noch so aufmerksame Pflege ist für Rhododendren ein optimaler Standort. Im Wurzelbereich der Sträucher

sollte man jegliche Grabearbeiten unterlassen, um die flach verlaufenden Wurzeln nicht zu beeinträchtigen. Günstig wirkt sich eine Mulchschicht aus Nadelstreu, Rinde oder Torf aus. Mulcht man mit rohem Kompost, den man in dünner Schicht rund um die Sträucher ausbringt, kann man sich die ansonsten erforderliche jährliche Düngung ersparen. Bei Trockenheit muß gründlich gewässert werden. Verwelkte Blütenstände sollte man ausbrechen, wobei aber die in den Blattachseln stehenden Triebknospen nicht beschädigt werden dürfen.
In der Regel wird man Rhododendren ungeschnitten lassen, damit sie ihre natürliche Wuchsform frei entfalten können. Da sie aber selbst radikalen Rückschnitt gut vertragen, dürfen störende Triebe entfernt oder ältere, verkahlende Sträucher kräftig verjüngt werden.
Vermehrung: Neue Pflanzen gewinnt man am leichtesten durch Absenker. Stecklinge können im Spätsommer und Herbst geschnitten werden; ihre Anzucht ist aber nicht ganz einfach.

Rhododendron-Yakushimanum-Hybride

Schädlinge und Krankheiten: Dickmaulrüßler, Schildläuse, Blattläuse, Blattwanzen, blattsaugende Milben; Zweigsterben, Blattfleckenkrankheiten, Ohrläppchenkrankheit, Knospensterben, Alpenrost; bei zu hohem pH-Wert des Bodens Chlorose

Kleinwüchsige immergrüne Hybriden

Arten: *R.-Repens*-Hybriden (Zwergrhododendron), *R.-Wardii*-Hybriden, *R.-Williamsianum*-Hybriden (Glockenrhododendron), *R.-Yakushimanum*-Hybriden
Herkunft: Die Ursprungsarten stammen aus lichten Wäldern und von Waldrändern in Ostasien.
Wuchsform: kleine bis mittelhohe Sträucher
Höhe: *R.-Repens*-Hybriden 0,5 – 1 m, *R.-Wardii*-Hybriden 1 – 2,5 m, *R.-Williamsianum*-Hybriden 0,8 – 3 m und *R.-Yakushimanum*-Hybriden 0,4 – 1,5 m
Blütenfarbe: *R.-Repens*-Hybriden rot, *R.-Wardii*-Hybriden gelb, *R.-Williamsianum*-Hybriden weiß, cremegelb, rosa, rot, lilarosa, hellila, *R.-Yakushimanum*-Hybriden weiß, hellgelb, rosa, rot
Blütezeit: Mai bis Juni, *R.-Williamsianum*-Hybriden April bis Mai
Merkmale: Die hier genannten Hybridgruppen sind vergleichsweise kleine Sträucher, deren Krone dicht geschlossen ist und die im Frühjahr unzählige glockige Blüten tragen. Die *R.-Repens*-Hybriden nennt man wegen ihres niedrigen, kissenförmigen Wuchses auch Zwergrhododendren. Ihre kräftig rot gefärbten Blüten leuchten weithin sichtbar über dem dunkelgrünen Laub. *R.-Wardii*-Hybriden bilden ein wenig höhere, kompakte Sträucher, deren Laub in ungewöhnlich intensivem Grün prangt. Ihre Blüten stehen in dichten Büscheln beieinander und strahlen bei den verschiedenen Sorten in allen möglichen Gelbschattierungen. *R.-Williamsianum*-Hybriden ähneln in der Wuchsform den Zwergrhododendren, denn sie wachsen stärker in die Breite als in die Höhe. Wegen ihrer glockigen Blüten werden sie auch als Glockenrhododendren bezeichnet. Ihr bläulichgrünes Laub bildet einen hübschen Kontrast zu den leuchtend gefärbten Blüten, die sich schon im April öffnen.
R.-Yakushimanum-Hybriden bilden ausgesprochen kompakte, eher flache Büsche. Sie blühen besonders reich und zugleich unermüdlich. Auch bei ihnen stehen die glockigen Blüten in dichten, kugeligen Büscheln über dem sattgrünen Laub.
Sorten: Aus der immensen Sortenzahl können hier nur stellvertretend einige bewährte genannt werden. Von den *R.-Repens*-Hybriden sind u. a. im Handel 'Baden-Baden' (Blüten leuchtend scharlachrot, Höhe 1 m), 'Mannheim' (Blüten dunkelrot, Höhe 0,8 – 1 m), 'Scarlet Wonder' (Blüten scharlachrot, Höhe 0,7 – 0,8 m), 'Bad Eilsen' (Blüten leuchtend scharlachrot, Höhe 0,6 – 0,7 m); von den *R.-Wardii*-Hybriden u. a. 'Ehrengold' (Blüten hellgelb, Höhe 2 – 2,5 m), 'Goldbukett' (Blüten hellgelb, außen leicht rosa getönt, Höhe 1 – 1,2 m); von den *R.-Williamsianum*-Hybriden u. a. 'Rothenburg' (Blüten hellgelb, Höhe 2 – 3 m), 'August Lamke' (Blüten dunkelrosa, Höhe 1,5 – 2 m), 'Gartendirektor Glocker' (Blüten rosarot, Höhe 1,2 – 1,3 m), 'Vater Böhlje' (Blüten hellila, Höhe 1 m). Von den *R.-Yakushimanum*-Hybriden gelten u. a. als besonders robust 'Flava' (Blüten hellgelb, Höhe 1 – 1,5 m), 'Morgenrot' (Blüten hellrot, Höhe 0,8 m), 'Fantastica' (Blüten rosarot-weiß, Höhe 0,7 m), 'Polaris' (Blüten rubinrosa, Höhe 0,7 m), 'Schneewolke' (Blüten erst hellila, später weiß, Höhe 0,7 m), 'Anuschka' (Blüten rosarot-weiß, Höhe 0,5 – 0,7 m).
Standortansprüche: wie bei den hochwüchsigen Hybriden (siehe Seite 204)
Verwendung: Die kleineren Gegenstücke der Großblumigen Hybriden werden prinzipiell wie diese verwendet (siehe Seite 204), allerdings finden sie auch auf beengtem Raum Platz und eignen sich sogar zur Kultur in Kübeln.
Pflege, Vermehrung, Schädlinge und Krankheiten: wie bei hochwüchsigen Hybriden (siehe Seite 204 f.)

Rhododendron, Sommergrüne Azalee

Sommergrüne Azaleen

Arten: Genter-Hybriden, Mollis-Hybriden, Occidentalis-Hybriden, Pontica-Hybriden, Rustica-Hybriden, Knap-Hill-Hybriden

Herkunft: Die Ursprungsarten stammen aus Bergwäldern in Ostasien.
Wuchsform: kleine bis mittelhohe Sträucher
Höhe: 1 – 2,5 m
Blütenfarbe: alle Farben außer Lila und Blau
Blütezeit: Mai bis Juni
Merkmale: Die auch als Sommergrüne Rhododendren bezeichneten Azaleen werfen im Gegensatz zu allen anderen Rhododendren ihr Laub jedes Jahr ab. Dadurch sind sie weitaus weniger empfindlich gegen Austrocknung durch Frost, müssen aber nichtsdestoweniger einen passenden Standort und aufmerksame Pflege erhalten. Nach ihrer Herkunft kann man sie in Genter-, Mollis-, Occidentalis-, Pontica-, Rustica- und Knap-Hill-Hybriden einteilen. Allerdings ist aufgrund wiederholter Kreuzungen die Gruppenzugehörigkeit nicht immer eindeutig zu bestimmen. Besonders häufig werden in hiesigen Gärten Sorten der Knap-Hill-Hybriden gepflanzt. Haben sich die Knospen erst einmal geöffnet, erscheinen die Sträucher wie in eine Farbwolke getaucht, so dicht stehen die Blüten an den Zweigen.
Sorten: Das Sortiment ist so reichhaltig, daß hier nur eine kleine Auswahl angeführt werden kann. Häufig angebotene Sorten sind u. a. 'Irene Koster' (rosa, orangegelb gezeichnet, Höhe 2 – 2,5 m), 'Coccinea Speciosa' (orangerot, Höhe 1,5 – 2,5 m), 'Feuerwerk' (flammend rot, innen orangerot, Höhe 1,5 – 2 m), 'Gibraltar' (orange, Höhe 1,5 – 2 m), 'Klondyke' (orangegelb, Höhe 1,3 – 1,5 m), 'Persil' (rein weiß, gelb gefleckt, Höhe 1,2 – 1,5 m).
Standortansprüche: Sommergrüne Azaleen brauchen einen absonnigen bis halbschattigen Standort auf gut durchlässigem, frischem, humusreichem und saurem Boden. Sie gelten als recht rauchhart, eignen sich aber nur bedingt für Stadtklima.
Verwendung: Mit ihren außergewöhnlich leuchtenden Blütenfarben setzen Sommergrüne Azaleen prächtige Akzente, z. B. vor einer dunklen Gehölzkulisse. Man sollte sie nicht mit zartgefärbten immergrünen Rhododendren kombinieren, da ihre kräftigen Blütentöne mit deren verhalteneren Farben nicht gut harmonieren.
Pflege, Vermehrung, Schädlinge und Krankheiten: wie bei hochwüchsigen Hybriden (siehe Seite 204 f.)

Japanische Azaleen

Arten: verschiedene *R.*-Hybriden
Herkunft: Die Ursprungsarten stammen aus Wäldern in Ostasien.
Wuchsform: kleine, kompakte Sträucher
Höhe: 0,3 – 1,5 m
Blütenfarbe: weiß, rosa, rot, violett
Blütezeit: Mai bis Juni
Merkmale: Unter der Bezeichnung Japanische Azaleen faßt man Rhododendronsorten verschiedener Abstammung zusammen. Alle bleiben recht niedrig und bilden kompakte, kleine Sträucher, die oft stärker in die Breite als in die Höhe wachsen. Von den übrigen Rhododendren heben sie sich durch noch größeren Blütenreichtum ab: Im Spätfrühling verschwinden die Triebe fast gänzlich unter unzähligen eleganten Trichterblüten.
Sorten: Aufgrund der überaus reichen Sortenfülle sollen hier nur einige wenige Beispiele genannt werden. Bekannt sind z. B. die 'Diamant'-Sorten, die es in vielen verschiedenen Farbtönen gibt ('Diamant Lachs', 'Diamant Purpur', 'Diamant Weiß' usw.) und die kompakte, breite Büsche von jeweils 0,6 – 0,7 m Höhe bilden. Hübsche Sorten sind auch 'Hatsugiri' (purpurviolett, Höhe 0,7 – 1 m), 'Kermesina' (leuchtend rosa, kleinblumig, Höhe 0,5 – 0,6 m), 'Vuyk's Scarlet' (karminrot, großblumig, Höhe 0,4 – 0,5 m), 'Kermesina Rosé' (rosa, weiß gesäumt, Höhe 0,3 – 0,4 m).
Standortansprüche: wie bei den Sommergrünen Azaleen (siehe oben), allerdings möglichst windgeschützt
Verwendung: wie bei den Sommergrünen Azaleen (siehe oben)
Pflege, Vermehrung, Schädlinge und Krankheiten: wie bei hochwüchsigen Hybriden (siehe Seite 204 f.)

Wildarten und verwandte Hybriden

Arten: *R. ferrugineum* (Rostblättrige Alpenrose, Echte Alpenrose), *R. hirsutum* (Behaarte Alpenrose, Bewimperte Alpenrose, Almrausch), *R. impeditum*, *R.* x *praecox* (auch *R.* 'Praecox', *R. ciliatum* x *R. dauricum*, Vorfrühlingsrhododendron)
Herkunft: Gebirge, *R. ferrugineum* und *R. hirsutum* in Europa, *R. impeditum* in Ostasien
Wuchsform: kleine Sträucher
Höhe: 0,5 – 1 m, *R. impeditum* 0,3 – 0,4 m, Sorten auch höher
Blütenfarbe: *R. ferrugineum* purpurrot, *R. hirsutum* purpurrosa, *R. impeditum* violettblau, *R.* x *praecox* lilarosa
Blütezeit: *R. ferrugineum* Juni, *R. hirsutum* Juni bis Juli, *R. impeditum* April bis Mai, *R.* x *praecox* März bis April

Rhododendron, Japanische Azalee

Merkmale: Die in den europäischen Gebirgen heimischen Alpenrosen entzünden im Frühsommer, wenn sich an den kleinen immergrünen Sträuchern die Blüten öffnen, ein Feuerwerk glühender Rottöne. Die Rostblättrige Alpenrose kann man anhand ihrer rostbraun beschuppten Blattunterseiten von der Behaarten Alpenrose leicht unterscheiden. Bei letzterer sind die frischgrünen Blätter an den Rändern fein bewimpert. *R. impeditum*, ein niedriger, kissenförmig wachsender Strauch, treibt schon im Frühjahr violettblaue Blüten über graugrünem bis blaugrauem, immergrünem Laub. Noch früher erstrahlt der Vorfrühlingsrhododendron in lilarosa-

Rhododendron ferrugineum

farbenem Blütenschmuck. Seine trichterförmigen Blüten sitzen einzeln oder zu mehreren an den Triebenden.
Sorten: von *R. impeditum* u.a. 'Blue Tit' (hell lavendelblau, Höhe 1 – 1,2 m), 'Azurika' (leuchtend dunkellila, Höhe 0,4 – 0,5 m), 'Moerheim' (hellviolett, Höhe 0,4 – 0,5 m)
Standortansprüche: wie bei den Sommergrünen Azaleen (siehe Seite 206)
Verwendung: Die Wildarten und ihre Abkömmlinge wirken weniger pompös als die Hybriden, aber nicht minder reizvoll. Stilgerecht stehen sie zwischen Wildstauden im Steingarten, man kann sie aber auch an den Gehölzrand pflanzen oder sogar in Trögen und Kübeln ziehen. Der Vorfrühlingsrhododendron kommt im Hintergrund von Frühlingsbeeten oder auch als Einzelgehölz, an auffälliger Stelle plaziert, am besten zur Geltung.
Pflege, Vermehrung, Schädlinge und Krankheiten: wie bei hochwüchsigen Hybriden (siehe Seite 204 f.)
Tip: Auf Blättern und Trieben der Rostblättrigen und der Behaarten Alpenrose treten bisweilen rotbraune Pusteln auf, die von einem Rostpilz hervorgerufen werden. Der Pilz kann auf Fichten überwechseln, wo er dann Fichtennadel-Blasenrost verursacht. Vorbeugend sollte man Alpenrosen daher nicht in die Nähe von Fichten pflanzen.

Rhus
Essigbaum, Sumach

Art: *R. typhina* (Essigbaum, Hirschkolbensumach)
Familie: Sumach- oder Anakardiengewächse *(Anacardiaceae)*
Herkunft: Ufer- und Auwälder Nordamerikas
Wuchsform: Großstrauch oder kleiner Baum
Höhe: 3 – 5 m
Blütenfarbe: grünlich
Blütezeit: Juni bis Juli
Früchte: giftige, kolbenartige rotbraune Fruchtstände, ab September
Merkmale: Das prächtige Ziergehölz zieht vor allem im Herbst die Blicke auf sich, wenn sein gefiedertes Laub in flammenden Rot- und Orangetönen aufleuchtet. Wie große aufgesteckte Kerzen wirken die samtig rotbraunen, kolbenartigen Fruchtstände, die sich aus grünlichen, dichtgedrängten Blütenrispen entwickeln und bis weit in den Winter hinein erhalten bleiben. Da sie aus der Entfernung an ein sprießendes, noch vom Bast überzogenes Hirschgeweih erinnern, nennt man die Art auch Hirschkolbensumach. Der sommergrüne Essigbaum bildet meist einen mehrstämmig aus der Basis treibenden Großstrauch, dessen Stämme und Äste sich sehr regelmäßig aufgabeln. Nur selten wächst er auch als kleiner Baum. Seine Blätter und Früchte enthalten Giftstoffe, die bei Hautkontakt zu Entzündungen, bei Verzehr zu Magen-Darm-Erkrankungen führen können.
Sorte: 'Dissecta' (Geschlitzter Essigbaum, Farnwedelsumach, auch als 'Laciniata' geführt; farnartig geschlitzte Blätter, langsamer und breiter wachsend als die Art, untere Äste liegen oft dem Boden auf, Höhe 3 – 4 m)
Standortansprüche: Der Essigbaum ist ganzjährig dekorativ und dazu noch sehr genügsam. Man kann ihn an sonnigen wie an halbschattigen Stellen auf jedem Gartenboden pflanzen, ja er verträgt selbst heiße und trockene Standorte. Allerdings gilt er als nur mäßig rauchhart, gedeiht aber gut in innerstädtischem Klima.

Rhus typhina

Verwendung: Besonders malerisch wirkt der Essigbaum, wenn er an einer augenfälligen Stelle, etwa inmitten einer Rasenfläche oder im Vorgarten, als Einzelexemplar gepflanzt wird. Man kann ihn aber auch in eine Gehölzgruppe integrieren.
Pflege: Die fleischigen, flach unter der Erdoberfläche verlaufenden Wurzeln sind sehr empfindlich; deshalb sollte man sowohl Bodenverdichtung wie auch Grabearbeiten in einem weitem Bereich rund um den Strauch vermeiden. Der Essigbaum treibt nicht selten Ausläufer, meist in Stammnähe, aber auch im weiten Umkreis, hauptsächlich infolge von Störungen oder Verletzungen der Wurzeln. Je häufiger man die Ausläuferpflanzen entfernt, desto stärker fördert man eine Neuausbildung dieser oft sehr lästigen Ableger. Kann man dem Essigbaum keinen Pflanzplatz gewähren, dessen Bodenfläche völlig unbeeinträchtig bleibt, muß man die Ausläufer konsequent jedes Jahr beseitigen.
Schnittmaßnahmen sollten sich auf ein gelegentliches Auslichten allzu dicht stehender Zweige beschränken. Doch selbst nach einem radikalen Rückschnitt treibt das Gehölz rasch wieder aus.
Vermehrung: Neue Pflanzen erhält man am einfachsten durch Wurzelausläufer. Man kann den Essigbaum auch durch Aussaat nachziehen.

Ribes
Johannisbeere, Stachelbeere

Arten: *R. sanguineum* (Blutjohannisbeere), *R. alpinum* (Alpenjohannisbeere, Alpenbeere), *R. aureum* (Goldjohannisbeere, Goldbeere)
Familie: Stachelbeergewächse (*Grossulariaceae,* auch zu *Saxifragaceae* gerechnet)
Herkunft: *R. sanguineum* Bergwälder in Nordamerika, *R. alpinum* Bergwälder sowie Gebüsche in Europa, *R. aureum* Auwälder in Nordamerika
Wuchsform: mittelhohe Sträucher
Höhe: 1,5 – 2 m
Blütenfarbe: *R. sanguineum* dunkelrot, *R. alpinum* grüngelb, *R. aureum* goldgelb
Blütezeit: April bis Mai
Früchte: eßbare Beeren, *R. sanguineum* schwarz, bläulichweiß bereift, *R. alpinum*

Ribes sanguineum

dunkelrot, *R. aureum* braunschwarz, alle ab Juli
Merkmale: Die Zierformen der Johannisbeere gelten als anspruchslose und robuste Sträucher, die mit ihrem rundlichen, mehrfach gelappten Laub hübsche Kleingehölze abgeben.
Der mittelhohe, straff aufrecht wachsende Strauch der Blutjohannisbeere treibt im Frühjahr am alten Holz zahlreiche rote Blütentrauben. Gleichzeitig mit den Blüten erscheint das nach Schwarzen Johannisbeeren duftende Laub. Bisweilen entwickeln sich aus den Blüten schwarze, blauweiß bereifte und leicht behaarte Beeren, die aber kaum auffallen. Die Alpenjohannisbeere ist ein dichtbuschiger Wildstrauch, der im Frühjahr grüngelbe, aufrechte Blütentrauben ausbildet. Im Sommer entwickeln sich dann dunkelrote Beeren, die zwar eßbar sind, aber recht fade schmecken. Bei der Goldjohannisbeere leuchten im Frühjahr goldgelbe, angenehm duftende Blütentrauben zwischen dem früh austreibenden Laub hervor, im Herbst fallen zwischen dem sich nun rötlich verfärbenden Blattwerk erbsengroße schwarze Beeren auf. Diese haben mehr Aroma als die Früchte der beiden anderen Arten, sie schmecken angenehm herb säuerlich.
Sorten: von *R. sanguineum* 'Atrorubens' (tiefrote, kleine Blütentrauben, Höhe 1,5–2 m), 'King Edward VII' (hell weinrote Blütentrauben, Höhe 1–1,5 m); von *R. alpinum* 'Schmidt' (frischgrünes, lange haftendes Laub, wenig krankheitsanfällig, sehr robuster Wuchs, Höhe 1,5–2 m)
Standortansprüche: Mit Ausnahme der Blutjohannisbeere, die am besten sonnig steht, vertragen Zierjohannisbeeren auch Schatten. Die Ansprüche an den Boden sind gering: Jeder Gartenboden eignet sich, solange er nur nicht zu trocken ist. Die Widerstandsfähigkeit gegenüber Rauchgasen ist bei der Goldjohannisbeere am ausgeprägtesten, bei guter Wasserversorgung und nicht zu heißem Stand sind aber alle Arten für Stadtklima geeignet.
Verwendung: Die mäßig hohen Sträucher sind hübsche Ziergehölze für Gruppen und freiwachsende Hecken, die Blutjohannisbeere kann aber ohne weiteres auch einzeln stehen. Ihre roten Blüten bilden vor allem zu Forsythien oder Felsenbirnen eine harmonische Ergänzung. Die Sorte 'Schmidt' von *R. alpinum* eignet sich zur Unterpflanzung größerer Gehölze, da sie Wurzeldruck verträgt.
Pflege: Damit die Kronen stets licht und formschön bleiben, sollten Zierjohannisbeeren alle 2–3 Jahre ausgedünnt werden.
Vermehrung: Neue Pflanzen kann man durch Aussaat, Stecklinge oder Steckhölzer gewinnen.
Schädlinge und Krankheiten: Blattläuse, Spinnmilben, Johannisbeer-Gallmücke; Echter Mehltau, Blattfallkrankheit, Ringfleckenmosaik (Virose), Säulenrost

Robinia
Robinie, Scheinakazie

Arten: *R. pseudoacacia* (Robinie, Scheinakazie, Falsche Akazie), *R. hispida* (Borstige Robinie)
Familie: Schmetterlingsblütler *(Leguminosae)*
Herkunft: Laubmischwälder Nordamerikas, *R. pseudoacacia* in Europa eingebürgert
Wuchsform: *R. pseudoacacia* großer Baum, Sorten auch mittelhohe oder kleine Bäume, *R. hispida* mittelhoher Strauch
Höhe: *R. pseudoacacia* 20–25 m, Sorten auch viel niedriger, *R. hispida* 1,5–3 m
Blütenfarbe: *R. pseudoacacia* weiß, Sorten auch rosa, *R. hispida* dunkelrosa
Blütezeit: *R. pseudoacacia* Mai bis Juni, *R. hispida* Juni und September
Früchte: in Büscheln herabhängende braune Hülsen, ab September

Robinia hispida

Merkmale: Bereits 1635 wurde die Robinie nach Europa eingeführt. Schon bald avancierte sie zu einem beliebten Parkbaum und gilt heute als in die heimische Flora eingebürgert. Der knorrige Stamm mit seiner tiefrissigen Rinde erstreckt sich bis in den Wipfel der lichten, im Alter meist schirmförmigen Krone. Das hellgrüne, gefiederte Laub treibt im Frühjahr recht spät aus, wird im Herbst aber auch erst spät abgeworfen. Besonders reizvoll erscheint der Baum zur Blütezeit, wenn zahllose weiße Blütentrauben von den stark bedornten Zweigen herabhängen und die Luft mit einem süßlichen Honigduft erfüllen. Die nektarreichen Blüten sind eine ausgezeichnete Bienenweide. Die Borstige Robinie erkennt man an ihrer mit rotbraunen Borsten besetzten grünen Rinde. Sie ähnelt *R. pseudoacacia*, bleibt aber zeitlebens strauchig und blüht rosafarben – im Frühjahr reichlich und, dann spärlicher, nochmals im Herbst.
Sorten: Von *R. pseudoacacia* werden u. a. angeboten 'Bessoniana' (Kegelakazie; hoher Baum mit ovaler Krone, selten blühend, Höhe 20 bis 25 m), 'Pyramidalis' (Säulenakazie, auch als 'Fastigiata' oder *R. pseudoacacia* var. *fastigiata* geführt; säulenförmiger Wuchs, Höhe 10–12 m), 'Tortuosa' (Korkenzieherakazie; mittelhoher Baum mit bizarr gekrümmten Trieben, Höhe 8–10 m), 'Frisia' (Goldakazie; kleiner Baum, goldgelbes, bis zum Winter haftendes Laub, Austrieb orangegelb, Höhe 5–8 m), 'Umbraculifera' (Kugelakazie; kleiner Baum mit kugeliger Krone, Höhe 4–6 m). Die Sorte 'Casque Rouge', ein dunkelrosa blühender Baum von etwa 10–15 m Höhe, wird als

Rosa Akazie häufig unter den Sorten von *R. pseudoacacia* geführt, tatsächlich ist ihre Abstammung aber unbekannt. Häufiger als die reine Art *R. hispida* wird deren rosarot blühende Sorte 'Macrophylla' gepflanzt (Höhe 1,5 – 2,5 m).
Standortansprüche: Robinien sind lichthungrige Gewächse. Man muß ihnen deshalb einen sonnigen bis absonnigen Standort gewähren, möglichst in windgeschützter Lage, denn ihre Äste brechen leicht. Da die Gehölze mit Hilfe von Mikroorganismen, die in ihren Wurzeln leben, den Stickstoff der Luft zur Ernährung nutzen, gedeihen sie selbst auf sehr kargen Böden problemlos. Ungeeignet sind lediglich feuchte oder nasse Standorte sowie feucht-humoser, saurer Untergrund. Beide Arten wie auch die Sorten gelten als rauchhart und gedeihen in innerstädtischem Klima.
Verwendung: Während die Robinie selbst nur in größeren Gärten Platz findet, kann man in kleineren Anlagen auf niedrigere Sorten dieser Art oder auf die Borstige Robinie zurückgreifen. Am besten pflanzt man Robinien als Solitärbäume, denn ihre Wurzelausscheidungen hemmen den Wuchs anderer Gehölze. Die Borstige Robinie kann aber auch zur Auflockerung von Gehölzgruppen verwendet werden. Da die Äste aller Robinienarten leicht brechen, sollte man die Bäume nicht an Stellen pflanzen, an denen dies lästig oder gar gefährlich wird, etwa direkt neben einen Sitzplatz. Mit ihrem kräftigen, weit über den Kronenrand hinausreichenden, überwiegend flach verlaufenden Wurzelsystem eignen sich Robinien gut zur Bodenbefestigung, z. B. an Hängen oder Böschungen.
Pflege: Die anspruchslosen Gehölze kommen selbst auf sehr mageren Böden ohne Düngung aus.
Ein Rückschnitt wird zwar stets gut vertragen, in der Regel bleiben Robinien aber ungeschnitten. Sehr lange Triebe kann man jedoch nach der Blüte etwas einkürzen, um Windbruch zu vermeiden. Kegel-, Säulen- und Kugelakazie lassen sich nach Belieben auch in strenge Form schneiden.
Vermehrung: Die reinen Arten kann man aus Samen nachziehen. Die Sorten sind veredelt, es lassen sich aber Ableger von ihnen gewinnen.

Rubus
Brombeere, Himbeere

Arten: *R. odoratus* (Zimthimbeere), *R. henryi* (Chinesische Brombeere, Kletterbrombeere)
Familie: Rosengewächse *(Rosaceae)*
Herkunft: *R. odoratus* Waldränder in Nordamerika, *R. henryi* Bergwälder und Felshänge in China
Wuchsform: *R. odoratus* mittelhoher Strauch, *R. henryi* spreizklimmender Kletterstrauch
Höhe: *R. odoratus* 1,5 – 3 m, *R. henryi* 2 – 4 m
Blütenfarbe: *R. odoratus* purpurrosa, *R. henryi* hellrot
Blütezeit: Juni bis August
Früchte: saftige Sammelsteinfrüchte, *R. odoratus* rot, *R. henryi* schwarz, beide ab Juli
Merkmale: Neben den als Obstgehölzen beliebten Brombeeren (verschiedene *Rubus*-Arten) und den Himbeeren *(R. idaeus)* umfaßt die Gattung *Rubus* auch hübsche Ziersträucher. Die Zimthimbeere, ein horstiger, sommergrüner Strauch, trägt an ihren langen, stachellosen Rutentrieben große, handförmig gelappte Blätter. Mit ihrer frischgrünen Farbe bilden sie einen wirkungsvollen Kontrast zu den breiten rosaroten Schalenblüten, die überdies angenehm würzig duften.
Im Sommer reifen dann kugelige rote Früchte heran, die kleinen Himbeeren ähneln, aber ausgesprochen fade schmecken. Völlig anders als die Zimthimbeere wächst die Chinesische Brombeere. Bietet sich eine geeignete Kletterhilfe, verspreizt sie sich mit ihren stacheligen Zweigen darin, um in die Höhe zu klimmen. Ansonsten bleibt sie niederliegend und bildet rasch dichte Bodendecken. Ihr Laub, das in milden Wintern an den Zweigen haftenbleibt, ist oberseits dunkelgrün, unterseits jedoch weißfilzig. Aus den hellroten Blüten, die in langen Trauben stehen, entwickeln sich schwarze Brombeeren, die zwar genießbar, aber nicht sonderlich wohlschmeckend sind.
Standortansprüche: Während die Zimthimbeere sonnige bis halbschattige Lagen bevorzugt, sollte man die Chinesische Brombeere an einen halbschattigen bis schattigen Platz pflanzen. Beide Arten sind mit einem humosen, ausreichend feuchten Gartenboden zufrieden.
Verwendung: Die Zimthimbeere gruppiert man vorwiegend zu anderen Wildsträuchern oder verwendet sie zur Unterpflanzung hoher Bäume. Die Chinesische Brombeere kann entweder an Klettergerüsten aufgeleitet werden, von Mauern herabhängen oder verkahlende Gehölze begrünen. In warmen Lagen läßt sie sich auch als Bodendecker verwenden.
Pflege: Die Pflanzen sind recht anspruchslos, aber alle 2 – 3 Jahre sollte man sie mit reifem Kompost versorgen. Bei der Zimthimbeere sterben die fruchttragenden Triebe nach der Reife ab. Damit der Strauch ansehnlich bleibt, schneidet man diese im Herbst oder Nachwinter bis zum Boden zurück. Da die Chinesische Brombeere ihre Blüten nur an den Triebspitzen bildet, darf sie dagegen keinesfalls zurückgeschnitten, sondern nur alle 2 – 4 Jahre vorsichtig ausgelichtet werden. In ungünstigen Gebieten oder in strengen Wintern ist die Chinesische Brombeere für einen Winterschutz dankbar. Erfrorene Äste entfernt man bei beiden Arten im zeitigen Frühjahr.
Vermehrung: Die Sträucher breiten sich durch Wurzelausläufer von allein aus. Man kann diese Schößlinge natürlich auch zur Anzucht junger Pflanzen nutzen. Aber auch durch Absenker oder Aussaat ist eine Vermehrung möglich.
Schädlinge: Blattläuse
Tip: Bisweilen bieten Baumschulen noch weitere, sehr dekorative Arten der Gattung *Rubus* an, z. B. die zwergstrauchige *R. tricolor* oder die Japanische Weinbeere *(R. phoenicolasius)* mit orangefarbenen, wohlschmeckenden Früchten. Sie erweisen sich allerdings nur in milden Gebieten als dauerhaft.

Rubus odoratus

S

Salix
Weide

Familie: Weidengewächse *(Salicaceae)*

Unter den vielen Weidenarten findet man die unterschiedlichsten Wuchsformen, vom hohen Baum bis zum kriechenden Zwergstrauch. Die allesamt sommergrünen Gehölze sind zweihäusig, d. h., männliche und weibliche Blüten stehen getrennt an verschiedenen Pflanzen. Sie sind zu meist silbrigen, pelzigen Kätzchen zusammengefaßt, die sich gewöhnlich lange vor den Laubblättern, oft schon im Winter, aus den Knospen schieben. Mit ihrem reichlich vorhandenen Nektar und Pollen liefern Weidenkätzchen zahllosen Insekten erste Nahrung im Jahr und stellen eine der wichtigsten Bienenweiden dar.

Salix alba, Hängeweide

Hochwüchsige Arten

Arten: *S. alba* (Silberweide), *S. viminalis* (Hanfweide, Flechtweide), *S.* x *smithiana* (auch *S. cinerea* x *S. viminalis*, Küblerweide), *S. matsudana*
Herkunft: Ufer- und Auwälder Europas und Asiens, *S. matsudana* Ostasiens
Wuchsform: *S. alba* hoher Baum, die übrigen Arten kleine Bäume oder Großsträucher
Höhe: *S. alba* 20 – 25 m, Sorten auch niedriger, *S. viminalis* 5 – 8 m, *S.* x *smithiana* 5 – 6 m, *S. matsudana* 6 – 8 m
Blütenfarbe: männliche Kätzchen gelb, weibliche grünlich
Blütezeit: *S. alba* und *S. matsudana* April bis Mai, *S. viminalis* und *S.* x *smithiana* März bis April
Früchte: aufspringende Kapselfrüchte, bräunlich, Samen mit weißwolligem Haarschopf, ab Mai
Merkmale: Die heimische Silberweide, ein hoher Baum mit breit ausladender, lockerer Krone, fällt schon von weitem durch ihr silbergraues, lanzettliches Laub auf. Vielerorts sieht man sie als sog. Kopfweide, bei der die Triebe immer wieder auf eine sich allmählich kopfartig verdickende Stelle des Stamms zurückgeschnitten werden. Ein malerisches Bild ergibt ihre Sorte 'Tristis', die Hänge-, Trauer- oder Dotterweide, mit dem wie ein Vorhang herabhängenden Gezweig. Die Hanf- oder Flechtweide bildet mit ihren langen, wenig verzweigten Trieben einen straff aufrechten Großstrauch. Die mit schmalen Blättern besetzten, sehr biegsamen Ruten werden seit alters für Bindearbeiten genutzt. Hübsch sind vor allem die männlichen Pflanzen, die sich mit einer Vielzahl ansehnlich großer gelber Kätzchen schmücken. Auch die Küblerweide gibt sich im Blütenschmuck überaus dekorativ. Der Großstrauch wächst wie die Hanfweide straff aufrecht und bildet eine schmale, graugrün belaubte Krone. Von *S. matsudana* ist im Garten nur die Sorte 'Tortuosa', die Korkenzieherweide, von Bedeutung. Der kleine Baum bietet mit seinen eigenartig gewundenen Stämmen und Zweigen ein sehr ungewöhnliches Erscheinungsbild und wirkt vor allem auch im Winter äußerst reizvoll.
Sorten: von *S. alba* 'Tristis' (Trauer-, Hänge- oder Dotterweide; hoher Baum mit herabhängenden, gelb berindeten Trieben, Höhe 15 – 20 m); von *S. matsudana* 'Tortuosa' (Korkenzieherweide; kleiner Baum mit gekrümmten, geknickten und verdrehten Trieben, auch das schmallanzettliche Laub oft gedreht, Höhe 6 – 8 m)
Standortansprüche: Da Weiden ausgesprochene Lichtholzarten sind, müssen sie einen sonnigen bis allenfalls absonnigen Platz erhalten. An den Boden stellen sie nur geringe Ansprüche, er muß allerdings ausreichend feucht sein. Silber- und Hanfweide vertragen zeitweise Überflutung, nicht jedoch ständig nassen Untergrund. Weiden sind nur mäßig rauchhart und eignen sich nicht für innerstädtisches Klima.
Verwendung: Silber- und Trauerweide bilden in großen Gärten einen malerischen Hintergrund für einen Teich. Ebenso wird die Hanfweide bevorzugt als Ufergehölz gepflanzt. Die strauchigen Arten kann man aber auch in Gehölzgruppen einfügen oder sie wegen ihres kräftigen, überwiegend flach verlaufenden Wurzelgeflechts zur Bodenbefestigung an Ufern, Böschungen oder Hängen einsetzen. Aufgrund ihres ungewöhnlichen Wuchses sollte die Korkenzieherweide an einem auffälligen Platz im Garten einzeln gestellt werden.
Pflege: In der Regel bleiben Weiden ungeschnitten, obwohl sie jeglichen Rückschnitt problemlos vertragen. Will man Silber- oder Hanfweiden als Kopfweiden ziehen, müssen alle paar Jahre sämtliche Triebe bis zum Ansatz zurückgenommen werden.
Vermehrung: Am leichtesten lassen sich Weiden durch Steckhölzer oder Stecklinge vermehren; bei den reinen Arten ist aber auch eine Anzucht aus Samen, die direkt nach der Reife ausgesät werden müssen, möglich.
Schädlinge: Weidenbohrer, Weidenholz-Gallmücke, Schildläuse, Erlenrüßler, Pappelbock, Pappelspinner

Mittelhohe Arten

Arten: *S. caprea* (Salweide), *S. cinerea* (Aschweide), *S. aurita* (Ohrweide, Öhrchenweide), *S. purpurea* (Korbweide, Purpurweide), *S. sachalinensis*
Herkunft: *S. caprea* und *S. sachalinensis* Waldränder und Gebüsche, *S. cinerea* und *S. aurita* Bruchwälder und Moore, *S. purpurea* Ufer- und Augebüsche in Europa und Asien, *S. sachalinensis* nur in Asien
Wuchsform: *S. caprea* Großstrauch oder kleiner Baum, die übrigen Arten große bis mittelhohe Sträucher
Höhe: *S. caprea* und *S. cinerea* 3 – 5 m, Sorten auch niedriger, *S. aurita* 2 – 3 m, *S. purpurea* 2 – 6 m, Sorten auch niedriger, *S. sachalinensis* 3 – 4 m

Salix sachalinensis, Drachenweide

Blütenfarbe: männliche Kätzchen gelb, weibliche grünlich
Blütezeit: März bis April, *S. aurita* und *S. purpurea* April
Früchte: aufspringende Kapselfrüchte, bräunlich, Samen mit weißwolligem Haarschopf, ab Mai
Merkmale: Die silbrigen Kätzchen der Salweide sind allerorten als Palmkätzchen bekannt. Die in aller Regel als straff aufrechter Großstrauch, manchmal aber auch als kleiner Baum wachsende Art trägt längliches, mattgrünes Laub und wird gleichermaßen als auffälliges Blütengehölz wie als anspruchsloser Erstbesiedler für karge Böden geschätzt. Im Ziergarten bevorzugt man die männliche, veredelte Form, die besonders große Blütenkätzchen treibt und als Echte Salweide (*Salix caprea* 'Mas') geführt wird. Asch- und Ohrweide präsentieren sich beide als breit ausladende Sträucher. Das elliptische Laub der Aschweide ist stumpfgrün gefärbt und trägt einen grauen Filz, das der Ohrweide erkennt man an zwei nierenförmigen Nebenblättchen, die an der Basis jedes Laubblatts stehen. Die Korbweide liefert seit Urzeiten Ruten für die Korbflechterei, ist aber mit ihrem bläulichgrünen Laub und den zahlreichen Kätzchen auch ein sehr dekorativer Zierstrauch. Von *S. sachalinensis* wird nur die Sorte 'Sekka', die Drachenweide, im Garten kultiviert, ein eigenwillig anmutender Strauch mit gewundenen Trieben und bandartig verbreiterten Zweigen.
Sorten: von *S. caprea* 'Mas' (Echte Salweide, auch als *S. caprea mas* geführt; veredelte, männliche Form der Art mit großen Kätzchen, Höhe 3 – 5 m), 'Pendula' (Hängende Kätzchenweide; kleiner Zierbaum mit senkrecht bis zum Boden herabhängenden Zweigen, Höhe etwa 2 m); von *S. purpurea* 'Nana' (auch als *S. purpurea* var. *gracilis* geführt; niedriger, kugeliger Strauch mit feinen purpurroten Trieben und silbrigem Laub, Höhe 0,5 – 1 m); von *S. sachalinensis* 'Sekka' (Drachenweide; breiter Strauch mit flächig verbreiterten Zweigen und gewundenem Wuchs, Höhe 3 – 4 m)
Standortansprüche: Wie alle Weiden bevorzugen auch die hier genannten Arten einen vorwiegend sonnigen Standort. Sal- und Drachenweide pflanzt man am besten auf einen frischen bis mäßig trockenen, die übrigen Arten dagegen auf einen eher feuchten Boden. Die Sträucher sind nur eingeschränkt rauchhart und eignen sich nicht für Stadtklima.
Verwendung: Aufgrund ihres flachen, weit verzweigten Wurzelsystems können die robusten Gehölze gut zur Bodenbefestigung an Böschungen und Hängen eingesetzt werden. Die Salweide kombiniert man am besten mit anderen Gehölzen. Ihre Hängeform 'Pendula' wie auch *S. sachalinensis* 'Sekka', die Drachenweide, kommen allerdings nur in Einzelstellung richtig zur Geltung. Asch-, Ohr- und Korbweide sind ausgezeichnete Ufergehölze, können an ausreichend feuchten Stellen aber ebenso in Gehölzgruppen integriert werden.
Pflege, Vermehrung und Schädlinge: wie bei den hochwüchsigen Arten (siehe Seite 210)

Kleinwüchsige Arten

Arten: *S. hastata* (Spießweide, Gebirgsweide), *S. repens* (Kriechweide)
Herkunft: Gebirge Europas und Asiens
Wuchsform: Kleinsträucher
Höhe: *S. hastata* 1 – 1,5 m, *S. repens* 0,3 – 1 m
Blütenfarbe: männliche Kätzchen gelb, weibliche grünlich
Blütezeit: April
Früchte: aufspringende Kapselfrüchte, bräunlich, Samen mit weißwolligem Haarschopf, ab Mai

Salix hastata

Merkmale: Von der aparten Spießweide bieten die Baumschulen fast ausschließlich die Sorte 'Wehrhahnii' an, einen kleinen Strauch mit rotbraun bis grau berindeten Trieben, von denen sich die silberweißen Kätzchen besonders kontrastreich abheben. Nach der Blüte schmückt sich das Kleingehölz mit grauweiß behaarten, eirunden Laubblättern. Die Kriechweide wächst mit niederliegenden, auch an den Spitzen nur wenig aufsteigenden Trieben zu einem dichtbuschigen kleinen Strauch heran. Besonders anmutig wirkt sie zur Blütezeit, wenn die Zweige über und über mit gelben oder grünen Kätzchen bedeckt sind.
Sorte: von *S. hastata* 'Wehrhahnii' (kleiner Strauch mit rötlich berindeten Trieben, silberweiße Kätzchen, Höhe 1 – 1,5 m)
Standortansprüche: Die kleinen Büsche brauchen einen sonnigen bis absonnigen Standort. Ein ausreichend feuchter Boden erfüllt ihre Ansprüche. Beide Formen sind aber wenig rauchhart und eignen sich nicht für innerstädtisches Klima.

Verwendung: Die kleinwüchsigen Weiden passen gut in Steingärten, die Spießweide auch an Ufer kleiner Gewässer. Beide Arten können überdies in Gefäßen kultiviert werden.
Pflege, Vermehrung und Schädlinge: wie bei den hochwüchsigen Arten (siehe Seite 210)

Sambucus nigra

Sambucus
Holunder

Arten: *S. nigra* (Schwarzer Holunder, Fliederbeere), *S. canadensis* (Kanadischer Holunder), *S. racemosa* (Traubenholunder, Roter Holunder)
Familie: Geißblattgewächse *(Caprifoliaceae)*
Herkunft: Waldränder, Hecken und Unterholz in Europa und Asien, *S. canadensis* Auwälder in Nordamerika
Wuchsform: Großsträucher, selten kleine Bäume
Höhe: *S. nigra* 2 – 7 m, *S. canadensis* 3 – 4 m, *S. racemosa* 1 – 4 m
Blütenfarbe: weiß, bei *S. racemosa* gelbgrün
Blütezeit: Mai bis Juni, *S. racemosa* April bis Mai
Früchte: beerenartige Steinfrüchte, *S. nigra* schwarz, *S. canadensis* dunkelrot, *S. racemosa* hellrot; reife Früchte gekocht eßbar, unreife giftig, alle ab Juli
Merkmale: Der mehrstämmige, große Strauch des Schwarzen Holunders schmückt sich zu Beginn des Frühsommers mit unzähligen weißen, streng duftenden Blütenschirmen. Aus den Blüten entstehen bald schwarzglänzende, vitaminreiche Beeren. Die in Teig ausgebackenen Blüten sowie Saft oder Marmelade aus den Beeren gelten in der volkstümlichen Küche als Köstlichkeiten. Der Kanadische Holunder ist dem heimischen Schwarzen sehr ähnlich, trägt aber dunkelrote Früchte. Der Traubenholunder wächst zu einem breit ausladenden und locker überhängenden Großstrauch heran. Aus seinen gelbgrünen, angenehm duftenden und in aufrechten Rispen stehenden Blüten entwickeln sich hellrote Steinfrüchte. Die Fiederblättchen des Laubs sind schmaler als die des Schwarzen Holunders, eindeutig lassen sich die Arten aber am Mark der Zweige unterscheiden: Beim Schwarzen Holunder ist diese schwammige Substanz weiß, beim Traubenholunder dagegen bräunlich bis rötlich. Bei allen Holunderarten sollte man beachten, daß die unreifen Früchte Giftstoffe enthalten. Weil diese sich in der Hitze zersetzen, kann man Holunderbeeren aber gekocht genießen.
Sorten: Vom Schwarzen Holunder gibt es einige Fruchtsorten, die aber eher für den Obstanbau als zu Zierzwecken eine Rolle spielen. Von *S. canadensis* wird häufig die Sorte 'Maxima' angeboten, eine großfrüchtige Form (Höhe 3 – 4 m).
Standortansprüche: Holunderarten bevorzugen sonnige bis halbschattige Plätze, nur der Schwarze Holunder verträgt auch tiefen Schatten. Die fleischigen und überwiegend flach verlaufenden Wurzeln finden in jedem Gartenboden geeignete Bedingungen vor, solange dieser nur nicht zu trocken ist. Schwarzer und Traubenholunder sind rauchharte Arten, die sich auch für Stadtklima eignen.
Verwendung: Mit ihren Blüten wie später mit ihrem Fruchtschmuck bereichern Holunderarten vor allem freiwachsende Hecken und Gehölzgruppen.
Pflege: Für eine regelmäßige reiche Blüte ist es wichtig, daß Holundersträucher alle 2 – 3 Jahre ausgelichtet werden, wobei man alte, nur noch spärlich blühende Triebe bis zum Boden herausnimmt.
Vermehrung: Neue Pflanzen gewinnt man durch Stecklinge oder Steckhölzer, bei den reinen Arten auch durch Aussaat (Kaltkeimer).
Schädlinge: Blattläuse

Sorbus
Eberesche

Familie: Rosengewächse *(Rosaceae)*

Ebereschen fallen im Frühjahr durch ihre weißen Blütenschirme und im Herbst durch ihren reichen, weithin leuchtenden Fruchtschmuck auf. Doch wirken die sommergrünen Gehölze das ganze Jahr hindurch sehr dekorativ, zum einen wegen ihrer attraktiven Wuchsformen, zum andern aufgrund ihres hübschen gefiederten Laubs.

Sorbus aucuparia

Heimische Arten

Arten: *S. aucuparia* (Gewöhnliche Eberesche, Vogelbeere), *S. aria* (Mehlbeere), *S. domestica* (Speierling, Sperbe), *S. intermedia* (auch *S. suecica*, *S. scandica*, Schwedische Mehlbeere, Oxelbeere)
Herkunft: Wälder und Waldränder Europas
Wuchsform: kleine bis mittelgroße Bäume
Höhe: *S. aucuparia* 5 – 15 m, *S. aria* 5 – 12 m, *S. domestica* 10 – 15 m, *S. intermedia* 10 – 18 m
Blütenfarbe: weiß
Blütezeit: Mai bis Juni
Früchte: beerenartige Apfelfrüchte, *S. domestica* grünlichgelb, die übrigen rot, von *S. aucuparia* gekocht genießbar, alle ab September
Merkmale: Die bekannteste Art der Gattung *Sorbus* ist die Gewöhnliche Eberesche. Sie wächst zu einem kleinen bis mittelhohen Baum heran, dessen Stamm sich oft schon nahe der Basis gabelt. Aus den weißen Blüten, die zu dichten, schirmartigen Dolden zusammengefaßt sind, entwickeln sich zwischen dem bereits orangegelb verfärbten Herbstlaub kräftig rote Apfelfrüchte. Sie schmecken roh stark herb säuerlich, fast bitter, und sind in größeren Mengen unbekömmlich. Als Saft,

Gelee oder Kompott entfalten sie jedoch ihr volles Aroma und werden zur Delikatesse. Die scharlachroten Früchte der Mehlbeere sind meist zu bitter, als daß man sie genießen könnte; sie werden jedoch nach dem ersten Frost süß und lassen sich zu einer köstlichen Konfitüre verarbeiten. Kennzeichen dieses kleinen Baums sind seine anfangs beidseitig, später nur noch unterseits weißfilzigen Laubblätter. Der Speierling, ein mittelhoher Baum mit breit ausladender Krone, ähnelt dagegen der Gewöhnlichen Eberesche sehr. Seine weißen Blüten zeigen jedoch einen rötlichen Hauch, und meistens reifen an seinen Zweigen nur wenige grünlichgelbe Früchte pro Rispe heran. Die dichte, kegelförmige Krone der Schwedischen Mehlbeere trägt dunkelgrüne Laubblätter, deren Unterseiten weißfilzig sind. Aus den weißen Blüten bilden sich hellrote Früchte, die kaum in der Küche Verwendung finden.
Sorten: Als Wildobstbäume werden von *S. aucuparia* mehrere Fruchtsorten angeboten, als Ziergehölz auch 'Fastigiata' (Säuleneberesche; kleiner Baum mit säulenförmiger bis spitzkegeliger Krone, Höhe 5 – 10 m). Von *S. aria* sind u. a. im Handel 'Lutescens' (Laub im Austrieb gelblich bis silbrig, Höhe 10 bis 12 m), 'Magnifica' (kleiner Baum mit spitzkegeliger Krone, Laub unterseits schneeweiß behaart, Höhe 8 – 10 m). 'Brouwers' ist eine schmalkronige Sorte von *S. intermedia* (Höhe 10 – 12 m).
Standortansprüche: Heimische Ebereschen wachsen willig, sofern sie einen sonnigen bis halbschattigen Platz erhalten. Der Boden sollte mäßig trocken bis frisch und humos, dazu basisch bis höchstens schwach sauer sein. Als rauchhart erweist sich vor allem die Mehlbeere, aber auch die Gewöhnliche Eberesche und die Schwedische Mehlbeere vertragen Rauchgase. Mehlbeere und Schwedische Mehlbeere sind für innerstädtisches Klima geeignet.
Verwendung: Mit ihrem sehr auffälligen Fruchtschmuck beleben Ebereschen jede Gehölzgruppe oder größere Hecke. Man kann sie aber auch gut einzeln stellen.
Pflege: Außer gelegentlichen Kompostgaben brauchen die Gehölze keine Pflege. Baumförmige Ebereschen sollten sich ohne Schnitt frei entwickeln dürfen, strauchförmige kann man ab und zu etwas auslichten.
Vermehrung: Die reinen Arten lassen sich durch Aussaat (Kaltkeimer) nachziehen, Sorten sind überwiegend veredelt.
Schädlinge und Krankheiten: Blattläuse, Spinnmilben, Gallmilben; Feuerbrand
Tip: Der strengwürzige Blütenduft der Ebereschen wird nicht von jedem als angenehm empfunden. Dies sollte man bedenken, bevor man die Gehölze in die Nähe eines Sitzplatzes pflanzt.

Fremdländische Arten

Arten: *S. decora* (Schmuckeberesche), *S. americana* (Amerikanische Eberesche), *S. vilmorinii* (Straucheberesche)
Herkunft: *S. decora* und *S. americana* Ufer- und Auwälder in Nordamerika, *S. vilmorinii* Mischwälder in China
Wuchsform: *S. decora* Großstrauch, *S. americana* kleiner Baum oder Großstrauch, *S. vilmorinii* mittelhoher Strauch
Höhe: *S. decora* 6 – 10 m, *S. americana* 7 – 9 m, *S. vilmorinii* 3 – 5 m
Blütenfarbe: weiß
Blütezeit: Mai bis Juni
Früchte: ungenießbare, beerenartige Apfelfrüchte, rot, *S. vilmorinii* rosarot, alle ab September
Merkmale: Die fremdländischen Ebereschen sind den heimischen Arten recht ähnlich. Die Schmuckeberesche fällt durch ihren ungewöhnlich üppigen, leuchtenden Fruchtschmuck auf, aber auch die Amerikanische Eberesche entwickelt zahlreiche kleine, leuchtend rote Apfelfrüchte. Zudem verfärbt sich deren dunkelgrünes Laub im Herbst kräftig gelb. Bei der Straucheberesche, einem breitbuschigen Strauch mit elegant überhängenden Zweigen und sehr fein gefiederten Blättern, sind die Früchte dagegen rosarot gefärbt. Von einem Verzehr der Früchte sollte man bei diesen Arten absehen, da sie nicht bekömmlich sind.
Standortansprüche: Wie die heimischen Arten wachsen auch die fremdländischen an sonnigen wie halbschattigen Stellen. Sie bevorzugen einen frischen bis leicht feuchten Humusboden, der ausreichend durchlässig sein muß. Schmuck- und Amerikanische Eberesche vertragen Kalk, die Straucheberesche dagegen nicht. Für Stadtklima sind alle hier genannten Arten nicht geeignet.
Verwendung, Pflege, Vermehrung, Schädlinge und Krankheiten: wie bei den heimischen Arten (siehe oben)

Sorbus vilmorinii

Spiraea
Spierstrauch, Spiräe

Familie: Rosengewächse *(Rosaceae)*

Spiersträucher sind robuste, sommergrüne Sträucher, die sehr vielseitig zu verwenden sind. Während sich die Arten, die ihren Flor im Frühjahr tragen, durchweg mit weißen Blüten bedecken, überwiegt bei den Dolden der sommerblühenden Spierstraucharten die Farbe Rosa.

Frühjahrsblüher

Arten: *S.* x *arguta* (auch *S.* x *multiflora* x *S. thunbergii*, Brautspiere, Schneespiere), *S.* x *vanhouttei* (auch *S. cantoniensis* x *S. trilobata*, Prachtspiere), *S. nipponica* (Japanische Strauchspiere), *S. prunifolia* (auch *S. prunifolia* 'Plena', Gefüllte Strauchspiere)
Herkunft: *S. nipponica* stammt aus Bergwäldern in Japan, die übrigen Arten sind Kulturformen.
Wuchsform: mittelhohe Sträucher
Höhe: 1,5 – 2,5 m
Blütenfarbe: weiß
Blütezeit: *S.* x *arguta* April bis Mai, die übrigen Arten Mai bis Juni
Merkmale: Die Brautspiere entfaltet entlang ihrer sehr

Spiraea x *arguta*

schwungvoll überhängenden vorjährigen Zweige eine unglaubliche Fülle schneeweißer Blüten, die in Doldentrauben stehen und einen recht strengen Duft verbreiten. Oft wird das schon früh austreibende, lebhaft grüne Laub von der Vielzahl der Blüten gänzlich verdeckt. Ähnlich üppig ist der Flor der Prachtspiere, deren Blüten ebenfalls in fülligen Dolden dicht an dicht an den leicht gebogenen Trieben stehen. Auch die Japanische Strauchspiere bleibt in der Blütenpracht kaum zurück. Im Gegensatz zu den anderen Arten baut sich ihre Krone aber aus kräftigen, straff aufrechten Trieben auf, die nur im oberen Bereich sanft gebogen sind. Bei der Gefüllten Strauchspiere fallen vor allem die gefüllten Blüten und die orangefarbene bis rotbraune Herbstfärbung des Laubs auf.

Standortansprüche: Die anspruchslosen Sträucher gedeihen in sonnigen wie in halbschattigen Lagen auf jedem Gartenboden. Die attraktiven Frühjahrsblüher gelten als mäßig rauchhart und sind nur bedingt für innerstädtisches Klima geeignet.

Verwendung: Am hübschesten wirken die weißblühenden Ziersträucher inmitten freiwachsender Hecken, wo sie andere Blütensträucher hervorragend ergänzen. Sie können ihren Reiz aber durchaus auch in Einzelstellung oder in kleinen Gruppen entfalten.

Pflege: Damit die Blüte stets reich ausfällt, müssen die frühblühenden Spiersträucher regelmäßig geschnitten werden. Man entfernt dazu alle 2 – 3 Jahre die jeweils ältesten Triebe oder nimmt jährlich sofort nach der Blüte alle abgeblühten Zweige bis zum Ansatz zurück. Auch ein radikaler Rückschnitt wird von den Spiersträuchern gut vertragen.

Vermehrung: Nachwuchs erhält man durch Stecklinge, Steckhölzer oder Teilung der Sträucher.

Schädlinge und Krankheiten: Blattläuse; Echter Mehltau

Sommerblüher

Arten: *S. japonica*, *S.-Bumalda*-Hybriden (auch *S.* x *bumalda*, *S. albiflora* x *S. japonica*), *S.-Billardii*-Hybriden (auch *S.* x *billardii*, *S. douglasii* x *S. salicifolia*)

Herkunft: *S. japonica* Wälder Ostasiens

Wuchsform: *S. japonica* und *S.-Billardii*-Hybriden mittelhohe Sträucher, *S.-Bumalda*-Hybriden kleine Sträucher

Höhe: *S. japonica* 0,5 – 1,5 m, Sorten auch niedriger, *S.-Bumalda*-Hybriden 0,6 – 1,2 m, *S.-Billardii*-Hybriden 1,5 – 2,5 m

Blütenfarbe: rosa, Sorten auch rot

Blütezeit: Juni bis September

Merkmale: Die hier genannten Spierstraucharten blühen in sanften Rosa- und Rottönen, und dies unermüdlich den ganzen Sommer hindurch. Von *S. japonica* werden überwiegend kleinwüchsige Sorten kultiviert, die an den Enden der diesjährigen Triebe breite, flache Blütendolden entwickeln. Die *S.-Bumalda*-Hybriden sind klein bleibende Sträucher, deren blaß- bis dunkelrosa Blütenpracht viele Monate anhält. Von den *S.-Billardii*-Hybriden ist eigentlich nur die Sorte 'Triumphans' von Bedeutung, die lebhaft purpurrosa blüht.

Sorten: von *S. japonica* 'Little Princess' (Zwergstrauch mit gedrungenem Wuchs, rosa Blüten, Höhe 0,3 – 0,6 m); von den *S.-Bumalda*-Hybriden 'Froebelii' (dunkel purpurrosa Blüten, Höhe 0,8 – 1,2 m), 'Anthony Waterer' (Kleinstrauch mit rundlicher Gestalt, rosarote Blüten, Höhe 0,6 – 1 m); von den *S.-Billardii*-Hybriden 'Triumphans' (aufrechter Wuchs, purpurrosa Blüten, Höhe 2 – 2,5 m)

Standortansprüche: Die genannten Spierstraucharten gedeihen in voller Sonne wie im Halbschatten gleichermaßen gut. Sie nehmen mit jedem Gartenboden vorlieb, für die *S.-Billardii*-Hybriden muß er allerdings sauer bis neutral sein. Zumindest die *S.-Bumalda*-Hybride 'Anthony Waterer' gilt als ausgesprochen rauchhart und ist für Stadtklima ausgezeichnet geeignet.

Verwendung: Ähnlich wie die frühjahrsblühenden Arten eignen sich auch die sommerblühenden als Heckenpflanzen. Die kleinwüchsigen Formen ergeben hübsche Einfassungshecken. Flächig gepflanzt, bedecken sie den Boden mit einem Laub- und Blütenteppich. Man kann die reichblühenden Arten aber auch als Füllsträucher in verschiedene Gehölzgruppen einfügen.

Pflege: Im Gegensatz zu den Frühlingsblühern schneidet man die sommerblühenden Spiersträucher nur wenig, allenfalls lichtet man sie ein wenig aus. Nur die *S.-Bumalda*-Hybriden blühen besser, wenn sie jährlich eingekürzt werden.

Vermehrung, Schädlinge und Krankheiten: wie bei den frühjahrsblühenden Arten (siehe oben)

Spiraea-Bumalda-Hybride

Symphoricarpos
Schneebeere

Arten: *S. albus* var. *laevigatus* (auch *S. rivularis*, *S. racemosus*, Gewöhnliche Schneebeere), *S.* x *chenaultii* (auch *S. microphyllus* x *S. orbiculatus*, Purpurbeere), *S. orbiculatus* (Korallenbeere)
Familie: Geißblattgewächse *(Caprifoliaceae)*
Herkunft: Nordamerika, *S. albus* var. *laevigatus* Felshänge und Böschungen, *S. orbiculatus* Lichtungen und Gebüsche
Wuchsform: mittelhohe Sträucher
Höhe: *S. albus* var. *laevigatus* 2 – 3 m, *S.* x *chenaultii* 1,5 – 2 m, Sorten auch niedriger, *S. orbiculatus* 1,5 – 2 m
Blütenfarbe: *S. albus* var. *laevigatus* rosa-weiß, *S.* x *chenaultii* und *S. orbiculatus* rosa
Blütezeit: Juni bis August
Früchte: giftige, beerenartige Steinfrüchte, *S. albus* var. *laevigatus* weiß, *S.* x *chenaultii* weiß-rot, *S. orbiculatus* purpurrot, alle ab September
Merkmale: Schneebeeren kennen die meisten von Kindesbeinen an, kann man doch die lufthaltigen Beeren, die Knallerbsen oder Knackbeeren, geräuschvoll auf dem Boden zerplatzen lassen. Doch sollte man dabei Vorsicht walten lassen, denn die kleinen Steinfrüchte enthalten Giftstoffe, die bei äußerem Kontakt Hautreizungen verursachen können und bei Verzehr schwere Vergiftungen nach sich ziehen.
Die Gewöhnliche Schneebeere treibt aus ihrer Basis zahlreiche Grundtriebe, die sich im oberen Bereich des Strauchs dicht verzweigen und bogig überhängen. Zwischen dem grünlichgrauen Laub, das oft bis weit in den Winter an den Zweigen bleibt, lugen im Sommer kleine weiß-rosa Glockenblüten hervor, aus denen sich im Herbst die charakteristischen schneeweißen Beeren entwickeln.
Bei der Purpurbeere hängen die langen Triebe schwungvoll über, so daß sie nicht selten mit ihren Spitzen den Boden berühren. Die dunkelgrünen, ovalen Laubblätter erscheinen schon früh im Jahr und werden erst sehr spät wieder abgeworfen. Die rosafarbenen Blütchen fallen kaum auf, ganz im Gegensatz zu den daraus entstehenden runden Beeren, die auf der Lichtseite rotbackig, auf der Schattenseite aber weiß und rot gesprenkelt sind. Die Korallenbeere entwickelt sich zu einem etwas sparrigen Strauch, dessen stumpfgrüne Blätter im Herbst eine rötliche Tönung annehmen. Wie die Purpurbeere treibt auch sie rosafarbene Blüten, ihre Früchte sind allerdings purpurrot und fallen erst im Winter so richtig auf, wenn sie noch immer an den bereits kahlen Zweigen haften.
Sorte: von *S.* x *chenaultii* 'Hancock' (niederliegender Wuchs, Triebe bewurzeln sich bei Bodenberührung, guter Bodendecker, völlig unempfindlich gegen Rauchgase und Streusalz, Höhe 0,5 – 0,8 m)
Standortansprüche: Die Schneebeeren sind ganz anspruchslose Sträucher, die in sonnigen wie in halbschattigen Lagen gleichermaßen gut gedeihen. Ihre kräftigen, flach ausgebreitet wachsenden Wurzeln finden in jedem Gartenboden geeignete Bedingungen. Die Sträucher gelten als rauchhart und vertragen Stadtklima problemlos.
Verwendung: Die robusten Gehölze kombiniert man am besten mit anderen Arten in

Symphoricarpos albus var. *laevigatus*

Gehölzgruppen. Sie können aber auch als Unterpflanzung hoher Bäume dienen oder in Hecken stehen. Niedrige Formen sind ausgezeichnete Bodendecker.
Pflege: Um die schöne Wuchsform der Schneebeeren zu bewahren, muß man sie alle 2 – 3 Jahre auslichten. Da sich die Sträucher durch Ausläufer bisweilen stark ausbreiten können, sollte man jegliches Graben im Wurzelbereich vermeiden, denn sonst wird die Bildung solcher lästigen Triebe geradezu noch gefördert.
Vermehrung: Zusätzliche Pflanzen erhält man am besten durch Stecklinge oder Steckhölzer. Die Sträucher lassen sich aber auch teilen oder durch Aussaat vermehren.

Syringa
Flieder

Familie: Ölbaumgewächse *(Oleaceae)*

Was wäre der Frühling ohne die duftenden Blütenkerzen des Flieders? Neben den allbekannten Gartensorten verdienen auch etliche der weniger pompösen Wildarten Beachtung.

Großblütige Arten

Arten: *S. vulgaris* (Gewöhnlicher Flieder), *S.-Vulgaris*-Hybriden (Edelflieder), *S.* x *chinensis* (auch *S.* x *persica* x *S. vulgaris*, Chinesischer Flieder)
Herkunft: *S. vulgaris* Waldränder und Gebüsche in Südosteuropa und Südwestasien, die übrigen Arten sind Kulturformen.
Wuchsform: Großsträucher oder kleine Bäume
Höhe: *S. vulgaris* und *S.-Vulgaris*-Hybriden 4 – 6 m, *S.* x *chinensis* 3 – 5 m, Sorte niedriger
Blütenfarbe: *S. vulgaris* und *S.* x *chinensis* lila, *S.-Vulgaris*-Hybriden weiß, lilarosa, lilarot, lila oder hellgelb
Blütezeit: Mai bis Juni
Merkmale: Auf die großen Sträucher des Gewöhnlichen Flieders wird man erst zur Blütezeit aufmerksam. Ihre wunderbar duftenden violetten, aufrechten Blütenrispen erscheinen in reicher Zahl.
Im Garten sind jedoch die prunkvollen Hybriden, die aus dem Gewöhnlichen Flieder hervorgingen, von weit größerer Bedeutung als die Wildart. Wie jene wachsen auch diese sog. Edelfliedersorten zu großen Sträuchern mit steif

aufrechten Ästen heran, tragen das typische breitovale Laub und schmücken sich mit einer Fülle kräftig gefärbter Blütenkerzen. Leider ist bei vielen gefülltblühenden Sorten der betörende Duft verlorengegangen. Der Chinesische Flieder ist eine Zufallshybride, die in einem Botanischen Garten entdeckt wurde und sich durch intensiv duftende, lilafarbene und etwas schlaffe Blütenrispen an bogig überhängenden Zweigen auszeichnet.
Sorten: Von den *S.-Vulgaris*-Hybriden werden u. a. angeboten (jeweils 4 – 6 m hoch) 'Andenken an Ludwig Späth' (dunkel purpurrote, einfache Blüten), 'Charles Joly' (lilarot, innen rosa, gefüllt), 'Katharina Havemeyer' (lilarosa, halbgefüllt), 'Michel Buchner' (lila, weißes Auge, gefüllt), 'Mme. Lemoine' (rein weiß, gefüllt), 'Mont Blanc' (rein weiß, einfach), 'Mrs. Edward Harding' (intensiv purpurrosa, gefüllt), 'Primrose' (hellgelb, einfach). Von *S.* x *chinensis* ist unter dem Namen Königsflieder die Sorte 'Saugeana' im Handel, eine tief lilarot blühende, 2 – 3 m hohe Form.
Standortansprüche: Flieder sollte man nur an sonnigen bis absonnigen Stellen pflanzen. Allein der Gewöhnliche Flieder kann auch halbschattig stehen, blüht dann aber meist nicht so reich. Die recht anspruchslosen Sträucher gedeihen sogar in trockenem Gartenboden, solange dieser gut durchlässig, nährstoffreich und nicht zu sauer ist. Flieder gilt als mäßig rauchhart, eignet sich aber gut für innerstädtisches Klima.

Syringa vulgaris

Verwendung: Die prachtvollen Blütengehölze werden entweder einzeln an einen besonders auffälligen Platz gepflanzt oder zu einer farblich abgestimmten Gruppe kombiniert. Ungewöhnlich reizvoll wirken sie in freiwachsenden Hecken. Ihre Blütenzweige werden gern für die Vase geschnitten, noch knospige Triebe lassen sich auch gut antreiben, d. h. in der Wärme vorzeitig zur Blüte bringen.
Pflege: Verwelkte Blütenkerzen sollte man umgehend entfernen, dann fällt der Blütenansatz im Folgejahr um so reichlicher aus. In den ersten Jahren nach der Pflanzung empfiehlt es sich, alle Triebe nach der Blüte um etwa ein Drittel zurückzuschneiden, damit sich die Krone besser verzweigt. Später beschränkt sich der Schnitt auf gelegentliches Auslichten.
Beim Edelflieder müssen Wildtriebe, die aus der Unterlage erscheinen, regelmäßig beseitigt werden, damit sie die Edelsorte nicht überwachsen. Man gräbt sie dazu frei und reißt sie vom Wurzelansatz weg. Besonders der Edelflieder dankt eine jährliche Düngergabe mit einer besonders üppigen Blüte.
Vermehrung: Den Gewöhnlichen und den Chinesischen Flieder kann man aus Samen nachziehen. Die Edelfliedersorten dagegen müssen veredelt werden.
Schädlinge und Krankheiten: Blattläuse, Fliedermotte; Echter Mehltau, Zweig- und Knospensterben, Virosen

Kleinblütige Wildarten

Arten: *S. josikaea* (Ungarischer Flieder), *S. patula* (auch *S. velutina*, *S. palibiniana*, Samtflieder), *S. reflexa* (Bogenflieder), *S. microphylla* (Herbstflieder)
Herkunft: Waldränder in China, *S. josikaea* in Südosteuropa
Wuchsform: *S. josikaea* und *S. reflexa* Großsträucher, *S. patula* und *S. microphylla* mittelhohe Sträucher
Höhe: *S. josikaea* 3 – 4 m, *S. patula* 1,5 – 2,5 m, *S. reflexa* 2 – 4 m, *S. microphylla* 1 – 2 m
Blütenfarbe: *S. josikaea* und *S. patula* lila, *S. reflexa* dunkelrosa bis dunkelrot, *S. microphylla* rosarot bis lilarosa
Blütezeit: *S. josikaea* und *S. patula* Mai bis Juni, *S. reflexa* Juni bis Juli, *S. microphylla* Juni bis Oktober
Merkmale: Wildfliederarten bestechen durch ihren reizvollen, eleganten Wuchs und ihre zwar kleineren, aber wohlriechenden Blüten.
Der Ungarische Flieder bildet einen straff aufrechten, dichtbuschigen Strauch, an dem sich im Frühsommer zahlreiche schlanke Blütenrispen in dunklem Lila entfalten und einen betörenden Duft verbreiten. Der Samtflieder trägt seinen Namen nach den feinfilzig behaarten Zweigen und Blattunterseiten. Er blüht ebenfalls im Frühsommer mit lilafarbenen, duftenden Rispen. Die Triebe des Bogenflieders hängen im oberen Bereich schwungvoll über. Erst im Hochsommer öffnet er seine Blütenknospen, die in walzenförmigen Rispen stehen. Sie verfärben sich von tiefem Karminrot nach Rosarot, das Innere der Blüten aber schimmert stets weißlich. Vom Herbstflieder wird die

Syringa reflexa

reine Art kaum kultiviert, viel eher die Sorte 'Superba'. Nach einem ersten, sehr üppigen Flor im Juni schiebt sie noch bis zum einsetzenden Frost unermüdlich duftende, rosarote bis lilarosa getönte Kerzen nach.
Sorte: von *S. microphylla* 'Superba' (rosarote bis lilarosa Blüten, Hauptblüte im Juni, Nachblüte bis zum Oktober, Höhe 1 – 2 m)
Standortansprüche: An einem sonnigen bis absonnigen Platz mit durchlässigem, nährstoffreichem Boden gedeihen die Wildfliederarten am besten. Der Boden sollte sauer bis schwach basisch sein, nur der kalkliebende Herbstflieder braucht ein schwach saures bis stark basisches Substrat. Die hier genannten Arten gelten teilweise als mäßig rauchhart, mit Ausnahme des Herbstflieders vertragen sie Stadtklima nur schlecht.
Verwendung: Die schlichter wirkenden kleinblütigen Wildflieder passen gut in Gehölzgruppen und Hecken.
Pflege: Entfernt man die abgewelkten Rispen, fällt der Blütenansatz im nächsten Jahr besonders üppig aus. Damit die Sträucher eine schöne Form behalten, sollte man sie alle paar Jahre ein wenig auslichten.
Vermehrung, Schädlinge und Krankheiten: wie bei den großblütigen Arten (siehe oben)

T

Tamarix
Tamariske

Arten: *T. parviflora* (Frühlingstamariske), *T. ramosissima* (auch *T. pentandra*, *T. chinensis*, *T. odessana*, Heidetamariske, Sommertamariske)
Familie: Tamariskengewächse *(Tamaricaceae)*
Herkunft: *T. parviflora* Trockengebüsche in Südosteuropa und Nordafrika, *T. ramosissima* Halbwüsten, Dünen und Schotterflächen in Ostasien
Wuchsform: Großsträucher, *T. ramosissima* auch kleiner Baum
Höhe: 3 – 4 m
Blütenfarbe: rosa
Blütezeit: *T. parviflora* Mai bis Juni, *T. ramosissima* Juli bis September

Tamarix ramosissima

Merkmale: Bei den sommergrünen Sträuchern stehen schuppenförmige Blätter an locker überhängenden, rutenartigen Trieben. Die Frühlingstamariske präsentiert an ihren rotbraunen, im Alter fast schwarzen, dünnen Zweigen ab dem Spätfrühling unzählige hellrosa Blütentrauben, während die Heidetamariske ihre dunkelrosa gefärbten doppelten Blütentrauben erst im Hochsommer entfaltet. Früchte werden im mitteleuropäischen Klima kaum gebildet und fallen auch nicht auf.
Sorten: von *T. ramosissima* (jeweils 3 – 4 m hoch) 'Pink Cascade' (besonders reich blühend, hellrosa Blüten), 'Rubra' (dunkel karminrosa Blüten)
Standortansprüche: Tamarisken gehören zu den gegenüber Trockenheit widerstandsfähigsten Gartengehölzen. Ein vollsonniger, heißer Platz ist ihnen gerade recht. Sie gedeihen problemlos auf einem durchlässigen, sehr trockenen, sandigen Untergrund, aber auch auf jedem frischen Gartenboden. Beide Arten sind gut rauchhart und eignen sich ausgezeichnet für Stadtklima.
Verwendung: Einen Höhepunkt besonderer Art bilden einzelnstehend gepflanzte Tamarisken zur Blütezeit. Man kann die filigranen Sträucher aber auch in Gehölzgruppen integrieren. Besonders effektvoll wirken die rosa Blütenwolken neben silberlaubigen Gehölzen wie der Ölweide oder neben rot beblätterten Arten wie dem Perückenstrauch. Tamarisken eignen sich hervorragend zur Begrünung trockener Hänge oder Böschungen, selbst auf reinem Schutt und Geröll wachsen sie willig.
Pflege: Die tief- und zugleich breitwurzelnden Sträucher wachsen nach dem Verpflanzen nur schwer wieder an. Daher erwirbt und pflanzt man am besten nur getopfte Jungpflanzen. Auch können sich Tamarisken nur schlecht aus der Basis heraus verjüngen, weshalb man sie keinesfalls radikal zurückschneiden sollte. Besser ist ein gelegentliches Auslichten oder ein vorsichtiges Einkürzen zu lang gewordener Triebe.
Vermehrung: Jungpflanzen lassen sich aus Steckhölzern oder Stecklingen heranziehen.

Taxodium
Sumpfzypresse, Sumpfeibe

Art: *T. distichum*
Familie: Sumpfzypressengewächse *(Taxodiaceae)*
Herkunft: Sumpfgebiete und Flußauen im südöstlichen Nordamerika
Wuchsform: hoher, säulenförmiger oder breitkegeliger Baum
Höhe: 20 – 30 m
Blütezeit: März bis April
Früchte: hellbraune eiförmige Zapfen, ab Oktober
Merkmale: Die sommergrüne Sumpfzypresse ist ein interessantes und zugleich sehr dekoratives Nadelgehölz. Der hoch aufstrebende Stamm ist an der Basis brettartig verbreitert. Rund um den Stammfuß bilden die tiefreichenden Wurzeln im Alter kniehohe, hohle Auswüchse, die sog. Atem- oder Wurzelknie. Ob diese Gebilde die Wurzeln im sumpfigen Gelände zusätzlich mit Sauerstoff versorgen oder eine andere Funktion haben, ist noch nicht erforscht. Die rotbraune Rinde bildet einen schönen Farbkontrast zu der hellgrünen, fedrig wirkenden Belaubung; sie löst sich in langen Fasern vom Stamm ab. Im Herbst färben sich die Nadeln bronze- oder braunrot, bevor sie mitsamt den Kurztrieben, an denen sie sitzen, abgeworfen werden. Besonders an älteren Bäumen fallen auch die eiförmigen hellbraunen, violett bereiften Zapfen auf, die ab Oktober aufspringen und den Samen entlassen.
Standortansprüche: Als Besiedler feuchter Niederungen bevorzugt die Sumpfzypresse einen sonnigen bis halbschattigen Stand auf tiefgründigem, nährstoffreichem und möglichst feuchtem Boden mit stark saurem bis neutralem pH-Wert. Man kann das Gehölz sogar direkt in flache stehende Gewässer pflanzen, doch auch etwas trockenere Standorte kommen in Frage, wenn ein hoher Grundwasserspiegel vorliegt.

Taxodium distichum

Die Art ist sehr rauchhart und für innerstädtisches Klima geeignet, jedoch gegen Oberflächenverdichtung des Bodens recht empfindlich. Auch sollte man darauf achten, daß der Baum in seiner Jugend geschützt steht, da er ein wenig frostempfindlich ist. Im Alter erweist er sich als ausreichend winterhart.

Verwendung: Die anfangs nur langsam wachsende Sumpfzypresse ergibt einen malerischen Hintergrund für einen größeren Teich oder einen Bachlauf. Sie eignet sich aber auch als Solitärgehölz für feuchte Plätze.
Pflege: Der anspruchslose Baum benötigt am richtigen Standort keine Pflege.
Vermehrung: Jungpflanzen lassen sich durch Aussaat, Steckhölzer oder Stecklinge gewinnen.
Tip: Die Sumpfzypresse kann man direkt in ein flaches Gewässer einpflanzen. Dazu setzt man einen Jungbaum mit möglichst großem Wurzelballen einfach auf den Gewässergrund, die Wurzeln verankern sich dann bald von selbst im Boden.

Taxus
Eibe

Arten: *T. baccata* (Gewöhnliche Eibe), *T. cuspidata* (Japanische Eibe), *T.* x *media* (auch *T. baccata* x *T. cuspidata*)
Familie: Eibengewächse *(Taxaceae)*
Herkunft: *T. baccata* Mischwälder in Europa, Nordafrika und Westasien, *T. cuspidata* Berg- und Küstenwälder in Ostasien
Wuchsform: kleine bis mittelhohe Bäume oder Sträucher mit breit ausladendem Wuchs, Sorten auch säulenförmig oder breitbuschig
Höhe: *T. baccata* 5 – 10 m, sehr selten bis 20 m, Sorten meist niedriger, *T. cuspidata* 2 – 5 m, Sorten meist niedriger, *T.* x *media* je nach Sorte 1 – 6 m
Blütenfarbe: männliche Blüten hellgelb, weibliche unscheinbar
Blütezeit: März bis April
Früchte: giftige, beerenähnliche Früchte, rot, bei einzelnen Sorten auch gelb, ab September
Merkmale: Eiben sind immergrüne, dicht verzweigte Bäume oder Sträucher, die in den unterschiedlichsten Wuchsformen und Größen vorkommen. Da weibliche und männliche Blüten an getrennten Pflanzen stehen, bilden sich nur an weiblichen Exemplaren die auffälligen Früchte. Wie alle anderen Pflanzenteile sind auch die eiförmigen Samenkerne stark giftig, einzig der sie umhüllende leuchtend rote fleischige Samenmantel enthält keine Giftstoffe. Das Holz dieser langlebigen Nadelbäume ist sehr zäh, man verwendet es von alters her für Schnitzereien und zur Herstellung von Gebrauchsgegenständen.
Die Gewöhnliche Eibe, deren Wildbestände unter Naturschutz stehen, wächst recht langsam zu einem ein- oder mehrstämmigen Baum mit einer breitkegeligen oder ausladenden Krone. Nicht selten bleibt sie strauchförmig. Ihre im Alter abblätternde rotbraune Rinde ist grob gefurcht und kontrastiert schön zu der dunkelgrünen Benadelung.

Taxus baccata

Die Japanische Eibe bildet dagegen meist einen kompakten Strauch, seltener einen Baum, dessen Äste aufwärts

Bewährte Sorten von *Taxus*

Sorte	Höhe in m	Wuchs	Nadelfarbe
von *Taxus baccata*			
'Dovastoniana' (Adlerschwingeneibe)	6 – 8	♀ – ○	grün
'Dovastoniana Aurea' (Gelbe Adlerschwingeneibe)	3 – 6	♀ – ○	gelbgrün
'Aurea Variegata' (Gelbe Eibe)	3 – 5	○	gelbgrün gestreift
'Fastigiata' (Säuleneibe)	3 – 5	▯	grün
'Fastigiata Aureomarginata' (Gelbe Säuleneibe)	3 – 5	▯	grün, gelb gerandet
'Fastigiata Robusta' (Säuleneibe)	3 – 5	▯	grün
'Overeynderi' (Kegeleibe)	3 – 5	△	grün
'Nissen's Kadett'	3 – 4	▽	grün
'Nissen's Präsident'	2 – 3	▽	grün
'Nissen's Corona'	1 – 2	◠	hellgrün
'Nissen's Regent'	1 – 2	◠	grün
'Semperaurea' (Goldeibe)	1 – 2	○	goldgelb bis grüngelb
'Washingtonii'	1 – 2	○	gelbgrün, gelb gerandet
'Repandens' (Kisseneibe, Tafeleibe)	0,5 – 1	◠	grün
'Summergold' (Gelbe Kriecheibe)	0,5 – 0,8	◠	goldgelb, im Winter hellgrün
von *Taxus cuspidata*			
'Nana'	0,5 – 1,5	◠	grün
'Green Valley'	0,5 – 1	○	grün
von *Taxus* x *media*			
'Hicksii' (Bechereibe)	3 – 5	▯	grün
'Hillii'	3 – 5	○ – △	hellgrün
'Strait Hedge' (Spaliereibe)	3 – 5	▯	grün
'Hatfieldii'	2 – 3	○ – △	grün
'Thayerae'	1 – 1,5	○ – ▽	hellgrün

♀ baumförmig ○ breitbuschig-strauchig ▯ säulenförmig △ kegelförmig ▽ breit trichterförmig ◠ breitbuschig-bodenaufliegend

streben und an den Spitzen überhängen. Ihre Nadeln sind heller grün gefärbt als bei der Gewöhnlichen Eibe, zudem sehr dick und an den Spitzen stachelig ausgezogen. Nur selten kann man an ihr die roten Früchte bewundern. Die Hybride *T.* x *media*, die aus einer Kreuzung der beiden zuvor genannten Arten entstand, wächst kräftiger und gedrungener als die Gewöhnliche Eibe. Es gibt von ihr wie von den beiden reinen Arten eine Fülle von Sorten, die sich vor allem in Wuchsform und Nadelfarbe unterscheiden.
Standortansprüche: Alle Eiben bevorzugen zwar einen schattigen bis halbschattigen Standort, können aber auch in sonniger Lage gepflanzt werden, wo sie allerdings im Winter manchmal Trockenschäden erleiden. Die überwiegend flachwurzelnden Gehölze gedeihen auf jedem Gartenboden, solange dieser frisch und nicht zu sauer ist. Bemerkenswert bei allen Arten und Sorten ist ihre überaus hohe Widerstandsfähigkeit gegenüber Rauchgasen. Sie vertragen problemlos auch innerstädtisches Klima.
Verwendung: Durch ihre große Formenvielfalt eignen sich Eiben für außerordentlich viele Gartenbereiche. Die anspruchslosen Gehölze wirken sowohl in Einzelstellung wie in Gruppen sehr dekorativ. Eher baumartige und ausladende Formen, z. B. die Gewöhnliche Eibe oder die Adlerschwingeneibe (*T. baccata* 'Dovastoniana'), entwickeln sich als Solitäre zu besonders malerischer Gestalt. Säulenformen kommen in Heidegärten, kombiniert mit Rosen oder auch Stauden, am besten zur Geltung. Stärker in die Breite als in die Höhe wachsende Sorten (z. B. 'Nissen's Kadett' oder 'Repandens') eignen sich zur Unterpflanzung größerer Gehölze, Zwergformen wie *T. cuspidata* 'Nana' als dauerhaft belebende Elemente für Steingärten. Die Gewöhnliche Eibe wie auch mehrere Sorten (z. B. 'Fastigiata', 'Overeynderi' oder 'Hicksii') kann man auch sehr gut zur Anlage von dichten Hecken verwenden.
Pflege: Da Eiben recht empfindlich gegen Oberflächenverdichtung sind, sollte man sie nicht an Wegränder oder an Einfahrten pflanzen. Ansonsten erweisen sich die Gehölze als ausgesprochen pflegeleicht. Sie sind zudem außerordentlich schnittverträglich und können beliebig in Form gebracht werden.
Vermehrung: Die reinen Arten lassen sich durch Aussaat vermehren, allerdings weichen die Nachkömmlinge in der Wuchsform oft etwas von der Mutterpflanze ab. Am besten vermehrt man Arten wie Sorten über Stecklinge.
Schädlinge: Schildläuse, Gallmilben

Thuja
Lebensbaum

Arten: *T. occidentalis* (Abendländischer Lebensbaum), *T. plicata* (Riesenlebensbaum)
Familie: Zypressengewächse (*Cupressaceae*)
Herkunft: *T. occidentalis* Sumpf-, Berg- und Moorwälder in Nordamerika, *T. plicata* Nadelwälder in Nordamerika
Wuchsform: *T. occidentalis* mittelhoher, *T. plicata* hoher Baum mit schmaler, kegelförmiger Krone, Sorten auch kleine oder zwergige Bäume
Höhe: *T. occidentalis* 10 – 15 m, selten bis 20 m, Sorten meist niedriger, *T. plicata* 15 – 30 m, Sorten meist niedriger
Blütezeit: März bis Mai
Früchte: giftige kleine Zapfen, grünlich bis braun, ab September
Merkmale: Schon 1536 wurde der Abendländische Lebensbaum als eine der ersten Gehölzarten aus Nordamerika in Europa eingeführt. Mittlerweile hat er sich, zusammen mit dem Riesenlebensbaum, einen festen Platz in der europäischen Gartenflora erworben. Die immergrünen Nadelgehölze warten mit einer Fülle von Sorten auf, die eine große Variationsbreite in der Wuchsform und der Laubfärbung zeigen. Meist bilden sie kegel- oder säulenförmige Bäume, seltener auch Sträucher, einige Sorten erreichen beeindruckende Höhen, andere bleiben zeitlebens zwergwüchsig. Ihre schuppenförmigen Blätter, die einen aromatischen Duft verströmen, sitzen den abgeflachten Zweigen dicht auf. Bei vielen Formen fallen auch die kleinen ledrigen Zapfen auf. Beachten muß man allerdings, daß die Triebe, insbesondere aber die Zweigspitzen und die Früchte, starke Giftstoffe enthalten. Bereits bei äußerlichem Kontakt können diese Gifte Hautentzündungen hervorrufen, bei Verzehr wirken unter Umständen schon geringe Mengen tödlich, ziehen aber zumindest immer schwere Vergiftungserscheinungen nach sich.
Der Abendländische Lebensbaum ist als robuste Heckenpflanze weit verbreitet. Die reine Art wächst zu einem überwiegend einstämmigen Baum heran, dessen Äste waagrecht abstehen und eine schmale, spitzkegelige Krone bilden. Bei freiem Stand hängen die äußeren Zweige schleppenartig herab. Die dunkelgrünen, schuppenförmigen Nadeln riechen aromatisch herb und verfärben sich im Winter bronzegrün. Im Herbst reifen die hellbraunen eiförmigen Zapfen heran, die zwar klein, doch meist sehr zahlreich und daher auffällig sind. Der Riesenlebensbaum ähnelt dem Abendländischen, wird aber um einiges höher und bildet eine etwas breitere, aber sehr regelmäßige Kegelkrone. Die benadelten, flachen Zweige erscheinen auf der Oberseite glänzend grün, auf der Unterseite bläulichweiß und duften beim Zerreiben nach Ananas. Die Äste frei stehender Exemplare reichen oft bis zum Boden. Sie bewurzeln sich dann häufig, richten sich auf und entwickeln sich zu eigenständigen Bäumchen, die die Mutterpflanze wie ein kleiner Wald umgeben. Zur Reifezeit färben sich die anfänglich grünen Zapfen hellbraun und öffnen ihre bedornten, abgespreizten Zapfenschuppen.
Standortansprüche: Die lichtliebenden Bäume sollten am besten einen sonnigen bis allenfalls halbschattigen Platz erhalten. Ihre flach verlaufenden Wurzeln finden in nahezu allen Bodenarten geeignete

Thuja occidentalis

Bewährte Sorten von *Thuja*

Sorte	Höhe in m	Wuchs	Nadelfarbe	Besonderes
von *Thuja occidentalis*				
'Columna'	8 – 10	▯	dunkelgrün	gut geeignet für schmale Hecken
'Lutea'	8 – 10	△	goldgelb	regelmäßige Form, vergrünt nicht
'Smaragd'	2,5 – 6	△	frischgrün	gut geeignet für Hecken
'Holmstrup'	2 – 5	▯	frischgrün	wächst langsam, gut geeignet für Hecken
'Sunkist'	2 – 5	△	hellgelb, im Winter grüngelb	wächst rasch
'Ellwangeriana'	2 – 3	△	tiefgrün	gut geeignet für schmale Hecken
'Rheingold'	1,5 – 3	○ – △	goldgelb-orangegelb, im Winter kupfrig	variable Zwergform
'Globosa'	1 – 2	○	hellgrün, im Winter graugrün	breitwüchsig
'Recurva Nana'	1 – 2	△	mattgrün, im Winter braungrün	dicht verzweigt, gedrehte Zweigspitzen
'Danica'	0,3 – 1	○	frischgrün, im Winter bronze- bis blaugrün	dichtbuschige Zwergform
von *Thuja plicata*				
'Zebrina'	12 – 15	△	gelb-grün oder weiß-grün gestreift	regelmäßiger Wuchs
'Excelsa'	10 – 15	△ – ▯	dunkelgrün	große, derbe Nadeln
'Fastigiata'	10 – 15	▯	dunkelgrün	schmaler Wuchs

▯ säulenförmig △ kegelförmig ○ kugelig

Bedingungen, solange nur genügend Feuchtigkeit vorhanden ist. Selbst ein kalter, sumpfiger Untergrund wird problemlos vertragen. Die winterharten Gehölze sind überaus unempfindlich gegen Rauchgase und gedeihen auch im Stadtklima hervorragend; allerdings erleiden sie leicht Salzschäden, weshalb man sie auf keinen Fall in unmittelbare Straßennähe setzen sollte.
Verwendung: Lebensbäume und ihre vielen Sorten lassen sich in den verschiedensten Gartenbereichen verwenden. Sie wirken sowohl in Einzelstellung wie auch in Gruppen gut. Gelb benadelte Sorten bilden einen hübschen Kontrast zu grünlaubigen Gehölzen und beleben den Garten auch im Winter. Häufig werden die ganz anspruchslosen Nadelgehölze auch zur Anlage von Schnitthecken genutzt, die einen hervorragenden Sichtschutz ergeben. Kleinere Formen und Zwergformen können in Kübel und Tröge, auf Dachgärten, im Steingarten und sogar in Rabatten gepflanzt werden.
Pflege: Dank ihres hohen Regenerationsvermögens lassen sich die Pflanzen problemlos ganz nach Belieben schneiden. Dichte Hecken sollte man unten breiter als oben, also mit trapezförmigem Querschnitt stutzen, damit sie nicht von innen heraus verkahlen.
Vermehrung: Die Gartensorten kann man sehr einfach durch Stecklinge nachziehen; bei den reinen Arten ist auch Aussaat möglich.
Schädlinge und Krankheiten: Schildläuse, Blattläuse, Miniermotten; Nadelbräune, Triebsterben

Thujopsis
Hiba-Lebensbaum

Art: *T. dolabrata* (Hiba-Lebensbaum, Hiba)
Familie: Zypressengewächse *(Cupressaceae)*
Herkunft: Bergwälder in Japan
Wuchsform: kleiner Baum, meist als buschiger Strauch wachsend, breitkegelige Krone
Höhe: 3 – 5 m, selten bis 7 m, Sorte niedriger
Blütezeit: Mai
Früchte: kleine eiförmige, unscheinbare Zapfen, ab September
Merkmale: Der sehr langsamwüchsige, immergrüne Hiba-Lebensbaum erinnert stark an einen Lebensbaum (siehe Seite 219 f.). In Mitteleuropa entwickelt er sich meist zu einem buschigen, dicht beasteten Strauch, seltener zu einem kleinen, kegelförmigen Baum. Auffällig ist die rauhe, wie zerkratzt aussehende Rinde. Die unregelmäßig angeordneten Äste reichen bis zum Boden und tragen flache, fächerförmig ausgebreitete Zweige mit dunkelgrünen, glänzenden, unterseits weißen Schuppennadeln. Unscheinbar bleiben dagegen die kleinen eiförmigen, fast aufrechtstehenden Zapfen mit ihren dicken, ledrigen Schuppen.
Sorte: 'Nana' (Zwergform, buschiger, kissenartiger Wuchs, Höhe 0,3 – 0,5 m)
Standortansprüche: Der ausgesprochen frostharte Hiba-Lebensbaum gedeiht in halbschattiger Lage am besten, verträgt aber auch Schatten oder bei hoher Luftfeuchtigkeit sogar volle Sonne. Der Boden sollte tiefgründig, frisch und humos sein. Die Art gilt als ziemlich rauchhart, eignet sich aber nicht für innerstädtisches Klima.
Verwendung: Der Hiba-Lebensbaum kann in Einzelstellung oder als Gruppengehölz gepflanzt werden. Vor allem in Kombination mit anderen Nadelbäumen macht er sich gut. Eine besondere Verwendungsmöglichkeit bietet sich für Liebhaber der Bonsai-Gestaltung, da das

Thujopsis dolabrata

Gehölz problemlos geschnitten werden kann und von Natur aus langsam wächst.
Pflege: Zu seiner vollen Entfaltung sollte der Hiba-Lebensbaum am besten ungeschnitten bleiben, obwohl jeglicher Schnitt gut vertragen wird.
Vermehrung: Neue Pflanzen erhält man durch Samen oder Stecklinge. Schneidet man letztere von Seitentrieben, wachsen die Jungpflanzen meist strauchig. Für kegelförmige Bäume müssen Spitzentriebe gewählt oder neue Pflanzen aus Samen herangezogen werden.

Tilia
Linde

Arten: *T. platyphyllos* (Sommerlinde), *T. cordata* (Winterlinde, Steinlinde), *T.* x *vulgaris* (auch *T. cordata* x *T. platyphyllos*, *T.* x *europaea*, *T.* x *intermedia*, Holländische Linde), *T. americana* (Amerikanische Linde), *T. tomentosa* (Silberlinde), *T.* x *euchlora* (vermutlich *T. cordata* x *T. dasystyla*, Krim-Linde)
Familie: Lindengewächse *(Tiliaceae)*
Herkunft: Wälder, *T. platyphyllos*, *T. cordata* und *T.* x *vulgaris* in Europa und Westasien, *T. americana* in Nordamerika, *T. tomentosa* in Südosteuropa und Kleinasien, *T.* x *euchlora* auf der Krim
Wuchsform: große Bäume mit kegelförmigen Kronen, einige Sorten sowie *T.* x *euchlora* mittelgroße Bäume
Höhe: *T. platyphyllos* 15 – 30 m, selten bis 40 m, *T. cordata* 10 – 30 m, *T.* x *vulgaris* 25 – 40 m, *T. americana* 20 – 30 m, *T. tomentosa* 20 – 30 m, *T.* x *euchlora* 15 – 20 m
Blütenfarbe: gelblich
Blütezeit: Juni bis Juli

Tilia platyphyllos

Früchte: hellgrüne kugelige Nußfrüchte, ab August oder September
Merkmale: Linden sind mächtige sommergrüne Bäume, für die herzförmige, an der Basis meist asymmetrische Laubblätter und herabhängende Büschel gelblicher, herrlich duftender Blüten typisch sind. Der lange Stiel jedes Blütenstands ist zur Hälfte mit einem hellgrünen Hochblatt verwachsen. Aus den Blüten entwickeln sich kleine runde Nußfrüchte, die noch immer von dem Hochblatt beschirmt werden.
Die Sommerlinde, ein imposanter Baum mit hochgewölbter, breitkegeliger Krone, erkennt man zum einen an den unterseits hellgrünen, weich behaarten Laubblättern, die in den Winkeln der Blattadern kleine weiße Bärte tragen, zum andern an den sich etwas früher als bei der Winterlinde öffnenden Blüten in kleinen Büscheln. Die Winterlinde bildet eine weniger regelmäßige Krone, ihre ausladenden Äste hängen breit über. Die Laubblätter zeigen eine stärkere Asymmetrie, sind unterseits bläulichgrün gefärbt und in den Aderwinkeln rostbraun behaart. Zudem bestehen ihre Blütenstände aus zahlreichen Einzelblüten. Aus der Kreuzung dieser zwei Arten entstammt die Holländische Linde, die Merkmale beider Elternteile in sich vereint. Bei der Amerikanischen Linde fallen vor allem die im Vergleich zu den anderen Linden riesigen Blätter auf. Die Silberlinde läßt sich an den steil aufrecht gerichteten Ästen ihrer breitkegeligen Krone erkennen. Ihr Laub ist unterseits hell silberfilzig, es färbt sich im Herbst goldgelb. Dagegen hängen die Triebe der Krim-Linde stark herab, und ihre Krone zeigt eine eiförmige bis kegelige Gestalt. Ein weiteres Merkmal sind die oberseits stark glänzenden Blätter, die erst spät im Herbst abgeworfen werden.
Sorten: von *T. platyphyllos* 'Rubra' (junge Triebe auffallend rot gefärbt, schmale Krone, sonst wie die Art, Höhe 15 – 30 m); von *T. cordata* 'Erecta' (mittelgroßer Baum, schlanke, kegelförmige Krone, Höhe 15 – 20 m), 'Greenspire' (mittelgroßer Baum, gleichmäßige, kegelige Krone, besonders dunkles Laub, für innerstädtisches Klima gut geeignet, Höhe 15 – 20 m), 'Rancho' (kleiner bis mittelgroßer Baum, regelmäßige, kegelige Krone, Höhe 10 – 15 m); von *T.* x *vulgaris* 'Pallida' (Kaiserlinde, Königslinde; mächtiger Baum mit besonders gleichmäßiger, kegelförmiger Krone, Höhe 30 – 40 m); von *T. americana* 'Nova' (großer Baum mit besonders stattlichen Blättern, Höhe 20 – 25 m); von *T. tomentosa* 'Brabant' (großer Baum, dichte, kegelförmige Krone, Höhe 20 bis 30 m)
Standortansprüche: Linden bevorzugen einen sonnigen Stand, vertragen jedoch auch Halbschatten. Für alle Arten sollte der Boden tiefgründig und nährstoffreich sein, damit sie ihr tiefreichendes Wurzelsystem bestmöglich entwickeln können. Sommer- und Amerikanische Linde ziehen frischen bis leicht feuchten Boden vor, die übrigen Arten gedeihen auf frischem bis mäßig trockenem Boden gut. Rauchgase vertragen die meisten Linden nicht; Ausnahmen bilden Holländische, Silber- und Krim-Linde sowie die Winterlindensorte 'Greenspire'.
Verwendung: Die eindrucksvollen Großbäume sind vielerorts das Zentrum eines Hofes oder Platzes. Wegen ihrer Größe finden Linden hauptsächlich in weitläufigen Gärten Verwendung, und zwar am besten in Einzelstellung. Nur die niedriger wachsenden Sorten sowie die Krim-Linde eignen sich auch für kleinere Anlagen und für Gruppenpflanzung.
Pflege: Linden sollte man gänzlich ungeschnitten lassen, damit sie sich zu voller Schönheit entwickeln können.
Vermehrung: Die reinen Arten können durch Aussaat vermehrt, die Sorten müssen veredelt werden.
Schädlinge und Krankheiten: Blattläuse, Spinnmilben, Gallmilben, Raupen des Mondflecks; Blattfleckenkrankheit
Tip: Lindenblüten sind ein bewährtes Heilmittel in der Naturmedizin. Ein Tee aus frischen oder getrockneten Blüten der Sommer- oder Winterlinde hilft bei Erkältungskrankheiten.

Tsuga
Hemlocktanne, Schierlingstanne

Art: *T. canadensis* (Kanadische Hemlocktanne)
Familie: Kieferngewächse *(Pinaceae)*
Herkunft: Mischwälder in Nordamerika
Wuchsform: mittelgroßer Baum mit breitkegeliger Krone

Höhe: 15 – 20 m, selten bis 30 m, Sorten wesentlich niedriger
Blütezeit: April bis Mai
Früchte: rotbraune spitzovale Zapfen, ab September
Merkmale: Mit ihren zierlichen, fein benadelten Ästen ist die Kanadische Hemlocktanne ein ausgesprochen eleganter immergrüner Nadelbaum. Ihr rauhborkiger Stamm reckt sich bis zum Wipfel, häufig gabelt er sich aber auch schon weit unten in mehrere Haupttriebe. Die breite, etwas unregelmäßige Krone wird aus etagenbildenden, dichtstehenden Ästen geformt, deren Seitentriebe ebenso wie die Gipfeltriebe schwungvoll herabhängen.
Die beim Austrieb hellgrünen, später dunkelgrünen, kurzen, flachen Nadeln stehen beidseitig in Reihen an den Zweigen. An älteren Bäumen reifen im Herbst spitzovale, rotbraune Zapfen, die stets an den Zweigenden sitzen.
Sorten: 'Pendula' (Hängehemlock; Hängeform, meist mehrstämmig, kaskadenartig überhängende Zweige, Höhe 3 – 4 m, selten bis 5 m), 'Jeddeloh' (Zwerghemlock, Kissenhemlock; Zwergform ohne Mitteltrieb mit halbkugeligem Wuchs, spiralig gestellte Zweige mit nestartiger Vertiefung, lange, derbe Nadeln, Höhe 0,7 – 1 m)

Tsuga canadensis

Standortansprüche: Das winterharte Gehölz gedeiht am besten in absonniger bis halbschattiger, windgeschützter Lage, so daß man junge Bäume ohne weiteres unter große, hochkronige Bäume pflanzen kann. Es bevorzugt einen gut durchlässigen, frischen, humosen Untergrund, am besten einen sandigen Lehmboden im sauren bis neutralen pH-Bereich. Gegen Bodentrockenheit und Hitze sowie gegen Rauchgase und Streusalz ist der Baum sehr empfindlich, deshalb ist er für innerstädtische Bereiche ungeeignet.
Verwendung: Die elegante Kanadische Hemlocktanne kommt am besten in Einzelstellung oder in einer lockeren Gruppe zur Geltung. Unter hohe Nadel- oder Laubbäume gepflanzt, findet sie einerseits den nötigen Schutz und hilft andererseits, diese Problemzonen des Gartens reizvoll zu gestalten. Die Zwergsorte 'Jeddeloh' eignet sich als interessanter Blickfang für Steingärten und Rabatten sowie als Ufergehölz für Teiche. Die weit überhängenden Äste der Sorte 'Pendula' können höchst dekorativ eine Mauer begrünen. Alle Formen lassen sich ausgezeichnet mit Rhododendren und Wildstauden kombinieren.
Pflege: Das Gehölz ist anspruchslos, sollte aber in der Jugend gegen kalten Wind und heiße Mittagssonne geschützt werden.
Obwohl durchaus schnittverträglich, kann die Kanadische Hemlocktanne nur ungeschnitten ihre volle Schönheit entfalten.
Vermehrung: Die reine Art läßt sich aus Samen nachziehen; die Sorten vermehrt man über Stecklinge, damit die Eigenschaften erhalten bleiben.

U

Ulmus
Ulme, Rüster

Arten: *U. glabra* (Bergulme), *U. minor* (auch *U. carpinifolia*, Feldulme), *U. parvifolia* (Chinesische Ulme), *U.* x *hollandica* (auch *U. glabra* x *U. minor* x *U. plottii*, Holländische Ulme)
Familie: Ulmengewächse *(Ulmaceae)*
Herkunft: Wälder, *U. glabra* und *U. minor* in Europa und Westasien, *U. parvifolia* in Ostasien
Wuchsform: *U. glabra* und *U. minor* große Bäume, Sorten auch mittelhohe bis kleine Bäume, *U. parvifolia* kleiner Baum, *U.* x *hollandica* mittelhoher Baum
Höhe: *U. glabra* 20 – 40 m, Sorten viel niedriger, *U. minor* 25 – 30 m, Sorten viel niedriger, *U. parvifolia* 10 – 15 m, *U.* x *hollandica* je nach Sorte 10 – 20 m
Blütenfarbe: grünlichweiß, unscheinbar
Blütezeit: März bis April
Früchte: grünliche geflügelte Nußfrüchte, ab April
Merkmale: Ulmen entwickeln sich zu stattlichen Bäumen, die sommergrünes, der Hainbuche (siehe Seite 142) ähnliches Laub tragen. Schon sehr zeitig im Jahr, noch vor dem Laubaustrieb, entfalten sich an den Zweigen büschelweise die unauffälligen Blüten. Bald darauf reifen die Früchte heran: kleine Nüßchen, die jeweils rundum von einem häutigen Flügel eingefaßt werden.
Die Bergulme wächst zu einem mächtigen Baum mit dichter, runder Krone und asymmetrisch geformten Laubblättern heran. Für den Garten sind vor allem Sorten mit hängenden Trieben interessant. Die Feldulme bleibt etwas niedriger als die Bergulme, ihre Laubblätter sind kleiner und symmetrisch gestaltet. Die Chinesische Ulme bildet auf einem kurzen Stamm eine breite Kugelkrone aus. Sie wirft ihr Laub erst spät im Herbst ab. Unter dem Namen Holländische Ulme faßt man eine Reihe von Hybridformen zwischen Berg- und Feldulme sowie einer weiteren Art zusammen, deren Gestalt von Sorte zu Sorte recht unterschiedlich ausfällt.
Sorten: Von *U. glabra* werden u. a. angeboten 'Pendula' (Hängeulme, auch als 'Horizontalis' geführt; breite, schirmförmige Krone, waagrecht ausgebreitete Äste, Triebspitzen leicht überhängend, Höhe 10 – 15 m), 'Camperdownii' (Laubenulme; kleiner Baum mit herabhängenden Zweigen, Höhe je nach Erziehungsweise 3 bis 5 m); von *U. minor* 'Wredei' (Goldulme, auch als *U.* x *hollandica* 'Wredei' geführt; kleiner Baum mit spitzkegeliger Krone, gekraustes, gelbgrünes Laub, Höhe 8 – 12 m); von *U.* x *hollandica* 'Commelin' (mittelgroßer Baum mit breitkegeliger Krone, Höhe 15 – 20 m), 'Groeneveld' (mittelgroßer Baum mit spitzkegeliger Krone, Höhe 12 – 15 m), 'Dodoens' (mittelgroßer Baum mit säulenförmiger bis breitkegeliger Krone, gilt als widerstandsfähig gegen Ulmensterben, Höhe 10 – 15 m), 'Plantijn' (mittelgroßer Baum mit breitovaler bis breitkege-

liger Krone, gilt als widerstandsfähig gegen Ulmensterben, Höhe 10 – 15 m). Die Sorte 'Jaqueline Hillier', eine Kreuzung zwischen *U. glabra* und *U. plottii*, ist ein langsam wachsender kleiner Baum mit halbrunder Krone und überaus dicht stehendem Laub, der auch im Alter nur etwa 3 – 5 m hoch wird.
Standortansprüche: Ulmen sind tiefwurzelnde Bäume, die in kühlfeuchter Umgebung eine halbschattige Lage bevorzugen, aber auch an sonnigen Stellen noch gut gedeihen. Der Boden sollte tiefgründig und nährstoffreich, dabei möglichst nur schwach sauer, besser basisch sein. Bis auf wenige Sorten (z. B. 'Commelin' und 'Plantijn') gelten Ulmen als wenig rauchhart und eignen sich, mit Ausnahme eben jener Sorten, auch nur schlecht für Stadtklima.
Verwendung: Die Bäume sollte man ausschließlich dort pflanzen, wo sie optimale Standortbedingungen vorfinden. Denn nur wenn ihre Ansprüche vollauf erfüllt sind, scheinen sie weniger anfällig für das Ulmensterben, eine stets tödlich verlaufende Pilzkrankheit, zu sein. Die hohen Arten eignen sich natürlich nur für große Gärten und Parkanlagen, dagegen finden die niedrigeren Arten und Sorten durchaus auch in kleineren Gärten Platz. Man stellt sie am besten einzeln. Lauben- und Hängeulme können auch ein ungewöhnliches Dach für einen außerordentlich romantischen Sitzplatz ergeben.
Pflege: Die Bäume sollten ungeschnitten bleiben, damit sich ihre Kronen frei entwickeln können. Falls ein Schnitt dennoch notwendig wird, muß man unbedingt sämtliche Wunden sorgfältig mit Wundverschlußmittel (siehe Seite 87) behandeln, um ein Eindringen von Krankheitserregern zu verhindern.
Vermehrung: Von den reinen Arten können Samen direkt nach der Reife ausgesät werden. Die Sorten werden veredelt.
Schädlinge und Krankheiten: Blattläuse, Schildläuse, Blutläuse; Ulmensterben
Tip: Um dem tückischen Ulmensterben vorzubeugen, sollte man möglichst auf wenig anfällige Sorten zurückgreifen. Bislang sind keine dauerhaft resistenten Ulmen bekannt, einige Sorten gelten aber als relativ widerstandsfähig, z. B. *U.* x *hollandica* 'Dodoens' oder 'Plantijn'. Man sollte sich vor dem Kauf unbedingt über geeignete oder für die Gegend empfehlenswerte Sorten im Fachhandel beraten lassen.

Ulmus glabra, Hängeulme

V

Viburnum
Schneeball

Familie: Geißblattgewächse *(Caprifoliaceae)*

Schneeballarten sind schöne Blütensträucher, einige von ihnen tragen einen auffallenden Fruchtschmuck. Je nach Art sind die üppigen Blütenstände recht verschieden gestaltet – flach, gewölbt oder kugelig, stets aber weiß oder zartrosa gefärbt. Neben sommergrünen Formen, von denen einige schon im Winter zu blühen beginnen, gibt es auch immergrüne Arten.

Frühblühende Arten

Arten: *V. farreri* (auch *V. fragrans*, Duftschneeball), *V.* x *bodnantense* (auch *V. farreri* x *V. grandiflorum*, Winterschneeball), *V.* x *burkwoodii* (auch *V. carlesii* x *V. utile*, Osterschneeball), *V.* x *carlcephalum* (auch *V. carlesii* x *V. macrocephalum*), *V. carlesii*
Herkunft: Wälder, Waldränder und Gebüsche in Ostasien
Wuchsform: mittelhohe Sträucher, *V. carlesii* kleiner Strauch
Höhe: 2 – 3 m, *V. carlesii* 1 – 1,5 m
Blütenfarbe: *V. farreri* weiß bis rosa, *V.* x *bodnantense* rosa, *V.* x *burkwoodii* und *V. carlesii* rosa, später weiß, *V.* x *carlcephalum* weiß
Blütezeit: *V. farreri* und *V.* x *bodnantense* November bis Dezember und Februar bis März, *V.* x *burkwoodii* März bis April, *V.* x *carlcephalum* und *V. carlesii* April bis Mai
Früchte: *V. farreri* giftige, beerenartige Steinfrüchte, erst rot, später schwarz, ab Juni
Merkmale: Duft- und Winterschneeball schieben bei milder Witterung noch vor Weihnachten ihre duftenden Blüten aus den Knospen, seinen Höhepunkt erreicht der Flor allerdings erst im folgenden Frühjahr. Weiß bis rosa erscheinen die kleinen Blütenstände des Duftschneeballs, die sich aufs hübscheste von dem früh austreibenden, stumpfgrünen Laub abheben.

Viburnum farreri

Beim Winterschneeball sind die büscheligen Blütenstände zunächst tiefrosa, später verblassen sie etwas. Bevor es abgeworfen wird, leuchtet das Laub beider Arten im Herbst nochmals kräftig auf: beim Duftschneeball orangegelb, beim Winterschneeball bräunlichrot mit violettem Schimmer. Die duftenden, erst rosafarbenen, später weißen gewölbten Blütendolden des Osterschneeballs öffnen sich tatsächlich meist in der Zeit

Viburnum x *carlcephalum*

um Ostern. Sein glänzend grünes, unterseits filziges Laub fällt nur in strengen Wintern ab, in milden Jahren bleibt das dichtbuschige Gehölz wintergrün. *V.* x *carlcephalum* bildet einen lockeren, breitbuschigen, sommergrünen Strauch, der sich im Frühjahr reichlich mit wohlriechenden weißen Blütenbüscheln überzieht. Einen intensiven Duft verströmen auch die rosafarbenen, später eher weißlichen Blüten von *V. carlesii*, die sich in dichten, halbkugeligen Ständen an dem locker aufgebauten, sommergrünen Kleinstrauch entfalten. Abgesehen vom Duftschneeball setzen die genannten Arten keine oder nur sehr selten Früchte an, und auch die giftigen, in der Reife schwarzen beerenartigen Steinfrüchte des Duftschneeballs bleiben recht unauffällig.
Sorte: von *V.* x *bodnantense* 'Dawn' (Blüten groß, kräftig rosa, später verblassend, Höhe 2 – 2,5 m)
Standortansprüche: Ein sonniger bis halbschattiger Platz ist für alle frühblühenden Schneeballarten optimal. Der Boden sollte gut durchlässig und frisch sein, möglichst auch viel Humus enthalten und sauer bis schwach basisch reagieren. Von verschiedenen Fachleuten werden die Arten als mäßig rauchhart und für Stadtklima geeignet eingestuft.
Verwendung: Die reizvollen Blütengehölze sollten einen Platz erhalten, an dem ihre wohlriechenden Blüten voll zur Geltung kommen. Man pflanzt sie deshalb bevorzugt in die Nähe der Terrasse oder des Hauseingangs, sei es einzeln oder in Kombination mit anderen Gehölzen. Sie können auch in freiwachsende Hecken integriert werden.
Pflege: Damit die Kronen locker bleiben und stets reichlich Blüten erscheinen, sollten die Sträucher in zwei- bis dreijährigem Rhythmus etwas ausgelichtet werden.
Vermehrung: Schneeballarten kann man durch Stecklinge oder Absenker nachziehen. Sofern Früchte gebildet werden, ist auch Aussaat (Kaltkeimer) möglich.
Schädlinge und Krankheiten: Blattläuse, Blattwanzen, Spinnmilben, Schneeball-Blattkäfer; Blattfleckenkrankheit an *V. carlesii*

Im Frühsommer blühende, sommergrüne Arten

Arten: *V. lantana* (Wolliger Schneeball), *V. opulus* (Gewöhnlicher Schneeball), *V. plicatum* f. *tomentosum* (auch *V. plicatum*, *V. tomentosum*, *V. plicatum* var. *tomentosum*, Japanischer Schneeball)
Herkunft: *V. lantana* und *V. opulus* Wälder, Waldränder und Hecken in Europa und Westasien, *V. plicatum* f. *tomentosum* in Ostasien, dort nur in Kultur bekannt
Wuchsform: Großsträucher, *V. plicatum* f. *tomentosum* mittelhoher Strauch
Höhe: *V. lantana* und *V. opulus* 1 – 4 m, selten bis 5 m, *V. plicatum* f. *tomentosum* 1,5 – 3 m
Blütenfarbe: weiß, Sorten auch rosa
Blütezeit: Mai bis Juni
Früchte: giftige, beerenartige Steinfrüchte, *V. lantana* erst rot, später schwarz, *V. opulus* rot, *V. plicatum* f. *tomentosum* blauschwarz, alle ab September
Merkmale: Den Wolligen Schneeball erkennt man unschwer an seinen mattgrünen, unterseits dicht graufilzig behaarten Blättern. Ähnlich wie bei vielen Hortensien (siehe Seite 174 f.) umkränzen in seinen großen, schirmartig gewölbten Blütenständen weiße, sterile Randblüten die in der Mitte stehenden, eben-

Viburnum lantana

falls weißen, fruchtbaren Blüten. Aus letzteren entwickeln sich giftige, zuerst rote, später schwarze Früchte. Wie der Wollige ist auch der Gewöhnliche Schneeball ein dekorativer und zudem als Nähr- und Nistgehölz für die heimische Tierwelt sehr bedeutsamer Strauch. An seinen straff aufrechten, an den Spitzen leicht überhängenden Zweigen öffnen sich über ahornähnlichem Laub cremeweiße Blütenschirme, bei denen fruchtbare, glockige Blüten von vergrößerten, sternförmigen, sterilen Außenblüten umgeben werden. Seine beerenartigen, lange an den Zweigen haftenden giftigen Früchte sind leuchtend rot gefärbt und schmücken den Strauch, nachdem das orangefarbene Herbstlaub abgefallen ist. Die Sorte 'Roseum', bei der die kugeligen Blütenstände tatsächlich wie Schneebälle wirken, war namengebend für die gesamte Gattung. Der Japanische Schneeball präsentiert sich mit überaus anmutigen, schirmförmig angeordneten Blüten. Seine Äste stehen etagenförmig übereinander, und das dunkelgrüne Laub färbt sich im Herbst orangerot. Nur selten kommt es zur Ausbildung der giftigen blauschwarzen Früchte.
Sorten: von *V. opulus* 'Roseum' (Echter Schneeball, Gefüllter Schneeball, auch als 'Sterile' geführt; ballförmige Blütenstände aus gefüllten Blüten, erst rein weiß, später nach Rosa verfärbend, fruchtet nicht, Höhe 2 – 4 m); von *V. plicatum* f. *tomentosum* 'Mariesii' (breite, tellerförmige Schirmdolden mit großen weißen Außenblüten, waagrecht abstehende und breit ausladende Seitenäste, Höhe 1,5 – 2 m, selten bis 3 m)
Standortansprüche: Wie alle Schneeballarten bevorzugen auch die hier genannten sonnige bis halbschattige Stellen. Die flach verlaufenden Wurzeln finden in einem durchlässigen und möglichst auch humosen Boden die besten Bedingungen. Während der Wollige Schneeball auch trockenen Boden verträgt, sollten die übrigen

Viburnum opulus

etwas feuchter stehen. Alle drei Arten dieser Gruppe gelten als ziemlich rauchhart, mit Ausnahme des Wolligen Schneeballs sind sie aber nicht für Stadtklima geeignet.
Verwendung: Die herrlichen Blütensträucher wirken sowohl in Einzelstellung wie auch in Gehölzgruppen oder freiwachsenden Hecken.
Pflege: Den Wolligen wie den Gewöhnlichen Schneeball sollte man regelmäßig jedes Jahr auslichten, damit sie nicht zu dicht werden und stets reichlich blühen. Beim Japanischen Schneeball brauchen nur alle paar Jahre zu dicht stehende Äste herausgenommen zu werden.
Vermehrung, Schädlinge und Krankheiten: wie bei den frühblühenden Arten (siehe Seite 224)

Immergrüne Arten

Arten: *V. rhytidophyllum* (Immergrüner Zungenschneeball, Runzelblättriger Schneeball), *V. davidii* (Immergrüner Kissenschneeball)
Herkunft: Wälder Chinas
Wuchsform: *V. rhytidophyllum* Großstrauch, *V. davidii* Zwergstrauch
Höhe: *V. rhytidophyllum* 3 – 4 m, *V. davidii* 0,3 – 0,5 m
Blütenfarbe: *V. rhytidophyllum* cremeweiß, *V. davidii* hellrosa
Blütezeit: Mai bis Juni
Früchte: giftige, beerenartige Steinfrüchte, *V. rhytidophyllum* erst rot, später schwarz, *V. davidii* dunkelblau, weißlich bereift, beide ab September
Merkmale: Der Immergrüne Zungenschneeball gehört zu den auffälligsten immergrünen Ziergehölzen. An seinen straff aufrechten, im Alter aber auch gewundenen oder bogig überhängenden Trieben stehen dunkelgrüne, länglich eiförmige Blätter, die oberseits runzelig und unterseits braunfilzig behaart sind. Bei kalter Witterung hängt das Laub wie welk herab, bei sehr strengem Frost wird es teilweise auch abgeworfen. Im Frühsommer schmücken sich die Triebspitzen mit cremeweißen Blütendolden, aus denen sich rote, in der Reife schwarzgefärbte giftige Früchte entwickeln. Ganz ähnliches Laub besitzt auch der Immergrüne Kissenschneeball, der aber nur zu einem flach ausgebreiteten Zwergstrauch heranwächst. Aus seinen hellrosa Blütenständen gehen dunkelblaue, weißlich bereifte, ebenfalls giftige Beeren hervor.
Standortansprüche: Im Gegensatz zu den sommergrünen brauchen die immergrünen Arten einen nicht allzu sonnigen, besser halbschattigen Standort. Vor allem der etwas empfindliche Immergrüne Kissenschneeball zeigt sich für eine geschützte Stelle dankbar. Ideal ist ein durchlässiger, frischer Humusboden, der zudem sauer bis schwach basisch sein sollte. Der Immergrüne Zungenschneeball wird als mäßig rauchhart eingestuft; beide Arten gedeihen in innerstädtischem Klima.
Verwendung: Mit ihrem ganzjährig dekorativen Erscheinungsbild passen die beiden Sträucher gut in Gehölzgruppen, können aber ebenso auch einzeln gestellt werden. Der Immergrüne

Viburnum davidii

Zungenschneeball eignet sich zur Bereicherung freiwachsender Hecken, der Immergrüne Kissenschneeball auch für Moorbeete oder als Kübelpflanze.
Pflege, Vermehrung, Schädlinge und Krankheiten: wie bei den frühblühenden Arten (siehe Seite 224)

Vitis
Rebe

Arten: *V. vinifera* ssp. *sylvestris* (auch *V. sylvestris*, Wildrebe, Wilde Weinrebe), *V. coignetiae* (Rostrote Rebe), *V. labrusca* (Fuchsrebe)
Familie: Reben- oder Weinrebengewächse *(Vitaceae)*
Herkunft: Waldränder, *V. vinifera* ssp. *sylvestris* Südost- und südliches Mitteleuropa, Nordwestafrika und Kleinasien, *V. coignetiae* Ostasien, *V. labrusca* südliche USA
Wuchsform: rankende Klettergehölze
Höhe: *V. vinifera* ssp. *sylvestris* 3 – 10 m, selten auch höher, *V. coignetiae* 6 – 15 m, *V. labrusca* 5 – 12 m
Blütenfarbe: grünlich, unscheinbar
Blütezeit: Juni bis Juli
Früchte: saftige Traubenfrüchte, *V. vinifera* ssp. *sylvestris* und *V. labrusca* grün, eßbar, *V. coignetiae* dunkelpurpurn, weißlich bereift, alle ab September
Merkmale: Die Wildrebe, ein sommergrünes Klettergehölz mit überaus hoher Wuchskraft, ist die Stammform der vielen edlen Weinreben *(V. vinifera)*. Ihre grün-

Vitis coignetiae

lichen, zweihäusigen Blüten bleiben zwischen dem gelappten Laub weitgehend versteckt, erst die kleinen Trauben, die herb säuerlich schmecken, fallen auf. Die Rostrote Rebe wächst ebenfalls ungemein rasch und stark. Wie auch die übrigen Arten verankert sie sich an der Unterlage mit Hilfe von Blattranken. Ihre großen, herzförmigen Blätter färben sich im Herbst rostrot, die tief purpurroten und weißlich bereiften Früchte sind nicht genießbar. Bei der Fuchsrebe sind die jungen Triebe auffällig wollig behaart, und auch die rundlichen bis herzförmigen Laubblätter zeigen auf der Unterseite eine rötliche Behaarung, die an einen Fuchspelz erinnert. Aus den Blüten entwickeln sich bis zum Herbst grünliche Trauben, die streng würzig schmecken.
Standortansprüche: Wilde Rebenarten sind im Gegensatz zu den echten Weinreben recht anspruchslos. Sie gedeihen auch in klimatisch nicht so günstigen Lagen an sonnigen bis halbschattigen Stellen und geben sich mit jedem gut durchlässigen Gartenboden zufrieden.
Verwendung: Mit ihrem dekorativen Blattwerk verkleiden die schnellwüchsigen Reben Pergolen, Lauben und Rankgerüste, die allerdings stabil genug sein müssen, um die schwere Pflanzenlast tragen zu können.
Pflege: Geschnitten werden die Wildarten der Rebe nur, wenn ihre Triebe stören oder wenn ihr Wuchs begrenzt werden soll.
Vermehrung: Neue Pflanzen gewinnt man durch Aussaat (Kaltkeimer), durch Steckhölzer oder Absenker.
Krankheiten: Echter und Falscher Mehltau

W

Weigela-Hybride

Weigela
Weigelie, Glockenstrauch

Arten: *W. florida*, *W.*-Hybriden
Familie: Geißblattgewächse *(Caprifoliaceae)*
Herkunft: *W. florida* Mischwälder und Gebüsche in Ostasien, bei den *W.*-Hybriden meist unbekannt
Wuchsform: mittelhohe Sträucher
Höhe: 2 – 3 m, Sorten auch niedriger
Blütenfarbe: *W. florida* rosa, *W.*-Hybriden rosa, rot, weiß
Blütezeit: Mai bis Juni
Merkmale: Weigelien sind sommergrüne Blütensträucher, die sich im Frühsommer reich mit zartrosafarbenen bis karminroten Blütenglocken schmücken. Ihr Laub verlieren sie erst spät im Jahr. Bei *W. florida* wachsen die Triebe straff aufrecht, mit zunehmendem Alter hängen sie leicht über. Das frischgrüne, ovale Laub untermalt effektvoll die rosafarbenen, innen wesentlich heller getönten glockigen Blüten, die jeweils zu mehreren in den Blattachseln sitzen. Die Abstammung der vielen *W.*-Hybriden läßt sich meist nicht mehr verfolgen. Ihre zahlreichen Sorten unterscheiden sich in erster Linie durch die Blütenfarbe. Früchte – unauffällige braune, holzige Kapseln – werden nur selten gebildet.
Sorten: Von *W. florida* ist überwiegend die Sorte 'Purpurea' (Laub braunrot, Blüten dunkelrosa, Höhe 0,8 – 1 m) im Handel. Von den *W.*-Hybriden werden u. a. angeboten (jeweils 2 – 3 m hoch) 'Bristol Ruby' (karminrote Blüten, Nachblüte im Spätsommer), 'Candida' (rein weiße Blüten, ziemlich großblütig), 'Eva Rathke' (intensiv karminrote Blüten), 'Newport Red' (weinrote Blüten mit violettem Hauch), 'Styriaca' (kleine rosa Blüten, äußerst reichblütig).
Standortansprüche: Die aparten Blütensträucher wachsen am besten in voller Sonne, geben sich aber auch mit Halbschatten zufrieden und gedeihen völlig problemlos in jedem Gartenboden. Die robusten Weigelien sind zudem rauchhart und eignen sich selbst für Stadtklima hervorragend.
Verwendung: Herrliche Gartenbilder ergeben sich, wenn Weigelien neben andere zur gleichen Zeit blühende Sträucher gesetzt werden, z. B. neben Kolkwitzien, Pfeifensträucher oder weißblühenden Flieder. Die anspruchslosen Gehölze lockern aber auch eine freiwachsende Hecke auf und zeigen sich selbst in Einzelstellung von ihrer besten Seite.
Pflege: Damit sie stets eine schöne Wuchsform behalten und reichlich Blüten treiben, müssen Weigelien jedes Jahr ausgelichtet werden, indem man die jeweils ältesten Triebe bis zur Basis herausnimmt.
Vermehrung: Zusätzliche Pflanzen lassen sich durch Stecklinge oder Steckhölzer gewinnen.

Weigela-Hybride

Wisteria
Glyzine, Blauregen, Wistarie

Arten: *W. floribunda* (Langtraubige Glyzine), *W. sinensis* (Chinesische Glyzine) *W.* x *formosa* (auch *W.* x *floribunda* x *W. sinensis*)
Familie: Schmetterlingsblütler *(Leguminosae)*
Herkunft: Gebüsche, Au- und Mischwälder in Ostasien
Wuchsform: windende Klettergehölze
Höhe: 6 – 10 m
Blütenfarbe: violettblau *W.* x *formosa* blaßviolett mit violettblau, Sorten auch hell- und dunkelblau sowie weiß
Blütezeit: *W. floribunda* und *W.* x *formosa* Mai bis Juni, *W. sinensis* April bis Mai
Merkmale: Glyzinen werden durchaus treffend auch Blauregen genannt, denn ihre langgestreckten Trauben aus hell violettblauen Schmetterlingsblüten, die sich von der Basis des Blütenstands zu dessen Spitze hin nach und nach öffnen, hängen kaskadenartig von den langen Klettertrieben herab.
Die Langtraubige Glyzine ist ein rechtswindendes Gehölz, das bereits sehr zeitig seine zuerst hellgrünen, später dunkelgrünen, gefiederten Blätter austreibt. Die überaus dichten, 20 – 50 cm langen Blütentrauben bestechen durch ihre zarte violettblaue Farbe und duften angenehm. Im Herbst, vor dem Laubfall, tauchen die sich verfärbenden Blätter das Gehölz in sattes Gelb. Die Chinesische Glyzine windet ihre kräftigen Triebe dagegen linksherum. Noch vor dem Austrieb des Laubs erscheinen die etwas plumper wirkenden, aber nicht minder reizvollen, duftenden Blütentrauben, die wie blauviolette Wasserfälle von den Zweigen herabhängen. Aus einer Kreuzung der beiden genannten Arten ist die Hybride *W.* x *formosa* entstanden. Wie bei der Chinesischen Glyzine schlingen sich ihre Triebe linkswindend um Stützen herum. Teile ihrer betörend duftenden Blüten sind zart blaßviolett, die übrigen dagegen intensiver violettblau gefärbt. Sie stehen ebenfalls in langen Trauben, blühen aber anders als bei den Arten fast gleichzeitig auf. Die Bildung von Fruchthülsen ist bei Glyzinen im hiesigen Klima kaum zu beobachten. Alle Teile der Pflanzen, insbesondere Rinde und Samen, enthalten verschiedene Giftstoffe.
Sorten: von *W. floribunda* 'Macrobotrys' (besonders lange Blütentrauben, Einzelblüten hellblau und dunkelblau gefärbt, Höhe 6 – 10 m); von *W. sinensis* 'Alba' (auch als Sorte von *W. floribunda* geführt; weißblühend, Höhe 6 – 10 m)
Standortansprüche: Glyzinen bevorzugen einen sonnigen, geschützten Standort, gedeihen aber auch noch im Halbschatten. Der Boden sollte gut durchlässig, nährstoffreich und humos sein und ausreichend Feuchtigkeit enthalten. Sind diese Voraussetzungen erfüllt, können die Klettergehölze auch in innerstädtischem Klima gezogen werden, sie gelten jedenfalls als rauchhart.
Verwendung: An Pergolen, Lauben, Gerüsten oder anderen Kletterhilfen bilden die Glyzinen schmuckvolle Blütenvorhänge. Besonders eindrucksvoll wirken ihre Blüten, wenn sie vom Dach einer Pergola direkt über den Sitzplatz herabhängen. Als Nachbar empfiehlt sich der Goldregen, der mit seinen gelben Blütentrauben das Blau der Glyzinenblüten wunderbar ergänzt.
Pflege: Bisweilen wachsen Glyzinen nur zögernd an. Man sollte sie deshalb in der ersten Zeit nach der Pflanzung sorgsam hegen, indem man sie gleichmäßig feucht hält, etwas schattiert und die Jungtriebe in der für die jeweilige Art typischen Richtung aufleitet. Bei Trockenheit müssen auch ältere Exemplare ausgiebig gewässert werden. Meist sind Glyzinen veredelt. Wildtriebe, die aus der Unterlage sprießen, sollten regelmäßig entfernt werden, damit sie die aufveredelte Pflanze nicht überwuchern.
Ein regelmäßiger Schnitt ist nicht erforderlich. Wo die Triebe stören, kann man sie jedoch nach Belieben einkürzen, am besten gleich nach der Blüte.

Wisteria floribunda

Wisteria sinensis

Vermehrung: Glyzinen sollte man stets nur vegetativ über Stecklinge oder Absenker vermehren, da Sämlinge erst nach vielen Jahren und dann auch nur spärlich Blüten entwickeln. Noch zuverlässiger blühen allerdings veredelte Pflanzen. Diese komplizierte Vermehrungsart überläßt man aber am besten dem Fachmann und kauft fertige Jungpflanzen nach.
Tip: Die kräftigen Triebe der Glyzinen können sich derart eng um eine Unterlage schlingen, daß diese ohne weiteres zusammengedrückt wird. Deshalb dürfen die Gehölze keinesfalls an Regenrohren hochgezogen werden, und auch Regenrinnen sollte man freihalten.

Adressen

Pflanzenschutzdienst in der Bundesrepublik Deutschland

Bundesministerium und Bundesanstalten

Bundesministerium für Ernährung, Landwirtschaft und Forsten
– Referat Pflanzenschutz –
Rochusstraße 1
53123 Bonn

Biologische Bundesanstalt für Land- und Forstwirtschaft
Königin-Luise-Straße 19
14195 Berlin

Biologische Bundesanstalt für Land- und Forstwirtschaft
Messeweg 11/12
38104 Braunschweig

Bundesanstalt für Züchtungsforschung an Kulturpflanzen
Neuer Weg 22/23
06484 Quedlinburg

Pflanzenschutzdienst der Länder

Baden-Württemberg
Landesanstalt für Pflanzenschutz
Reinsburgstraße 107
70197 Stuttgart

Bayern
Bayerische Landesanstalt für Bodenkultur und Pflanzenbau
– Abteilung Pflanzenschutz –
Menzinger Straße 54
80638 München

Berlin
Pflanzenschutzamt Berlin
Mohriner Allee 137
12347 Berlin

Brandenburg
Landesamt für Ernährung, Landwirtschaft und Flurneuordnung
– Dezernat Pflanzenschutzdienst (Abteilung 3) –
Wildbahn/PF 379
15236 Frankfurt/Oder

Bremen
Der Senator für Umweltschutz und Stadtentwicklung
– Pflanzenschutzdienst –
Slevogtstraße 48
28209 Bremen

Hamburg
Institut für Angewandte Botanik der Universität Hamburg
– Abteilung Pflanzenschutz (Pflanzenschutzamt Hamburg) –
Marseiller Straße 7
20355 Hamburg

Hessen
Hessisches Landesamt für Regionalentwicklung und Landwirtschaft
– Pflanzenschutzdienst –
Friedrich-Wilhelm-von-Steuben-Straße 2
60487 Frankfurt

Mecklenburg-Vorpommern
Landespflanzenschutzamt Mecklenburg-Vorpommern
Sitz Rostock
Graf-Lippe-Straße 1
18059 Rostock

Niedersachsen
Landwirtschaftskammer Hannover
– Pflanzenschutzamt –
Wunstorfer Landstraße 9
30453 Hannover

Landwirtschaftskammer Weser-Ems
– Pflanzenschutzamt –
Sedanstraße 4
26121 Oldenburg

Nordrhein-Westfalen
Pflanzenschutzamt der Landwirtschaftskammer Rheinland
Siebengebirgsstraße 200
53229 Bonn

Institut für Pflanzenschutz, Saatgutuntersuchung und Bienenkunde der Landwirtschaftskammer Westfalen-Lippe
Nevinghoff 40
48147 Münster

Rheinland-Pfalz
Landespflanzenschutzamt Rheinland-Pfalz
Essenheimer Straße 144
55128 Mainz

Saarland
Landwirtschaftskammer für das Saarland
– Pflanzenschutzamt –
Lessingstraße 12
66121 Saarbrücken

Sachsen
Sächsische Landesanstalt für Landwirtschaft
Institut für Integrierten Pflanzenschutz
Stübelallee 2
01307 Dresden

Sachsen-Anhalt
Landespflanzenschutzamt Sachsen-Anhalt, Halle
Sitz Magdeburg
Zum Waldsee 1
39114 Magdeburg

Schleswig-Holstein
Pflanzenschutzamt des Landes Schleswig-Holstein
Westring 383
24118 Kiel

Thüringen
Thüringer Landesverwaltungsamt
Abt. Landwirtschaft
– Referat 808/Pflanzenschutzdienst –
Carl-August-Allee 4 a
99423 Weimar

Pflanzenschutzdienst in Österreich

Bundesanstalt für Pflanzenschutz
Trunnerstraße 5
1020 Wien

Magistrat der Stadt Wien
MA 42: Stadtgartenamt
Am Heumarkt 2b
1030 Wien

Österreichische Gartenbaugesellschaft
Parkring 12
1010 Wien

Pflanzenschutzdienst in der Schweiz

Bundesamt für Landwirtschaft
– Sektion Zertifizierung und Pflanzenschutz –
Mattenhofstraße 5
3003 Bern

Register

Halbfette Seitenzahlen bedeuten, daß es sich um einen ausführlichen Eintrag handelt. *Kursive* Seitenzahlen weisen auf eine Abbildung hin.

A

B

C

I

J

K

L

M

N

O

P

Q

R

S

T

U

V

W

Z

Bildnachweis

Titelfoto: M. Pforr, Langenpreising
Archiv f. Kunst und Geschichte, Berlin: 10 r., 11 l., 12 r., 13 l.
U. Borstell, Essen: 16 u., 18 o., 20, 22 l., 34 l.u., 40 r.o., 43 l., 48 l., 57 o., 60 l.o., 60 l.u., 61 l.o., 63 u., 64, 64/65, 66, 76, 79 u., 83 r., 84, 90, 93, 141 l., 145 u., 209
R. Bühl, Stuttgart: 109 l.u., 110 l., 112 l., 112 r., 114 u., 117 l., 119, 122 r.u.
H. Eisenbeiss, Egling: 14 u., 128 u., 148 o., 163
Florastar Bildarchiv, Karben:
–/Güse: 222
Die Grüne Fotoagentur, Bonn: 111 l., 114 o., 115 M., 115 u., 116, 117 r., 121 l., 123 r.o.
T. Hagen, Dachau: 10 l., 24 M.l.u., 26, 34 l.o., 34 r., 36, 81, 82, 104, 127, 145 r.o., 148 M.u., 175 l., 189 r.o., 221,
P. Himmelhuber, Regensburg: 27 r., 41 u., 52 r., 73 u., 78/79, 79 r.o., 85 r., 87 r., 89 o., 91 r., 92 l., 97 l.o., 98, 99 l., 108, 123 r.u., 130 u., 201 l.o.,
Institut für botanisch-ökologische Beratung, München: 17 r., 24 l. o., 35 r.o., 38 l., 62 r.u., 106 o., 109 r.u., 111 M., 123 l., 126 o., 126 u., 128 r., 134, 140 o., 142 r.o., 154 r.o., 156 r.o., 165 l., 165 r., 168, 175 r., 176 l.u., 180 l., 182 u., 183 l.o., 184 r.o., 185 r., 191, 193 l.o., 196, 203 r., 203 l.u., 204, 205 l.u., 211 l.o., 214 l.o., 215, 217 l., 217 r., 220, 223 l.u., 225 l.
Interfoto, München: 11 r.
Landesanstalt für Pflanzenschutz, Stuttgart: 110 r., 111 r.
H.J. Lindner, Haar: 24 r.o., 94, 94/95
W. H. Müller, Stuttgart: 1
Photo Press/Apel, Taufkirchen bei München: 132 r.u., 152 r.o.
E. Pforr, Langenpreising: 76/77, 80
M. Pforr, Langenpreising: 12 l., 19, 33 r.u., 42 l., 43 r., 46, 68 u., 99 r., 113, 138 o., 140 u., 156 l.u., 169 l., 170 r., 173 r., 208 u.
W. Redeleit, Bienenbüttel: 24 r.u., 56 l., 67 r., 87 l., 157 l., 202
Reinhard Tierfoto, Heiligkreuzsteinach-Eiterbach: 17 l., 24 M.l.o., 27 l., 31, 32 l., 32 r., 33 l., 35 l.u, 35 r.u., 39 l., 40 r.u., 55 l.u., 61 l.u., 67 u., 89 u., 92 r., 96 r., 97 u., 133, 135 o., 137 r., 139, 147 u., 154 l.u., 159 r., 161 r., 162 l.o., 163 r.u., 164 r.o., 166, 172 l.u., 183 r., 184 l., 186 o., 186 l.u., 188, 190 l.u., 192, 194 l.o., 199 l., 199 r., 200 r., 212 l., 216 r.o., 225 r.o.
K. Reithmeier, Freising: 121 r., 122 l.o., 122 l.u.
Bildarchiv Sammer, Neuenkirchen: 23, 28 l., 44 r., 56 r., 57 u., 70 l., 141 r., 153 r., 193 r.u., 198 r.u., 212 r.o., 218
F. Sauer, Karlsfeld: 107 r.
U. Schneiders, Breitbrunn: 8/9, 36/37, 38 u., 41 l., 46/47, 52 u., 83 u.
S. Seidl, München: 25, 55 r., 120 u., 130 o., 143, 144 o., 157 r.u., 162 r.u., 169 r., 172 r.o., 179 l.u., 181 l.u., 182 l.o., 185 l., 187 r., 194 r.u., 219, 223 r., 224 l.o., 225 r.u., 226 r.u., 227 l.
Silvestris Fotoservice, Kastl: 62 l.u., 206 u.
–/Brockhaus: 120 o.
–/Bühler: 22 u.
–/de Cuveland: 124/125
–/Dalton: 14 l., 152 l.u.
–/Hecker: 107 l.u., 124, 198 l.o.
–/Höfels: 109 r.o.
–/Lange: 103
–/Lindenburger: 131 l.
–/Lochstampfer: 178
–/Pelka: 107 l.o.
–/Pforr: 104/105
–/Riedmiller: 28 r., 30 l., 33 r.o., 58 l., 61 r.o., 61 r.u., 62 r.o., 96 l., 97 r.o., 177, 197 r., 201 r., 207
–/The Telegraph Colour Library: 60 r.u.
–/Willner: 115 o.
SOA, London:
–/Crichton Photos: 22 r., 54, 55 l.o., 58 r., 68 o., 129, 132 l., 147 o., 149, 153 l.u., 159 u., 160, 161 l.o., 171 l., 176 r., 179 r.o., 187 l.o., 213
–/Glover: 17 u., 18 u., 21, 63 M., 106 u., 144 u., 155, 170 l.u.
–/Lawson: 49 l.o., 49 l.u., 49 r.o., 49 r.u., 91 l., 136, 142 l.u., 151
F. Strauß, Au/Hallertau: 8, 13 r., 14 r., 16 o., 29, 30 r., 39 r., 41 r.o., 42 r., 44 l., 48 r., 62 l.o., 63 o., 70 r., 72, 73 o., 85 l., 131 r., 135 u., 137 l., 138 u., 150 l., 150 r., 158, 167, 171 r., 173 l.u., 174 o., 174 u., 180 r., 181 r., 189 l.u., 190 r.o., 195, 197 l.o., 200 l.u., 205 r., 206 o., 208 l.o., 210, 211 r.u., 214 r.u., 216 l.u., 224 r., 226 l., 227 r.

Abbildungen im Inhaltsverzeichnis und auf der Rückseite des Einbandes: aus dem Inhalt